U0840892

镇海区
金塘镇
金塘岛
七里屿
三块岛
小黄蟒
大黄蟒
中门柱
镇海港区
北仑港区
金塘水道
招宝山街道
镇海区
蛟川街道
戚家山街道
戚家山街道
小港街道
新碶街道
北仑区
开发区管委会
大碶街道
霞浦街道
柴桥街道
小港街道
大碶街道
新碶街道
霞浦街道
柴桥街道
宁波保税区
凤凰山主题乐园
瑞岩寺水库
王家渡水库
春晓镇
春晓镇
春晓海滨游乐园
五乡镇
东吴镇
鄞州区
三溪浦水库
东钱湖
里坑水库
新坝水库
瞻岐镇
象山
宁波绕城高速公路
甬台温高速公路
规划绕城公路
图例
区政府驻地
镇、街道办事处
行政村
自然村
山峰
港口
游乐园
河流及桥梁
市界线
区(市)界线
镇、街道界线
铁路
高速公路
国道及编号
省道及编号
一般道路

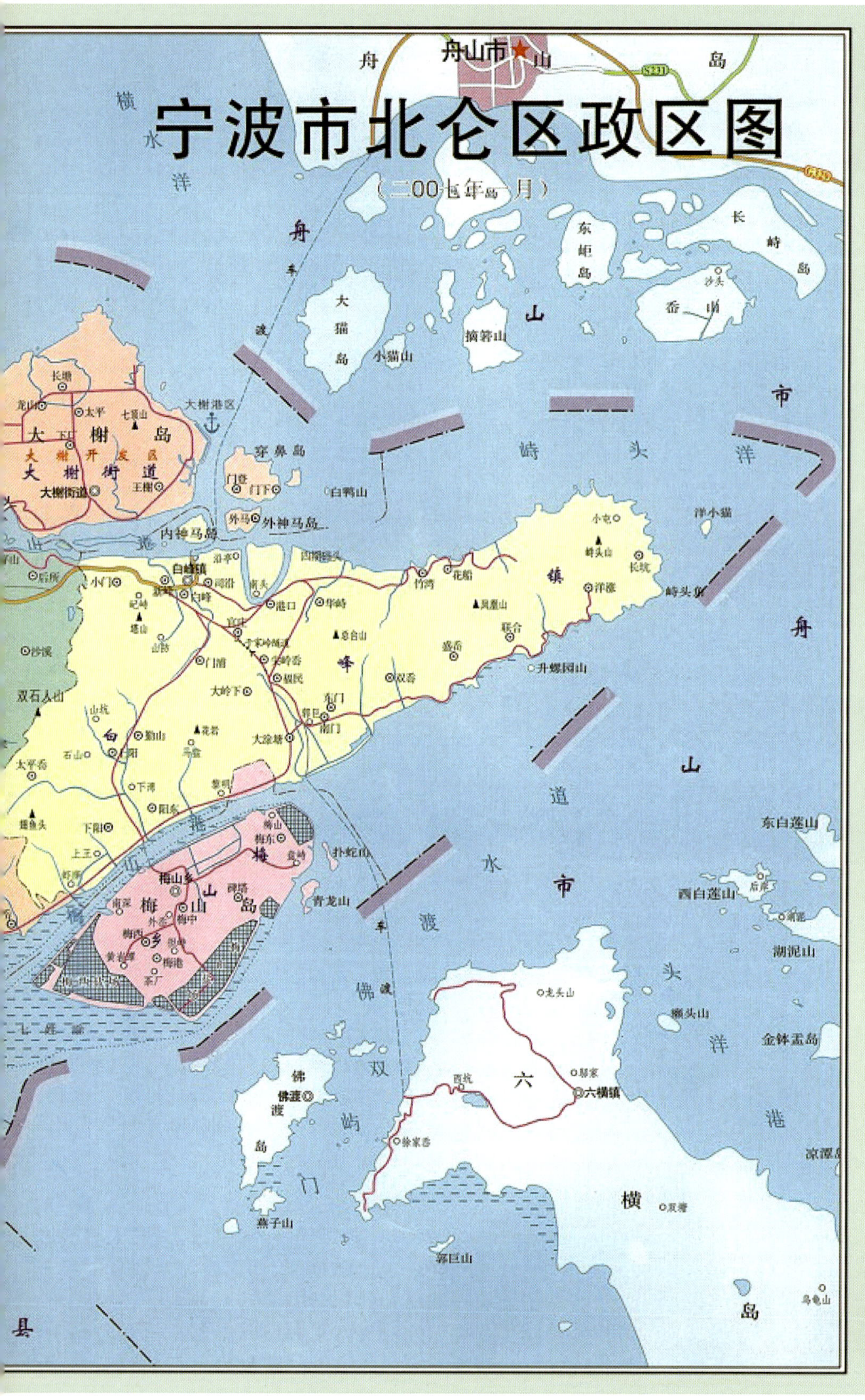

宁波市北仑区政区图
（二00七年一月）
舟山市
舟
山
岛
横
水
洋
舟
山
市
峙
头
洋
大猫岛
小猫山
摘箬山
东岠岛
长峙岛
沙头
大榭港区
大榭岛
大榭开发区
大榭街道
长塘
龙山
太平
七星山
下厂
王樹
穿鼻岛
门登
门下
白鸭山
外马
外神马岛
内神马岛
白峰镇
小门
小屯
峙头山
长坑
峙头角
洋小猫
洋涨
凤凰山
花船
竹湾
华峙
港口
联合
盛岙
双岙
升螺园山
东门
南门
大涂塘
大岭下
门浦
沙溪
双石人山
勤山
上阳
下阳
阳东
下浦
太平岙
上王
梅山乡
梅山岛
梅东
梅中
梅西
梅港
茶厂
青龙山
扑蛇山
佛渡
佛渡岛
燕子山
郭巨山
六横镇
六横岛
西坑
徐家岙
龙头山
东白莲山
西白莲山
湖泥山
金钵盂岛
凉潭岛
乌龟山
峙头洋
佛渡水道
双屿门
县

金塘镇
七里屿
小黄蟒
大黄蟒
中门柱
招宝山景区
招宝山街道
镇海区政府
小港街道
蛟川街道
梅墟街道
新碶街道
大碶街道
北仑区政府
霞浦街道
北仑站
大碶站
三期码头
二期码头
一期码头
阿育王寺
五乡镇
邱隘镇
九峰山风景区
东吴镇
天童寺
天童森林公园
三溪浦水库
东钱湖镇
陶公山风景区
小普陀
二灵寺
王安石庙
南宋石刻
福泉山茶场
启新高尔夫俱乐部
瞻岐镇
春晓镇

北仑交通图
定海区
舟山市
盘峙岛
大猫岛
摘箬山
长峙岛
大榭开发区
大榭岛
大榭街道
大榭开发区管委会
穿鼻岛
外神马岛
外峙岛
白峰镇
峙头洋
白峰
梅山岛
梅山乡
六横岛
佛渡岛
春晓海滨游乐园
柴桥街道
图例
市政府、区政府
街道办事处
乡、镇政府
村庄
景点
加油站
公交站点及起讫点
规划道路
隧道
铁路
高速
国道
省道
县道、公交线
一般公路、公交线
大车路
市界
区（县、市）界
乡、镇界
航线
盐田

领导关怀

市委常委、副市长王勇，市委常委、北仑区委书记陈利幸，北仑区区长华伟，视察集装箱货运第二通道工程

浙江省交通厅副厅长李良福，在局长叶伟良陪同下，检查北仑区春运工作

港口码头建设

梅山保税港口

穿山港区四期码头

北仑三期码头作业现场

港口夜间作业

北仑三期码头堆场

水路运输

北仑船务公司五万余吨货轮

北仑区港航管理处执法艇

外峙渡口

穿山疏港高速——好思房互通立交

穿山疏港高速——田洋王互通立交

宁波大碶枢纽

2008 年 12 月 29 日，大碶疏港高速互通立交建成通车

2004 年 10 月改建竣工的大海线

沿海中线北仑段 2003 年 2 月开工，2004 年 12 月建成通车

329 国道白峰段

北仑高速出口

太河北路

2010 年 5 月 15 日，开工建设的狮子岭隧道连接线

建设中的白洋线

老 329 国道

2006 年 6 月 26 日建成通车的新碶—春晓太河路

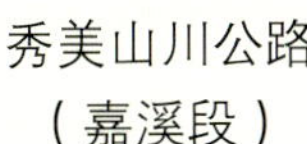

秀美山川公路（嘉溪段）

通途路中港段

招宝山大桥连接线

城湾大桥

陈华大桥

1997 年动工建设，2001 年 4 月 27 日建成通车的大榭一桥

2009 年 11 月开工建设，2013 年 10 月 28 日建成通车的大榭二桥

2008 年 3 月 28 日开工建设，2010 年 1 月 9 日建成通车的梅山大桥

好思房互通立交

招宝山大桥

茅岭隧道

溪岙岭隧道

溪岙岭隧道北出口

小港长山碶桥

小港东岗碶桥

小港堰山碶桥

小港合兴村七眼碶桥

场站管理

大矸客运站

2009 年 9 月，公路段新办公大楼落成

白峰养护站房

春晓养护站

北仑新矸客运站

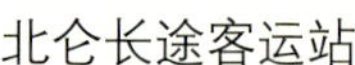

北仑长途客运站

泰山路公交站

铁路交通

铁路大碶段 -1

铁路大碶段 -2

铁路大碶段 -3

铁路亚浦段

柴桥集运基地 LNG 集装箱新车

海晖物流

龙星物流吊装集装箱

北仑现代国际物流园区

船舶制造

三星重工

公路管理

329 线柴桥段施工现场

公路边沟维修

除冰雪保畅通

台风过后的忙碌

2006 年 8 月 11 日，炎日下抢修桥面

2007 年 10 月 8 日，大海线塌方封道

2008 年 1 月 29 日，大海线除冰雪保畅通

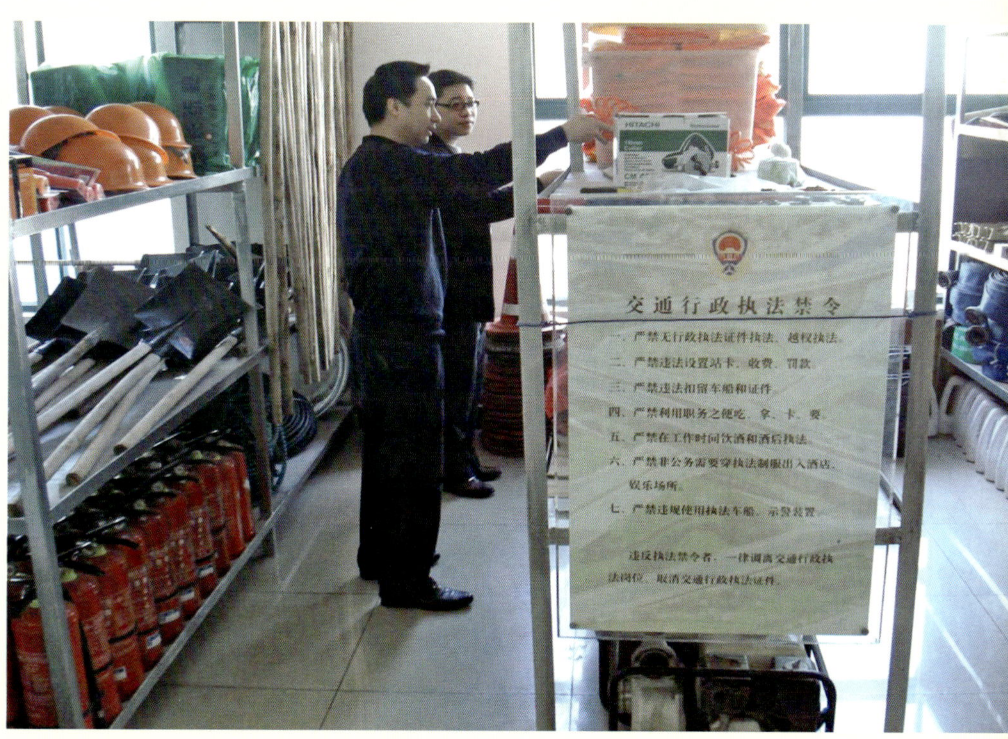

2010 年 2 月 11 日，陈华安全应急物资储备

2008 年 12 月，公交改革后首批 78 辆新车投放

2009 年 9 月，710 路巾帼环城线开通

2009 年 9 月，710 路巾帼环城线的女司机

2010 年 2 月 8 日，小港片区农村支线新车投放

2010 年 7 月 30 日，梅山出岛公交线开通

北仑区举行区域出租汽车投放仪式

LNG 清洁能源公交车

自动化洗车

交通执法

2013 年 4 月 13 日，北仑交通执法人员参加全市交通执法大比武

参加全市交通大比武

世博会期间，路政在沿海中线执法

运管出击

2008 年 12 月，区长华伟在公交“提升服务形象，改善民生服务”活动启动仪式上

“服务明星”秦福连开车前安全检查

副区长陆亚芬慰问公交公司造血干细胞捐献者周昱

“北仑好人”李巍

2009 年 3 月 10 日，团员参加植树活动

职工运动会

交通老照片

1956 年萧甬铁路建设

旧社会载人的元宝篮

Beilunqu Jiaotongzhi

北仑区交通志

（至 2010 年）

《北仑区交通志》编纂委员会　编

人民交通出版社股份有限公司
China Communications Press Co.,Ltd.

内 容 提 要

本书以史志的形式，记载了宁波北仑区自建成以来25年的交通发展。北仑区是长江三角洲南翼中心城市、浙江省经济中心、副省级计划单列市——宁波市的先行区，五家国家级开发区所在处。经过25年的辛勤建设，基本形成了一个以港口、城区为中心，以高速公路和国、省道为主骨架，以县乡道为连接的“三高、四横、八纵”的公路网络。

图书在版编目(CIP)数据

北仑区交通志(至2010年)/《北仑区交通志》编纂委员会编. —北京：人民交通出版社股份有限公司，2017.8

ISBN 978-7-114-13791-4

Ⅰ.①北… Ⅱ.①北… Ⅲ.①交通运输业-概况-宁波 Ⅳ.①F512.755.3

中国版本图书馆CIP数据核字(2017)第091806号

书　　名：北仑区交通志(至2010年)
著 作 者：《北仑区交通志》编纂委员会
责任编辑：刘永芬　陈　鹏
出版发行：人民交通出版社股份有限公司
地　　址：(100011)北京市朝阳区安定门外外馆斜街3号
网　　址：http://www.ccpress.com.cn
销售电话：(010)59757973
总 经 销：人民交通出版社股份有限公司发行部
经　　销：各地新华书店
印　　刷：北京盛通印刷股份有限公司
开　　本：787×1092　1/16
印　　张：22.5
插　　页：24
字　　数：451千
版　　次：2017年8月　第1版
印　　次：2017年8月　第1次印刷
书　　号：ISBN 978-7-114-13791-4
定　　价：120.00元

《北仑区交通志》编审委员会

2005 年 12 月—2011 年 7 月

主　　任：叶伟良

副 主 任：刘　勤　杨再达　张永广　周锡荣

委　　员：邱益君　虞哲华　王　瑾　孟金水　徐健钢
张贤勇　胡修君　乐加善　李世良　李世祥

执　　笔：李世祥

2011 年 8 月—2016 年 8 月

主　　任：孙秀芳

副 主 任：刘　勤　杨再达　王信宏　陈灵明　孟金水
徐健钢　纪红军

委　　员：王　瑾　俞科龙　沃亿良　林　滨　汤显良
余世丰　胡修君　乐加善　林艳军　李世良
谢　嗣

执　　笔：李世祥　胡修君

《北仑区交通志》编纂人员名单

主　　编：李世祥　胡修君

编纂人员：李世祥　胡修君　余世丰　吴燕珍　陈永海
仇文薇　沈红敏　乐惠萍

图　　照：胡修君　吴燕珍　徐红丹　周　寅　赵飞平
沈雨杰

校　　对：胡修君　余世丰　陈永海　吴燕珍　沈红敏
何国强　陈海腾　陈一民　赵飞平　张俊杰

序　言

地处东海之滨、甬江之畔的北仑，携山海相交之气势，掌龙口明珠之华丽，如同一颗璀璨的明珠，镶嵌在祖国的东南沿海。自1984年建区（时名滨海区）至今，短短26年的时间，北仑区已从一个名不见经传的渔乡，发展成为拥有六个国家级开发区的现代化滨海新城。辖区内的北仑港已成为吞吐量居中国第二、全球第六的世界级大港。全球500强企业和海内外强强联合企业纷纷在这里抢滩。广大的北仑人民见证了这历史的沧桑巨变，亲历了浓浓的乡土气息与都市风情交融的独特生活场景。

百业兴旺，交通先行。作为中国改革开放的前哨，北仑经济社会的腾飞得益于交通事业的全面发展。建区以来，在北仑区委、区政府和宁波市交通局的正确领导下，按照“优化网络，构建枢纽，提升功能，支撑发展，服务民生”的发展方针，北仑交通加快了以港口为龙头的集疏运网络建设，基本形成了以港口、中心城区为中心，以高速公路和国、省道为主骨架，以县乡公路为连接的城乡一体、区域协调的立体交通网络。特别是近几年来，随着“宁波—舟山港”一体化进程的推进，北仑交通在基础设施建设、城乡公交一体化领域不断寻求新的突破，书写了新一轮大投入、大发展、大跨越的新篇章。

常言道，盛世修志。“志”是历史的回望，也是对未来的期许，是传承区域文明载体，也是留给子孙后代的精神财富。北仑交通事业的发展可谓一日千里，原《镇海县交通志》受时空所限，已无法囊括今日交通之发展。有鉴于此，北仑区交通局在市、区统一部署下，从2006年开始，荟萃有志于研究和探索交通历史的同仁，踏勘北仑的港口码头、水陆栈道等，精心查录大量档案资料，收集众多民间口传碑记，历经10年，数易其稿，编成了北仑建区以来第一部交通专业志书——《北仑交通志》。该志书史料详实可靠，体例布局合理，语言通俗易懂，集专业性、区域性、思想性和实用性于一体，是一部宝贵的区域交通历史典籍和行业百科全书。它不仅展现了新时期北仑交通人的丰功伟绩，记录了北仑交通事业从无到有、从弱到强的卓越历程，也可以为当下和今后调整区域经济社会发展战略，进一步推动交通事业发展，提供可靠的依据。

《北仑交通志》经过有关专家和有关部门的认真审查，已正式出版发行。借此作序之机，我谨代表北仑区交通局，向长期以来关心和支持北仑交通事业发展的各级领导、区属各有关部门及乡镇、街道表示深深的敬意，向所有为《北仑交通志》的完成付出辛劳和汗水的同志们表示衷心的感谢，向一直工作在北仑交通战线上的各位同仁表示良好的祝愿。最后我热切地希望该志书能为弘扬北仑精神、传承交通文化、推动北仑发展发挥其积极的作用。

北仑区交通运输局局长：孙秀芳

2016年7月

目　录

概　述

北仑历史悠久，夏商周时代，区域为越国所辖，唐元和四年（809），甬江口东侧建望海镇，后梁开平三年（909）始建望海县，未几改为定海县，历元、明，至清康熙二十六年（1687）改称镇海县。1985年撤镇海县，设镇海区和滨海区，把甬江以南的部分地区命名为滨海区，1987年10月改称北仑区。1984年1月，把甬江以南部分乡镇命名为滨海区，1985年撤镇海县，以甬江为界，设镇海区与滨海区，1987年10月，把原滨海区改名为北仑区。

北仑区位于浙江省陆域最东端，全国沿海经济带和长江经济带"T"型交汇处南隅；三面濒海，北隔杭州湾与上海相望，西临浙东最大潮汐河流甬江与镇海区分界，南邻天童寺、阿育王寺两大古刹与鄞州区接壤，东有穿山半岛伸入东海之中，与舟山群岛一衣带水。地理坐标北纬29°44′—30°00′，东经121°38′—122°10′。陆域面积585平方千米，海域面积238平方千米。

区境地貌，系平原与丘陵相间。太白、东盘、九峰、峙头等主要山岭，集中在东南隅；太白山海拔657米，系境内最高峰。环立沿海的有大榭、梅山等29个岛屿。

大陆海岸线88千米，线形曲折，岸坡陡峭。自北仑山迤南至象山湾，有金塘、册子、螺头、虾峙、佛渡等近岸水道盘旋其间，从而形成了一大批大小不等条件极优的天然良港。著名深水良港北仑港在岸线中段，港区以舟山群岛为屏障，形成半封闭形的港域。港域内一般仅有1—2级风浪，水深20米以上，主航道水深50米，常年不冻不淤，被誉为中国港口的"皇冠"。穿山港、大榭港、梅山港等均为得天独厚的优良港湾。

甬北铁路止于北仑港区，可衔接杭甬线、沪杭线和浙赣线，连接全国铁路网。沈海高速公路贯通境域，可衔接全国高速公路网。沿海中线和329国道横连全区。骆霞线、通途路、江南公路等省市道路畅通便捷，境内实施村村通等级公路、通公交客运工程，全区已形成内外衔接、城乡互通的中心城区到各街道、乡镇30分钟可到达的交通网。邻近的宁波机场，可直达全国主要城市。

北仑区傍倚甬江，俯临东海，特有的地理位置与优越的自然条件，使海运在其对外交通中占有重要的地位，距今5500年的新石器中晚期，现在的镇海至舟山间百里海域，已有北仑先民早期航海活动。五代后梁开平三年（909），置望海县（未几改名定海县，康熙二十六年改名镇海县），置县建城，定海（镇海）港（望海—定海—镇海）兴起。到了宋朝，海运进入第一个兴盛期，明州（今宁波）航线"南则闽广，东则倭人，北则高句丽"，足迹遍及东南亚。至明朝,虽实行海禁,但为了加强海防,穿山港作为海巡前哨基地兴起。清康熙二十四年(1685),开海禁,宁波为中外通商口岸,设立浙海关,通道贸易,海运进入第二个兴盛期。20世纪初,穿山港始建轮埠,至民国二十五年(1936),穿山港建有轮埠2个,过埠航线3条,停靠客班轮6艘。新中国成立不久,西方国家对我国实行"禁运、封锁",致使港口航运事业在25年中发展缓慢。直到20世纪70年代中期,北仑港开发兴建,海运进入第三个兴盛期,逐渐成为通向世界的最重要门户之一。至2006年,北仑港区已建成万吨级以上泊位36个,其中有10万吨级、20万吨级全天候的矿石中转码头(可靠泊30万吨级特大型货轮)、10万吨级国际集装箱码头和25万吨级原油中转码头,形成了水陆联运、集散并举的多类型、多功能、综合性的现代化港口,与国内沿海和长江流域的主要城市直接通航。对外与100多个国家和地区的560多个港口有贸易往来,成为对内对外两个扇面辐射的枢纽。截至2010年统计,全区共有海运企业24家,船舶38艘,总运力80.64万载重吨。北仑地方港口货物吞吐量达2914.96万吨,旅客吞吐量227万人次;货运量达2043.68万吨,货物周转量达142.67亿吨千米;旅客量达3.58万人次,旅客周转量达144.52万人千米。

古代内河水运,与当地居民生产生活紧密相连。五代至明朝,在芦江和小浃江,先后建造了穿山碶和东岗碶,形成了两个独立的内河航运区。20世纪30年代,内河航运处于鼎盛。抗日战争期间,内河航运受到影响,营业大减。新中国成立后,内河航运得到恢复与发展,尤其在船舶技术更新改造方面取得了很大业绩,对当时经济建设起到了重要作用。20世纪70年代起,随着公路运输的发展,内河航运运量锐减,90年代初起全部停止。

公路建设 在公元3世纪时,已有从明州通达郡城会稽的记载。《宝庆四明志》记载:明州于南宋绍兴四年(1174),设置斥堠铺道。其中一条从州城桃花铺出发,经河头铺,至芦浦铺(今穿山),然后乘渡船可至昌国(今定海)县道头铺,是"专差铺兵传送文书"的州道。民国十九年(1930),境内始修公路。到民国二十五年(1936),先后修通宁穿路育王岭至柴桥段、镇大路两条,总长度36.86千米。民国二十七年(1938)2月,因抗日战争爆发,公路全部掘毁。抗日战争至中华人民共和国成立前夕,仅修复宁穿线至璎珞、镇大线至高塘。1949年8月,支前民工抢修宁穿路公路,年底通大碶翌年5月达穿山。新中国成立后,贯彻政务院关于"民工修建公路和养护公路"的精神,实行"民办公助"的道路建设方针,根据农业发展纲要的要求,对全县道路建设进行全面规划。有计划有步骤地对北仑进行公路建设与传统人行道路的全面改造,使之形成以公路为主脉,简易公路为支脉,大车道为基础的车行道路网络。农业合作化与全国农业发展纲要的实施,为道路改造与建设提供了极为有利的条件。到1976年,车行道路网络初步形成,广大农村长期以来肩挑人抬的原始陆运方式得到彻底的改变,公路运输随之一跃取代内河航运,成为交通运输的主力。

北仑区建立时,境内有329国道育王至涨埠山公路、320(原79)省道(骆霞线)江南至霞浦公路及3条县道、2条乡道和12条专用道。总长203.01千米,其中水泥混凝土路28.50千米,油路面21.55千米、砂石路面152.96千米。至2010年累计投入50亿余元,改建旧公路,修建新公路。1998年新建同三线大碶至乌石岙段,填补了北仑高速公路的空白。至2010年,境内通车公路总长645千米(不含城区道路);公路密度达到111.57千米/百平方千米,高于全省平均水平。农村公路建设率先实现等级公路通车率和硬化率100%。一个以港口、城区为中心,以高速公路和国、省道为主骨架,以县乡道为连接的"六高、四横、八纵"的公路网络基本形成六高:杭甬高速复线(戚家山—北仑港互通—柴桥)、穿山疏港高速(穿山—白峰—柴桥—大碶—好思房)、绕城高速北仑段(丁家山—好思房—清水浦大桥)、象山湾疏港高速(春晓—鄞州界)、大碶疏港高速含甬台温高速北仑段(横浦—大碶—嘉溪—鄞州界)、六横疏港高速(梅山—昆亭—柴桥)。四横:北仑疏港北通道(集装箱货运二通道—骆霞公路—滨海快速路—招宝山大桥)、泰山路(四期进港公路—329国道—泰山路—甬江隧道)、329国道改线(育王岭—大碶—陈华—羊白岭)、北仑疏港南通道(沿海中线北仑段)(郭巨—滨海新城(春晓)—鄞州界)。八纵:江南公路(小港—骆霞线—鄞州界)、通途路北仑段(骆霞线—泰山路—鄞州界)、富春江路(骆霞路—钱塘江路)、太河路及太河路至春晓公路(骆霞线—黄山路—泰山路—329国道—沿海中线—春晓)、临港一路(集装箱货运二通道—329国道—穿山疏港高速梅山保税港区连接线)、穿山疏港高速梅山保税港区连接线(大榭一通道—泰山路—穿山疏港高速柴桥互通—沿海中线—梅山)、白梅线公路(白峰—沿海中线)、白洋线公路(中宅(峙北港区)—峙南港区—郭巨—沿海中线)。

道路运输 抗战前原镇海县曾有两家交通企业,开战后遭关闭。1985年,全县有交通企业31家,其中江南(今北仑区)10家;乡镇办运输队(组)33个,其中江南(今北仑区)22个。2010年辖区有道路运输经营业(户)3959家,其中旅客运输经营业41家,货物运输经营业(户)3918家,客货兼营2户;水服企业37家、船舶修造企业12家、交通建筑企业5家。客运量达7419.92万人次,旅客周转量141537.23万人千米;货运量达1810万吨,货物周转量325310万吨千米。

以集装箱运输为代表的道路运输业飞速发展。集装箱运输企业、车辆总数与增长数均居全市第一。至2010年,有集装箱运输企业232家,集装箱运输车4157辆、126301载重吨(6616TEU)。以"大、特、新"为特色的水运企业"北仑模式"在全省打响。至2010年,全区总运力达到80.99万载重吨,拥有万吨以上船舶23艘,普通货运船舶单船平均吨位2.84万载重吨,居全省各县市区前列。在以宁波港铃与物流有限公司、百富物流有限公司、大亚物流有限公司为代表队龙头企业的示范和引领下,区物流企业向专业化、一体化、信息化、品牌化方向发展。

城市公交 北仑城市公交起步较晚。1989年5月,北仑公共交通公司成立。至

2010 年,开通公交线路 52 条,总里程达 1251.5 千米,投入营运车辆 579 辆,客运量达 6765.78 万人次。

长途客运 1998 年 11 月,北仑客运中心开始经营长途客运。至 2010 年,计有跨区班线 3 条,跨市班线 7 条,跨省班线 8 条。

铁路建设 为开辟北仑港的陆上集疏通道,1987 年 3 月建成甬(宁波)北(仑)铁路支线,衔接萧甬铁路。北仑港因此成为全国性的主要物资集散港和远洋、沿海、江河及内陆的交通运输枢纽。1996 年 5 月,宁波北仑铁路有限责任公司成立,主营铁路货物运输整车及集装箱到发业务。2010 年完成货运量 1146.3 万吨。

水路运输 北仑建区后,海运船舶运营发展较快,木质船舶逐渐减少,钢质船舶不断增多,运载吨位不断增大,船舶设施有所改善,安全性不断提高。1985 年,镇海县(镇海区和北仑区)有机动船 80 艘,计 4836 吨位;拖轮 3 艘,260 马力;大帆船 80 艘,计 2800 吨位。总计 163 艘,7636 吨位。年货运量 182311 吨,其中轮驳船 164932 吨、木帆船 17379 吨。至 2006 年,全区共有水运企业 16 家,其中普通水运企业 12 家、客运企业 1 家、油品运输企业 2 家、液化气运输企业 1 家,共有运输船舶 40 艘,计 34 万余吨。水运企业平均运力达到 1.78 万吨,船舶平均船龄为 17.3 年,拥有万吨级船舶 10 艘,共计 22.5 万吨,初步形成了资源更加节约,运力结构日趋合理的新型水运企业。

进入“十二五”时期,尤其是“宁波—舟山港”的启动,推进了北仑港接轨大上海、融入长三角战略的发展进程。北仑龙盛航运公司、宁波船务公司等航运企业纷纷入驻北仑,至 2010 年,全区水运企业 17 家,拥有船舶 37 艘,总运力 100 余万载重吨,创历史新高,平均运力 2.64 万吨载重吨,平均船龄 9.6 年。万吨以上普通货船 27 艘,运力 100.48 万吨载重吨,占总运力的 95.4%,单船平均吨位 3.39 万载重吨,危险品船 9 艘(油船 8 艘,液化气船 1 艘),运力 4.4 万载重吨,各项指标均居全省前列。其中龙盛航运公司一家企业运力达 50 余万吨,成为全省最大的民营航运企业。以规模化、集约化、节能化运输为特色的水运“北仑模式”在全省领先并进一步得到推广。

陆岛交通是北仑区域交通的另一个特点,北仑地处沿海,岛屿较多,所以渡运是海岛连接大陆的主要交通途径。建区时有人渡 10 处、汽渡 1 处。至 2010 年,有人渡 4 处、汽渡 3 处。梅山、小港、大榭、上阳、白峰、峙头等乡镇的有关村落在原有小木船渡运的基础上,积极发展铁壳渡轮。最早要数镇海汽渡(江南渡),1974 年 9 月 25 日开航通渡,1995 年随着甬江隧道建成通车而停运;其次是江南渡,1985 年镇海县一分为二时划归镇海区;第三是上梅渡,1988 年“上梅渡 4 号”轮投入营运,2003 年退役,继有“上梅渡 6 号”“上梅渡 8 号”“上梅渡 9 号”轮相继投入营运,2010 年 8 月随着梅山大桥的建成通车而停止营运。白峰汽渡和郭巨汽渡于 1985 年和 1989 年 9 月相继建成,连接北仑与舟山定海、六横、虾峙、桃花岛。神马渡、外峙渡、梅东渡等村渡均由所在村集体出资,政府补贴兴建。至 2010 年 12 月底,北仑区尚存镇海江南渡、白峰汽渡、郭巨汽渡,以及外峙、梅东两个村渡。

纵观北仑交通发展历程,曲折坎坷,成就斐然。这是各级党委、政府、交通系统干部、职工和工程技术人员恪尽职守、含辛茹苦共同绘制的北仑交通事业宏伟蓝图;也是北仑人民顾全大局、鼎力支持,为建成畅通便捷交通网络作出的不可磨灭的贡献。

大事年纪

年份(公元)

809 (唐元和四年)

甬江口置望海镇。

847 (唐大中元年)

六月二十二日,明州商人张支信等37人去日本贸易,船自望海镇放洋,横渡东海,至日本肥前值嘉岛,只用了3昼夜时间,创造了当时中日间最快的航行记录。

865 (唐咸通六年)

明州商人李延孝等63人,在望海镇放洋,去日本肥前值嘉岛。

909 (五代后梁开平三年)

以清泉、灵绪、崇邱等4乡之地,置望海县(未几改名定海县),定海(镇海)港兴。

992 (北宋淳化三年)

四月,两浙市舶司由杭州迁定海。

十二月,阇婆国(现属印尼)使船,海行60日,抵达定海县。

993 (淳化四年)

两浙市舶司迁回杭州。

1047 (庆历七年)

造穿山碶,芦江截流为河。

1073 (熙宁六年)

划鄞县的灵岩、泰邱、海晏3乡,隶定海县。

建小浃江桥。

1074 (熙宁七年)

宋与高丽间海上交通因战争影响,改由明州定海进出。

1078 (元丰元年)

宋使安焘、陈睦等乘凌虚致远安济和灵飞顺济两神舟,从定海启碇去高丽。

在城东南40步地方建航济亭,为高丽使节往还赐宴之地。

划定海县的金塘隶昌国县。

1114　(政和四年)

三月,因金兵南侵,禁止船舶驻泊密州。自此,凡日本、高丽来宋商船,均以明州为主要停泊港。

1117　(政和七年)

“造舫百舵置海口”,专供高丽使臣游览之用。

建造鼎新利涉怀远康济和循流安远通济两神舟,以备国使前往高丽之用。

1123　(宣和五年)

为路允迪、徐兢等出使高丽,在县城东北新建吕利庙,“以祈涉海平安”。

路允迪、徐兢等,乘“鼎新”“循流”两神舟和六艘客舟,自定海启航出使高丽。

1129　(南宋建炎三年)

十二月,金人南侵,宋高宗逃难至明州,登船经定海至昌国,次年又逃至温州。

1130　(建炎四年)

三月,宋高宗乘舟自温州返回定海县。

四月,高宗至明州。

1132　(绍兴二年)

设浙闽沿海制置使司于定海,驻水军4000人,每年征用民船300艘,集中定海以充守口“隘船”。

1134　(绍兴四年)

明州置斥堠铺,专差铺兵传送公文。州城至定海县有南北两道:

南道,自桃花铺经河头铺至芦浦铺(由此乘船“即潮水退一半时可至昌国”)。

北道,自桃花铺经清水铺至西门铺。

1223　(嘉定十六年)

置舟山渡,开通明州经定海(今镇海区)至昌国(今舟山市定海)渡运航线,有两艘渡船对开。

1226　(宝庆二年)

重建石湫市桥。

1246　(淳祐六年)

定海江南渡(今镇海渡)改“官渡”为“民渡”,每人收渡钱2文。

1258　(宝祐六年)

调查全县海船,船幅2丈上下者387只,1丈上下者(过小而不堪充军需者不计)804只。

1279　(元至元十六年)

福建海上贩运商在招宝山麓建造了一座天后神庙。

1281　(至元十八年)

右丞相范文虎率元军10万,由定海(今镇海、北仑)浮海征日本,尚未交战,就因为台风毁坏舟船,只得返航。

1381 (明洪武十四年)

明朝实施"禁海","申禁商民擅出海贸易"。

1387 (洪武二十年)

改定海千户所为定海卫,下辖9个千户所,总兵力超过1万。定海域内驻水陆官兵4480人,大小战船36艘。

废昌国县。

迁大小榭岛上居民至穿山。

1394 (洪武二十七年)

建穿山城,调镇海后所官兵1137人,战船10艘,守御哨巡。穿山港兴。

1526 (嘉靖五年)

葡萄牙人来到双屿港进行走私贸易。

1540 (嘉靖十九年)

大批葡萄牙人及日本人盘踞双屿港,聚集在双屿港的走私者常达万人。

1548 (嘉靖二十七年)

朱纨命令卢镗率兵进击双屿港,一举赶走了葡萄牙殖民者和海匪,捣毁了他们在岛上的巢穴。匪首汪直和部分倭寇逃至日本杉浦五岛。

1555 (嘉靖三十四年)

建东岗碶,小浃江截流为河,并把东钱湖之水引入小浃江河。

1562 (嘉靖四十一年)

筑千丈塘,造长山等五碶。

1656 (清顺治十三年)

清廷发布"海禁"令,严禁商民下海交易,违者处斩。

1657 (顺治十四年)

强令舟山群岛上居民全部内迁大陆。

1661 (顺治十八年)

发布"迁界"令,苏、浙、闽、粤沿海居民一律迁30里。宁波、台州、温州3府沿海居民皆因此内迁30里,严禁出洋采捕。并筑墙为界。界外庐舍夷为废墟,船只全部烧毁。

1683 (康熙二十二年)

"弛海禁,开迁界"。

1685 (康熙二十四年)

开"海禁",允许商民出海贸易。

在宁波设为浙海关行署,全省置17口。定海县内设口址4处:定海口(后称镇海分关)、小港口、邱洋口、解浦口。次年,特设监督浙海钞关1员。

1687 (康熙二十六年)

定海县历经770余年改名镇海县。翌年,以昌国故地置定海县。

1720 (康熙五十九年)

建义成桥。

1729 (雍正七年)

筑永丰塘,造新碶。

1756 (乾隆二十一年)

英国商船泊峙头洋,要求到宁波港贸易,不准,责令回帆广东。

1829 (道光九年)

建义成碶。

1832 (道光十二年)

二月十七日,英船"阿美士德"号开始在我国东海岸作间谍航行。四月到达镇海口外,在收集了大量的海岸地理情报后,船长林塞乘小船入宁波,诡称要求贸易,乘机窥测防务,观察形势,搜集政治、经济情报。

1840 (道光二十年)

英国发动鸦片战争。

1841 (道光二十一年)

十月十日,英军陷镇海。

1844 (道光二十四年)

一月一日,宁波开埠。

1849 (道光二十九年)

在小浃江东凌渡新建安乐桥,7孔,长30丈。

1850 (道光三十年)

在小浃江上新建金银渡桥。桥凡5孔,桥北属镇,桥南属鄞。

1852 (咸丰二年)

九月,葡萄牙"护航"小艇,在镇海口外把1艘载糖的中国商船强行拖到宁波。葡国政府不顾中国政府反对,利用治外法权,竟宣布中国商船为海盗船,并作为他们的"战利品",吞没船只与所有载货。

1857 (咸丰七年)

六月二十五日,广东护航船与葡萄牙"护航船"在镇海口发生冲突。法国领事以调停为名,放纵葡人逃往澳门。

1861 (咸丰十一年)

四月,浙海关设税务司"别立新关",海关行政权落入洋人之手。

1865 (同治四年)

置镇海口虎蹲山与七里屿两灯塔。1872年、1932年二次改建。

1884 (光绪十年)

六月,中法战争爆发,镇海口布置水下障碍。

1885 (光绪十一年)

三月一日,法舰进犯镇海口,镇海海运被迫停止。

六月二十八日,侵镇法舰全部撤走。

十二月二十七日,镇海口航道大体清理后,航运恢复。

1886 (光绪十二年)

重修石栏桥。此桥在正笔山后的泰、海两乡分界处,原桥系明御史沃泮所建。

1890 (光绪十六年)

镇海港建造第一个轮埠——海龙轮埠"海龙"轮行驶甬镇线,不久因亏损而停驶。

1894 (光绪二十年)

甲午战争爆发,八月一日,镇海口沉船、打桩、布雷封港。

1895 (光绪二十一年)

六月六日,镇海口解除封锁,恢复航运。

1896 (光绪二十二年)

"海门"轮行驶甬—镇—定—石—海门线(1903年停驶)。

1898 (光绪二十四年)

三月,"济安"轮加入甬—镇—定—石—海门线(1903年停驶)。

十月,建普济大桥(在今新碶镇境内)。

镇海港建云龙足踏轮轮埠(1900年停废)。

1900 (光绪二十六年)

镇海港建镇海轮轮埠。镇海轮行驶甬镇线(此轮在1942年被日军掠走)。

1901 (光绪二十七年)

50里内常关(镇海、宁波江东两关及小港、沙头两口)划归浙海新关直接管辖。

1902 (光绪二十八年)

穿山港建造永川轮埠。"永川""海宁""湖广"三轮中途在此停泊。

二月十日(农历正月十三),上海锦和商轮公司的"锦和轮"首航上海—镇海—舟山—普陀线(清末时已停驶)。

1903 (光绪二十九年)

十月二十八日(九月初九),日本商轮公司的"载阳"轮,每逢星期五,由上海开往镇海—舟山—石浦—海门。清末停驶。

“惠宁”轮开航穿山—定海线。

1904 （光绪三十年）

“海宁”“湖广”两轮投入甬—镇—定—石—海门线营运（1920年停驶）。

1905 （光绪三十一年）

三月，“宁波”轮行驶甬—镇—穿—定—墙头—西周—薛岙线。（1920年停驶）。

四月二十二日，镇海县城赛神会，宁波民众争相欲观，停泊江北岸的“宁波”号火轮因超载倾覆，数百人丧生。

八月，景升轮加入甬镇线。

镇海港建小平安轮埠（民国二十年时已停废）。

1906 （光绪三十二年）

镇海港建海宁轮埠（1929年改建，改名永川码头）。

1907 （光绪三十三年）

五月，宁波商人集银7万两，在江北岸设立中国轮船公司，购“德裕”轮，经营宁波至厦门航线。

1908 （光绪三十四年）

镇海港建景升轮埠。

穿山港建成平安码头。“平安”轮行驶沪—穿—定—海门—温州线（此轮于1920年停驶）。

“宁象”轮加入甬—镇—穿—定—墙头—西周—薛岙线（1920年停驶）。

1910 （宣统二年）

穿山港建可贵轮埠。

二月十四日，“可贵”轮首航上海—穿山—定海—石浦—海门线。

六月十五日，沪杭甬铁路宁波至曹娥段始筑。

1911 （宣统三年）

镇海港建瑞云轮埠（后改名南海轮埠）。

1912 （民国元年）

7月，“宝华”“平阳”两轮行驶甬—镇—穿—瓯线。

12月28日，沪杭甬铁路宁波至慈溪段通车。

1914 （民国三年）

镇海，龙山两地建成三北轮埠。三北公司的“慈北”“姚北”两轮行驶甬—镇—穿—定线，“镇北”轮行驶镇海、龙山线。

6月11日，宁波至曹娥段铁路建成通车。

1915　(民国四年)

5月,镇海大道头建成镇海码头,沪甬客轮“镇北”“宁绍”轮开始在镇海停轮搭客。

1916　(民国五年)

虞洽卿在龙山镇建伏龙山至轮埠码头轻轨铁道,长约3千米(此路在1941年镇海沦陷后被日军拆除)。

1918　(民国七年)

3月28日,宁波鄞山公司的“甬镇”号汽船首航,宁波江东大河桥至镇南长山桥航线(1941年镇海沦陷后停驶)。

1920　(民国九年)

“大华”“舟山”两轮行驶沪—穿—定—海(门)—瓯线(镇海沦陷时停航)。

10月30日,“新宁海”“岳阳”两轮开行甬—镇—穿—定—墙头—西周—薛岙线。

1921　(民国十年)

招商局以9万两银购置“新江天”轮,代替原“江天”轮,行驶申甬航线。

1922　(民国十一年)

2月,三北轮埠公司“光济”轮投入宁波至五山头航线,兼停穿山。

5月6日,“新宝华”轮(载重640吨,客位350个)投入上海—镇海—穿山—定海—普陀—石浦—海门—坎门线。

1924　(民国十三年)

镇海港招商码头(俗称江天码头)建成,沪甬客班轮开始在镇靠埠搭客。

1925　(民国十四年)

柴桥“公利”号内河汽船始航柴桥至璎珞线(1945年停航)。

1927　(民国十六年)

11月6日,宁兴商轮公司的“新三江”轮投入甬—镇—定—石—海—坎—瓯线。

1928　(民国十七年)

“穿山”轮加入沪—穿—定—海(门)—瓯线(抗战爆发后停航)。

1929　(民国十八年)

农历十月三十日,穿山榭南渡渡船遇强风翻船,船上3名老大和20余名乘客全部死难。

1931　(民国二十年)

柴桥“芦江”号汽船投入柴桥至璎珞航线(1941年4月停航)。

11月,上海航政局在镇海设“宁波办事处”(1935年迁甬,次年又迁回镇海,

1937年再次迁甬)。

1932 (民国二十一年)

镇海港建联益码头。

招商局宁波分局在镇海设支局。

1933 (民国二十二年)

4月5日,鄞慈镇公路通车。

穿山港建茂利码头。但因"茂利"轮试航沉没,致使码头没有完成最后安装而废弃。

造宝幢至璎珞轻便铁道,行驶小火车(1941年镇海沦陷后,路轨与小火车均被日军掠走)。

1934 (民国二十三年)

7月12日,宁穿公路建成通车。

10月,骆镇公路建成通车。

镇海港建成宁兴码头。

1936 (民国二十五年)

1月,镇海江南至大碶头公路建成通车。

1937 (民国二十六年)

7月7日,抗日战争爆发。

8月,日军第三舰队封锁中国海岸线,甬埠各轮(除旅沪同乡会特约运载逃难同乡船只外)停航。

同月,国民政府军方征用通运公司汽车23辆、鄞丰公司汽车20辆、宁穿公司汽车18辆。12月再增征3公司汽车9辆。

11月5日晨,七里屿与太平山附近,日舰2艘,炮击要塞和城关镇,发炮60余发,七里屿灯塔工贝文财中弹身亡。

12月,宁波防守司令部奉命在镇海口沉船封港,凿沉"新江天"轮。

12月31日,宣布封锁镇海口。

1938 (民国二十七年)

2月18日,境内公路全部掘毁,通运汽车公司等所有汽车全部停驶。

8月,在镇海口加打梅花桩,仅在航道的靠招宝山一侧留了一个口子以通船只。

1939 (民国二十八年)

4月,宁波利涉公司"景升"轮因误传日机空袭警报在宁波江北岸码头超载翻沉,死难387人。

4月4日,镇海口第2次沉船,凿沉大小海轮13艘,大帆船8艘。宣布:来甬船只,均泊镇海口外,上下客货由小轮及帆船往来驳运。

1940 (民国二十九年)

7月15日,日舰10艘炮击镇海口;日机10批轮番轰炸宁波城和镇海城。

7月16日晨,日军在青峙登陆,烧杀抢掠。在黄瓦跟、唐家弄、小港镇、江口村、江南市等地,杀戮我无辜居民174人,焚毁民房8400余间,城关武宁镇被烧成一片瓦砾,停泊在蟹浦外的18艘渔船全部毁于敌舰炮火之下。7月22日,日军自海上撤走。

7月底,第3次沉船,将“凯司登”“海星”两轮凿沉在凹猛江转弯处。镇海口外对沪海运亦告断绝。

1941 (民国三十年)

4月19日,镇海沦陷。

7月3日,申甬线恢复通航,内江航运同时恢复。

9月15日,镇海开始凭证明、户口册、防疫针卡,购买“渡航证”。凭证搭渡船靠登“鸣门丸”和“万吉”轮赴沪。

1945 (民国三十四年)

7月1日,“新宁绍”轮在鱼腥脑附近触雷炸沉,死伤旅客600余人。沪甬线停航。

8月15日,日本投降。

10月,“泰丰”轮行驶甬镇线。

1946 (民国三十五年)

4月,宁波公记商轮公司在县望道头西建造公记码头。投入“江利”“梅浦”两轮,行驶甬镇线(“泰丰”轮改行甬江其他航线)。

4月20日,鄞慈镇公路宁波至龙山段修复通车。

11月16日,沪甬客轮(“江亚”“江静”)恢复在镇海港停靠。

“新永安”“新宁余”“岱山”三轮轮流行驶甬穿与甬沈两线。

1948 (民国三十七年)

1月5日,镇大路江南至高塘段修复通车。

12月3日,3时16分,申甬线“江亚”轮沉没在横沙西南龙江洋水道,死难旅客2300多人。

1949 5月23日,国民党军渡海逃跑,将甬江内船只以及镇海招商码头的两只趸船劫去定海。镇海的海上交通中断。

5月26日,清晨6时,中国人民解放军22军661师198团解放镇海县城。

6月4日,甬镇线“江利”轮遭国民党飞机扫射,沉没在梅墟附近江面,死伤旅客30余人。

8月,全县出动民船138艘(主要是海船,后来增至286艘)海船船工50人(后来增至175人)、内河船工180人,支援解放舟山。

10月19日,璎珞至穿山段公路修复。但由宁穿公司营运的客班车只通到大碶。

1950　5月1日,大碶至穿山段公路恢复通行班车。

9月11日,穿山至柴桥段公路修复通车。

1953　4月10日,镇海县交通建设科建立。

1954　穿山—定海开通客班轮

1955　4月17日,“民主3”轮从沪驶甬途中,在太平屿甘屿附近触礁沉没。时有某部队领导同船,临危不乱,指挥有序,1308位旅客全部脱险。

7月,镇海县航运管理站成立;次9月撤科,并归农林科。

穿山至白峰军用公路建成通车。

1956　8月19日,小港至大碶头公路修复,并延伸至大碶车站与宁穿公路接通。

1957　1月10日,江南至小港段公路修复通车;至此镇大路全线通车。

6月底,沉没在镇海口的“江天”客轮残骸打捞起浮。

7月11日,沉没在镇海口的“太平”货轮残骸打捞起浮。至此,镇海口水下碍航沉船已清除干净。

白峰司前村至仰岛公路建成通车。

1958　10月,仰岛至郭巨公路建成通车。

10月4日,镇海县与宁波市合并。

1960　3月18日,柴桥至三山公路建成通车。

1961　3月25日,“海星”轮在凹彭港打捞起浮。至此,甬江内航道沉船全部打捞、清理完毕。

1962　2月7日,申甬线“民主3”轮在镇海口虎蹲山与招宝山之间搁浅进水,经披滩抢修后复航。

1963　1月1日,恢复镇海县建制,隶属宁波专置。

同月,镇海渡建渡轮码头。

3月,三山至窑厂段公路建成通车。

鄞县航运公司“鄞客26”汽船开航宁波至东岗碶内河航班。

是年,宁波境内大炭车全部改成汽油车或柴油车。

12月31日,“镇渡1”轮渡投入生产,为镇海县渡轮之开端。

1966　梅山港渔业公司油库码头(500吨级)建成。

1967　4月10日,白峰至上阳公路建成。5月2日通车。

7月15日,大碶至新碶公路建成并开通客运班车。

1969 镇海航标站成立。

1971 1月8日,华峙至中宅公路建成通车。

12月5日,下邵至五乡公路建成通车。

1972 1月3日,镇海县交通管理站成立。

5月25日,郭巨至司城岙公路建成通车。

大榭渡轮码头(400吨级)建成。

12月31日,镇海汽车轮渡码头及南北公路接线工程竣工。翌年9月25日正式通渡。

1973 2月,镇海县公路段成立。

4月2日6时,大榭公社门登大队副业运输船"门登1"号轮在从沪回驶途中遇风浪沉没,11名船员中9名遇难。

7月1日,国务院港口建设领导小组组长粟裕至镇海视察,确定在甬江口建设新港。

12月,浙江省宁波港建设指挥部成立,宁波港镇海港区建设开始。

1974 1月12日,国家计划委员会批准在镇海招宝山下建设镇海港区。

2月22日,昆亭公社干岙大队"浙镇副帆281"号轮从郭巨装石子赴沪,途中遇大风触礁沉没,7名船员全部遇难。

穿山—桃花—栅棚开通客班轮。

1975 2月18日,洪塘至镇海港区进港铁路动工。

5月23日,算山原油码头动工兴建。

9月25日,招宝山—虎蹲山—游山大堤合龙。

1月9日,中共中央政治局委员苏振华、彭冲、倪志福及国务院有关部委负责人共36人,考察北仑港。

1978 1月13日,宁波北仑港筹建小组成立。

同日,国务院有关部委负责人顾明、谢北一、唐克及上海市委副书记韩哲一,在浙江省委副书记陈伟达陪同下,考察北仑港。

1月中旬,交通部长叶飞一行考察北仑港。

3月1日,北仑港建设指挥部成立。毛礁10万吨级矿石中转码头建设开始。

3月29日9时,峙头公社洋涨四队的"浙镇副帆122"号轮装石子赴沪途中遇大风沉没,8名船员中有7人遇难。

4月24日,新和至塔峙、石化公司至岚山、大碶至塔峙3条公路建成,6月5日通车。

7月28日,国务院港口建设领导小组组长粟裕视察镇海港区。

7月29日,镇海区划属宁波市辖治。

10月,宁波港镇海港区进港公路建成。

10月25日,林大至霞浦公路建成。

同月,宁波港镇海港区1号(3000吨级)、2号(10000吨级)两个煤炭泊位建成。

12月7日,北仑港算山原油码头1号、2号泊位(均5万吨级)和两座万吨级煤码头建成投产。

12月26日,国务院副总理谷牧、国家计委副主任宋养初、冶金部长叶志强、交通部副部长彭德清视察北仑港工地。

1979 1月,镇海县交通管理站改名镇海县交通监理站。

1月1日,宁波港航分设。宁波港、镇海煤码头、北仑矿石中转码头合并,组成宁波港务局,直属交通部。

5月13—15日,国务院副总理姚依林视察浙江炼油石、镇海煤码头和北仑港。

6月1日,宁波港对外开放。

穿山货运码头(500吨级)建成。

8月22日,日本籍"湖山丸"轮抵达宁波港,为宁波港重新开放以来第一艘外籍来港船舶。

1980 1月26日,宁波市人民政府口岸办公室成立。

同日,3700吨级货轮"灵江"号由宁波港启航,开辟宁波至日本神户航线。

1月31日,上海海运局"长"字号客轮春节加班申甬线,首次停靠镇海港区。

5月,江南至下邵公路建成。7月1日通车。

12月,全县内河客运停止营业。

1981 4月23日,中共中央总书记胡耀邦视察北仑港。

4月25日,浙江省远洋运输公司宁波办事处4600吨级"北安"轮,首航香港。

5月26日,宁波港镇海港区3000吨级和万吨级煤码头正式投产。

6月,三山窑厂至英子山公路建成通车。

10月5日,北仑港第一次靠泊10万吨级货轮,即中国运洋运输公司上海分公司的"宝青海"轮,从澳大利亚丹皮尔港装运82,630吨铁矿石抵港。

12月16日,国务院副总理李鹏视察北仑港区和镇海港区。

12月25日,宁波至北仑港铁路工程动工。

12月,镇海南至北仑港公路建成通车。

林大至毛礁公路建成。

1982 1月1日,宁波港务局从宁波迁到镇海城关镇沿江路42号。

5月11日,咸昶至英子山与海口桥至海口村两段公路建成通车。

9月,海口桥至慈丰公路建成通车。

12月27日,北仑港10万吨级和两个2.5万吨级矿石中转泊位通过国家验收,投入生产。

小港至东岗碶公路建成通车。

1983 9月22—23日,中共中央政治局委员、国务院副总理万里视察镇海港区、北仑港区和镇海石油化工总厂。

10月10日,宁波至北仑铁路土建工程指挥部成立,北仑铁路建设开始。

11月10日,全国政协副主席吕正操视察北仑港区。

12月,北仑港算山成品油码头(5000吨级)建成。

12月16日,国务院副总理李鹏视察北仑港区和镇海港区。

12月25日,宁波至北仑港铁路工程动工。1985年12月25日建成。

1984 1月22—23日,国务委员、国家计委主任宋平,交通部长李清视察宁波港。

1月27日,划镇海城关镇、湾塘乡、新矸乡和小港、临江乡的一部分,组建宁波市滨海区。

2月1日,新和至杨岙公路建成。

2月7日,中共中央政治局委员、全国人大常委会委员长彭真视察北仑港。

5月29日,宁波市最大的铁路、公路立交桥——陈华立交桥始建,11月6日建成。

8月,成立镇海县公路运输管理所。

9月,开航沥港—镇海—定海客班航线。

9月23日,镇海港区3座万吨级,2座3000吨级泊位兴建,1986年11月24日竣工,通过国家级验收。

10月20日,北仑港2.5万吨级通用码头开工。

10月29日,香港环球航运集团董事会主席包玉刚考察北仑港和开发区。

同日,宁波港举行首次集装箱远洋装船典礼,"衢江"轮首航香港。

11月16日,宁波至上海民用航空线通航。

11月29日,国务委员兼对外经济贸易部部长陈慕华视察北仑港区。

12月,镇海县交通监理站与镇海县公路运输管理所合并,成立镇海县交通监理所。

12月14日,江南公路由宁波经济技术开发区投资开工建设,全程16.9千米。

1985 1月1日,日本静冈县青年友好之船访华团一行401人,乘"新樱花丸"(16,000吨级)到达北仑港。

1月3日,全国人大常委会副委员长陈丕显视察北仑港区。

1月16日,巴西远洋轮巴拉号轮装载12.5万吨铁矿砂,靠泊北仑港码头。北仑港首次为上海宝山钢铁厂中转铁矿砂。

5月12日,全国人大常委会副委员长阿沛·阿旺晋美视察北仑港区。

9月22日,我国第1座22万吨级海上最大驳油平台"北仑号"在北仑港区投入试运行。

10月,镇海县撤销,改置为镇海、滨海(1987年6月改称北仑区)2个市辖区,建立滨海区交通局。

11月8日,我国第1艘15万吨级"普安海"轮,从澳大利亚丹皮尔港装载13.98万吨铁矿砂抵达北仑港区。

11月11日,浙江省航运公司宁波分公司第1艘万吨级货轮"浙海501"轮投入营运。

11月26日,329国道陈华公铁立交桥工程竣工。

12月,白峰涨埠山至定海鸭蛋山海峡轮渡建成。

12月25日,宁波至北仑铁路支线试通车成功。

育王岭至霞浦段公路完成双车道拓宽和次高级路面改造工程。

1986 1月1日,大碶汽车站交付使用。车站占地1600平方米,建有可容纳500名旅客的候车室。

1月31日,沟通杭(州)沈(家门)公路(329国道)的重要工程—白峰一定海鸭蛋山汽车轮渡试航成功,2月1日开渡。

4月23日,北仑港2.5万吨级通用码头动工,码头长200米,宽30米,前沿水深12.5米,总投资5122万元。1987年9月21日竣工,10月12日通过国家验收。

5月8日,全国人大常委会副委员长严济慈视察北仑港和开发区,并题词:"深水良港,前途无量"。

6月20日,中外合资宁波花港有限公司"甬兴"号高速客轮首航普陀山,翌年2月5日通航上海芦潮港。

10月6日,全国人大常委会副委员长黄华视察北仑港区。

11月2日,全国人大常委会副委员长廖汉生视察北仑港区。

12月1日,国务院副总理田纪云视察北仑港和开发区。

1987 1月1日,宁波至香港航线列入国家重点班轮航线,每月6班次。

1月21日,大榭渡400客位新渡轮验收通过并试航。

3月31日,大榭渡新渡轮正式通过验收。

4月13日,普安海轮首次运载12.9万吨澳大利亚矿砂抵达北仑港。

4月15日,"南极洲"轮装载2.5万余吨铁矿砂,从北仑港区运往南通港。这是宁波港首次中转进长江的铁矿砂。

5月5日,峙头洋涨公路最后600米公路验收。

6月13日,国内第一条采用沉管法建造的水底隧道——甬江隧道主体工程正式开工。

7月4日,梅山盘峙客运(佛渡—梅山—郭巨—沈家门)码头通过竣工验收。

7月,滨海区交通局更名北仑区交通局。

8月7日,国家计委批准宁波港北仑港区二期工程设计任务书,同意新建6个深水泊位,年吞吐能力350万吨。

9月11日,中共中央书记处书记、国务院副总理乔石视察北仑港。

9月16日,上梅渡3号轮发生沉船事故,63名人员落水,其中11人遇难。

10月10日,交通局建立“北仑区公路稽征所”,恢复“北仑区公路运输管理所”,实行两块牌子,一套班子,合署办公,统一领导。

11月11日,江南500吨级货运码头通过竣工验收。

12月23日,江南朱田—衙前公路通车,从此北仑区域18个乡镇实现了乡乡通公路。

12月30日,北仑港区年吞吐量突破1000万吨。

1988 1月5日,小港长山赵家桥竣工验收,交付使用。

1月8日,区交通局机关迁址,在新碶办公。

2月10日,三山慈丰至民丰公路验收合格,交付使用。

4月26日,大榭至穿山渡口、大榭端码头工程验收合格。

4月30日,宁波江东福明—小港的江南公路通车。

6月29日,大榭至穿山渡口穿山端码头工程验收合格,次月29日通渡。

8月4日,镇海炼化仓储公司算山码头10万吨级泊位正式动工。1989年2月改建为15万吨级泊位,1990年12月5日竣工投入运行,工程总投资4530万元。

8月19日,受8807号台风影响,大榭南渡2号轮、梅东渡1号轮发生空漂,所幸未发生船毁人亡重大事故。

9月17日,新造的上梅渡4号轮从宁波—梅山单程试航,26日通航。

12月20日,郭巨新碶客运码头工程验收合格,交付使用。

12月29日,江南公路新政桥验收合格。

穿山—咸祥公路海口公路桥改建竣工,验收合格,交付使用。

1989 1月28日,北仑区最后一个通村公路——峙头大屯—长坑简易公路竣工验收。

3月17日,世界十大豪华邮船之一的5万吨级英国邮船“堪培拉”轮靠泊北仑港区,来自20多个国家和地区的1693名游客上岸观光。这是中国首次接待大型国际邮船。

3月25日,15万吨级“凯蒙特”号油轮装载阿曼14万吨原油抵达北仑港。

4月27日,柴桥镇穿镇公路验收合格,交付使用。

5月3日,北仑港二期工程4—6号泊位动工建设,1991年5月3日竣工。1—3号泊位于1990年11月开工,1992年10月21日竣工。总投资3.897亿元。其中世界银行贷款3000万美元。

5月7日,交通部部长钱永昌在省交通厅厅长邵尧定、副市长叶信虎陪同考察北仑港。

10月14日,北仑区公交公司成立。

11月11日,北仑区首条公交线路81路开通运行。

11月20日,高速客轮“甬兴”轮由小港至上海正式通航,至上海仅需4小时。

11月30日,江南至五乡公路下邵化肥厂岭降坡改造工程通过竣工验收。

12月1日,海口至民丰公路拓宽工程通过竣工验收。

12月12日,大榭南渡—太平公路通过竣工验收。为我区第一条海岛国家四级公路。

12月29日,浙江省汽车运输公司宁波分公司下放北仑长途汽车运输公司,由北仑区交通局管辖。

同日,329国道穿山至白峰段修建工程开工。

12月30日,梅山下道头—沙塘公路通过验收,全长3.3千米,投资32.18万元,为四级公路,属于我区“七五”期计划项目之一。

1990 1月11日,塔峙清水至城湾公路通过竣工验收;19日举行通车典礼。

1月20日,新大路全线9座桥梁通过竣工验收。

2月7日,北仑区航管所正式下放,由北仑区交通局管理。

3月5日,北仑至宁波南站353路公交车开通。

3月20日,新碶至宁波轮船码头(82路)公交线路开通,北仑公交首次进入宁波市区。

4月15日,柴桥客运站正式启用。

5月6日,巴拿马籍17.8万吨级油轮“潭梦”轮装载16.4万吨阿曼原油,抵达北仑港并顺利过驳,为北仑港接卸的最大油轮。

6月3日,秦皇岛至北仑港6.5万吨级煤炭船“华凯”轮首航抵达。

6月28日,新碶至大碶公路一期工程完成。

7月20日,区交通局穿山500吨级客运码头第一期工程竣工验收,工程质量优秀。

8月6日,“上梅渡”5号轮(从上海新购,250客位)举行试航。

9月5日,亚运会接力火炬传递活动经过我区,由江南公路进入,经开发区、进港公路、329国道,乘白峰汽渡去舟山市。

9月30日,大碶至镇南(84路)、小港至五乡(85路)公交班车正式开通。

10月29日,北仑港区铁路通车,以此衔接萧甬线以及国内腹地铁路线。

11月11日,北仑港发电厂5万吨级煤码头建成。

12月5日,镇海炼油厂算山原油码头15万吨级泊位落成,设计年吞吐量1500万吨。

12月21日,北仑汽车客运站一期主体工程竣工验收,工程质量优秀。客运站占地面积2107平方米,总投资106万元。

12月28日,新碶至海口公路、新碶至大碶段改造工程竣工验收合格。

1991 1月5日,新碶至大碶公路通车,北仑汽车客运站落成。

1月14日,江南汽车客运站渡口停车场扩建工程竣工验收;28日开业。

2月9日,大碶至新和混凝土路面改造工程验收合格。

2月22—26日,国务委员王芳来甬,期间考察北仑港区。

3月22日,浙江省省长葛洪升考察北仑港集装箱码头。

3月30日,香港环球航运集团所属的巴拿马"世界胜利"号23万吨级油轮实载16.8万吨阿曼原油在北仑港顺利过驳,创宁波港进港船舶吨位和实载货物量两项新纪录。

4月16—19日,世界银行港口环保考察团一行3人,对宁波港进行为期4天的考察。

4月20日,中共中央政治局常委乔石在中共浙江省委书记李泽民陪同下视察北仑港。

4月29日,舟山"明珠湖"号高速客轮(经营开发区至舟山定海航线)首航仪式在开发区举行。

5月1日,香港董氏集团董事长董建华(顾宗瑞外甥)考察北仑港区。

5月3日,北仑港二期集装码头第一阶段工程——6座3万—5万吨级码头竣工。

5月17日,中共中央政治局常委李瑞环在省委副书记刘枫、市委副书记叶承垣陪同下考察北仑港区。

5月23日,全国人大常委会副委员长倪志福等一行视察宁波开发区和北仑港。

5月27日,我国大陆沿海港口目前最大装卸设备——岸边集装箱起重机,在北仑港区二期工程集装箱码头安装就位。机高82米,可起重500吨物体举至近60米高处。

6月10日,宁波市汽车东站对外开放,实行统一管理,我区发往宁波的11辆大客、22 辆面包车纳入宁东的进站场管理。

7 月 1 日，北仑港至日本神户港集装箱航线正式开通。北仑港区二期工程的第 1 个国际集装箱专用泊位投入试生产。

7 月 10 日，大榭南渡至长塘公路竣工验收合格。

8 月 1 日，区公路管理段下放到地方，归属北仑区交通局管辖。

8 月 3 日，枫林大石门桥竣工验收，工程质量优秀，为我区农村民间桥梁中首座高标准桥梁。

9 月 6 日，省道骆霞线汽渡至三航四处段、林大至霞浦段沥青路面改造工程通过竣工验收。

9 月 8 日，交通部部长黄镇东来甬考察交通建设工程，指出要尽快发挥北仑港综合经济效率益。

9 月 29 日，北仑港区二期工程第一阶段工程 3 万—5 万吨级 3 个泊位竣工并通过国家验收，交付使用。同时举行甬美航线通航典礼，省长葛洪升、交通部副部长王展意、代市长陈同海出席了庆典。

10 月 15 日，全国人大港澳代表团视察北仑港工业区。

10 月 22 日，中共中央总书记江泽民视察北仑港区和镇海炼化仓储公司码头。

10 月 31 日，新碶中河路交通局办公大楼主楼工程竣工验收，工程质量优秀。

11 月 1 日，镇大线江门岭至廿八房路段改道工程通车。

11 月 4 日，中河路交通局新大楼正式使用办公。

11 月 5 日，省重点工程 329 国道穿山至白峰段改造完成，举行通车典礼。

11 月 7 日，北仑区县乡公路养护管理站改站为所，下属养护道班改为养护站。

11 月 13 日，柴（桥）三（山）线柴桥车站至钟厂段混凝土路面改造工程验收合格。

12 月 7 日，交通部对我区境内 329 国道进行全面专线大检查。

12 月 13 日，郭巨新汽车站落成启用，86 路公交车（郭巨至镇南）开通。

12 月 17 日，宁波港旅客年吞吐量已达 3,010,784 人次，创历史新高，位居上海、大连港之后，居第三位。

12 月 20 日，北仑郭巨至上海十六铺长途汽车客运开通，为北仑区首路长途客运线。

12 月 27 日，329 国道穿山至白峰段改造工程竣工验收，工程质量优秀。

1992 1 月 8 日，中共上海市委书记吴邦国、市长黄菊率上海市党政代表团考察北仑港区。

1 月 20 日，我区首艘自行建造的钢质 40 客位“神马 2 号”渡轮在北仑船厂下水。经检验合格于 24 日投入运营。

1月22日,国家核心班轮宁波(北仑)至美国东海岸集装箱干线开通,北仑港集装箱码头列入国家远洋干线。

1月25日,汽渡至前进公路竣工验收。

1月31日,衙前至武警公路(四级砂石路)竣工验收。

2月22日,新和至东岙(四级混凝土路)竣工验收。

3月2日,满载20万吨阿曼原油的23.2万吨级超级油轮"世界大使"轮抵北仑港区靠泊,创进港船舶最大、实载货物最重两项纪录。

4月21日,大榭汽渡工程水工部分的码头工程重建竣工,投入试运行。

4月27日–29日,全国人大常委会副委员长荣毅仁视察北仑。

5月1日,中共中央政治局常委、国务院总理李鹏视察北仑港区,并题词:洋洋东方大港,改革开放前哨。

5月11日,北仑区第一艘沿海钢质货船(220吨级)投入营运。

6月15日,载重16万吨级巴拿马矿船"哈德逊"轮靠泊北仑港区,时为靠泊北仑港矿船载重吨位历史纪录。

6月16日,中共中央政治局委员、国务院副总理邹家华率中央25位部委级领导在省委书记李泽民、省长葛洪升、副省长柴松岳陪同下,视察北仑港区。

7月1日,新碶至大碶公路北出口段建成通车。

9月1日,北仑区首艘110客位"新沈"轮(北仑—沈家门)举行通航仪式。

9月2日,梅山砂塘至盐场公路(四级砂石路)通过竣工验收。

10月30日,穿山500吨级客运码头二期工程通过竣工验收。

11月30日,穿咸线昆亭岭隧道动工。

12月1日,北仑港区二期工程第二阶段工程3个3万—5万吨级深水泊位通过国家验收。

12月10日,柴桥至宁波南火车站(83路)公交车正式开通。

12月21日,北仑港区20万吨级矿石中转码头第一阶段工程——20万吨级卸矿泊位开工。泊位长360米,宽36.5米,前沿水深20.5米,可靠泊20万吨级以上(有条件兼靠30万吨级)散货船。设计年吞吐能力2800万吨。

12月29日,新大路北仑出口工程通过竣工验收。

1993 1月6日,中共中央政治局常委、国务院副总理李岚清视察北仑港。

1月22日,中共中央政治局常委、国务院副总理朱镕基视察北仑。

3月1日,全国政协副主席谷牧考察北仑。

4月22日,中共中央政治局常委、中央军委副主席刘华清考察北仑港区。

5月7日,郭巨至六横码头(郭巨—六横)动工建设。

5月17日,中共中央政治局委员、国务委员李铁映考察北仑港。

5 月 19 日,全国人大常委会副委员长陈慕华视察宁波开发区和北仑港区。

5 月 27 日,全国政协副主席赛福鼎·艾则孜考察北仑。

5 月 31 日,穿山汽车客运中心正式开业启用。

6 月 2—3 日,联合国副秘书长联合国环境规划署执行主席兼人类住宅区中心执行主任伊丽莎白·多德尔女士一行来甬期间考察北仑港区。

6 月 24 日,北仑船务公司所属“北仑 2 号”万吨轮在北仑港举行首航典礼。

7 月 15 日,“梅东 1”号钢质渡轮(60 客位)通过验收。

7 月 20 日,小港红联渡口路通车。

8 月 10 日,国务院侨办主任廖晖考察宁波开发区和北仑港区。

9 月 2 日,北仑港二期工程荣获交通部组织评选的全国“交通双十大工程”称号(十大公路工程和十大水运工程)。

9 月 27 日,北仑区航运公司第一艘新建“海驳号”2200 吨级货轮在浙江船厂下水。

10 月 9 日,329 国道育王岭改建路段全线双幅通车。

10 月 26 日,“大榭汽渡 4”号渡轮(150 客位、6 车位)经过半年试运行后通过竣工验收。

11 月 21 日,中共中央政治局常委、书记处书记胡锦涛视察北仑港。

11 月 23 日,全国人大常委会副委员长李沛瑶视察北仑港。

11 月 25 日,新加坡内阁资政李光耀一行考察北仑港。

11 月 27 日,朱田洋至武警学校公路衙前至武警学校段混凝土路面改造工程通过竣工验收。

12 月 28 日,北仑港 10 万吨级码头在 1993 年接卸铁矿超千万吨(1012.9 万吨),宁波港务局召开祝捷大会。

1994 1 月 6 日,中共中央政治局委员、国务院副总理李岚清视察北仑港区、宁波开发区和保税区。

1 月 15 日,上阳至白峰公路开工建设,11 月 19 日竣工通车。全程 9.52 千米,总投资 1100 万元。

1 月 17 日,大榭汽渡南端接线配套公路(渡口至后所、舞岭至渡口)竣工验收。

1 月 18 日,省道骆霞线小港至北仑港区段改造工程竣工,全长 10.3 千米,耗资 1800 万元。

1 月 22 日,历时施工 13 个月的昆亭岭隧道毛洞贯通。

1 月 29 日,329 国道大碶、清水、蒋家碶三座桥梁改建工程竣工验收。

2 月 4 日,白峰至郭巨公路沥青路面改建工程竣工验收。

3 月 7 日,区航运公司第一艘海轮“海伦号”(2200 吨级)建成。同月 9 日举行首航仪式。

3月30日,第二阶段工程2.5万吨级矿石装船泊位开工。泊位长150米、宽30米、水深11米。工程质量总评为优良。

4月1日,北仑航管所白峰航管站挂牌成立。

4月11日,中国香港著名作家金庸参观北仑港区。

5月11日,冶金部部长刘淇考察北仑港区。

7月1日,大榭浮桥开工建设,全长444.78米,总投资2000万元。

7月11日,北仑至湖南娄底铁矿运输专列开通。

8月11日,北仑至江西新余铁矿运输专列开通。

9月27日,北仑港区20万吨矿石中转码头第一阶段工程——20万吨卸矿泊位竣工。次年12月19日通过国家级验收。

9月28日,宁波南站至穿山渡口556路公交线路开通,待大榭跨海大桥建成后延伸入岛,全程45千米。

10月28日,郭巨至六横汽车渡正式通航。

同日,首条高等级城市快速通道——通途路开工。

12月3日,镇海炼化仓储公司码头25万吨级原油泊位改建工程竣工,装载19万吨原油的25万吨级伊朗籍"比索通"号油轮顺利靠泊。

12月4日,国务院副总理邹家华视察北仑港区。

1995 1月2日,全国政协副主席吴学谦在市政协主席叶承垣陪同下视察北仑港区。

2月18日,柴桥镇穿山村"浙甬渔18号"轮、从沈家门返航途中,在峙头洋小猫岛附近海面沉没,失踪70人,死亡2人,获救4人。东海舰队先后派出舰艇和直升飞机进行搜救。

2月20日,巴拿马籍25万吨"阿索斯湾号"油轮靠泊北仑港镇海炼化仓储公司码头。该船长338米,宽53米。

6月8日,宁波花港有限公司高速客轮"甬旺""甬达"号首航仪式在小港码头举行。

同日,招宝山大桥主桥墩桩基工程开工,举行开工典礼。

6月19—21日,穿(山)咸(祥)公路二期、329国道大碶穿镇段和大榭汽渡码头,三项工程竣工验收合格。

10月1日,同(江)三(亚)高速公路北仑段开工。

10月25日,甬江隧道建成试通车。隧道总长3400余米,其中隧道长1019米,江中沉管长420米,路面宽7.5米,净高4.5米,工程总造价1.61亿元,于次月8日通车。

10月,北仑港埠公司20万吨级矿石码头投入运行。

11 月 4 日，国家对外贸易经济合作部部长吴仪视察开发区、保税区和北仑港。

12 月 6 日，30 万吨级巨轮“大凤凰”号靠泊北仑港 20 万吨级矿石中转码头，该轮长 333.56 米，宽 62.01 米，为世界 7 艘超级散货船之一。

12 月 13 日，78 路（新碶—镇海招宝山）公交车开通营运。

12 月 16 日，挪威籍 30 万吨超级油轮“别克伯爵”号抵达北仑港。

12 月 28 日，通途路（后称泰山路）通车，市领导张蔚文、叶承垣、孔宪旦、孙焱彪等出席通车典礼。通途路西起小港建设村洪家，东至新碶长江路，全长 12.24千米，宽 50 米，为双向 6 车道。

1996 1 月 12 日，国务院总理李鹏第三次视察北仑港。国务院副总理吴邦国随同视察。

1 月 23—24 日，穿（山）咸（祥）公路一期（昆亭岭）、三期（柴桥新车站—朱家漕）和江南至下邵公路改造工程交工验收。

1 月 25 日，区交通局江南货运码头扩建工程（500 吨级扩建为 1000 吨级）竣工验收。

1 月 31 日，明州路西延工程通车。

2 月 6 日，江南汽车客运中心正式投入试用。

6 月 2 日，北仑至美国东海岸国际集装箱干线班轮正式开通。

6 月 9—10 日，国务院副总理钱其琛考察北仑港。

6 月 30 日，北仑港区 20 万吨矿石中转码头第二阶段工程——2.5 万吨级矿石装船泊位竣工。

7 月 8 日，北仑铁路有限责任公司正式挂牌，成为上海铁路局范围内首家按现代企业制度改组的国有独资公司。公司拥有宁波至北仑全长 35.5 千米铁路支线，主营物资整车到发业务，注册资金 6060 万元。

8 月 19 日，由宁波恒富船业集团公司建造的 2 万吨级省内最大船坞在白峰投入使用，船坞长 180 米，坞门宽 24 米。

9 月 28 日，松花江路建成通车，城区形成通途路—松花江路—骆（驼）霞（浦）线—珠江路大环线，使大港工业城交通条件得到重大改善。松花江路全长 2100 米，宽 42 米，总投资约 3600 万元。

11 月 25 日，江南公路绿化工程全线竣工。完成绿化面积 27.92 万平方米，共投入自筹资金 1136.36 万元。种植各类苗木 20.29 万株，砌挡土墙 1.73 万立方米，草坪绿化 22.95 万平方米，回填土 13.1 万立方米。

11 月 25—27 日，北仑通途路小港连接线工程竣工验收，被评为优良工程，于 12 月 1 日，通途路全线贯通，正式通车。

12 月 6—7 日，梅山渡口至里岙公路改造工程交工验收，为优良工程。

1997 2月24日,市交通委员会同意撤销小港镇新棉渡。

3月31日,北仑港镇海炼化仓储公司25万吨级原油泊位码头正式通过验收。

4月1日,县乡养护所与专业养护合并,迁址公路段正式办公。

4月18日,大榭跨海公铁两用大桥动工兴建。

4月18—21日,原国务院副总理谷牧视察开发区、保税区和北仑港。

5月22—26日,全国人大常委会副委员长费孝通考察北仑港,并题词:“东方大港,大有作为。”

6月,明州路北仑汽车客运中心动工兴建。

6月25日,北仑区公路运输管理、稽征法院联络室成立挂牌。

7月15日,329国道陈华至羊白岭段改建工程交工验收,被评为优良工程。

7月28日,姚墅岙—通途路连接公路通过验收,为优良工程。

8月6—7日,铁道部副部长蔡庆华率铁道部鉴定中心、建设司有关负责人视察北仑港。

9月1日,宁波海监局北仑监督站西区分站正式成立。

9月5日,白峰至普陀山高速客轮首航。

9月27日,区交通局穿山500吨级货运码头加固扩建工程竣工验收合格。

10月14—17日,以全国政协副主席阿沛阿旺晋美为团长的全国政协民族和宗教委员考察团,考察北仑港、宁波经济技术开发区。

10月22日,《镇海县交通志》举行发行仪式。

10月31日,以全国政协常委唐翔千、庆世平为团长的香港特区全国政协视察团,视察宁波开发区大港工业城和北仑港区。

11月4日,329国道北仑段创文明样板路工程通过交通部验收。

11月22日,由中央电视台、浙江电视台制作中心联合摄制的电视剧《东方大港》在北仑开拍。

同日,韩国三星重工业(宁波)有限公司独资在宁波经济技术开发区建设的分体造船厂,一期工程竣工投产。

12月1日,首条无人售票公交线——新碶至大碶客运站801路开通。

12月30日,全省最大的杨公山商用液化石油气码头主体工程通过竣工验收,总投资1.34亿元。可靠泊1万—5万吨级油轮或同时靠泊1000—5000吨级油轮2艘,年吞吐能力270万吨。

1998 1月19日,梅山里岙至梅西公路竣工验收,为优良工程。

2月16日,镇南至大碶公路阀门厂至通途路、许胡至算山、新海线海口至民丰段公路改建工程通过竣工验收。

7月7日,全国人大常委会副委员长彭佩云视察宁波开发区。

8月2日,60辆"港城小客"正式投入市场营运。

9月9日,巴哈马籍超级大型油轮"莫斯金"号(MOSKING),在宁波海监局巡逻艇全程护航下,顺利通过虾峙门航道,成功靠泊北仑港25万吨级原油码头。该轮长354.5米,宽56.4米,是世界最大的油轮之一,也是靠泊中国大陆沿海港口最大吨位的船舶。

9月25日,白峰港监艇码头通过竣工验收,投入使用。

10月10日,浙江省政府正式批复大榭岛包括水域、陆域、锚地、外轮港航线等的对外开放范围。

11月20日,全国政协副主席宋健一行视察北仑港。

11月28日,北仑汽车客运中心正式启用。

12月10日,穿山半岛进港公路白峰至童家岭段主车道混凝土路面完成浇筑。全长6.64千米,总投资3042万元。12月下旬正式通车。

12月16日,同三高速公路大碶至宁波大朱家段通车。这是宁波市自行筹资、建设、管理的第一条高速公路,全长28.6千米,总投资12.44亿元。

12月21日,穿咸线四期柴桥上周至新车站段、穿咸线五期三山窑厂至海口桥梁通过竣工验收,为优良工程。

1999 1月22日,穿山半岛进港公路全线贯通。

2月24日,北仑港首次承接国际集装箱货物转运业务,由法国"布莱特"轮承运的822FC国际集装箱运抵北仑港。

3月8日,北仑港三期集装箱码头开工。地址在北仑山西侧,东接金光粮油码头,西连北仑电厂码头。

3月11日,塞浦路斯籍"仙女"号油轮驶抵宁波港,安全靠泊算山码头1号泊位,该轮长317米,本航次装载原油20.6万吨,吃水深达19米,是宁波港迄今接卸吃水最深的一艘油轮。

7月7日12时25分,"伊朗尼莎"号超大型油轮靠泊算山码头,该轮来自挪威斯顿港,本航次实装原油29.6万吨,是抵达宁波港装载油量最大的船舶。

8月8日,宁波美日汽车制造有限公司动工兴建。

10月6日,中共中央政治局委员、全国人大常委会副委员长姜春云视察北仑。

10月16日,满载5.25万吨散装大豆的巴拿马籍大型远洋货轮"天使信念"号成功靠泊金光粮油码头,是宁波港装卸油籽类货物批量最大的一次。金光粮油码头是省内唯一的5万吨级粮油专用码头,年设计吞吐量为374万吨。

11月29日,"中昌2"号轮在北仑港埠公司码头装载5036吨矿砂,驶往长江下游的南京梅山钢铁厂,这是继1998年开通北仑至鞍山钢铁厂直达运输线后又一条江海直达运输线。

11月30日,泰山路329国道连接线通过竣工验收。被评为优良工程。

12月10日,新海线茅岭隧道及接线工程启动,工程起于大碶杨岙,终于三山民丰,全长1.9千米,总投资1340万元。

12月30日,通途路拓宽工程开工,全长11千米,路面由原来的29米拓宽为70米,新增绿地10.6公顷,总投资1.3亿元。

2000 1月27日,霞浦至上傅农村公路改造工程通过竣工验收。

2月7日,全国政协副主席陈锦华视察北仑。

3月4日,北仑汽运有限公司一辆客运大巴车在宁海境内发生特大交通事故,与农用中巴相撞,造成5人死亡、8人受伤。

3月20—23日,全国人大常委会副委员长何鲁丽来宁波考察,期间省市有关领导陪同考察北仑港。

3月31日,江南龙钟公路通过竣工验收。

4月14日,北仑发电厂5万吨级卸煤码头通过竣工验收,正式投入使用。

4月19日,宁波市沿海中线工程可行性报告评审会在北仑召开,起于白峰镇郭巨,止于奉化下陈,全长84千米,北仑境内27千米,总投资10.9亿元。

5月17日,宁波美日汽车制造有限公司的第一辆美日汽车驶下生产线。

5月27—31日,全国政协副主席任建新来甬考察,期间市政协副主席尹礼虎陪同视察北仑港。

5月29日,北仑汽运有限公司开通北仑至宁波快客。

6月24日,全国首座公路、铁路合建于同一平面的跨海大桥——大榭跨海大桥顺利合拢。桥面宽28.2米,其中,居中7.2米为单线铁路,两侧各10.5米为汽车双车道及人行道,主桥净孔高22米,3000吨级船舶可以自由通行。

7月23日,全国政协副主席叶选平,全国政协常委、文史委员会主任朱作霖,在省政协主席刘枫、市政协主席叶承垣陪同下视察北仑港。

8月29日,第六代集装箱船、最大舱容达6252标准箱的丹麦马士基海陆航运公司的"华盛顿"号集装箱轮,首航北仑港区。

10月,泰山路至开发区段拓宽工程竣工。全长11千米,路面宽70米,双向6车道,两侧绿化带宽15米。

11月13日,中共中央政治局常委,中央书记处书记,中华全国总工会主席尉健行视察宁波港,观看北仑20万吨级矿石中转码头、900米集装箱码头及4台卸船机同时卸矿、第五代集装箱船离泊的情景,对宁波港的发展成就给予高度的肯定。

12月23日,同江三亚线国道主干线宁波境内大碶至西坞段高速公路,通过交通部等有关部门组织的国家级工程竣工验收。全长50千米(北仑境内6.05

千米)，总投资19.7亿元。

2001 1月8日，北仑第三期集装箱码头工程4个泊位中的1—2号泊位水工工程通过竣工验收，被评为优良工程。

3月1日，北仑港800兆赫兹无线集群语言对讲系统，在北仑港集装箱码头投入使用，总投资200万元。

4月28日，大榭跨海大桥通车。全长4350米，总投资45,640.4万元。

5月11日，泰山路至329国道大碶沿山公路竣工验收。

6月7日，孔墅至朱田农村公交车开通。

6月8日，连接镇海与北仑的协作体系独塔斜拱桥——宁波招宝山大桥建成通车。全长2482米，主跨径258米，通航净孔高32米，5000吨级船舶可自由通航，总投资4.69亿元。

6月9日，新世界联盟"APL法兰西"轮首航宁波港，靠泊北仑集装箱公司码头，装卸1102标准箱(舱容为3900标准箱)，标志着宁波港开通第6条直通欧洲的国际集装箱远洋干线。至此，宁波港的国际集装箱远洋干线班轮每月已突破50班次。

6月25日，大碶至海口公路杨岙至民丰段茅岭隧道竣工验收。

7月5日，镇海威远轮船公司"招宝山"轮加入白峰小门至普陀山的客运，水路全程航时110分钟。

8月7日，"上梅渡客渡8"号轮通航。

8月25日，经国家经贸委、交通部批准，宁波港北仑股份有限公司正式挂牌。

8月28日，意大利邮船公司所属"意忠"轮在北仑集装箱码头装卸500标准箱后驶往美国，标志着宁波至美国又一条集装箱同班航线正式开通。至此，宁波港集装箱班轮月航班达58班。

同日，宁波北仑国际集装箱码头有限公司正式挂牌。

9月，由中国石油化工集团与宁波港务局合资建设的大榭岛25万吨级、2万吨级油码头等项目建成，总投资约5亿元。

9月16日，第一个大型码头——宁波实华原油码头有限公司25万吨级原油中转码头建成并投入试生产，次年6月7日正式投产。

9月24日，日本川崎汽船株式会社所属"金门桥"轮在北仑集装箱码头装卸集装箱后驶往欧洲，又增加一条宁波港至欧洲集装箱同班航线，为宁波港2001年新开辟的第五条集装箱干线班轮。

12月28日，北仑港三期集装箱码头竣工。

2002 1月22—25日，宁波经济建设促进协会名誉会长谷牧来宁波考察，期间，考察北仑港区20万吨矿石码头和集装箱码头。

1月24日,根据仑政办〔2002〕2号文件,撤销北仑区交通局,组建北仑区交通与建设局。

2月,宁波美日汽车制造有限公司更名为浙江吉利汽车有限公司。

4月4日,总舱容为6725标准箱的"地中海玛丽安娜"号集装箱轮靠泊宁波港北仑港区,标志着宁波至地中海、欧洲集装箱同班干线正式开通。

6月14日,清水至和鸽公路、329国道、大名桥、沃家桥至军民桥公路三个项目通过竣工验收。

6月26日,由宁波港务局与宁波保税区共同投资建设的宁波新世纪国际集装箱货运站工程通过竣工验收。占地6.23万平方米,总投资约8200万元。

7月2日,北仑货运市场开业,全区货运市场进入规范化。

8月8日,大榭港区2万吨级通用码头建成并通过竣工验收,投入使用。码头泊位长240米,宽34米,占地10万平方米,前沿水深12米,设计年吞吐量51万吨。

8月12日,北仑港四期集装箱码头开工建设。3号、4号泊位分别于2004年5月21日、9月15日竣工验收;5号、6号泊位分别于2005年3月24日和7月建成;7号泊位于2006年12月8日建成投产。

12月21日,舱容为1504标准箱的"诺曼角"轮首航至宁波北仑国际集装箱码头,这是新开辟的一条东南亚集装箱航线,至此,宁波北仑国际集装箱码头有限公司已拥有3条东南亚集装箱航线。

12月23日,小港鲍家洋至下邵公路、汽渡至前进公路竣工验收。

2003 1月6日,以星轮船舶务有限公司的"以星地中海"号集装箱轮,靠泊北仑国际集装箱码头有限公司的集装箱码头,装载396标准箱(舱容为4992标准箱)前往美国东海岸,这一航线的开辟,填补了宁波港没有美东集装箱直达航线的空缺。

1月20日,梅山农四轮改造全面完成,梅山绿岛巴士开通。

1月24日,北仑港可靠泊5万吨级船舶的通用泊位扩建工程全面竣工,并通过验收,为优良工程。

2月2日,"博威"轮首航至宁波北仑国际集装箱码头,标志着北仑国际集装箱码头有限公司的首条南美集装箱远洋干线正式开通。

2月9日,4万吨级散货船"北仑1"号轮投入营运,为北仑区首艘万吨级船舶。

2月10日,撤销北仑区交通与建设局,恢复北仑区交通局。

3月18日,宁波港北仑港区国际集装箱码头(北仑三期)工程通过国家验收正式投产。新建专用泊位4个,码头岸线总长1238米,总投资22亿元。

4月,国家计委批准在大榭兴建30万吨级油码头及储罐项目,总投资6.5

亿元。

4月22日,宁波港大榭客运站投入使用,白峰小门客速客轮航线整体移址大榭客运站。

5月9日,中共中央政治局委员、书记处书记、中组部部长贺国强在省市有关领导陪同下,考察宁波港北仑港区。

5月20日,梅东公路、白洋线一期郭巨至双岙段工程竣工验收,为优良工程。

6月18日,88路(北仑新碶至宁波体育馆)公交车开通。

6月29日,北仑港区用30小时30分卸完希腊籍20万吨巨轮"命运女神"号的169,691吨巴西铁矿,创全国单船卸货最快纪录。

7月1日,城区802、804、805、806路公交车开通,标志北仑城市公交正式运行。

7月8日,329国道陈华至白峰段及沿海中线北仑段公路改造工程动工,为北仑区首条"四自"交通建设项目。全长42.19千米,工程总投资7.83亿元,工期为24个月。

8月31日,世界最大的集装箱船"索文伦马士基"轮靠泊北仑港区。船长347米,宽42.8米,舱容8100标准箱,是港区迄今靠泊最大、引领最长的集装箱船。

9月14日,法国达飞轮船公司"达飞卡多尼亚"轮首航宁波北仑港,开通首条宁波港至黑海、地中海东岸航线。

9月26日,北仑第二集装箱有限公司在装卸第六代巨轮"地中海中国"号集装箱时,以5小时33分装卸992标准箱,创下港口船时效率186.12自然箱的新纪录,以及一台桥吊平均每小时装卸49.2自然箱的高效率,接近国际现代化港口水平。

9月,北仑富春江路建成通车,全长8897米,宽52—62米,总投资3亿余元。

10月2日,宁波港集装箱吞吐量首次突破200万标准箱大关,全年达到277.22万标箱,比上年净增90余万标箱,增长49.1%,增幅连续5年居大陆沿海主要集装箱港口第一位。

10月8日,香港丽星邮轮公司旗下"狮子星"号邮轮,搭乘2094名游客和船员,顺利靠泊北仑港区,来自14个国家和地区的旅游者首次来到宁波。在宁波旅游观光、休闲购物约几小时,随后,邮轮离甬返港。

10月21—23日,中央军委主席江泽民视察北仑港。

10月31日,挪威籍30万吨级特大矿石船"凤凰·伯爵"轮在4艘大马力拖轮帮助下靠泊北仑港区20万吨(可兼靠30万吨级散货船)矿石中转码头。船长334米,宽64米,满超吃水深19.86米。本次航载进口铁矿28.49万吨,是中国港口靠泊接卸的单船装载量最大的船舶。

2004 1月16日,北仑第三集装箱有限公司成立。

1月20日,由上海红双喜游艇有限公司制造的迄今最大的超豪华游艇从北仑港区出口,由意大利油船公司集装箱船运往意大利热那亚市港口。游艇长25米。自重约60吨,造价2000多万元。

1月20日,中共中央政治局常委、国务院副总理黄菊在交通部部长张春贤、浙江省省委书记习近平、省长吕祖善等陪同下,视察北仑港三期国际集装箱码头,慰问干部职工,并在码头听取宁波港生产、建设、规划情况的汇报。

1月24日,巴拿马籍"奥德力"轮靠泊集信码头,外籍海员首次登上大榭岛。

2月22日,北欧亚航运、以色列以星轮船和中海集运3家船公司联合开辟的首条环球国际集装箱航线正式开通,从此宁波港远洋集装箱干线达到100条。航线实行周班服务,每周日抵北仑国际集装箱码头,当日离港,途经中东、西欧、美东及美西后返回。

3月15日,省爱乡楷模、香港泰昌祥轮船(香港)有限公司董事长顾国华、香港东方海外航运公司董事长董建成一行访甬,考察宁波港口。

4月8日,具有独立法人资格的国有独资有限责任公司——宁波港集团有限公司正式挂牌成立。

5月1日,大榭南岗隧道工程通过竣工验收,全长376米,宽12.7米,单向双车道,净高5米,总投资约1500万元。

5月13日,东方海外货柜航运公司从韩国三星重工订造的超大型集装箱船——"东方宁波"号,从韩国出发,经23小时的处女航,首靠北仑第二集装箱码头。船长323米,宽42.8米,高24.6米,舱容8063标准箱,最大载重量99,518吨,最大航速25.2节。该轮成为首艘以"宁波"命名的超大型集装箱船,投入太平洋航线,沿途靠泊巴生港、新加坡、长滩、中国香港、高雄等港口。

5月20日,国家重点工程——甬沪宁进口原油管道竣工投产。管道南起宁波港大榭港区25万吨原油码头,向北越过杭州湾到达上海浦东高桥石化,经南京至扬子石化。管线全长645千米,贯浙、沪、苏等地,连接中国石化的镇海、上海、高桥、金陵、扬子五大骨干炼油厂。这是全国第一条大口径、长距离原油输送管道,年输送能力2000万吨以上。

6月9日,招商局集团香港明华船务有限公司新建的30万吨级双壳超级油轮"凯鸿"号,从沙特阿拉伯装载27.9万吨原油,靠泊大榭码头,成功完成下水后的处女航。宁波港首次成为30万吨级油轮处女航目的港。油轮长329.99米,宽60米,最大吃水21.523米。

6月13日,中共中央政治局常委、中央政法委书记罗干视察北仑港。

6月16日,城区新开通706、707、708三条公交线、801路延伸至汽运公司。

6月30日,浙江远洋公司“兰花香”轮、港通船务公司“浙椒机312”号轮靠泊北仑第三集装箱有限公司3号泊位,进行集装箱装卸作业,标志着北仑第三集装箱有限公司投入试生产。

8月5日,中远集运公司在韩国蔚山现代重工造船厂订造的超大型集装箱船——“中远长滩”轮成功首航抵北仑港。该船长300米,宽42.8米,吃水13米,最大航速25节。舱容8000标准箱,将投入宁波至美国西海岸直达集装箱航线运营。

8月15日,中海集装箱运输股份有限公司超大型集装箱船——“中海亚洲”轮成功首航抵宁波港。该船总长334米,宽42.6米,最大舱容8500标准箱。

10月6日,国务院副总理曾培炎视察大榭开发区25万吨级原油中转码头。

11月10日,大榭万华工业园5万吨级煤盐码头顺利通过竣工验收。码头泊位长340米,年设计吞吐量500万吨。

11月17日,全国人大常委会副委员长成思危在省政协副主席吴国华陪同下来甬视察。期间,做了题为《现代物流业与物流中心》学术报告并视察北仑港、保税区、宁波出口加工区等地。市领导巴音朝鲁、毛光烈等陪同视察。

12月28日,宁波港实现“双突破”:2004年货物吞吐量突破2.2亿吨,集装箱吞吐量突破400万标准箱。省政府在甬召开宁波港集装箱发展座谈会,世界排名前20的船公司参会,共商宁波港发展大计。

2005 1月5日,浙江省口岸办在北仑港区召开台塑一期码头对外启用验收会议。审议并通过验收。

1月23—24日,329国道陈华至白峰段、沿海中线北仑段工程竣工验收合格并通车,是区域内首条“四自公路”。

3月3日,比利时籍40万吨级超大型油轮——“泰欧”(TIEUROPE)号,成功靠泊大榭实华原油码头。宁波港成为中国第一个通过靠泊40万吨级“泰欧”轮的港口,也是亚洲第一个成功靠泊接卸40万吨级巨轮的港口。该轮长380米,宽68米,最大航速16节,载荷44.16万吨,满载吃水24.53米。

3月9日,宁波大碶疏港公路港区延伸段工程通过专家预审,该工程起点为同三高速公路大碶段,经北仑城区,至北仑港二、三期集装箱码头止,全长5.04千米。全线采用高速公路技术标准,设计时速100千米,路基宽26米,沿途桥墩将采用双柱式墩。项目总投资4480万元,计划于2007年12月底建成通车。

3月17日,宁波港北仑四期集装箱码头5号泊位水工工程顺利通过预验收,为优良工程。泊位长415米,码头前沿停泊水域水深17.0米。

3月25日,巴拿马籍“三阳一号”轮靠泊北仑港区青峙化工码头,该码头经批准临时对外开放以来,首次靠泊外籍船舶。

5月20日,南美轮船集团的北欧亚航运公司下属"北欧亚智利"轮和"智利罗伊"号集装箱船成功首航,抵达宁波港北仑第二集装箱有限公司码头,标志宁波港至欧洲和南美东两条集装箱远洋干线正式开通。

5月23日,省长吕祖善考察北仑港四期、五期集装箱码头。

6月24—30日,协助市交通局完成329线、小港及保税区至宁波的中巴车改造任务。此次公交化改造涉及139辆客运中巴车辆。

6月28日,宁波港北仑港区三期二阶段工程竣工验收,被评为优良工程,正式投用。总投资3.5亿元,年吞吐能力新增40万标箱。

6月30日—7月1日,中共中央政治局常委、中央纪委书记吴官正,中纪委秘书长干以胜,常委吴玉良一行,在宁波考察和指导工作。期间考察北仑港,在三期码头听取情况汇报,察看港口发展规划图。

6月,大榭万华工业园5万吨级液化体化工码头工程通过竣工验收,泊位长330米,前沿水深19米,可停靠1万—10万吨级船舶,年设计吞吐能力157.8万吨。

7月17日,世界上最大的集装箱船——"地中海帕梅拉"轮,成功靠泊北仑港区码头,装卸4579标箱后驶往欧洲。该轮长336.7米,宽45.6米,最大吃水15.2米,最大航速25.2节,舱客9200标箱。该轮的成功挂靠,使宁波港接纳集装箱船的载箱量从8000标箱跃升至9000标箱的新台阶,标志着宁波港已步入国际重要节点港。

7月18日,宁波港与西班牙第三大港——基鸿港签署友好港合作协议。中海集运在宁波北仑国际集装箱码头新辟一条环球航线。

8月17日,中国最大矿砂专用船——"河北创新"轮装载20.85万吨非洲铁矿,靠泊北仑港区20万吨级矿石专用码头。该轮是由25万吨级油轮改造而成。

9月,北仑港区二期集装码头第三阶段工程——1座3万吨级泊位和1座7000吨级泊位建成。

10月30日—11月3日,全国人大常委会副委员长乌云其木格来甬考察,期间,参观考察北仑港区,市领导陈勇、邵孝杰陪同考察。

11月14日,注册北仑区的"先锋海1"号轮在上海与江苏分界处海域沉没,死亡2人,失踪11人。

11月15日,宁波港集团原油中转量首次突破3000万吨,同比增长58%,占全国四大原油中转基地总量的50%以上,连续6年位居全国大陆沿海港口首位。同日,丹麦籍集装箱轮"凯特马士基"号靠泊宁波北仑第二国际集装箱码头,标志着北仑口岸年出入境中外籍船航流量首次突破一万艘次。

12 月 20 日,省政府在杭州召开宁波—舟山港一体化新闻发布会,宣布"宁波—舟山港"名称于 2006 年 1 月 1 日起正式启用,原"宁波港"和"舟山港"名称不再使用。

2006 1 月 10 日,中国台湾安平港至北仑港航线成功试航。

1 月 16 日,巴拿马籍滚装船"海神"(KAIJIN)轮抵靠大榭集信码头装货。该轮长 195.54 米,宽 28.80 米,总吨 41,931 吨,净吨 12,580 吨,载重吨 17,183 吨,是首艘靠泊大榭港区的大型滚装船。

2 月 12 日,丹麦籍集装箱船"亚瑟·马士基"轮成功靠泊北仑第二集装箱有限公司码头。该轮长 352 米,是靠泊北仑港最长的集装箱船。

2 月 20 日,大榭 25 万吨级原油中转码头工程通过交通部组织的竣工验收,核定为优良工程。这是国家新的《港口工程竣工验收办法》实施后,在甬验收的第一座码头。

3 月 22 日,宁波—舟山港集团举行"中远宁波"集装箱船命名及首航仪式。该船长 350.57 米,宽 42.8 米,吃水 14.5 米,时速 25.4 海里,船用能力 10.73 万载重吨,9500 标准箱。

4 月 2—3 日,中共中央政治局常委、国家副主席曾庆红在浙江省省委书记习近平、省长吕祖善、市委书记巴音朝鲁、市长毛光烈等陪同下,考察北仑港三期集装箱码头;认真听取北仑港开发建设和宁波—舟山港一体化进展情况汇报,详细了解港口资金支持、货物吞吐量、规划发展等方面情况。

4 月 22 日,宁波大榭招商国际码头开辟中东、美西海运周班航线。其中,中东航线依次靠泊上海、宁波、香港、新加坡、迪拜、阿巴斯港、卡拉奇、槟榔屿;美西线依次靠泊上海、宁波、奥克兰、洛杉矶。

5 月 11 日,北仑区(北仑船务公司)4.3 万吨级货船试航。

5 月 18 日,国家发改委批复同意建设宁波穿山疏港高速公路项目。

5 月 29 日,巴拿马籍国际超豪华邮轮"寰球"(THEWORLD)号靠泊大榭招商国际码头,是大榭港区首次迎来大型国际线豪华邮轮。该轮长 196.35 米,宽 29.8 米,总吨位 4.3 万吨,净吨位 1.5 万吨。此次停留约 40 小时。

6 月 15 日,韩国"景阳荣誉"轮,装载 1000 吨苯胺靠泊大榭万华码头。

8 月 8 日,在宁波开发区吉利汽车公司举行国内首台自主研发的 CVVT 发动机 JL4G18 批量生产点火仪式。

8 月 11 日,北仑港区四期集装箱码头 3、4 号泊位工程通过验收,至此,四期集装箱码头 5 个 5 万—10 万吨级泊位全部建成。

8 月 22 日,"中海新洛极机"轮首航抵靠北仑港,是靠泊北仑港最大集装箱轮。

9月14日,五星级豪华日本籍国际邮轮“太平洋维纳斯”号靠泊大榭招商国际码头。

9月28日,“梅山渡2”号渡轮下水试运。

11月28日,省道骆霞线北仑段疏港干线改建工程全面完工,并通过竣工质量鉴定,评为合格工程。全长11.451千米,按二级公路标准设计,设计行车速度60千米/小时。

12月8日,由北仑第三集装箱公司与中远码头(宁波北仑)有限公司、东方海外货柜码头(宁波)有限公司、国投交通公司共同投资组建的中外合资公司——宁波远东码头经营公司7号泊位投入试生产,码头全长385米,前沿深17米,具备年吞吐60万标箱。

12月25日,骆霞线小港泰山路至钱塘江路段改建工程竣工验收。

12月26日,宁波—舟山港口年货物吞吐量突破3亿吨,同比增长13%,继续保持中国大陆港口第二位。

12月27日,宁波—舟山港集装箱吞吐量突破700万标箱庆典,在北仑穿山港区举行。出席庆典活动的有浙江省省委书记习近平,副省长王永明,宁波、舟山两市四套班子,以及海军东海舰队有关领导。宁波港集团600余名代表参加庆典观礼等活动。10时33分,习近平按下宁波—舟山港第700万只集装箱的起吊按钮。2006年,宁波—舟山港集装箱吞吐量达706万标箱,比上年约增186万标箱,增长35%,增幅列中国主要集装箱港口前茅。

2007 1月25日,北仑长途客运站从新大路485号的北仑客运中心搬迁至珠江路的北仑客运总站。

4月24日,下午,省交通厅王洪涛副厅长在省港航管理局郑惠明局长陪同下,来北仑区检查“五一”黄金周水路客运工作。

5月22日,县道江五线陈山至通途路段、白洋线白峰至官庄段、柴狮线穿山至狮子山段的油路沙化改造工程通过市、区交(竣)工质量鉴定与工程验收。工程质量依次分别为优良、合格、合格。

6月9日,宁波恒富船业(集团)有限公司与德国CONTI航运有限公司签约建造4艘5.7万吨巴拿马型散装货船。这是浙江省承接的单船吨位最大合同,也是单笔金额最高的造船订单。

9月,由美国普洛斯(Prologis)公司投资的普洛斯(宁波北仑)物流开发有限公司落户北仑,总投资2500万美元,注册资本1300万美元。是继马士基、AMB等世界500强企业后,又一个落户北仑的世界级物流企业。

10月19日,从中国台湾安平港出发的奇美集团自用集装箱班轮“振华69”号,载着 182 标箱进口货物靠泊北仑港码头,卸货后装载奇美电子的出口货物顺利离港。这标志着奇美集团安平—石框—宁波两岸间接集装箱班轮正式开通。

11 月 28 日,北仑港区四期进港公路竣工,全长 2.7 千米,双向 4 车道,路基宽 25.5 米,设计时速 60 千米,总造价 5500 万元。

12 月 20 日,宁波港集装箱吞吐量突破 900 万标准箱,比去年全年总量净增 174 万标准箱,同比增长 31%,增幅连续 7 年保持大陆沿海主要港口首位。

12 月 27 日,市公路局对北仑港区四期进港公路工程质量进行鉴定和竣工验收,质量等级为优良。

2008 1 月 22 日,上午,由省交通厅李良福副厅长带队的省春运检查组在沈恩东副区长陪同下,对北仑区春运工作进行检查,现场查看了老 329 国道育王段改造工程、白峰舟渡码头(客运站)、新 329 国道沿线安全设施等。

1 月 25 日,市委常委、常务副市长王勇,在市交通局局长俞刚、副区长沈恩东等陪同下,考察北仑区春运工作。

2 月 24 日,国务院正式批准设立宁波梅山保税港区,这是继上海洋山、天津东疆、大连大窑湾、海南洋浦之后的中国第 5 个保税港区。梅山保税港区规划面积 7.7 平方千米,是目前我国开放层次最高、政策最优惠、功能最齐全的特殊区域。浙江省副省长钟山强调指出,梅山港区要按照国务院批复文件的要求,立足宁波、面向全省、服务全国、争创国内一流保税港区。

2 月,虾峙门外航道整治工程完工,航道水深由原先的-18.2 米加深到-22.5 米。至此,30 万吨级船舶不必卸载或候潮,随时可直抵北仑港,成为全国第一条 30 万吨级全天候国际航道。

3 月 3 日,上午,北仑集装箱货运第二通道公路工程在霞浦举行开工典礼。

3 月 7 日,宁波三星重工企业三期码头通过国家验收正式对外启用。

3 月 19 日,北仑港区台塑工业码头对外启用通过验收。

3 月 20 日,北仑集装箱货运第二通道公路正式开工建设,该公路全长 8.2 千米,按一级公路标准建设,总投资 5.52 亿元。

3 月 28 日,梅山保税港区集装箱码头陆域基础工程、梅山大桥和行政商务中心开工奠基。

4 月 8 日,区公路段段长虞哲华被省委、省政府授予 2008 年全省抗击雨雪冰冻灾害先进个人荣誉称号。

4 月 17 日,北仑公共交通有限公司对朱田洋至方前、小港至新模、红联至山下 3 条客运线路实施公交化改造,按公交模式试运行。

5月22日,奥运火炬接力活动宁波站起跑仪式在北仑港集装箱四期码头举行。

6月26日,北仑新碶太河路至春晓公路正式通车,全程14.545千米,总投资5亿余元。

6月27日,全区中巴车公交化改造全面完成,历时3个月,总投资2000余万元,对94辆中巴车实施改造。

7月18日,连接洋沙山、九峰山两个风景区以及宁波经济技术开发区春晓区的721路公交线路开通运行。

同日,我区2007—2008年已竣工农村联网公路共20条,累计18.07千米,通过验收,合格率100%,其中6条被评为优良工程,优良率达30%。

8月4日,新碶太河路至春晓公路一期工程通过竣工质量鉴定和竣工验收。

8月5日,宁波市交通局会同宁波市港航局、公路局、质监站对北仑区交通建设项目进行了综合执法大检查,分4个小组对建设市场、合同履约、施工现场、档案资料、安全管理、财务情况等进行实地监督检查。

8月11日,北仑区首批采用国III排放标准的30辆环保型公交车,即将投入到720路等几条公交线的运营中。

8月26日,宁波市人大代表北仑中心组专题调研北仑区交通设施建设情况,共同谋划北仑交通事业发展。

9月2日,宁波城市快速轨道交通近期建设规划获国务院批准,1号线为鄞州高桥经中山路到北仑,北仑境内设邬隘站、凤洋路站、中河路站、长江路站。2015年前建成投运。

10月4日,北仑最大单跨跨径公路桥梁——春晓园区2号桥,上午打下第一根桩,该桥主跨长90米。

11月21日,以北仑港区为主体的宁波—舟山港集装箱运输吞吐量突破1000万标箱,同比增长17%,全年超过1100万标箱,跻身世界集装箱港口前十强。

12月上旬,北仑区政府决定将在今后2—3年内投资100亿元,打造十大交通工程:穿山疏港高速公路、江南公路改造工程、通途路改造工程、北仑集装箱货运第二通道工程、白洋线公路扩建工程、坝头路西延线工程、骆霞线改造工程、庐山路续建工程、新老329国道连接工程、交通管理系统工程。

12月29日,大碶疏港高速公路建成通车。

12月30日,通途路北仑段工程、江南公路东延工程开工建设,全长10.6千米,按城市快速路标准建设,静态总投资8亿元。

2009 2月1日,北仑区重点工程之一的宁波舟山港穿山港区中宅煤炭码头工程可行性报告通过审查,总投资超过25亿元。

3月6日,由宁波市、北仑区二级政府共同出资建设的白洋公路局部路段改建工程破土动工。总投资5.8亿元,计划2011年建成。正线一级公路10.6千米,双向四车道,时速60千米;支线二级公路分别为2.7千米和1.4千米,双向2车道,时速40千米。

3月11日,上午,北仑区公共交通监管中心揭牌仪式在区公管所举行。

3月27日,浙江吉利汽车有限公司收购全球第二大自动变速器公司——澳大利亚自动变速器公司(DSI),双方在悉尼举行签字仪式。

4月1日,上午,宁波市委常委、常务副市长王勇在陈利幸、华伟等区委区政府领导的陪同下,视察北仑集装箱货运第二通道工程。

5月15日,浙江省委书记、省人大常委会主任赵洪祝到北仑调研、考察梅山保税港区。巴音朝鲁、毛光烈、陈利幸等市、区领导陪同。

6月10日,北仑区春晓洋沙山风景区至鄞州区瞻岐的670公交线正式开通运行。

6月25日,北仑港第一座多用途码头——北仑山多用途码头工程竣工。该码头主要靠泊国际邮轮、散装货轮和滚装船舶,年吞吐能力200万吨和2万辆汽车。

同日下午,浙江省公路局在北仑新光老板娘大酒店,举办了329国道育王至陈华段路面大中修工程交(竣)工验收会议。该工程全长8.702千米,按二级公路设计标准执行,工程总概算3028.35万元。

6月26日,永定河路北延工程及永定河工程开工,全长0.805千米,双向二车道,时速80千米。总投资2669万元。

7月18日,新老329国道连接匝道工程动工,全长1.2千米,工程总投资约4882.26万元。

7月22日,由浙江省公路局养护处侯利国处长带领的全省普通公路雨季路况和养护管理工作检查组,到宁波市检查工作。检查组一行实地依次检查了宁波市境内38省道、71省道、329国道等干线公路及沿线的桥梁隧道,并在北仑召开检查反馈会。

7月29日,宁波恒富集团蓝天造船有限公司为德国科姆斯基有限公司建造的第一艘5.7万吨巴拿马型散装货船(HB2007)成功下水,合同造价为3418万美元。

8月24日,江南公路大型互通立交桥面工程完工,该桥位于小港和梅墟交界处,即甬江南岸东外环路与江南公路交汇点,为三层全互通式立交桥。

8月27日,宁波港集团北仑第二集装箱公司创造了每小时134.19自然箱的桥吊单机效率,比原世界纪录提高4.6%。

9月9日,柴桥客运站开工建设,总用地面积8131平方米,可容纳5条公交线路,设有67个停车位,总建筑面积3185平方米,工程总投资500万元。

9月22日,上午,北仑区首条环城巾帼公交线710路开通暨新车投放仪式在区体艺中心旁的停车场举行。该线全程17千米,沿途共设公交站点28个,实行双向循环。

10月10日,连接春晓镇三山村和慈岙村的垛子岭隧道全线贯通。隧道全长385米,宽12米,顶高6米,双向2车道。

10月31日,上午,北仑集装箱货运第二通道公路试通车。全长8.2千米,一级公路,总投资约5.52亿元。

11月17日,太河路至春晓公路二期工程开工建设,本工程沿太河路至春晓公路一期线位拓宽,总投资约3.2亿元,计划于2011年10月建成通车。

11月25日,市公管处考核组一行3人在局相关人员的陪同下,对我区新建的44个公交停靠站进行了现场考核验收。

12月15日,白中线(光明至长浦段)一期工程,通过宁波交通工程质量监督站组织的竣工质量鉴定及宁波市公路局组织的交(竣)工验收。工程质量等级为优良。

12月16日,北仑集装箱货运第二通道公路工程通过宁波交通工程质量监督站交工质量鉴定及工程交工验收。工程质量等级为合格。

12月30日,在市委办、市府办召开的"两大专项行动"总结表彰大会上,北仑区交通局被授予"2009年度宁波市交通发展先进集体"(甬政发〔2009〕117号)。

2010 2月8日,新权至红联渡口的714路农村公交线开通,10辆新车投放该线路及785路小港片区农村支线。

2月25日,区港航管理处荣获2009年度宁波市港航系统主要工作考核第一名。

4月15日,区公交公司邀请了《宁波日报》《宁波晚报》《都市快报》《钱江晚报》及中国宁波网等10家新闻媒体单位举行恳谈会。

4月21日,市公安局副局长王伟标一行到北仑客运站检查指导世博安保工作。

5月11日,白洋线、大海线边坡整治工程通过验收。

5月15日,狮子岭隧道及连接线一期工程开工建设。

5月21日,全市水运工程混凝土质量通病治理活动现场会在北仑白峰光明散货码头召开。交通运输部质监总站、省交通运输厅、省港航管理局、省交通运输厅工程质量监督局及市、县、区相关部门负责人参加了会议。

5月25日,北仑至江陵长途客运班线开通,全程1350千米,途经杭甬、杭金衢、景杭、九景、沪蓉等高速及S321线。

5月28日,329国道清水桥危桥重建工程正式开工。

6月2日,永定河路北延工程及永定河工程建成通车。

同日,新老329国道连接匝道工程土建工程主体全部完成。

6月18日,329国道陈华至白峰段路面大中修工程开工建设。

6月21日,全球投入运行的最大集装箱船“地中海热那亚”轮顺利靠泊北仑港区装箱作业,该轮总箱位14,028标箱,是迄今为止到达宁波港最大的集装箱船。

6月29日,开通红联渡口—桥头倪719路公交线路,总长15千米。

7月3日,北仑公路段春晓公路站正式启用,该站承担大海线、太河路、沿海中线共48.873千米的公路养护管理任务。

7月7日,春晓垛子岭隧道及接线(三山至慈岙)农村联网公路项目工程检查验收。

7月16日,省交通运输厅行政执法检查督导组一行14人,对北仑区水上交通行政执法工作进行检查。市交通局、市港航管理局、区交通局、区港航处领导陪同检查。

7月20日,骆霞线联谊桥、小江桥及329国道白峰桥3座病害桥涵改造工程开工建设。

7月30日,梅山至宁波出岛公交790线路开通,共配置公交车11辆,始发站为梅山保税港区,终点站为宁波汽车车站,全程55千米。

8月25日,宁波市北仑区大桥管理服务有限公司揭牌仪式隆重举行,宁波开发投资集团有限公司、北仑区、北仑区交通局有关领导出席并揭牌。

9月1日,北仑区交通局牵头组织130余名志愿者,参与文明公交志愿者活动启动仪式。

同日,为方便市民出行,北仑公交782、758路公交线终点站调整至宁波火车东站。

9月15日,329国道1.5万平方米碎板修复工程完工,正式通车。

同日,北仑区公交公司开通宁波至北仑的免费接送专线,安排25辆新型空调车接送宁波职业技术学院新生报到。

9月19日,329国道215K+150和骆霞线23K+500处又新建4个(港湾式)候车亭。

9月20日,宁波市交通局副书记、副局长吕忠达携市交通局规划处、市高指、市局前期办相关负责人,来北仑区调研"十一五"高速公路建设及"十二五"高速公路规划情况。

10月21日,大碶街道嘉溪村乌石岙(古阿育王寺)至鄞州区明堂岙村农村联网公路工程开工建设。

10月25—26日,北仑区内新老329国道连接匝道工程、永定河北延公路工程及太河路至春晓公路一期等3条公路项目顺利通过竣工验收,其中太河路至春晓公路一期工程被评为优良工程。

10月27日,下午,交通运输部道路运输司司长李刚一行在浙江省交通厅、宁波市交通局领导和北仑区区长华伟、区交通局局长叶伟良等相关领导陪同下,对北仑区集装箱甩挂运输发展情况进行调研。

11月初,小港街道司顶桥、太平桥、心灵桥、任家桥、顺道桥共5座农村不适应桥梁通过验收。

11月17日,上午,宁波市交通局局长、党工委书记劳可军一行来到北仑区,调研"十二五"及2011年交通工作思路。北仑区副区长徐斌陪同,区交通局局长叶伟良汇报阐述。

11月25日,上午,宁波市委常委、副市长谭大辉一行考察北仑区白洋线改建工程和北仑集装箱货运第二通道等公路工程。

12月初,恒山路、明州西路、黄山路、富春江路新建30座公路候车亭。

12月16日,上午8点20分左右,春晓公路站站长胡建东,在巡查清理路面积雪工作中,受到失控货车撞击,因公殉职。交通系统及社会各界开展悼念活动和学习胡建东精神系统活动。

12月20日,下午,宁波市公路局局长竺本国一行代表宁波市公路局对家属走访慰问;22日晚,北仑区委组织部、区团委在北仑读者公园开展纪念胡建东同志追思会;23日下午,省交通运输厅厅长郭剑彪、副厅长储雪青一行在市交通局局长劳可军、区委副书记陈国军、副区长徐斌、区交通局局长叶伟良,以及市、区相关部门负责同志的陪同下,走访慰问了胡建东同志的家人;同日下午,宁波市总工会组织召开了宁波市各界职工代表学习胡建东同志精神的座谈会;24日,宁波市交通局追授胡建东"护路楷模"的荣誉称号;27日,交通系统胡建东同志先进事迹报告会在区政法大楼礼堂举行;28日上午,宁波市总工会副主席陈德伟、北仑区会副主席俞金根一行赴胡建东家慰问,并追授胡建东同志宁波市五一劳动奖章;30 日上午,北仑区委副书记、区长华伟,区委常委、宣传部长叶苗,区交通局局长叶伟良,柴桥街道党工委书记柯静君,柴桥街道办事处主任鲍志荣一行,看望慰问胡建东家属,2011 年 2 月 15 日,中共浙江省委追认胡建东为中共党员。

12 月 17 日,北仑区交通局被授予市交通系统世博安保先进集体。

12 月 22 日,上午,郭巨公交站开工建设,项目总投资 445.51 万元。

12 月 29 日,太河路至春晓公路二期工程全长 990 米的溪岙岭隧道凌晨安全贯通。

12 月 30 日,北仑区 329 国道和沿海中线亮灯工程圆满完成。

第一章　港　口

北仑港位于中国海岸线中段，东临太平洋，北濒长江口；地处北仑区东北部，甬江口东侧，金塘水道南侧，以海域内小岛北仑山得名。地理坐标北纬29°56′28″，东经121°53′05″（以北仑山顶为准），西起甬江口长跳嘴灯桩，东至穿山北港区西口人渡码头。海域面积238.5平方千米，港域面积150平方千米。岸坡陡峭，水深流顺，泥沙不易落淤，10米以下岸坡相对稳定。岸线总长150.2千米，其中分布于金塘水道南岸、大榭岛、穿山半岛、梅山岛的深水岸线121千米。可利用深水岸线长17.5千米，可建造各类生产型泊位285个，其中，深水泊位152个。其中北仑港区13千米岸线规划建万吨级以上深水泊位50余座。港域主航道平均水深50米以上，虾峙门外航道最浅处水深17.6米。航道最窄处宽700米以上，15万吨级重载海轮可自由进出，25万吨级重载海轮可候潮进出。港区东、北、西三面环大榭、金塘、黄蟒、中柱等岛可作风浪屏障。经测定，在台风32.5米/秒速度时波高1.4米，当11级大风持续4小时波高仅2米。有可供锚泊作业水面34平方千米，港域不冻，自然条件优越，年可作业天数达290天。港口陆域宽广，可开发海滩、平原近60平方千米。陆上交通便捷，半小时至3小时交通圈内有宁波栎社、杭州萧山、上海虹桥、上海浦东等4个国际机场。沪杭甬高速公路及多条高等级公路在北仑区内交汇。萧甬铁路复线延伸到港区。

辖区海域面积258平方千米，大陆海岸线总长约87.4千米，岛屿岸线：大榭岛26.14千米，梅山岛22.6千米，内神马岛2.8千米；甬江北仑段临江岸线约11千米，深水岸线总长53.7千米。

北仑港始建于1978年，大规模开发建设始于1979年1月10日，首期工程是作为上海宝山钢铁总厂主要配套设施的10万吨级矿石中转码头。20世纪80年代后，北仑港已成为宁波港最具发展潜力的枢纽港区。1992年，国务院总理李鹏视察北仑港时题词："洋洋东方大港，改革开放前哨。"经过近30年的不懈努力，今已成为承担以大宗散货中转和外贸集装箱运输为主，兼具货物装卸、保税仓储、现代物流以及临港工业与水运工业开发等多功能的大型综合性深水港区。港区布局自西向东依次为：水运工业区、西部算山企业码头区、中部公用码头区、东部企业码头区和穿山西口通用泊位区。北仑港运输已形成内贸线、内支线、近洋航线、国际远洋干线4个层次的海上运输网。至2006年末，已建成生产性泊位40座，其中万吨级以上31座。全球20家航运公司班轮登陆北仑港为主的宁波口岸，共有80条总航线，31条国际远洋干线，月航班450班，与世界90多个国家和地区的560多个港口牵手,并向省内无水港地区承接水运业务。

2010年,北仑港(含北仑港区、大榭港区、穿山港区、梅山保税港区)货物吞吐量33,902.45万吨,集装箱运输量1262.40万标准箱。分别占宁波港的83%和98%。

宁波港总体规划未出台前,北仑区港口沿袭历史习惯划分为北仑港、穿山港、梅山港;宁波港总体规划出台后,北仑港口重新划分,由西经东折南,依次为北仑港区、大榭港区、穿山港区和梅山保税港区。

第一节 北仑港区

北仑港区是宁波港的主要组成港区,是我国20世纪70年代新辟的深水良港。港区位于甬江口东侧,金塘水道南岸,北仑区境北部,地理坐标北纬29°44′—30°00′,东经121°38′—122°10′23″。西起甬江口长跳嘴灯桩,东至柴桥街道穿山大榭大桥第一通道;自然岸线长21.9千米,深水岸线长21.3千米,规划港区岸线长18千米,已开发利用岸线17.25千米;规划陆域面积17.6平方千米。岸线长17.5千米,港域面积150平方千米,主航道大部分水深在50米上下,为我国第1条30万吨级全天候深水航道。在17.5千米岸线中,其中13千米可规划建造万吨级以上深水泊位50余座。至2006年,已建成生产性泊位39座,其中万吨级以上31座,有10万吨级、20万吨级矿石中转泊位(可靠30万吨级特大型货轮),25万吨级原油码头,10万吨级国际集装箱泊位,煤炭专用泊位及通用泊位等。北仑港区已发展成为承担以大宗散货中转和外贸集装箱运输为主,兼具货物装卸、保税仓储、现代物流以及临港工业与水运工业开发等多功能综合性深水大港,是我国大陆大型和特大型泊位最多、进出10万吨级以上超大型巨轮最多的港区。2010年完成货物吞吐19,354.13万吨,集装箱运输量580.69万标准箱。

1977年,国家决定引进先进的技术和设备,在上海兴建一个年产500万吨钢材的上海宝山钢铁总厂。按设计要求估算,宝山钢铁总厂每年需要铁矿石、煤炭、石灰石、白云石、钢渣、钢坯、钢材等3000万吨,其中水运2500万吨,占80%以上。投产后,在水运的原材料中,有从澳大利亚等国进口的1000万吨铁矿石将采用10万吨级的海轮装运。但是,长江口水深有限,10万吨级货轮需要经过中转码头减载后才能进入宝钢码头,若改用2.5万吨级海轮由澳大利亚直接运抵宝钢,每年要多花7000万美元。

1978年1月3日,国务院有关部委、上海市、浙江省的领导、专家以及有关人员在杭州召开会议,专题讨论建造10万吨级矿石中转码头的选址定点问题。经过多方面比较,与会者一致认定,北仑是中国东南沿海不可多得的天然深水港址,且施工条件好,施工队伍的生活供应和施工材料、设备进场均可水、陆路并举;陆域幅地大,对港口堆存、仓储和加工工业十分有利,已围和未围的滩涂可供利用;附近砂石料资源丰富,就地即可开采,可节约投资;当地还有水库和大型发电厂,供水供电都比较容易解决。宝山钢铁总厂矿石中转码头就决定在北仑兴建。

北仑港区位于经济发达的长江三角洲南翼，处中国南北航线与长江内河干线的交汇处，紧靠杭州湾和长江口，距长江口仅70海里，紧邻上海；离东海油田“平湖1号”井约216海里；与朝鲜南浦、日本神户、大阪和高雄、中国香港、天津、武汉等地构成一个近乎等距离的水运网络；是华东地区外贸深水大港和各主要港口的深水中转港，将来又可成为东海油气田开发的重要后方补给、储存和转运基地。

通过海路，横越杭州湾直达上海和北方各港；向西可通长江沿岸港口；向东经虾峙水道进东海抵南方沿海各港；通过外海航线可抵达世界各大港口。内陆水路经甬江、姚江及杭甬运河与宁绍、萧绍平原四通八达的水运网和京杭大运河相连通。2小时半交通圈内有宁波栎社、杭州萧山、上海虹桥、上海浦东国际机场。萧甬铁路延伸至港区，经沪杭线、浙赣线与全国铁路网接轨。经沪杭甬高速、同三高速、沿海大通道可与全国公路网相连，以港区为起点的疏港高速2008年开通，提高交通效率。

北仑港区至国内外主要港口里程如表1-1-1至表1-1-3所示。

北仑港区至国内沿海主要港口里程一览(单位:海里)　　表1-1-1

港　名	里　程	港　名	里　程
上海	西219　东160	温州	191
连云港	423	福州	345
青岛	433	厦门	476
烟台	544	广州	824
秦皇岛	683	黄埔	807
旅顺	582	湛江	967
大连	578	香港	735
天津	769	上海宝钢	210
沙埕	232	定海	33
三都	302	基隆	331
马公	469	海口	995
北海	1112	丹东	643
威海	506	营口	728
成山角	470	葫芦岛	704
高雄	518	塘沽	733
汕头	586		

北仑港至长江沿岸主要港口里程一览(单位:千米)　　表1-1-2

港　名	里　程	港　名	里　程
重庆	2699	九江	1076
涪陵	2579	安庆	912
万县	2372	池州	852

续上表

港　名	里　程	港　名	里　程
宜昌	2051	铜陵	816
枝城	1984	芜湖	708
沙市	1884	裕溪口	693
监利	1674	马鞍山	660
城陵矶	1577	南京	612
洪湖	1525	镇江	525
阳逻	1313	张家港	328
黄石	1202	南通	328
武穴	1126	上海	246

北仑港区至世界主要港口里程一览(单位:海里)　　表 1-1-3

印度洋区域		大西洋区域		太平洋区域	
港　名	里　程	港　名	里　程	港　名	里　程
墨尔本	5183	开普敦	7681	长崎	460
槟城	2446	直布罗陀海峡	8997	佐世保	471
仰光	3187	里斯本	9299	鹿儿岛	499
吉大港	3594	敦刻尔克	10,258	神户	787
加尔各答	3720	利物浦	10,262	大阪	797
科伦坡	3637	都柏林	10,189	名古屋	896
孟买	4505	雷克雅未克	10,918	清水	940
卡拉奇	4957	伦敦	10,297	新潟	997
科威特	5915	安特卫普	10,364	横须贺	1003
达曼	5753	鹿特丹	10,355	海参崴	1017
麦纳麦(巴林)	5730	阿姆斯特丹	10,389	海防	1173
亚丁	5697	不来梅港	10,563	西贡	1569
苏丹港	6348	奥斯陆	10,856	西咯努克城	1875
苏伊士	6907	哥德堡	10,795	望加锡	2169
达累斯萨拉姆	6102	汉堡	10,613	三宝垄	2474
维多利亚	5137	哥本哈根	10,791	南浦	437
莫桑比克	6141	圣彼得堡	11,389	关岛	1603
东伦敦	7146	赫尔辛基	112,61	达尔文	3632
伊丽莎白港	7272	斯德哥尔摩	11,137	悉尼	4618
好望角	7636	塞得港	7084	奥克兰	5387
		亚历山大	7240	惠灵顿	5510
		班加西	7746	温克华	5007
		突尼斯	8239	西雅图	5075
		阿尔及尔	8587	旧金山	5411

续上表

印度洋区域		大西洋区域		太平洋区域	
港　名	里　程	港　名	里　程	港　名	里　程
		马赛	8596	洛杉矶	5722
		贝鲁特	7312	巴拿马城	8584
		特拉维夫	7217	曼谷	2136
		敖德萨	8212	马尼拉	1023
		波士顿	10,764	新加坡	2070
		纽约	10,600	雅加达	2401
		费城	10,574	火奴鲁鲁	4285
		百慕大群岛	10,268		
		新奥尔良	10,009		
		哈瓦那	9619		
		科隆	8628		
		太子港	9392		
		乔治敦	10,102		
		里约热内卢	10,907		
		蒙得维的亚	10,906		
		哥伦比亚港	8942		

一、港域特点

北仑深水港域其条件之优良在国内为数不多、世界少有,被誉为黄金海岸。

(一)港域航道深

主航道水深在50米以上,进港航道最窄处宽度也在700米以上,15万吨级重载船舶可自由进出,20万吨级重载海轮可候潮出入。经疏浚和整治,虾峙门以东外航道浅区(深17.6米、长3千米段),航道加深至22.5米,25万吨级船舶不需卸载或候潮可自由出入。

为确保10万吨级以上海轮通航安全,西自甬江口七里峙,经金塘水道、册子水道、螺头水道、虾峙门水道和小深锚水域进行测量和扫海,对全航道海域(含锚地水域)进行定深扫海,经检测,均符合航保部规范要求。

(二)锚泊条件好

深水水域面积广阔,锚泊作业水面78平方千米,可容万吨级以上船只300艘同时作业。其中供进口矿船及油轮使用的引水锚地面积13平方千米,水深17米以上,底为泥质;在沈家门马峙西南的避风锚地面积约21平方千米,水深20米以上,底为泥质。锚泊区水文质量优,无冻结记录,在大台风的侵袭下,港内水面波动起伏较小(实测强台风时波高约2米左右),对大型船只锚泊无多大影响,全年作业天数可达290天以上。

（三）岸线长而顺直

沿岸坡陡水深流顺，泥沙不易落淤，10 米以下水下岸坡相对稳定，无需疏浚。港区可利用岸线 17.5 千米，其中有 13 千米深水岸线可营建万吨级以上深水泊位 50 余座。

（四）避风条件优良

金塘、大榭、大黄蟒诸岛环列于北、东、西三面，构成天然屏障，不必修筑防浪堤，这不仅可省去一大笔建港投资，也有利于港口生产作业。

（五）陆域宽广

岸线陆侧可供开发的海滩、平原面积近 60 平方千米，既可作建造码头、库场及配套设施之用，又可供发展临港型大工业与外贸加工基地之需，对港口堆存、仓储和加工工业十分有利。

二、港区布局

码头、泊位的布局与岸坡条件、航道走向、陆域地貌、港航管理等因素有关，港区合理的功能布局，能较好地发挥港口的最佳效益。大宗散物中转和外贸集装箱运输是北仑港区的主要功能，兼具物资装卸、仓储、物流和临港工业及水运工业开发功能。整体布局自西向东依次为：水运工业码头区、西部算山企业码头区、中部公用码头区、东部企业码头区和穿山西口通用泊位区。

1.水运工业码头区

长跳嘴以东 1400 米自然岸线为水运工业码头区，主要功能为船舶修造和港口机械修造企业安排通用杂货泊位和船坞码头。这一区域岸线水深 5—15 米。建有三星重工（宁波）有限公司码头、宁波青峙化工有限公司码头、海湾重工有限公司码头等 5 个泊位，其中 3 万吨级泊位 1 个，5 千吨级泊位 4 个。

2.西部算山企业码头区

位于杨公山至算山岸线段，长 2600 米。主要功能是原油、成品油、液化气、煤炭等大宗货物接卸、装运和中转。这一区域前沿水深 6.5—22 米。在码头区靠泊的船舶性质主要是煤船、油船和液化化工品船等。建有埃索中油（宁波）石化储配有限公司码头、镇海炼化仓储公司码头、北仑发电厂码头共 10 个泊位，其中 25 万吨级原油泊位 2 个，万吨级泊位 6 个。

3.中部公用码头区

位于算山至宁波港矿石码头，自然岸线长 9400 余米，水深 12—20.5 米。这一码头区的主要功能是大宗散货杂货接卸、中转和集装箱运输。从 1979 年 1 月 10 日打下第 1 根桩，至今建成矿石中转、煤炭、水泥、化肥、粮油、杂货装卸和集装箱运输等专业大宗货物泊位 20 余个，是北仑港区泊位最密集、运输量最大、水公铁联运形式最齐全的码头区。主要有北仑港区一期、二期和三期工程码头,北仑山西侧金光、正大粮油码头和北仑山东侧通用码头。宁波港集团北仑股份有限公司码头、北仑第二港埠公司码头、北仑国际集装箱公司码头、北仑第二集装箱公司码头、宁波金光粮油公司码头、宁波正大粮油公司码头、宁波海螺水泥公司码头等都建在这一码头区。在建成运行的20个泊位中,万吨级以上有14个,其中有10万吨级、20万吨级特大型矿石中转码头和10万吨级集装箱泊位。

4.东部企业码头区

西起宁波港集团北仑股份有限公司矿石码头,东至协和石化码头,自然岸线长1720米,前沿水深14米。这一码头区功能是临港型石化企业生产用主要原材料原油、石化、液体化工品接卸和产成品装运。2002年开工建造、2006年9月竣工投产的台塑(宁波)有限公司5个万吨级泊位,系台塑关系企业配套的码头设施。预留协和石化码头1100米岸线,可规划建造20万吨级、3万吨级、3000—5000吨级10个原油、成品油、液体化工和多用途泊位。

5.穿山西口通用泊位区(待建)

位于穿山西口至穿山人渡码头,自然海岸线长2300米,其中2000米岸线规划建设1万—3万吨级杂货通用泊位、金属矿和非金属矿码头11座。

三、港区建设

20世纪70年代中后期,国家作出开发利用北仑深水良港资源决策后,至2006年,相继建成各类专业性、综合性码头泊位39座,成为宁波港万吨级泊位最多、货物吞吐量最大、拥有国内国际航线最广的港区。1977年底建成的镇海炼化公司2万吨泊位是港区第1个投产的万吨级泊位,镇海炼化25万吨级1号泊位是国内最大的原油泊位之一,1995年10月投入运行的宁波港务局北仑港埠公司20万吨级矿石码头是港区最大的矿石装卸泊位,2003年建成的北仑第二集装箱公司2号泊位是靠泊吨位最大的集装箱船舶专用码头,靠泊能力为10万吨级,设计年吞吐能力25万标准箱。

在码头泊位建设的同时,配套设施日臻完善。建有系统的矿石堆场、集装箱仓储、供水、供电、通信导航、航标及污水处理等设施。

1986年底建成北仑港铁路支线,成为煤炭、矿石、化肥等大宗散货陆上疏港的主干道。4条高等级及高速公路直通港区,是集装箱集疏港的主动脉。进入21世纪,码头加大环保设施投入,煤炭、矿砂、化肥装卸安装洒水设施和吸尘车,出港货车轮胎冲刷尘土;矿石堆场在原有洒水防尘基础上,安装防尘网。

1.10万吨级矿石中转码头

北仑港矿石中转码头是上海宝山钢铁总厂的重要配套工程,是中国第1个现代化的10万吨级矿石中转码头。工程于1979年1月10日开始打桩,1982年12月27日竣工验收并投入试生产,整个工程从勘察设计、建设施工、设备安装、调试验收历经4年时间。

码头主体工程为“F”型布局，由1个10万吨级卸船泊位、2个2.5万吨级装船泊位和联系桥、码头栈桥、廊道立交桥、A节点、引堤以及能一次堆存10个矿种、容量为50万吨的矿石堆场组成，设计年吞吐能力为2000万吨。配套工程有：港作船码头1座，进港公路14.1千米，日供水量6000吨水厂1家，镇海—北仑110千伏双回路输电线18.6千米和居子山110千伏专用变电所1座、35千伏港内变电所1座、6.3千伏分变电所6座。另有无线电通信、雷达导航、航道（配有常规航标）、锚地、综合观察站、信号台、港机修理厂以及外宾招待所、海员俱乐部、职工医院、中小学校、幼儿园、职工住宅小区等设施。

10万吨级矿石中转码头主要装卸设备从日本成套引进，由中国负责安装调试。码头水工工程和后方辅助设施均由中国自行设计和施工。矿石的卸→装、卸→送→堆、堆→装由卸船机、装船机、斗轮堆取料机和14条宽1.6米、长6293米每小时通过能力为4200吨的自动化皮带输送机等设备完成。整个装卸工艺流程由中央控制室电子计算机自动控制和管理，并配有工业电视、字符显示器、电子计量、自动广播等设施。全系统配有防尘洒水和污水处理装置。

10万吨级矿石中转码头获1984年度国家优秀设计奖、1985年度国家优质工程银奖。

2.10万吨级卸矿泊位

全长351米，宽36.5米，系高桩承台梁板排架式结构。基桩采用日本STK50直径1.2米、长54—60米钢管桩494根，其桩尖为半封闭式。梁板系统采用预制普通钢筋混凝土叠合梁、单向预应力叠合板，桩帽、节点和码头面混凝土均为现浇。码头面标高（吴淞高程，下同）7.8米，前沿水深18.2米。离码头西端35米处有350吨系船墩1座，墩与码头之间有钢便桥连接，墩基桩亦为STK50钢管桩，上部为现浇六角形钢筋混凝土结构。码头上装有单悬臂起重小车桥式卸船机2台，每台每小时卸矿能力2100吨，最大能力2625吨，抓斗容积12立方米，一次可抓矿30吨，循环时间为50.7秒。

码头主要附属设施有200吨系船柱7个，100吨系船柱12个，橡胶充气护舷16个，船舶靠岸速度监测器2台，岸用船舶速度显示仪和电光显示屏各1台，船用给水点5处，防尘洒水给水管道和污水回收管道各1条。矿石通过带式皮带机分别运往堆场或装船码头，年卸矿能力1000万吨。

3.2.5万吨级装船泊位（2个）

全长499.6米，宽16米，采用靠船墩与高桩码头分离式结构。靠船墩10个，墩长8米、宽8米、高2.5米。码头标高7.5米，前沿水深12米，能同时停靠2.5万吨级装矿船2艘或5000吨级矿驳船4艘。码头配有移动式装船机2台，每台每小时装矿能力为4200吨，最大能力为5250吨。宽1.6米皮带输送机可以把卸船码头或矿石堆场送来的矿石等物装入海轮，年装矿能力1000万吨。

4.联系桥

2.5万吨级泊位与10万吨泊位的前引桥,A节点的联系部位,长82.4米、宽14米,前沿水深12米。设有11个靠船构件,并安装D型橡胶护舷,可兼作工作船码头用。另外,在标高5米处,设有1.2米宽走道板,由铁梯连接上下交通。联系桥下层标高7.5米,陆侧一边布设皮带输送机;上层在海侧一边,设有6米宽的汽车道,把2.5万吨级码头和10万吨级码头及陆域后方连通起来。

5.码头栈桥

由前引桥、后引桥和A节点组成,总长1001米。前引桥为下承式钢桁架桥,长559.48米,由11个钢筋混凝土墩台和11榀钢桁架组成。墩台高3米,其中心间距51米。钢桁架每跨净长48米,桁宽13.564米,桁高6.5米,节间距6米。桥面标高8—10米,桥面设有两条皮带机道和5米宽的车道。后引桥长237.1米,宽13.5米,两侧悬臂0.65米,总宽度14.8米,桥面标高10米。该引桥将2.5万吨级装船泊位与立交桥引堤连接起来。A节点为前后引桥和2.5万吨级泊位的连接段,长204.4米,宽13.5—27.5米,是装卸工艺流程的转换点,设有转向楼、机房、变电所等。转向楼分上下2层,下层坑道顶标高7.5米,是沟通10万吨级、2.5万吨级码头和后方堆场的矿石运转用的。

6.廓道立交桥及盘道

包括盘道977米、桥梁3座204.7米及涵管2道。立交桥由立交正桥、斜交西桥和正交东桥组成。立交正桥分11跨,每跨12米,竣工后实测131.98米,桥梁净空13米。斜交西桥长36.9米,桥梁净空7米。正交东桥3跨,每跨12米,全长36米,桥梁净空7米,正桥桥面标高5.04—10米。

7.码头引堤

起自立交桥迄至矿石堆场,全长1057.1米,为岩碴填筑路堤,用干砌块石护坡,堤面东侧设2条每小时通过能力为4200吨、宽1.6米皮带机,西侧为7米宽沥青道路,堤面总宽18米,两边各设人行道1米,堤顶标高4.5—6.04米。

8.矿石堆场

位于林大山北侧。南北长507.3米,东西宽366.6米,堆场总面积76,332平方米,堆矿面积37,224平方米,能一次堆存10个矿种,总堆存量为50万吨。堆场40%的场地为原林大山北麓山岗,采取大爆破方式填基而成。由于堆场设计荷载超过天然地基承载力每平方米6吨的2—3倍,且天然地基不能满足轨道不均匀变形量小于1/500的要求,因此对堆场软基部分的基础处理在技术上进行了几种方案的比较,最后采用砂井预压法加固。施工中,按照近期荷载每平方米15吨,远期每平方米20吨的要求,进行分期预压加固(第一期为人工堆筑石方预压,第二期采用堆矿预压)。从1979年4月至7月进行砂井施工(包括砂垫层和盲沟),砂井直径为27厘米,间距160厘米,长度3—12米,在全场软基范围内共打砂井10,104根。砂井总长度为99,327.7米。从1979年6月开始原体观测,经8个月逐级加荷,堆石总量达7600立方米,使荷载达到每平方米17—18.2吨,大于原设计预压量2—3吨。经过1年多堆场砂井预压加固原体观测,堆场淤泥质粘土地基有明显效果,固结度达80%以上,沉降大部分完成,地基抗剪强度提高到天然地基的2—3倍,符合设计堆矿的强度要求。

矿石堆场配有轨道式斗轮堆取料机2台,每台每小时堆取矿石4200吨,最大能力5250吨,能堆高16米,旋转半径42米。码头到矿石堆场有2条宽1.6米、每小时通过能力为4200吨的皮带输送机连接。

9.工作船码头

系"T"型布置,由引桥和码头两部分组成,采用钢筋混凝土高桩梁板式,引桥长233.46米、宽7.5米,码头长171.8米、宽12米。码头面标高6米,前沿水深5米,两侧靠船为2个3000吨级泊位。

10.污水处理及回收系统

建有每小时处理能力为300吨的污水处理厂1家。污水处理设备从日本进口,分别设在10万吨级码头、2.5万吨级码头和A节点。漂落在码头面上的矿粉,可以由固定旋转洒水器冲洗,然后污水和泵水顺纵、横向排水坡流入集水井,通过潜水泵把污水送至污水处理厂,经处理后再循环使用。为防止堆场矿石作业过程中扬矿污染环境,在整个堆场上设有35套洒水防尘装置,装置间距为50米,喷水器喷头可作360度全旋转,定时洒水,以保证矿堆表面保持6%的含水量。

11.供水系统

在进港公路北侧、邱家桥以东400米处,建有日供水量6000立方米水厂1家,水源取于大碶清水桥附近河网和城湾水库(为旱季备用水源)。从城湾水库经清水桥一级泵房至水厂全长9.3千米,全线铺设管径400毫米混凝土自应力管,在城湾设虹吸泵房1座,建筑面积33平方米。在清水桥设一级泵房1座,建筑面积121平方米。港内供水,由水厂分东西两向铺设干管,管路与公路基本平行。

12.供电系统

供电工程在华东电网中的镇海发电厂设双回路供电,架设横跨甬江的110千伏双回路输电线18.6千米。铺设从郭巨紫微岙经大碶到居子山变电所单回路输电线15千米。港区有容量为2台3.2万千伏安的居子山港口专用110千伏变电所和35千伏港口变1座。

13.通信导航系统

总站设在宁波,在北仑设有电信分站,有HJ905型400门自动电话机及BZ型12路载波机,以沟通港区内外电话通信。电传及文字传真设在中央控制室,承担港内外,包括北京、杭州、宁波以及船舶的电报通信。还设有无线话务台,沟通与进出港国内外船舶的通话业务。位于镇海团桥的收讯台,作沟通海上船舶与陆上其他海岸电台之间的通信任务。长途电话专线可直线与十大港口通话;增设的国际电报业务,可与国外直通电报。为保证进出港船舶的安全航行,在虾峙岛、大榭岛、峙头各建雷达导航台1座。

14.航标

港区除设有现代化雷达导航系统外,对沿航道的原有航标系统进行了补充和改造。新建小干山、点灯山、长鼻嘴灯桩及北仑进港导标1对,改建摘箬山灯桩1座,将射程由原来4海里增至7海里,改建东亭山灯塔(为太阳能光源),由原来射程10海里增加到20海里。港区航标配布见表1-1-4。

北仑港区航标配布　表1-1-4

导航设施	灯光				标身			灯光射程(海里)	备注
	光源	光色	闪光	色	高(米)	结构	灯光高度(米)		
东亭山灯塔	电	白	闪10秒0.5+9.5	白	8.5	塔形	54.9	20	改建
摘箬岛灯桩	电	白	闪4秒0.4+3.6	白		灯桩	13.4	7	改建
金塘山长鼻嘴灯桩	电	白	闪4秒0.4+3.6	红	7	混凝土圆塔	15	7	新建
小干山南灯桩	电	白	闪6秒0.5+5.5	白	7	混凝土圆塔	17	7	新建
虾峙岛叽门嘴灯桩	电	白	闪6秒0.5+5.5			利用导航安装灯器	50	13	新建
点灯山灯桩	电	白	二闪6秒 0.3+1+0.3+4.4	红	7	混凝土圆塔	24	7	新建
北仑导航标前后标	电	红	定光霓虹灯						新建

15.港区铁路

宁波至北仑铁路支线陈华铁路编组站,在林大山西侧设港前站,与已建成的2.5万吨级的通用泊位前沿的铁路接通,接通段长3千米。北仑港区水铁转运的物资可经萧甬线直接与浙赣线、皖赣线、沪杭线贯通。

16.2.5万吨级通用泊位

为适应外贸运输发展的需要,使宁波港能接纳3万吨级杂货船舶靠泊作业,交通部批准在宁波港北仑港区利用原工作船码头引桥延长,建设2.5万吨级通用泊位1个,以承担上海、浙江等地货物和内外贸物资的运输任务。

2.5万吨级通用泊位位于10万吨级矿石中转码头以西150米,设计年吞吐能力34万吨。黄蟒、中柱、金塘诸岛为其天然屏障,港内海域开阔、航道水深优越,构成1个既能遮风又能挡浪的深水港区。码头长317米,宽30米,码头面标高7.53米,前沿水深12.5米,可满足5万吨级船舶靠泊的要求。码头采用高桩板梁结构,沿长度方向共分4个结构段,30个排架,跨距8米。工作平台设在前引桥端部西侧,长22米,宽16米,平台上建有变电所、水手房和调度室。

码头引桥为钢架混凝土桩基,跨距 24 米,“T”型梁连接,横向由预制板及现浇面层构成整体。前引桥长 174 米,宽 12 米,后引桥长 230.53 米,宽 10 米。在引桥西侧设水、电管沟,宽 1.3 米,其上部兼作人行通道。引桥面标高 7.53 米,在距大堤 62.53 米处以 1.43%坡度与标高为 6.6 米的大堤相接。

码头后方建有仓库 2 座计 4784 平方米,堆场 3.78 万平方米。新建港内道路 2837 米,除主干道宽 10.5 米外,其余道路为 7—10 米。铁路自北仑铁路支线与港内铁路专线接轨后增设一股道,堆场、库区设三股道,并增设交叉渡线,可以调车。东侧并设装卸车平台,110 千伏变电所 1 座,有生产、生活用房 1.6 万平方米。码头主要机械设备有 10 吨门机 1 台,16 吨门机 3 台,40 吨门机 1 台。

2.5 万吨级通用泊位从 1984 年 10 月开始前期准备工作,进行陆域填筑和水、电、路“三通一平”工程。1986 年 4 月水工主体工程正式动工,1987 年 10 月 12 日通过国家竣工验收,工期比计划缩短 1 年,节约投资 455 万元。

17.20 *万吨级矿石中转码头*

20 万吨级矿石中转码头位于 10 万吨级矿石中转码头东侧,设计年吞吐能力 2800 万吨。工程总投资 8.2 亿元。

码头主体工程分两个阶段实施。第一阶段工程在 10 万吨级矿石中转码头向东延伸扩建 1 座 20 万吨级卸矿泊位。泊位长 360 米、宽 36.5 米,前沿水深 20.5 米,可靠泊 20 万吨级以上散货船(有条件地兼靠 30 万吨级散货船)。泊位采用 1200 毫米钢管桩和预应力混凝土大管桩混合桩基、高桩板梁结构。泊位上设 SUC2000H 型护舷 16 套,系缆墩 2 个和 1 座 288 平方米转运平台。工程于 1992 年 12 月 21 日开始打桩,1994 年 9 月 27 日完工,1995 年 12 月 19 日通过国家验收。第二阶段工程建设 1 座长 150 米、宽 30 米的 2.5 万吨级矿石装船泊位。采用直径 1200 毫米预应力混凝土大管桩和 600×600 毫米方桩混合桩板梁式结构。泊位深 11 米,设 1000×500 毫米筒形橡胶护舷 30 只,75 吨、150 吨系缆柱 10 只。工程于 1994 年 3 月 30 日开工,1996 年 6 月 30 日竣工,年新增装船能力 1000 万吨。工程采用国内外招标的形式,29 个施工单位工程合格率为 100%,工程质量总评为优良。环保、职业安全卫生、消防 3 项工作同时进行,均通过单项验收。

装卸设备 有卸矿能力 2100 吨/小时的卸船机 3 台;装矿能力 4200 吨/小时装船机 1 台;堆取料能力 4200 吨/小时斗轮堆取机 3 台;带式输送机 23 条,长 7164 米,带宽 1.6 米,每小时输送能力 4200 吨;配有输送机钢结构平台;港作车辆 5 辆。

矿石堆场 建有矿石堆场 13.65 万平方米,铺设道路 19,451 平方米。2000 年 10 月,20 万吨级 BC8 皮带机南延工程完工,使矿石堆总堆存能力达到 256 万吨。

作业平台 设有 499.6 米、44.2 米和 2015 平方米作业平台各 1 处。建有长 230 米、宽 11 米后引桥和 19,451 平方米廊道桥。

生产辅助设施 有综合楼、维修间建筑面积607平方米,转运站6座计面积357.61平方米。

供电照明 新建10号、11号分变电所各1座,分别配置SL7-200/6/0.4型变压器和S7-500/6.3/0.4-0.23型变压器。扩建35千伏变电所和1号、2号分变电所,共安装高、低压柜40只。铺设电缆57.291千米,安装电缆桥架9645米;置32米照明铁塔8座,照明灯具263套。

给排水 铺设供水管3488米、防尘水管2316米;安装防尘供水槽493米,防尘喷头98只。铺设污水管3808米,建沉矿池2座,污水池1个,改造污水沉淀池8668平方米。

通信 铺设通信电缆29.4千米,置调度通信设备1套,内有电话机箱41只,话机24部,扬声器114只,扩音机8台。

控制装置 设置PLC控制设备1套,彩色工业电视1套,E984685型上位计算机1台;铺设同轴电缆、光缆、控制电缆、视频电缆、电力电缆75.09千米;安装摄像头4只,PLC1/0屏4面、PCL/0屏和继电器屏15面。

保护装置 有码头结构防腐层42,276平方米,置钢柱阴极保护措施,安装自控台1座,ZHD-1型恒电位仪9台。

18.二期集装箱码头

港区二期集装箱码头由7个深水泊位组成,其中,1992年前建成3万—5万吨泊位6个,包括1座具备国际第三第四代集装箱船装卸条件的集装箱专用泊位,1个通用杂货泊位,2个多用途泊位和2个木材泊位。二期码头总长2116米,其中,集装箱泊位900米。码头面顶标高7米,码头前沿水深13.5米,码头结构为钢筋混凝土高桩板梁式,桩基采用42—75米长度不等、截面均为600×600毫米的预应力钢筋混凝土预应力方桩。年总设计货物吞吐能力1852万吨,集装箱运输90万标准箱。泊位位于2.5万吨级通用泊位和北仑信号台之间。二期集装箱码头工程是国家"七五""八五"重点工程,总投资约31.24亿元,其中由世界银行提供3000万美元货款。

工程分3个阶段进行。第一阶段建造4号—6号3个泊位,包括1个集装箱专用泊位和2个多用途泊位。总长694米,总宽47米,其中码头宽24.5米,平台宽22.5米。5万吨级集装箱专用泊位,具有年处理25万标准箱的能力。码头后方堆场19万平方米,其中有4.6万平方米集装箱专用堆场,可同时存放4600个标准集装箱和156个冷藏集装箱。码头装卸工艺采用美国IBM公司最新开发的AS/400型计算机系统,对集装箱实行系统的动态跟踪管理。调度系统装备无线对讲、有线无线互转等先进通信工具。这一阶段工程于1989年5月3日打下第1根桩,历时2年,1991年5月3日竣工,9月28日通过国家验收。第二阶段工程于1990年11月24日开工,1992年10月21日竣工,建造3个3万—5万吨级深水泊位,其中2个为木材专用泊位,1个为通用杂货泊位。1—3号泊位总长620米,总宽40米,其中码头宽24.5米,平台宽15米。第三阶段工程建造1个

3万吨级散货泊位和1个7000吨级通用件杂货泊位,年吞吐能力700万吨。泊位于2005年9月建成。

码头主要配套设施有码头引桥5座,总长2313.73米,计32,392.22平方米,采用28米跨预应力"T"型梁,高桩承台结构。堆场总面积为353,796.61平方米,设仓库5座共36,185.47平方米。设有港区铁路专用线2834.76米,配有月台等相应设施。铺设港内道路127,489.77平方米,进港道路40,635.23平方米。辅助生产用房17,208.29平方米,生活用房(含二期住宅小区、幼儿园、职工俱乐部、食堂、浴室、停车库等)50,590.95平方米。供电照明有35千伏变电所1座,配置SL7-6300/35/6.3变压器2台,供分变电所及岸边起重机电源;置1—4号分变电所4座,共配置SL7-630/6型、SL7-500/6/0.4-0.23型、SL7-315/6型变压器5台;建电缆沟1462米,埋电缆穿管21,400米,铺设电缆51,875米,电缆井77只;有照明铁塔46座,配电箱66只。新铺设给水管道8063米,阀门井27只,消防栓96只;挖排水沟15,018米,设排水(污)管3805米,窨井76只。通信设施有1260门、450门自动总机、60路电缆载波设备、DT-60L调度总机、TD-A指令电话各1套,共铺设电缆33,140米,入孔158只。

码头配置的装卸设备有:额定载荷35.6吨、悬臂外伸距38米的岸边集装箱起重机2台,M23型、16-35门座起重机4台,M10-35门座起重机1台,LQ16型内燃轮胎式起重机6台,B75MKⅢ型正面搬运机6辆,WA-500-1型木材装载机3辆,CPCD5型叉式装卸车4辆,CPCD3C型叉式装卸车6辆,CXCD25型叉式装卸车10辆,AC9470JP型底盘车36辆,CWA53型牵引车18辆,内燃机车(东方红-5型)1辆,后勤车辆24辆。

工程建成投产后,为适应煤炭和集装箱运输不断发展的需要,从20世纪90年代中期起,进行了一系列的技术改造。其中900米已改造成3个国际集装箱专用泊位,设计年吞吐能力90万标准箱;4个煤炭、粮食等散货装卸专用泊位和1个通用件杂货泊位,设计年吞吐能力1850万吨。与此相适应,主要装卸设备已换装为巴拿马型和超巴拿马型岸边集装箱起重机10台、轮胎龙门起重机36台、正面吊6台、堆高机9台、集卡32辆及门式起重机、装船机、皮带机等。

19.三期集装箱码头

三期集装箱码头位于北仑山西侧,东接金光粮油码头,西连北仑电厂码头,于1999年3月8日开工,2001年12月28日竣工,2003年3月18日通过国家验收。三期集装箱码头共建4个集装箱专用泊位,码头总长1238米,宽50米(码头部分宽36米,平台部分宽14米)。码头面顶标高7米,码头前沿水深15米,可靠泊装载量8800标准箱的集装箱船。码头采用直径1200毫米预应力混凝土大管桩桩基,高桩板梁式结构。三期集装箱码头设计年吞吐能力为100万标准箱。工程总投资22.20亿元。

码头配套设施有:5座长度均为115.25米的引桥,其中1号、5号引桥宽16米,2号、3号、4号引桥宽20米,均采用600×600毫米预应力混凝土方桩桩基,高桩墩式"T"型梁

(空心大板)结构。陆域总面积为104万平方米。集装箱堆场面积总计55.62万平方米，集装箱平面箱位16,330标准箱。其中，一阶段陆域总面积59.5万平方米，集装箱堆场面积21.02万平方米，集装箱平面箱位6404标准箱。二阶段陆域总面积44.5万平方米，集装箱堆场面积为26.85万平方米，集装箱平面箱位8064标准箱。码头共有58个龙门吊专用箱区，分别为普通箱区53个，冷藏箱区4个，危险品专用箱区1个。道路26.81万平方米，其中港区道路24.59万平方米，港外道路2.22万平方米。

装卸机械设备有：悬臂外伸距60米和63米、最大起重载荷60吨的岸边集装箱起重机8台和4台，额定载荷为40.5吨的轮胎式龙门起重机36台，集装箱正面搬运机4台，集装箱牵引车75台，集装箱堆高机5台，TG-500E型50吨汽车吊1台，DCD160-12型16吨叉车1台，CXCD30HW15型3吨集装箱叉车18台，集装箱平板车82台等。

生产及生活辅助设施建筑总面积为4.6万平方米。其中，拆装箱库14,158.9平方米，仓库结构为单跨宽54米轻钢结构，流动机构库建筑面积1271.4平方米，物资仓库建筑面积2409.9平方米，机修车间建筑面积2542.9平方米。综合楼建筑面积8224.9平方米。配置有3台KCHUA-214009型螺杆式风冷热泵机组，2台TOPSVF-P15电梯。供电设施有1122平方米35千伏降压站一座，1号、2号、3号、4号四座分变电所。35千伏变电所配置油浸变压器2台，站内系统设置港区高压系统电量参数监测系统，可对系统运行及故障进行监测。浇筑电缆沟3200余米，埋设电缆3.5万余米。铺设35千伏电缆5860米，6千伏电缆2.19万米，一般电缆6000米。设置工业电视监控系统，共安装户外全天候彩色摄像机51套，其中码头7套，堆场44套；通信设施有MCS200TM800M无线集群系统1套，SBS系统622M-SDH光传输设备1套，BML440/48伏整流器2台及无线800M直接供电缆系统1套，GFM系列48伏800AH密封蓄电池2组，JPX265-D型卡接式单面配线柜2台，铺设通信电缆17.7千米、光缆2.5千米。

基础设施还铺设供水、消防管6569米，管径250毫米污水管900米，生产区排水沟9836米，生产、生活区排水沟及水管2959米，消防栓共44只。

此外，三期集装箱码头还配备了由码头操作管理系统(SPARCS)、中心数据处理系统(CTOS)、无线数据传输系统(RDT)和有线网络系统(NWS)及主机平台集成系统(ITS)等组成的集装箱码头实时管理系统。上述系统于2003年2月正式上线运行。

20.镇海炼化仓储公司码头

码头原称浙江炼油厂算山原油码头。1993年4月，注册成立镇海炼化仓储公司。码头位于甬江口外算山、北仑港区西端，距镇海炼化公司18千米，占地面积97公顷，海岸线长2030米。1976年6月始建泊位，1978年12月，建成第一座原油专用泊位。码头泊位伸入金塘水道，栈桥距离舟山市金塘岛最近点3.85千米。进港航道能确保20万吨级油轮畅通，25万吨级及以上油轮候潮进出。

至2010年，建成泊位6个，从东到西，1号泊位为25万吨级泊位，为国内最大的原油泊位之一,长510米,前沿水深22米,能靠泊2.4万—30万吨级油轮。2号泊位为25万吨级泊位,可兼靠两艘5万吨级油轮,泊位总长608米,前沿水深22米,为原油、成品油泊位。3号泊位为3000吨级成品油泊位。4号泊位为5000吨级液化气、化工品、柴油专用码头。5号泊位为1万吨级成品油泊位。6号泊位为5万吨级原油、成品油泊位,可兼靠10万吨级船型。6个泊位设计年吞吐能力4000万吨。泊位已接卸过90多种国内外原油和成品油。1998年9月9日装载31.57万吨原油的挪威籍"莫斯金"号超大油轮顺利驶抵油码头进行卸油作业,刷新大吨位油轮靠泊纪录。

码头配套设施有原油贮罐15座,贮存总量85万吨;成品油罐27座,贮存总量58.6万吨。有通往炼化公司长输管线14条,其中原油长输线3条,日输送量6万吨以上,成品油长输线11条。储运部泊位已接卸过90多种国内外原油。

21.北仑发电厂码头

北仑发电厂码头位于镇海炼化仓储公司码头与三期集装箱码头岸线中间,系电厂自用接卸码头,由2座煤炭卸船泊位组成。一期煤炭码头,1988年11月始建,1990年1月竣工。泊位长405米,宽32米,采用高桩板梁式结构。前沿水深15米,靠泊能力5万吨级,设计年吞吐煤炭600万吨。二期5万吨级煤码头,紧连一期东侧,泊位长256米,宽30米,仍为高桩板梁式结构,年设计卸煤量600万吨级,于1999年9月建成,2000年7月,通过验收投入使用。卸煤码头通过长1236米、宽12米、承载为500吨的引桥与煤场相连。

原于1988年建成的3000吨级大件码头,系装卸本厂大型设备之自用泊位,为高桩梁板式结构,码头长167米,前沿水深5.5米,置400吨固定式吊机1台。后因淤堵之故,泊位停用。

码头储煤场 一、二期工程各建有6个储煤堆场,每个堆场长422米,宽39米,储煤能力72万吨。2002年增设长150米干煤棚1座。

输煤设施 一期煤码头安装2台起重量39吨、额定卸量1500吨/小时的抓斗式卸船机;二期安装2台起重量40吨、额定卸量1650吨/小时的抓斗式卸船机。储煤场装有6台堆取料机,堆取能力分3600吨/小时、1800吨/小时和1600吨/小时3种。

输煤系统有25个转用站,输煤皮带46条,皮带单程全长17.8千米。其中,一期码头设转用站9个,皮带17条,单程长4.68千米。二期有转用站15个,皮带23条,单程全长10.99千米。石灰石输送系统有转用站1个,皮带6条,单程全长2.13千米。

输送系统布置的集尘装置、喷水抑尘装置和煤仓的真空吸尘清扫装置,能有效降低粉尘浓度,改善生产环境。

22."北仑号"驳油平台

"北仑号"驳油平台,泊于离10万吨级矿石中转码头东北方约2海里处的港区锚地,由原系挪威1972年建造的"海德雷"超级油轮改装而成。1985年3月15日,"海德雷"轮驶抵北仑锚地,进行交接、签字、换旗仪式,改名"北仑号"。经过近两个月时间的清舱，于6月21日，驶往日本横滨船厂，对系泊、护舷、输油、计量、消防、防污染等设备进行改装。8月改装完毕，驶返北仑港区锚地，9月5日正式投入试生产。驳油平台隶属华海石油运销有限公司，由交通部宁波港务管理局负责管理和使用。"北仑号"驳油平台总投资2100万美元，核定年吞吐能力400万吨，系中国第1个海上最大的驳油平台。

驳油平台长327.7米，宽46.4米，高58.5米，型深26.02米，最大吃水20.4米，航速每小时16节。全船有15个货油舱，最大载重量22.8万吨。动力设施有大型自动锅炉1台，3万匹马力汽轮主机，并配有日供水80吨的造水机2台。有发电机4台，总装机容量2570千瓦。船上设有淡水净化、惰性气体防爆、防腐蚀、防污染、海上泡沫消防、火警自动报警、卫星雷达导航、自动操舵控制、货油加温、油压控制、电子计量等体系，自动化程度比较高。

驳油平台转驳出口原油，是由2万吨级浅吃水油轮运载江苏仪征港出口的混合原油，通过长江水运至北仑，卸入"北仑号"平台，再用大吨位油轮输运到欧美、日本及东南亚诸国。1985年9月21日，第1艘利比里亚籍"卡路林琼"号油轮由"北仑号"轮驳运装8.4万吨胜利油田原油运往新加坡。1985年10月26日，"北仑号"正式投产。

驳油平台自1985年9月5日投入试生产至1989年9月驶离，共吞吐原油578万吨，其中出口原油286.7万吨，为中国原油转驳做出了贡献。

四、港区科技

1.总体控制系统

北仑港区码头中央控制室对全港区所有装卸设施实行信息化集中控制、统一管理和综合监视。总体控制系统于1980年10月25日动工建设，1982年1月建成投入运行。中央控制室距10万吨级码头1240米、堆场950米处，为港区的控制中心，是码头群的神经枢纽。它包括微型计算机、可编程序控制机、数据传输装置、工业电视、自动广播装置、通话装置以及监视操作台、火灾报警等设备。它除了能巡回检测、自动记录、统计制表、监视报警和发送起动、停机指令等外，还能直接控制运输过程，使其保持"最佳"的作业状态，还可进行经济核算、组织和管理生产。总体控制系统有控制、管理、监视三大机能：

控制机能 中心控制室计算机对控制对象实行控制，分为闭环控制和开环控制两种形式。

管理机能 (1)编制生产计划。在了解并掌握船舶来往情况、矿石品种、数量及堆场状况的基础上，可协同调度室编制生产计划并加以实施；(2)提供运转记录。包括机械操作记录、机械故障记录、出入船舶记录、堆场取料记录、库存量记录和港口吞吐量记录，使中心控制室按预定时间取得日报、月报、年报；(3)计量管理。包括矿石流量瞬时值显示，流量的累计值以及流程切换时预先设定量的管理；(4)即时询问。在需要时可在CRT上随时询问卸船船讯、装船船讯、堆场库存情况、吞吐量等。

监视机能 包括对35千伏变电所主电源系统的监视、装卸流程中各个运转设备的监视、堆取料机位置的监视等,还能通过工业电视系统的12台摄像机和中心控制室安装的电视监视器,对重要生产部位加以监视。

2.雷达导航系统

雷达导航系统是北仑港区的配套工程之一,1980年动工建造,1982年12月设备安装全部结束。这套系统分虾峙、峙头、大榭3个雷达导航台,形成虾峙门引水锚地至北仑港区全程32海里航道上连续覆盖的雷达链,可实施对航道、海域上的船舶动态监视、导航和必要的控制功能,对提高港口效率和船舶周转率、增加船舶航行安全等方面能起到重要作用。

虾峙雷达站 此段为进港航道的口门,东濒大海,并无遮挡,可监视外海来船和引水锚地上的船舶动态。向西可与峙头雷达站覆盖区相衔接。

峙头雷达站 该处居高临下,可分别与虾峙、大榭2个雷达站相通视。主要覆盖区,向西为螺头水道,向东为虾峙水道,西端桃花岛西头,分别与两端雷达站覆盖范围搭接。正向为马峙锚地。此外,螺头水道、佛渡水道、虾峙水道交汇处的,南来北往船只比较频繁的峙头洋深水广阔水面,均在此站监视范围之内。

大榭雷达站 位于进港航道最后1个转向点附件。西可覆盖整个港区,包括码头区、转头地等水域;东与峙头雷达站覆盖范围相搭接。

北仑港区港口雷达导航系统的主要功能有:监视锚地、进港航道、港池或船舶转头地的船舶动态,向港务局、作业区等有关管理部门提供船舶信息;在能见度不良(因雨、雾、雪等各种原因)的条件下,向船舶提供咨询和实施导航,发出船舶相遇、横穿航道时避碰和船舶可能搁浅、触礁的警告;在风浪大,引水船无法驶出虾峙门的条件下,引导船舶驶入门口,沿虾峙水道行驶到风浪比较平稳处,由引水船靠系大船,送上引水员;对虾峙水道的大双山狭窄航段,必要时实施单向通行控制;监视船舶执行有关港口水上交通管理规章制度的情况,例如是否在非锚地区域抛锚,是否在禁锚区抛锚,是否船速过高,以及其他是否违反有关避碰规则;根据需要,向船舶发布锚地、航道、码头等处船舶动态,航行标志或其他助航设施移动、变化情况以及必要的风速、风向、潮位、流速、流向、波浪、能见度等有关水文、气象等情报,在船舶无线通信设备因故不能与海岸电台通话的紧急条件下,可协助海岸电台实施某些非导航性质的港口业务通信中继、代转功能。

港口雷达导航系统由港口雷达分系统、甚高频船岸无线电话分系统、甚高频岸台间无线电话分系统、雷达应答器分系统4个部分组成。港口雷达分系统,采用英国雷柯德卡(RACAL-DECCA)公司HR-25型和HR-18型港口雷达;甚高频船岸通信分系统,是港口雷达导航系统的组成部分,其关系犹如“耳、目”,缺一不可。港口雷达系统使用日本甚高频无线电话分系统。甚高频岸岸接力通信分系统,选用国产四路超短波数字接力无线电话设备。全系统配置甲、乙端机各6套。为便于引水员在船舶离雷达站距离较近条件下,随时直接利用便携式话机在任务位置与雷达站通话,还设有便携式甚高频对讲电话,使用国际海上甚高频通信频中的CH6、CH9、CH12、CH16这4个可调频道,与雷达站导航使用的甚高频率相对应。甚高频船岸通信分系统,系适应北仑港区开放无线电话通信业务,并作为北仑通信导航站导航甚高频无线电话的备用手段。在船舶雷达上可以显示出以设置雷达应答器的灯桩为起点而给出不同点、划"摩斯码"拖尾符号,供船舶识别灯桩所在,不致误认,并用以确定船位。

港口雷达导航系统建成后主要执行了以下3项任务:(1)在台风期监视锚地避风船舶,精确测出船位,监视动态;(2)在风浪大、能见度低的情况下引导船舶进出港;(3)在所辖海域和航区发生海事时,实施"V·H·F"通信接力,传递信息并执行监视任务。如1983年6月26日,1艘巴拿马籍船由宁波港监引航员从虾峙锚地引到北仑港码头的航行中,由于雾大,能见度很低,百米远处的礁石、灯桩都看不清,由于导航台的助航,使该船避免了4次有可能发生的碰撞事故,确保大轮在气候恶劣的条件下准时安全抵达码头,并及时装卸作业。

3.铁矿石取制样装置

矿石取样校验装置是北仑矿石中转码头增建的配套项目,总投资1612万元。取制样楼1986年3月建成,位于码头"A"节点西侧海面上,主要对进口铁矿石的粒度、水分和化学成分进行科学测定。

自动取制样装置能随着装卸作业的指令同步进行取制样工作,随即提出可靠的粒度和水分测定数据,不致发生港口卸矿作业时商检要求停机取样的矛盾。一旦卸矿作业完毕,制样人员能按时制备好供成分分析用的样品,送中央试验室作分析、鉴定。中央试验室配备的常规分析仪和X荧光光谱分析仪,能迅速测定出铁、硅、铝、钠、钛等多种元素含量,准确得出铁矿石的重量、水分、粒度、成分含量等鉴定数据。经检务部门审核、翻译后,打成书面商检证书,立即提交外贸部门,作为对外结算的公证依据。2000年8月,又增建1座取制样楼,该装置是中国港口第1座自动取制样装置。

4.钢管桩阴极保护设施

北仑港区10万吨级码头、前引桥桥墩、A节点和2.5万吨级码头的靠船墩采用767根钢管桩支撑。这些钢管桩重近2万吨,多数钢桩直径为1.2米、长60米。由于港址海区的水流急、泥沙多、含盐度高等自然条件,对钢管桩有一定程度的腐蚀。为防止这些钢管桩被海水腐蚀,延长码头的使用年限,交通部第三航务工程局科研所,根据钢管桩在海水中所处的不同区段,研究采取了预加钢管桩壁厚、涂料保护、外加电流阴极保护的联合保护措施。

北仑港码头钢管桩阴极保护设施,自1981年5月投入运行以来,经电位普测和潜水摸察,处于完全保护状态。同时,从码头上1块不通电和1块通电的金属挂片来看,前者已锈蚀斑驳,后者尚呈金属的光泽,证明了阴极保护的效果。

阴极保护技术，在中国船舶、化工及码头等方面虽已有应用，但在宁波的北仑港区保护面积达 15 万余平方米的大范围应用，还是第 1 次。

5.超声波船舶靠岸速度仪

1981 年 8 月，中国港口第 1 座船舶靠岸速度仪，装置在北仑港区 10 万吨级码头的最高点，并投入使用。大型船舶靠岸会产生很大的冲力，靠岸的速度越快，冲力也越大，在这种冲力超过设计规定值时，对码头形成威胁，甚至可以造成整个码头的移位。船舶靠岸速度仪，就是用来测定和显示船舶靠岸时的速度和距离，使引航人员直观地了解靠岸情况，较好地把靠岸的速度控制在允许范围内。

10 万吨级码头应用的船舶靠岸速度仪，由 2 台收发信器、1 台计测盘、1 台栈桥用显示器、1 台船用显示器等构成。收发信器系接收、发射超声波脉冲信号的防水型探头，固定在码头钢管桩水下支撑架上，当大型船舶平行于码头靠泊，与码头相距 200 米以内时，设置在水下的收发信器将计测盘传送过来的电信号转换成超声波信号，向船体发射，随即又接收从船体反射来的回波被转换成电信号后，通过同轴电缆送到计测盘进行判断。

计测盘设在控制室内，它由 2 台计测仪和 1 台打字机组成。计测仪的收发信号电路用来发射脉冲信号，并根据超声波发射、反射所需要的时间和超声波在海水中传播的速度，判断船舶与码头间的距离及船舶靠岸的速度，然后用数字形式分别显示于盘面、栈桥用显示器和船用显示器上。作为原始记录，计测盘上的打字机同时打印记录靠船的时间、船首、船尾的速度和距离。

栈桥用显示器位于方便观察和操作的码头靠海侧。当计测盘内的操纵开关打在遥控档时，操作者就可操纵栈桥用显示器，显示器则以数字形式显示船首、船尾的靠岸速度和距离。

船上显示器为船上工作人员显示靠岸和速度和距离，为了便于远距离观察，它设置在控制室顶上，使用时与计测盘、栈桥用显示器同步显示。当船舶以安全速度靠岸时，绿色信号灯亮，以示安全；当速度在临界点时，黄色信号灯亮，以提醒注意；当速度超过允许值时，红色信号灯亮，以发出警告。

速度仪在船舶系缆后，还起着监视船舶动态的作用。一旦停靠的船舶因意外情况漂离码头，红色信号灯就自动报警，告诫工作人员立即采取措施。

6.充气式护舷

10 万吨级以上船舶有很大的冲击力，为保护码头和船舶的安全，在 10 万吨级矿石卸船码头前沿装有庞大的固定型充气橡胶护舷（A、B、F）16 个，具有弹性强、吸性大的特点。护舷于 1980 年 2 月装成投入使用。

护舷是带有球面的圆柱体，高 2100 毫米，直径 2800 毫米，由 2 层橡胶壳组成，内层是充气的承压层，外层是用联系铁件联结的附加保护套，其作用是承受靠泊船体的撞击和摩擦，承受靠泊船舶为 8 万—15 万吨级，最大有效靠泊能量为每米 115.2 吨，最大靠泊速度为每秒0.15米，最大靠泊角度为10度以内。护舷材质选用天然橡胶、合成橡胶和炭黑的合成橡胶。这种橡胶具有抗老化、抗海水浸蚀、抗摩擦等性能。这种大型、新颖的码头护舷在国内港口投入应用，当时还属首次。

7.EDI中心

宁波港口EDI中心，是国家“九五”重点科技攻关项目《国际集装箱运输电子信息传输和运作系统及示范工程》的示范单位。经过2年多的建设，宁波港口EDI中心，1997年5月底建成开通。EDI中心的功能是支持船公司及代理、港口、码头、理货、货代、集疏运场站、货主及与上述运输业相关的政府监管部门“一关三检”和银行保险之间实现电子数据交换，并提供高效、便利、快捷、准确的经济信息服务，使我国参与国际贸易的各种企业，能够在贸易手段上与国际接轨，同时提高宁波口岸在世界市场的竞争力，实现国际集装箱运输的无纸化经营。

宁波港口EDI中心，有两台IB米RS/6000J40服务器，共享磁盘容量17.6G。两机之间采用HAC米P(高可用性集群多处理)技术相连，共享磁盘IB米7133采用米irror技术，保证了系统高可靠性。服务器端系统平台是AIX，采用ORACLE数据库，EDI运行软件采用瑞典FRONTEC公司的A米Trix软件。

宁波港口EDI中心网络组成：DNS及IB米RS/600041T网管工作站1台、IB米2210路由器2台、IB米8271以太交换器2台、IB米8224以及集线器2台、IB米8235远程拨号访问服务器2台、米ode米Pool1台、Hayes世纪2台。

EDI中心支持X.25DDNPSTNWaveLan通信方式。宁波港口EDI中心提供的服务有：信息传输、报文开发、信息查询、应用开发和集成及用户端安装及维护。

五、班轮航线

北仑港开埠后，坚持“数量与质量并重，干线与支线并进，外贸与内贸并行”的航线开发方针，倚重集装箱航线开发力度，加强与国内外班轮公司的合作。在2000年以前，逐步开拓欧洲、地中海、美国西海岸、美国东海岸、日本、韩国等航线，21世纪开始加大对中东、南美、印度等新兴经济区域的航线开拓，适时调整航线布局，引进精品快航和特色航线，增强大宗货物和物流航线集聚能力。2010年，开通国内、国际集装箱航线163条，远洋干线占总航线比例为50.3%，高于国内同类港口的指标。全年实现货物吞吐量3390.45万吨，集装箱运输量1262.40万标准箱。至2010年，有108个国家和地区的440个港口同北仑港通航，并发展贸易往来，形成覆盖全球的集疏运网络。建立国际远洋干线82条，近洋支线32条，外轮进出港累计12,206艘次。

1.宁波港股份有限北仑矿石码头分公司(一期码头)

原称北仑港埠公司，1981年成立，系一家主要从事进口铁矿石中转业务的公司。1982年，第1座10万吨级铁矿石中转码头建成投产；1994年，20万吨级(可兼靠30万吨级船舶)卸矿泊位投产。2001 年,北仑港埠公司重组,宁波港集团有限公司、上海宝钢集团国际经济贸易总公司、武汉钢铁(集团)公司,中国远洋运输(集团)总公司、中国海运(集团)总公司、中国对外贸易运输(集团)总公司 6 家单位分别以 91.14%、2.27%、1.818%、1.818%、1.818%、1.136%比例的股本金,合资设立宁波港北仑股份有限公司,发起人总股本 44,000 万股,注册资本 4.4 亿元。

公司经营铁矿石中转业务,从第 1 座矿石中转码头投产以来,累计接卸澳大利亚、巴西、南非、秘鲁等世界主要铁矿产区的 52 个品种的进口铁矿砂 2.5 亿吨,为全国 30 余家大中型钢铁企业提供中转服务,是全国规模最大、设施最先进、接卸能力最强、业务网络最广泛的进口铁矿中转基地。

至 2006 年,公司拥有 2.5 万吨级至 20 万吨级大型深水泊位 5 个,年接卸进口矿石能力 3300 万吨,吞吐铁矿石 6000 万吨。码头总长 1361 米,其中 1 号、2 号卸矿泊位总长 711 米,前沿水深分别为 18.2 米和 20.5 米,可停靠泊 10 万—25 万吨级船舶(兼靠 30 万吨级船舶),配备 7 台悬臂式卸船机。3 号、4 号、5 号装矿泊位可靠泊 2.5 万吨级船舶(兼靠 5 万吨级船舶)。配备移动式装船机 4 台,每台时效率 4200 吨;矿石堆场 30 万平方米,堆存能力 300 万吨,配备 6 台斗轮堆取料机,每台时效率 4200 吨(最大 5250 吨);铁路装矿楼 3 座,年出运能力达 1000 万吨。卸矿泊位、装矿泊位、矿石堆场之间由总长 1.5 万米输送皮带连接,全部装卸工艺流程由中央控制室集中控制。

1985 年 12 月 6 日,巴拿马籍 30 万吨级超大型矿船"大凤凰"轮首次靠泊 20 万吨级泊位作业,填补了中国靠泊 30 万吨级特大型船舶的历史空白。2000 年 3 月 24 日,公司成功救助了载重 27.43 万吨、吃水 20.5 米的利比里亚籍海损巨轮——"威射"号,显示出港口的综合配套能力。2006 年,公司资产总额 14.85 亿元,在职员工 673 人,完成货物吞吐 6409 万吨,营业收入 7.75 亿元,实现利润 4.55 亿元。

2.宁波港北仑第二港埠有限公司

北仑第二港埠有限公司是宁波港集团有限公司所属的一家从事大宗散杂货装卸及集装箱货运业务的企业,主要经营煤炭、矿石、化肥、钢材、粮食及其他散杂货的中转和集装箱运输业务。公司在 2001 年成立,位于北仑港区。公司有各类泊位 5 个,其中卸、装煤炭专用泊位 4 个,通用泊位 1 个。1 号、2 号泊位煤炭码头长 499 米,前沿水深 13.5 米,建有 5 万吨级卸船泊位和万吨级装船泊位各 1 个,最大可靠泊 6.5 万吨级船舶,设计年吞吐能力 902 万吨。主要装卸煤炭和水泥熟料等货种。装卸船流程均设有煤种自动取样装置,还具有配煤装船功能。主要设备有门式起重机、皮带机等。3 号、4 号煤炭码头全长 400 米,前沿水深 13.1 米,建有 3 万吨级泊位(设计可靠泊 5 万吨级船舶)和 7000 吨级泊位各 1 个,年设计吞吐能力 700 万吨。该码头主要接卸煤炭,配备专用散货输送皮带流程和 4 台 250 型卸船机。

通用泊位长 317 米,前沿水深 12.5 米,建有 2.5 万吨级泊位 1 个(可同时兼靠 2 艘万吨级以上船舶),年设计吞吐能力250万吨。码头主要装卸矿石、粮食及通用件杂货,建成配套仓库、堆场20余万平方米。主要设备有卸船机、皮带机等。

集装箱货运站有专用场地20万平方米,配有各种集装箱堆取、运输专用设备及先进的通信系统和计算机网络,可为客户提供集装箱堆存、仓储、运输、查验、货代、箱修等全套服务。

2006年,北仑第二港埠有限公司实现货物吞吐量1419万吨,其中煤炭784万吨,矿石297.5万吨,钢材17万吨,粮食174万吨,集装箱吞吐7.81万标准箱。

3.宁波港北仑国际集装箱码头有限公司(二期码头)

1991年9月30日,成立宁波港北仑集装箱公司,2001年8月,宁波港集团有限公司与香港和记黄埔港口集团合资组建北仑国际集装箱码头有限公司,总投资20亿元,其中引资1.1亿美元。宁波港集团有限公司占51%股份,香港和记黄埔港口集团占49%股份,合资期限50年。于2002年1月10日正式运作。主要经营集装箱装卸、储运、转运、修洗箱等业务。

公司有3个5万吨级集装箱专用泊位,码头总长900米,前沿水深13.5米。主要装备有可接卸6000标准箱以上超巴拿马型集装箱船的桥吊10台、场地轮胎式龙门起重机36台、堆高机9台、正面吊6台和集卡车32辆,能够确保在1个小时内完成场地进提箱作业。码头占地面积约78公顷,拥有40万平方米集装箱堆场,具有4.2万个标准箱位的堆存能力,其中仓库面积2.1万平方米。港区内装卸作业运用无线终端联络,集装箱单证流转运用EDI系统,实行无纸化信息传送。

宁波港北仑国际集装箱码头有限公司是宁波港第1家融入国际资本的集装箱码头公司。开通53条国际航线,与全球20大集装箱班轮公司中的17家保持业务往来,2006年,月航班200班,其中国际干线90班轮,全年完成货物吞吐1581万吨,集装箱运输188万标准箱。

4.宁波港北仑第二集装箱有限公司(三期码头)

宁波港北仑第二集装箱有限公司于2000年10月30日成立,2001年3月正式运作,是宁波港集团有限公司下属的专业集装箱装卸运输企业,总投资22亿元。

公司码头岸线总长1238米,前沿水深15米,有4个大型集装箱专用泊位,能接卸世界最大的超巴拿马型集装箱船,年设计吞吐能力100万标准箱。主要配套装备有双箱节具、外伸距60—63米的桥吊16台,轮胎式龙门起重机52台,叉车29辆,集卡110辆、固定吊1台和各类装卸机械17台,设有70万平方米的集装箱堆场。

公司引进美国NAVIS公司先进的集装箱码头管理系统,在整个集装箱进出口运输过程中使用“集装箱码头计算机实时作业管理系统”。集装箱装卸操作流程按照国际惯例,采用EDI系统,相关单证通过宁波港EDI中心交换处理,实现了无纸化管理。同时推广进口船图和舱单的EDI传输工作,实现宁波口岸船代、货代、理货、港口、内陆集疏运场站之间的电子数据交换服务。2005 年 10 月,通过中国船级社 ISO9001 质量管理、ISO14001 环境管理和 OHSAS18001 职业健康安全管理 3 项认证。2002 年始承接集装箱国际中转业务,至 2006 年开通集装箱航线 51 条,其中远洋干线 36 条。2006 年完成集装箱吞吐量 290.6 万标准箱。

5.台塑港务(宁波)有限公司

2004 年 10 月成立,是台湾塑料工业股份有限公司和台湾化学纤维股份有限公司兴办的台商独资企业,主要经营货物装卸、海运仓储、集装箱堆放。

公司建有 5 个深水泊位,其中 5 万吨级和 3 万吨级化工品泊位各 1 个,2 个 2 万吨级多用途杂散码头,1 个 3.5 万吨级煤炭泊位。泊位总长 1370 米,前沿水深 14—15.8 米,年设计吞吐能力 425 万吨。拥有化工槽区 3.4 万平方米,储罐容量 10.1 万吨。有煤炭仓库 1.4 万平方米,容量 10 万吨,有输送机械、卸料臂等设备 19 台(套)。

2006 年,完成货物吞吐量 58.75 万吨,营业收入 545 万元。

第二节 大榭港区

大榭港区位于穿山半岛北侧、大榭本岛及周边穿鼻岛沿岸、螺头、册子、金塘水道交汇处南部,地理坐标北纬 29°53′—29°58′,东经 121°55′—122°03′。岸线总长 26.14 千米,规划港区岸线 22.8 千米,其中,深水岸线 11.4 千米,20—30 米水深线距岸边 150—300 米,可建深水泊位 47 个,规划年货物吞吐能力 1.5 亿吨。进出港区有南北 2 条航道,其中南航道系国际航道,航道水深均在 17.5 米以上,20 万吨级船舶可候潮进出,经整治,30 万吨级船舶可自由出入。大榭岛东西约 10 海里处,有马峙避风锚地 20.9 平方千米。港区陆域面积宽阔,其中本岛 30.84 平方千米,经跨海公铁两用大桥与陆域连接。港区具有发展港口物流和临港大工业的优越自然条件,1993 年建立大榭开发区,同时开始建港。建有各类泊位 22 个(表 1-2-1),其中万吨以上泊位 12 个,宁波实华原油码头 1 号泊位靠泊能力 25 万吨级,可兼靠 30 万吨级油船,是国内同类最大码头之一。另有民用小码头 40 个。

大榭港区的功能,主要为大榭开发区的工业港区和华东地区液化石油气、原油中转及储备基地服务,并承担部分上海航运中心的集装箱运输任务。原油中转、液体化工品集疏是大榭港区最显著的两大功能。港区年吞吐能力 4020 万吨、集装箱运输能力 120 万标准箱,客运能力 80 万人次。开通了东南亚、俄罗斯、远东、美洲、澳洲等 40 条国内外航线。

1994 年起,大榭港区深水岸线得到开发利用,2001 年 9 月,B 作业区建成第一座生产性泊位,25 万吨级宁波实华原油码头,开始成规模货物运输。同年 11 月 19 日,第一艘 30 万吨级“爱尔士 · 马士基”号油轮首靠实华原油码头作业。2005 年 3 月 31 日、5 月 15 日,44 万吨级超大型“泰欧”号油轮两次靠泊原油码头。2006 年 5 月 29 日、9 月 14

日,巴哈马籍“寰球”号豪华邮轮和日本籍“太平洋维纳斯”号邮轮先后停靠招商国际码头。开通集装箱班轮航线14条,其中远洋干线9条,近洋支线5条。大榭港区主要货物品种为原油、成品油、液体化工品、集装箱等。

大榭港区主要码头泊位一览 表1-2-1

作业区	码头名称	陆域面积(万平方米)	泊位	性质	靠泊吨级	泊位长度(米)	前沿水深(米)	码头结构	吞吐能力(万吨/年)	建成时间
A	宁波实华原油码头有限公司码头	51	实华1号	原油中转	25,0000	485	23	板梁式	1500	2001.7
			实华2号	原油中转	20,000	340	15	板梁式	500	2001.7
	中海石油宁波大榭石化有限公司码头		5万吨级码头	成品油	50,000	330	18	高桩式	220	2003.6
			3000吨级码头	成品油	3000	125	13.5	高桩式	70	2003.6
	大榭开发区恒信燃料油品有限公司码头	10.2	一期油码头	成品油	5000	158	7.5	高桩式	100	2002.10
			二期油码头	成品油	5000	193	11	高桩式	100	2005.9
B	宁波华东BP液化石油气公司码头	23.62	1号泊位	液化石油气	50,000	320	13	高桩式	150	2002.9
			2号泊位	液化石油气	5000	168	8	板梁式	20	2002.9
	宁波三菱化学公司码头		液化泊位	液体化工	50,000	330	17.4	高桩式	181	2006.10
C	宁波大榭万华码头有限公司码头		煤盐码头	煤炭	50,000	340	16	高桩式	500	2005.11
			液化码头	液体化工	50,000	360	14	高桩式	200	2005.9
D	宁波大榭招商国际码头有限公司码头	163.5	3号泊位	集装箱	100,000	450	17	板梁式	60万标准箱	2006.4
			4号泊位	集装箱	70,000	360	17	板梁式	60万标准箱	2005.5
E	大榭开发区永信港埠码头	6.04	多用途	通用散货	10,000	190	11.4	板梁式	50	2004.12
	大榭开发区兴发港埠有限公司码头	6.43	多用途	通用散货	10,000	170	11.4	板梁式	50	2005.9
F	大榭开发区晶达港埠发展有限公司码头	3.79	多用途	通用散货	5000	118	11	板梁式	30	2006.9
	大榭开发区码头发展有限公司码头	10	多用途	通用散货	20,000	340	15	高桩式	50	2001.7
	大榭开发区亚东散装水泥有限公司码头	0.67	水泥泊位	通用散货	3000	120	10	板梁式	30	2005.7
榭南	大榭水上客运经营有限公司码头	1.5	5个泊位	客运	1000	50×50	5	趸船式	60万人次/年	2003.4

1997年10月20日,第1个大型港口项目——宁波华东BP液化石油气基地站签约落户大榭;2001年9月16日,第1个大型码头——宁波实华原油码头有限公司25万吨级原油中转码头建成投入试生产,次年6月7日正式投产,2005年3月30日,成功靠泊世界在航最大吨位44万吨级"泰欧"号油轮。已建成各类泊位19个,其中货运泊位9个,年吞吐能力3000万吨;客运泊位5个,年客运能力80万人次;非经营性泊位5个。

2010年,完成货物吞吐量6152.20万吨,集装箱167.26万标准箱。

一、港区布局

港区的总体布局规划为四大区:东部大宗散货中转储运区(A、B区)、西北临海工业港区(C区)、西部集装箱码头区(D区)、西南通用泊位码头区(E区)。

1.A作业区

东部大宗散货中转储运区的A作业区位于笤箕山以南、穿鼻岛东,自然岸线长3千米,深水岸线长1.5千米,陆域面积95万平方米,规划泊位性质为原油中转储运区和国家石油储备基地之一,可建30万吨级泊位码头。已建6个码头泊位,其中全港区最大的25万吨级宁波实华原油码头1号泊位就坐落在A港区,设计年吞吐量1500万吨。

2.B作业区

东部大宗散货中转储运区的B港区位于大榭岛东北部,自笤箕山北至石弄堂,自然岸线长2.2千米,20米等深线离岸100米,陆域面积264万平方米。规划建设液化石油气中转储运基地。可建0.2万—30万吨级泊位19个。建有宁波华东BP液化石油气公司码头的5万吨级、5千吨级液化石油气泊位各1个和宁波三菱化学有限公司5万吨级液化码头1座。

3.C作业区

西北部工业港区的C区位于大榭岛西北部,自鳎鳗至礁门,自然岸线1.5千米,20米等深线离岸100—500米,陆域面积300万平方米。规划建设临港工业港区及码头发展区。2005年,万华工业园热电有限公司5万吨级煤盐码头和5万吨级液体化工泊位建成投产。预留码头(规划)8万吨级泊位2个,泊位长度836米,吞吐能力600万吨。

4.D作业区

西部的集装箱码头区D区位于大榭岛西部,自礁门至穿山西口,自然岸线长1.7千米,陆域面积163.5万平方米,规划建设集装箱码头区。宁波招商国际码头有限公司第四代、第六代集装箱4号、3号泊位分别于2005年、2006年建成投产,年吞吐能力120万标箱。

介于C港区、D港区之间的1.4千米岸线为大型液体化工、散货泊位发展区。

5.E作业区

西南部通用件杂货码头区E区位于黄峙江大榭岛侧,自穿山西口至外道头,岸线长

2.12千米,陆域纵深400米,面积90万平方米,泊位性质为多用途码头。兴发港埠、永信港埠、亚东水泥、晶达港埠、大榭码头公司等码头泊位于2001—2006年先后建成投产。

二、码头泊位选介

在已建成投入运行的货运码头泊位中,有原油、成品油泊位6个,化工品泊位3个,集装箱泊位2个。

1.宁波实华原油码头

由中石化和宁波港集团公司合资建设原油中转基地,计划总规模包括25万吨级原油码头3座,2万吨级原油泊位1个,储罐区总容量为200万吨。一期投资8亿元,2001年,建成25万吨级(兼靠30万吨船舶)、2万吨级泊位各1个,罐区83万吨,年吞吐能力2000万吨。

2.宁波大榭招商国际码头

由香港招商国际有限公司、宁波港集团公司和大榭开发区管委会合资设立,总投资4.17亿美元,规模建设10万吨级集装箱泊位3个和7万吨级集装箱泊位1个,码头总长1270米,陆域面积163.5万平方米。年设计吞吐能力240万标准箱。2005年和2006年,分别建成7万吨级和10万吨级泊位各1座,可靠泊世界在航最大的1.25万标准箱集装箱船舶,是国内最先进的第六代国际集装箱泊位之一。设集装箱堆场119万平方米。

3.宁波大榭万华公司码头

由烟台万华聚氨脂股份有限公司投资设立,建设5万吨级液体化工码头和5万吨级煤盐泊位各1个,2003年开工,2005年11月建成,总投资25,674万元。其中,5万吨级液体化工码头是中国最大的同类专业码头。

第三节　穿山港区

位于北仑区穿山半岛沿岸,是中国南北海运和长江东西水运的“T”型交汇点,为大陆通舟山群岛要隘,是避风贸易良港。地理坐标(113容渡北点概位):北纬29°53′—29°55′,东经121°54′—122°00′。水域,西起大榭岛北渡村灯塔与孤星岛连线,东至内神马110高地的南北连线,东西长7千米。陆域,西接北仑港东端、东至白峰海峡轮渡,岸线点长3.5千米,陆域宽约50米,总面积12.48平方千米。有西、北、东及外神马与穿鼻岛间4个进出口。主要是西口与东口。西口北接金塘水道,水深7—33米,宽约1.5—2链(1链=185.2米)。东口介于内神马岛、外神马岛与大榭岛之间,水深14—48米,宽1—2链。此外还有北口,北口介于穿鼻岛、外神马岛与大榭岛之间,水深7—20米,宽1—2链。港区群岛环抱,东面与大榭岛隔水相望,港心屹立着馒头岛与老鼠山,构成天然屏障。平时港内风浪小,冬季西北大风时有涌浪,波高1米左右。岸坡陡,水深流顺,往复潮,不淤,岸坡稳定无需疏浚。港内有灯塔12座,浮标5个。港区西邻北仑港区,北临大榭港区。港区区域位于穿山北面,西起牛轭江东口,东至沙湾嘴,南至鄞州区界海清塘。自然岸线长68.3千米,深水岸线长26.2千米;规划港口岸线22.7千米,已开发利用12千米;陆域面积12.48平方千米。规划港区由西部集装箱作区和东部大宗散货、临港企业作业区组成。可规划建设万吨级以上泊位22个,其中10个5万—10万吨级第六代国际集装箱泊位,年吞吐能力450万标准箱。

宋代以前,穿山湾一直处于自然状态。北宋庆历七年(1047),在芦江口"筑堤捍浦为河",并在堤西山岩处凿孔为碶,因名穿山。南宋时有渡船通昌国(今定海),是明州州治与昌国县之间的水上通道之一。

明洪武二十年(1387),迁大榭、小榭(今穿鼻)岛上居民至穿山。洪武二十七年(1394),建穿山城,调定海(即镇海)后所官兵1137人驻穿山。穿山港(时称黄崎港)作为海防巡哨基地而兴起。其时有战船10艘(8橹船1艘,风快船1艘,10桨船1艘,鹰船7艘)在此守御。"每值风汛,定、临、观三卫之巡海哨船,由把总统领分哨于沈家门""历分水礁、石牛港、崎头洋、孝顺洋、乌沙门、横山洋、双塘、双屿、六横、青龙洋、乱礁洋,抵钱仓而止。六月哨毕,临观战船泊于岑港,定海战船则泊于黄崎港"(参见《嘉靖定海县志》)。文中"定、临、观"即是指定海(即镇海)、临山与观海卫。

清康熙二十四年(1685),浙海关在穿山设关卡旁口(全称小港口旁口),派员在此收税。

19世纪末至20世纪30年代,穿山港始建轮埠。到20世纪30年代中叶,建轮埠4个:永川轮埠(1902年)、平安轮埠(1908年)、可贵轮埠和茂利轮埠(1910年)。1914年,一度建三北公司轮埠码头,有堆场5亩,栈房3间,生活工作用房12间。

1941年,镇海沦陷,轮船停航,码头多被日军所毁,港口衰落。

至1949年,只剩下一个平安轮埠。此轮埠于1979年因海岸塌方而毁圮。从新中国成立至1985年,先后新建小型码头20个计32个泊位,靠泊能力7750吨,最大为千吨级,年吞吐能力65万吨。同时建成的还有仓库120平方米,堆场47,300平方米,并置吊车1台。

20世纪50—60年代,进港货物主要是煤、化肥、少量钢材和鱼货。前者多来自上海,后者来自沿海地区。出港货物为粮食、棉花、茶叶、萝卜干、金柑、西瓜、榨菜等农业土特产,还有建筑材料石子,其中多数运往上海。70—80年代,进港货物改以黄砂(来自普陀)、水泥、工业原料(来自上海)、鱼货(来自沿海岛屿)为主。出港货物以石子、粮食及其他农副产品为主。与之通航的地区有上海、崇明、温州、台州、舟山等。

1985年,进出港旅客7.5万人次,其中(舟山航运分公司)穿山至定海航线约4.5万人次,穿山至栅棚航线约3万人次,货物吞吐量16万吨。

鱼货是穿山港的重要货种。据查,1900年以前,穿山已设有涨网货代销行。1900年,创办永泰鱼行。以后又有祥兴、公顺、祥记3家鱼行起而竞相营业,代理来港渔船的鱼货销售业务。1956年,镇海县水产公司在穿山设立水产营业部,集中负责来港渔船鱼货的收购和销售。收购鱼种有黄鱼、带鱼、力(鳓)鱼、黄鲫、海蜇等。1974年以后,黄鱼逐渐消失,所收购的是带鱼、力鱼、叉鱼、鳗、蟹等。1980年开始,有青占鱼、马面鱼。渔船来自桃花、栅棚、六横、蚂蚁、定海、岙山、罗门、新建、岱山、大小洋山等处。20世纪50年代,福建渔船也时来销售鱼货,1956年以后,因改为统一划片收购,不再来穿山港。1964—1985年,仅穿山水产营业部每年收购鱼货3000—4000吨,最多的1983年达5200吨。为了储藏鲜鱼,1978—1985年,各单位先后在穿山造起了7个冷库,库容量共计3800吨,年出口机制冰13,000吨。

一、功能布局

根据规划,穿山港区主要承担远洋及国内沿海集装箱运输,煤炭、燃油等大宗货物中转及为修造船、能源工程提供泊位等功能。穿山港区功能区主要分布在穿山半岛北侧,西起牛轭港东口,东至沙湾嘴,自然岸线7.2千米,由西部集装箱泊位区和东部大宗散货、临港企业泊位作业区组成。

1.西部集装箱泊位区

西起穿山人渡码头,东至北仑四期集装箱码头,岸线全长1785米,前沿水深15—18米。这一码头区功能是承担远洋及沿海集装箱运输装卸。2002年8月开工建造,至2010年陆续建成的5个5万—10万吨级集装箱泊位,是具有国际第六代集装箱船装卸条件的专用泊位。宁波港吉码头经营有限公司码头和宁波远东码头经营有限公司码头均建于此泊位区。

2.东部大宗散货、临港企业泊位作业区

位置在四期集装箱码头以东,前沿水深15米以上。2006年建成宁波恒富船业集团4个3万—5万吨级杂货件泊位。预留宁波港鑫东方燃供仓储公司5000吨级泊位和宁波光明散杂货有限公司5万吨级、2万吨级、1万吨级煤码头。

二、码头建设

20世纪初,穿山港始建轮埠,到30年代中叶所建轮埠如下:

1.永川轮埠

在穿山村道头右侧(即今中国人民解放军海军703船队1号码头所在),木质趸船,长30米,宽12米,单引桥,1000吨级。光绪二十八年(1902)永川商轮公司建。沪—穿—定—石—海线的永川、海宁、湖广三轮泊此。民国二十年(1913)废。

2.平安轮埠

在穿山村道头(今穿山村水产贸易码头所在)。木质趸船,长30米,宽12米,单引桥,1000吨级。光绪三十四年(1908)平安商轮公司建。同时建成的有栈房平屋22间、

办公室3间。甬—穿—定—石线的平安、快利、宁波诸轮泊此。民国十一年(1922)后的大华轮与民国十八年(1929)后的穿山轮、姚北轮亦先后在此停靠。

3.可贵轮埠

在穿山浦出口处西北侧(大湾村)。木质趸船,长30米,宽12米,单引桥,1000吨级。清宣统二年(1910)可贵商轮公司建,可贵轮泊此。民国十年(1921)后改泊舟山轮;舟山商轮公司在此建栈房6间,办公室4间,宿舍9间,共432平方米。民国三十年(1941)镇海沦陷后,轮埠以及栈房等岸上建筑物渐圮。

4.茂利轮埠

今穿山水产公司码头所在地。民国二十二年(1933),茂利商轮公司(负责人慈溪人洪宝仁)建。同时建成的还有堆场面积5亩,仓库、住房6间(3大3小)。不料,"茂利轮"(806吨)试航沉没于定海,以致轮埠造好没有几天即被弃置。

至新中国成立时,穿山港只剩下平安轮埠,此轮埠于1979年因海岸塌方而毁圮。2010年,港内共有码头93座(表1-3-1,表1-3-2),靠泊能力29.33万吨。

穿山港区主要码头泊位一览 表1-3-1

功能区	码头	泊位	性质	靠泊吨级	泊位长度(米)	前沿水深化(米)	码头结构	吞吐能力	建成年月	2006年吞吐量(万吨)
西部集装箱泊位区	宁波港吉码头经营有限公司码头	四期3号泊位	集装箱装卸	50,000	300	15	板梁式	40万标准箱	2004.5	1,950,532标准箱
		四期4号泊位	集装箱装卸	100,000	385	15	板梁式	40万标准箱	2004.9	
		四期5号泊位	集装箱装卸	100,000	415	15	板梁式	40万标准箱	2005.3	
		四期6号泊位	集装箱装卸	100,000	300	15	板梁式	40万标准箱	2005.7	
	宁波远东码头公司码头	四期7号泊位	集装箱装卸	100,000	385	17	板梁式	40万标准箱	2006.12	
东部大宗散货、临港企业泊位区	宁波恒富船业集团码头	恒富1号泊位	杂货件	30,000	120	16	板梁式		1993	
		恒富2号泊位	杂货件	30,000	120	16	板梁式		1995	
		蓝天1号泊位	杂货件	50,000	190	15	板梁式		2006	
		蓝天2号泊位	杂货件	50,000	150	15	板梁式		2006	

穿山港区其他货主码头一览 表1-3-2

码头名称	码头经营人	码头结构	建设年月	靠泊能力		泊位长度(米)	泊位宽度(米)	前沿水深(米)	堆场面积(平方米)	库容(立方米)	建筑面积(平方米)
				吨级	泊位数						
穿山航管站码头	北仑航管所	浮码头	1990.7	300	1	36	8	5	700		243
穿山杂货码头	北仑区交通局码头	浮码头	1979.6	500		65	5				
宝达穿山码头	宁波宝达港埠有限公司	板梁式	2004.7	1000		45		5			

续上表

码头名称	码头经营人	码头结构	建设年月	靠泊能力		泊位长度(米)	泊位宽度(米)	前沿水深(米)	堆场面积(平方米)	库容(立方米)	建筑面积(平方米)
				吨级	泊位数						
穿山杂货码头	北仑区益友沙场	高桩梁板式	1979.3	500	1	37.8	12	6	4000		196
穿山宝达水泥码头	北仑宝达水泥有限公司	高桩梁板式	2003.12	500	1	43	12	7	3000	7000	4843
大榭渡运码头	大榭轮渡公司	阶梯重力式	1978	300		41	18.5	2			
后所冷库码头	柴桥后所村	浮码头	1979	500	1	36	8	6			
福华船厂码头	宁波福华造船工业有限公司	高桩梁板式	2004.12	500	1	35	25.8	3.4	400	3600	864
北冰冷库码头	北仑海宁冷藏有限公司	岸壁式	1989	200	1	30	17	2.8	2800		
柴桥后所砂石码头	柴桥镇后所村	重力式	2002	300	1	85	32	3.7			
上梅渡码头	上阳道头	浮码头	1983	200	1	18	8	5	3000		
宁波华埠物流码头	宁波华埠物流有限公司	高桩梁板式	2005.7	3000	1	180	15	7.8	28,000	3000	1000
白峰金银来沙场码头	北仑区金银来沙场	高桩梁板式	2004.12	200	1	17.3	7	4	5000		200
华翔联运码头	北仑华翔联运有限公司	高桩梁板式	1998.6	1000	1	80	10	4.5			
小门避风码头	宁波港集团轮驳公司	浮码头	1987	425	4	40	9	4.5	4000	200	
小门高速客轮码头(1)	宁波港集团客运总站	浮码头	1999	500	1	40	9		5300		
小门高速客轮码头(2)	宁波港集团客运总站	浮码头	1999	500	1	30	9				
小门石场码头	小门村	浮码头	2000	500	1	36	22				
永港物流码头	宁波永港物流有限公司	高桩梁板式	2005.3	2000	1	112	12	5	50,000	3500	2500
振兴冷冻厂码头	振兴冷冻厂	浮码头	2003	500	1	40	9	3.5			
满洋杂货码头	北仑区小港满洋船厂	高桩梁板式		1000	1	112	14.5	4.3	7000	158	4.35
三鑫物流码头	宁波三鑫物流发展有限公司	高桩梁板式	2006.12	2000	1	112	14	5.3	20,000	600	400
福海油库码头	宁波福海燃料有限公司	高桩梁板式	1996.4	5000	1	136	9	8.5	1800	13,000	
中石化北仑油库码头	中石化浙江宁波北仑石油支公司	浮码头	1996.8	1000	1	42	9	6		4000	

续上表

码头名称	码头经营人	码头结构	建设年月	靠泊能力		泊位长度(米)	泊位宽度(米)	前沿水深(米)	堆场面积(平方米)	库容(立方米)	建筑面积(平方米)
				吨级	泊位数						
白峰冷冻三厂码头	北仑兴业水产有限公司	高桩梁板式	1992	300	1	40	9				
白峰运政艇码头	大榭海事处白峰站	浮码头	1998	300	1	28	8				
白峰汽渡码头(1)	舟山海峡汽车轮渡有限公司	浮码头	1983	1000	2	36	10	4.5	3000		
白峰汽渡码头(2)	舟山海峡汽车轮渡有限公司	浮码头	1983	1000	1	50	12	4.5	3000		
神马渡	神马村	重力式		300	1			6			
蓝天供油码头	宁波北仑蓝天石油有限公司	浮码头	1989	500	1	20.5	6	8		1250	
冷冻一厂码头	北仑东兴水产有限公司	浮码头	1991	300	1	40	9	3			
峰城冷库码头	宁波海洋渔业总公司	浮码头	1996	300	1	32	9	10		250	
兴发冷冻厂码头	北仑兴发冷冻有限公司	浮码头	1994	500	1	40	8	4			
蓝天神马汽渡码头(1)		高桩斜坡式	2005.5	500	1	40	12	8			
蓝天神马汽渡码头(2)		重力斜坡式	2005.8	200	1	40	11	2.6			
华英沙场码头	北仑区白峰华英沙场	高桩梁板式	2004.8	200	1	35	7	2.5	2600		60
外峙渡码头	外峙村	重力式	2002.12	300	1						
竹湾沙石码头	竹湾村	重力式	2002	500	1	70		6			
雄镇建材码头	宁波市雄镇建材实业有限公司	高桩梁板式	2005.5	2000	1	112	12	8	10,000		500
盛全冷冻厂码头	盛全冷冻厂	浮码头	2003	500	1	40	9	3.5	2000		

穿山港区万吨级以上码头泊位始建于1993年,至2010年,建成码头泊位9座,其中宁波港集团北仑四期集装箱码头5座,船泊修造企业自用码头4座。宁波港集团穿山港区北仑四期集装箱码头工程,总投资40.8亿元,建设5个5万—10万吨级的集装箱泊位。码头全长1785米,宽55米,面顶标高7米,前沿水深15—18米,可靠泊世界上最大的集装箱船。码头通过4座引桥和陆域连接,引桥平均长度145米。码头采用高桩板梁式结构,桩基采用直径1200毫米预应力混凝土大管桩。码头陆域面积172.9万平方米,堆场总面积90万平方米。四期集装箱码头工程设计年吞吐量为200万标准箱。

四期集装箱码头配置的装卸设备主要有20台超巴拿马集装箱桥吊,52台轮胎式龙门吊,正面吊5辆,堆高机9台,集卡110辆。码头装卸集装箱计算机管理系统采用美国NAVIS公司的SPARCS软件系统和宁波港自行开发的CTOS中心数据库处理系统,对集装箱实行系统的动态跟踪管理,并装备无线对讲机等先进的通信工具。

四期集装箱码头工程,于2002年8月12日开工建设。3号、4号泊位分别于2004年5月21日、9月15日竣工验收,5号、6号泊位,于2005年3月和7月建成,7号泊位,于2006年12月8日投产。2006年3月22日,世界最大9500标准集箱船——中远集团的“中远宁波”轮首航北仑四期码头。

另外,港区沿岸尚有200—5000吨级泊位43个,其中1000吨级以上11个,经营项目有油品、通用件杂货、水泥、砂石、冷冻品、轮渡、客运和行政管理泊位等。

2010年,穿山港区货物吞吐量7292.47万吨,集装箱吞运输量503.53万标准箱。

三、码头企业选介

1.宁波港北仑第三集装箱有限公司

宁波港北仑第三集装箱有限公司位于穿山港区四期集装箱码头,是宁波港集团有限公司下属的专业集装箱装卸运输企业,成立于2004年1月,是年6月底投入试生产。码头岸线长700米,前沿水深15米,拥有外伸距为63米的集装箱岸边吊8台,过五堆六的轮胎龙门起重机24台。

北仑第三集装箱有限公司分别于2004年、2006年与外资、内资合资组建宁波港吉码头经营有限公司和宁波远东码头经营有限公司。

2.宁波港吉码头经营有限公司

2004年1月,宁波港集团北仑第三集装箱有限公司与地中海亚洲(香港)航运公司、(台湾)长荣集团意大利海运公司合资成立宁波港吉码头经营有限公司。公司拥有1个5万吨级和3个10万吨级集装箱泊位,码头总长1400米岸线,前沿水深15米,总投资4.36亿美元,陆域面积90万平方米。主要设备有起重量61吨、外伸距63米的岸边桥吊16台、轮胎龙门起重机40台、堆高机6台、集卡车110辆和叉车等各类集装箱专用装卸机械148台。

2004年6月30日试投产,当年完成集装箱吞吐量11.5万标准箱。2006年3月22日,载箱量9500标准箱的“中远宁波”轮首航宁波暨命名仪式在公司举行。公司建立通往世界名大洲集装箱航线网络,拥有欧洲、地中海、美西、美东、黑海、南美、中东、中国香港、亚得里亚海等22条航线。

3.宁波远东码头经营有限公司

2006年7月12日宁波港集团北仑第三集装箱有限公司与东方海外货柜(宁波)码头有限公司、中远码头(宁波北仑)有限公司、国投交通有限公司合资设立宁波远东码头经营有限公司,总投资7.8亿元,出资比例5∶2∶2∶1。公司码头位于穿山港区四期集装箱码头,西与宁波港吉码头经营有限公司泊位相邻。公司经营的7号泊位,于2004年8月开工建造,2006年5月竣工,12月8日投入试生产,泊位长385米,前沿水深17米,停靠10万吨级集装箱船舶。码头主要设备有岸边桥吊4台,轮胎龙门起重机12台,正面吊1台,堆高机3台,集卡30辆。

第四节 梅山保税港区

梅山港区是宁波港的组成港区之一,它的地理位置和港航条件十分优越,东临国际主航道,是宁波—舟山港的核心区域。2008年,国务院批准设立宁波梅山保税港区,港区开始大规模开发建设。2010年8月,一期2座10万吨级集装箱泊位建成,开港运行。

一、区位与功能

港区位于穿山半岛南侧的上阳与梅山岛之间的梅山港南、北两侧沿岸。距宁波中心区57千米、镇海区45千米、宁波栎社机场80千米、北仑城区28千米。航道呈西南向东北走向,北依大陆山丘。地理坐标北纬29°44′—29°49′,东经121°54′—122°01′。北靠北仑港区,西南口与象山港相接;东北口为佛渡水道,长15千米,平均宽500米,离岸1050米处,水深多为10米以上,有多个可停泊万吨级以上船舶的港址;南濒桃花、六横、佛渡等诸岛屿。年均风速3.7米/秒,往复流,流急岸坡陡,基本不淤,有利于躲避风浪。北侧系穿山半岛南面沿岸7千米,5米深水线离岸边30米;南侧为梅山岛环岛沿岸,环岛自然岸线总长22.54千米,其中,梅山岛东侧扑蛇岛折南7.2千米为深水岸线段,水深10—20米,最深处有69米,能停靠超级油轮和第五、第六代集装箱轮,具有深水港区开发条件,规划港口岸线10.5千米。岛侧岸滩较宽,5米左右深线离岸边约100米。水深5米以上水面宽度300—400米。

水域,北起官山,南至分水礁,全长15千米,平均宽度500米,总面积90万平方米。岛陆之间港池隐蔽长约7千米,梅山岛南外航道约6千米,两侧为宽阔浅滩,高潮时一片汪洋。有南北两出海口,北口为东北向,宽500米,平均水深7米;南口为西南向,与象山港相接,宽约800米,水深3米。港池水深大多为8—9米,最深处13.6米,泥质底。大陆侧岸滩60米,5米左右深线离岸边约30米。

陆域,集中在港池西北大陆沿海的郭巨、上阳、梅山境内。岸坡陡峭,沿海山丘连绵,纵深1千米,有山前小平原和围垦涂地可利用。仅道头附近(碶头墩山咀至虾家)5岸线中可供开发的就有3.2千米。

根据规划,穿山半岛南侧东段岸线具备深水港开发条件,梅山岛东侧扑蛇山至梅山化工厂南段7.2千米岸线,水深10—20米,为较好水岸线资源,是宁波港口远景发展的重要岸线。

依托港口和区位优势,2008 年 2 月 24 日,国务院批准设立宁波梅山保税港区,这是继上海洋山、天津东疆、大连大窑湾和海南洋浦之后的中国第 5 个国家级保税港区。也是从 20 世纪 80 年代以来,继宁波经济技术开发区、宁波保税区、大榭开发区、浙江宁波出口加工区、宁波保税物流园区之后,在北仑区区域设立的第 6 个国家级开发区。

宁波梅山保税港区,规划面积 7.7 平方千米。地址范围:东至码头岸线(含泊位),南至梅峰路,西北以沿港路、梅山大道、港区路围合为界。

梅山港区的功能主要为保税港区实现国际中转、国际采购、国际配送、转口贸易、保税加工、保税物流等功能定位,完善宁波—舟山港的功能布局,提升上海国际航运中心竞争力,推进宁波产业升级服务;以及本岛国土开发和为经济社会发展服务,并兼有宁波主枢纽港的部分功能,是宁波港远景发展的重要港区。

二、港区概况

1.码头设施

梅山港在明朝中叶已见诸文献。其时港中有梅山、嵩子两渡通行大陆。清时增辟梅山佛渡以通定海之佛渡岛。民国十九年(1930),建盘峙道头,以停靠帆船。

1956—1985 年间建各类码头 9 座,靠泊能力 1500 吨,年吞吐能力 35 万吨。堆场 8780 平方米。2007 年,港区建有 100—1000 吨小型码头 14 座(见表 1-4-1),其中 1000 吨级 1 座。经营项目多为零星油品、冷冻、石子、汽渡、客运等。

梅山港区开发建设前小型码头一览　　表 1-4-1

码头名称	泊位长度(米)	泊位宽度(米)	前沿水深(米)	靠泊能力		码头结构	建设年月	堆场面积(平方米)
				吨级	泊位数			
郭巨交通码头	50		1	200	1	浆砌块石岸壁式	1956	
梅山上梅渡码头(1)	18	8	5	200	1	浮码头	1983	
梅山上梅渡码头(2)	18	8	1	200	1	浮码头	1984	3000
北仑惠峰冷冻厂码头	47		10	500	1	浮码头	1986	
梅山盘峙码头	20	22	3	500	1	浆砌锯齿式	1987	1500
梅山上梅渡码头(3)	8	24	2	500	1	浆砌锯齿式	1989	2500
上阳冷冻厂码头	13			200	1	浮码头	1990	
郭巨冷冻厂码头	34.7			100	1	重力式	1991	1830
宁波成开海洋渔业公司码头	40	9	10	500	1	浮码头	1992.9	
北仑宁舟汽渡站码头	122	8	4.7	1000	3	浮码头	1994.10	6886
紫阳啤酒厂码头	12	80	3	500	1	重力式	1995	250

续上表

码头名称	泊位长度（米）	泊位宽度（米）	前沿水深（米）	靠泊能力		码头结构	建设年月	堆场面积（平方米）
				吨级	泊位数			
梅山油库码头	30	12	3.5	500	1	高桩梁板式	1996	840
郭巨南门村石场码头	73		3	200	1	岸壁式	2000	

2.进出港货物品类与数量

1985年,货物吞吐量9万吨,其中,进港3万吨,出港6万吨。进港货种主要是煤、化肥、日用百货。出港货种主要是盐、棉花、石子、渔产品。

盐及盐产品,是梅山港重要的出口货物。梅山岛有国营盐场1家,盐田3560亩,乡村办盐场6家,盐田4626亩。1985年,共产食盐31,454吨,其中工业用盐28,000吨,味精用盐1020吨,氯化钾158吨,溴素10吨。以上产品绝大部分经宁波中转运销省内外,一部分(1982年起每年1000吨)直运上海。

3.港区开发建设政策优势

宁波梅山保税港区实行封闭管理,其功能和有关税收、外汇政策执行《国务院关于设立洋山保税港区的批复》的相关规定。在港口作业区和与之相连的特定区域内,集港口作业、物流和加工为一体,具有口岸功能的海关特殊监管区域,是目前我国开放层次最高、政策最优惠、功能最齐全的特殊区域,是国家实施自由贸易区战略的先行区。区内主要税收政策为:国外货物入港区保税;货物出港区进入国内销售按货物进口的有关规定办理报关,并按货物实际状态征税;国内货物入港区视同出口,实行退税;港区内企业之间的货物交易不征增值税和消费税。保税港区叠加了保税区、出口加工区和保税物流园区的税收和外汇政策,在区位、功能和政策上优势更明显。

2010年,保税港区各项重点基础设施如梅山大桥、梅山保税港区行政商务中心和梅山保税港区集装箱码头、七姓涂围涂等基础支撑性工程已建成使用,卡口、围网、巡逻通道、监控系统、查验场地等监管设施已基本完工投用。

三、港区建设

1.梅山港区岸线及规划

梅山岛是我国海岛中腹地开阔的海积平原岛,东西长7.6千米,南北平均宽3.5千米,地形呈足迹形,地势由东北向西南倾斜。海积平原占本岛面积80%,沿海海涂占8%,低丘占12%。有耕地1140.7公顷,盐地831.5公顷,河流水库93.6公顷,山地272公顷,海涂666公顷。岛内丘陵最高烟墩岗,海拔148.8米。土壤肥沃、物产丰富,现在是宁波市唯一保留的海洋湿地岛屿。

梅山岛海岸线总长22.6千米,水深3—22米,其中南面汀嘴港最深处22米,具有较为理想的港口条件,能够停泊超大型油轮。滩涂资源丰富。沿岛四周皆滩涂,全岛可围数万亩滩涂,已开展七姓涂围垦工程,围垦形成后,岛屿岸线约可达到27.4千米左右。梅山港区规划港口岸线10.5千米,港区总体规划尚在编制中。梅山港区功能定位以集装箱运输和保税、物流功能为主。

梅山岛南侧由青龙山向西岸线长9.8千米,规划为港口岸线,中部预留六横通道桥位及安全距离,现已在建梅山保税港区万吨级集装箱码头2个,共规划建设5个万吨级装箱码头,工作船泊位2个,岸线总长1950米。梅山岛东北侧700米,规划为港口支持系统岸线。

根据规划布局,建造5个7万—10万吨级集装箱泊位,泊位长1800米,设计集装卸集装箱300万标准箱。1万—3万吨级多用途泊位16个。整个港区东西长2000米,南北纵深700米,陆域总面积1.4平方千米。首期建设1号、2号10万吨级集装码头。

2008年3月28日,梅山港区2个10万吨级集装箱泊位开工建设。9月18日,打下第1根桩。沉桩的前提是确定桩基的位置,因泊位属海上施工,远离岸线,为减小潮汐、大风和因黑夜、雾天雨天对通视条件的影响,工程采用国际上最先进的GPS卫星定位系统,确保沉桩定位速度快、精度高,误差小于5毫米。因超长混凝土管桩抗位应力不能满足桩基施工期吊桩应力安全要求,施工中采用混凝土大管桩加钢桩的组合桩,底部钢桩长为18米。码头沉桩最长一根为78米。1号、2号泊位共实施沉桩1182根。启用1200立方米自动化水上搅拌船,高速高质浇筑国内鲜有的57米宽码头平台工程。泊位于2010年8月建成,泊位总长852米,前沿水深15.6米。有配套工作船码头2座,安装到位6台桥吊、12台龙门吊。泊位陆域面积95万平方米,设计年吞吐能力140万标准箱。集装箱码头由宁波港集团公司和宁波梅山岛开发投资有限公司共同出资建设,总投资25亿元。

2010年8月26日,韩国光阳港的巴拿马籍"中海向珠"号集装箱轮靠泊梅山国际集装箱码头有限公司1号泊位,标志着集装箱码头投入试运行。"中海向珠"轮为中海釜山—光阳线班轮,其首航完成413标准箱装卸,标志着梅山港区10条韩国航线正式开通。

2.集装箱码头

宁波梅山岛国际集装箱码头有限公司泊位位于港区东南侧,由宁波港股份有限公司和宁波梅山岛开发投资有限公司共同出资建设,总工程概算投资超过54亿元。港区拟建5个集装箱泊位,设计吞吐量300万标准箱和汽车2万辆,总泊位长度1800米,可满足同时停靠2个10万吨级和3个7万吨级集装箱船的要求,其中西侧1个泊位兼顾2万吨级汽车滚装船的需要,预留配套工作船码头2个,码头长130米,宽10米。

2010年,梅山集装箱码头工程已建设2个10万吨级集装箱码头,码头长700米,宽50米,码头前沿水深-15.6米,码头配备6台桥吊、12台龙门吊,设计吞吐量120万标准箱,后方配套陆域95万平方米,工程估算总投资11.7亿元。港区后方陆域面积139.07

公顷,1 号集装箱堆场 66,670 平方米,2 号集装箱堆场 66,670 平方米,临时危险品集装箱堆场 5100 平方米(纵深 35 米,长 150 米),可置 124 个箱位,分为南北两个箱区。辅助区占地面积 820 平方米。该危货堆场综合通过能力约 1.61 万标准箱。

梅山保税港区已开通 14 条韩国航线和 6 条西非航线。2010 年,完成货物吞吐量 1103.65 万吨,集装箱运输量 10.92 万标准箱。

3.梅山大桥

2007 年 8 月动工,2010 年 5 月 18 日建成通车,总投资约 4.35 亿元。起于沿海中线北仑段 K15+525 处(干岙村),向南跨梅山港后至梅山岛,止于梅西盐场中部,接规划梅山进港公路,长 2200 米,其中跨海大桥长 1487 米,北岸接线长 126.5 米,南岸接线长 586.5 米,路线跨海域长度约 1000 米,北接线通过平面交叉形式与沿海中线北仑段相接。公路设计技术标准为一级,设计行车速度 60 千米/小时,设计荷载为公路Ⅰ级,行车道数为双向四车道,行车道宽:2×(3.5+3.75)米,路基宽度 28 米,桥梁宽度 28.4 米,设计基准期 100 年,通航等级 500 吨级,设计洪水频率特大桥 1/300,接线路基、涵洞 1/100。梅山大桥及接线工程结束了梅山岛与北仑后方陆域一水相隔的历史,极大地方便了岛内群众的出行。同时,作为梅山保税港区的重要枢纽工程之一,它不仅为保税港区首期封关运作提供了必要的交通支撑,也为保税港区下一步的大开发、大建设创造了良好的交通条件。

4.七姓涂围涂工程

位于梅山岛南部海域,象山港口门区,设计海堤长度为 10,503 米,围涂面积 1.356 万亩,约 9 平方千米,工程为Ⅲ等工程,海堤、水闸等主要建筑物级别为 3 级;围区河道等按 4 级建筑物设计,围堰等临时建筑物按 5 级建筑物设计;海堤采用土石混合坝,西大堤防浪墙顶高程为 6.0 米,堤顶高程为 5.5 米;南大堤堤顶高程 7.4 米,堤顶高程 6.6 米。海堤基础处理采用塑料排水板排水固结法。施工隔堤长 1795 米,排涝横河 1 条,面宽为 30 米、长为 1381 米,工程设计重现期为 N=50 年,设计高潮位 hp=4.30 米。南大堤采用四脚空心块护面的折坡式断面形式,堤顶高程 7.4 米;西大堤采用灌砌石消浪平台的复式断面形式,堤顶高程 6.3 米;围垦堤轴线涂面高程为 0—2.5 米;排涝水闸 3 座,总净宽 44 米。计划静态工程总投资 7.2 亿元,主体工程计划工期为 3.5 年。计划于 2011 年 11 月完成。该工程可为梅山新一轮发展提供土地资源和发展空间;同时通过水利基础设施建设,进一步提高梅山岛的防洪(潮)标准,将其目前不足 5 年一遇标准的排涝能力提高到 20 年一遇。同时可有效提高本区防潮抗台能力。

5.梅山水道水环境综合治理工程

总投资约 15.4 亿元,可为北仑区建设抗超强台风渔业避风锚地,工程设计在梅山水道南北两端各建 1 条百年一遇防潮标准的海堤,堤上设置水闸两座,建设 500 吨级(候潮通航)海船闸 1 座,并将治理滩涂约 3000 亩。工程实施后,可显著提升梅山水道水环境,营造30千米清水岸线,让梅山水道内水变清、岸边绿、波变宁、潮变平,为滨海新城的下一步开发奠定景观及环境资源基础,提升滨海新城规划开发品位。工程计划静态投资15.4亿元。

第五节 其他港口

一、牛轭港

位于穿山港东口南侧,处于外峙岛与大陆之间,港域成“U”字形,狭长弯曲,全长2.2海里,宽为60—80米,最狭处在中段,仅10米,水深2.7-16米,多为泥底。该港助航设备齐全,2个进出口,均有灯桩(浮)指示,西为主要出口,东口两侧为大片泥滩,高潮时不易掌握航道。2口外多岛屿屏障,对海、空隐蔽,避风条件甚好,是小艇优良驻地和防台之天然良港。

港内有码头6座,岸上停泊场3处,小艇修理厂4家,信号台2个。3号停泊场有滑道1个。陆上有公路通穿山、宁波等地。

港内涨潮流从东侧口流入,西侧口流出;落潮流反之,流速达3—4级。

二、汀子港

位于北纬29°45′—29°46′,东经121°59′—122°00′。介于梅山岛与汀子山之间,长2千米,宽1千米,面积2平方千米。水深在10米以上,为峙头洋经佛渡水道往象山港必经水道。

第二章 航 运

古代境域海港与内河连通。距今5500年的新石器中晚期,北仑先民已有至舟山的航海活动。到宋朝,海运航线“南则闽广,东则倭人,北则高句丽”,足迹遍及东南亚。至明朝,穿山港作为海巡前哨基地兴起。20世纪初,穿山港建轮埠。1930年,梅山港建道头,以泊帆船,牛轭港以其独特的海域港形对海、空隐蔽,是小艇优良驻地和防台的天然良港。20世纪70年代中期,北仑港兴建,海运进入兴盛期。2010年统计,北仑区有海运企业19家,船舶38艘,其中普通货船28艘,计78.32万吨位;客轮2艘,计429客位;危险品船18艘,计2.32万吨位。有定期航线3条,码头171个,196个泊位,靠泊能力266.15万吨级。五代至明朝,在芦江和小浃江,先后建造了穿山碶和东岗碶,造就了独立的镇南和镇东南两个内河航运区,主航道总计98.68千米。20世纪30年代,内河航运处于鼎盛。20世纪70年代起,随着公路运输的发展,内河航运量锐减,80年代起,全部停航。

第一节 沿海航道

一、航道

北仑区濒海水域内主要航道有二:一是20世纪80年代开发界定的北仑港深水航道;二是甬江航道。北仑港深水航道按海峡与水道的走向,分东西两口。

(一)西口航道

1.深水航道

从北仑港泊位区至虾峙门,全长约32海里,航道平均水深20米以上,其最窄处在大双山和桃花岛之间,宽度约700米。航道最小曲度半径,在大榭岛北侧约4500米处。虾峙门口外有栏门沙,水深小于20米的范围有20千米;其中最浅段长约3千米,低潮位时水深17.6米;凡13万吨以下(含13万吨)船舶,可以随时出入。13万吨以上至20万吨船舶,需要候潮进港。从国际航线或南路航线来的特大型船舶,必须由虾峙门入口,经螺头水道,过穿山半岛,入金塘水道东口,抵达北仑泊位区。

2. 1万—2.5万吨级航道

在深水航道内侧。凡南路航线来的万吨级船舶,可经牛鼻水道、佛渡水道,向东北绕过穿山半岛,入金塘水道东口,抵达北仑泊位区。

(二)东口航道

进港船舶不得超过2.5万吨级。凡北路来的2.5万吨以下船舶,可穿越杭州湾外的玉盘洋、灰鳖洋,经七里峙附近折向东南,入金塘水道西口,到达泊位区。这条航道称为内线航道,即浅水航道,也称北航道。至于北来的2.5万吨级以上的船舶,必须行走外航道,即绕过舟山岛,由虾峙门入口的西口深水航道。

1.甬江航道

甬江航道分为两段,即以镇海口为界,其西面为内航道,就是原来的甬江航道,其东面为外航道,就是1975年招虎游大堤合龙后形成的新航道,二者合计长25.6千米。甬江航道在1958年至1985年期间,曾有过2次剧烈变动。

2.姚江截流建闸引起甬江航道的剧烈变动

甬江原航道(从宁波新江桥到镇海口—招宝山与金鸡山峰巅连线,长22千米),在历史上以河床稳定著称。3000吨级客货轮(吃水3.8米)进出自如。据1952年与1956年两年实测,河道平均断面与河床总容积,数字十分接近,全河段处于相对平衡状态。

1958年9月,为阻咸蓄淡,在宁波建造姚江大闸。1959年7月,建成蓄水。

姚江闸建成以后,原来余姚江的1200(一说1400)万立方米进潮量被截,使进出甬江的潮量大减,并由此引起流量、流速、含沙量、输沙量、潮波等一系列变化,其结果是甬江河道的严重淤积。

建闸后比建闸前,甬江河道在中潮位下,平均断面面积减少40%,平均河宽缩窄18%,而局部浅水段中潮位下水深不足4米,致使3000吨级客货轮在低潮时已无法定时行驶,而只能候潮进出。

为了维护通航,从1961年起,年年疏浚。至1981年,累计挖泥550万立方米。由于挖泥不能改变进潮量这一基本条件,所以每次挖泥以后,往往不到1年就回淤如旧。

直到1982年,在自然规律作用下,水沙运动条件在新的基础上,趋向新的平衡。甬江河宽缩窄正是潮流量减少后所需要的河床条件,同时起到束水激流的作用,使落淤量逐渐减少和沉淤稍有冲刷。再辅之以1983年对几个浅段的疏浚,使全航道水深保持在低潮位时负3米以上。因此,沪甬客轮从1984年10月1日起,不再候潮,恢复定时航行。

3.招虎游大堤对镇海口外航道变动的影响

1962年开始,就有一种说法:造招虎游大堤阻挡杭州湾来沙,以改善甬江的淤积状况。这个说法,以后被宁波港镇海港区建设计划所采用。没有论证,没有模拟试验,结果与原意相悖。

1975年9月,大堤建成后,原来招宝山、虎蹲间,和虎蹲、游山之间潮流进出的两大豁口被堵，截断了镇海口外的北面海上来潮的通道，打破了镇海口外水沙运动的原有平衡，导致口外段航道（包括镇海港区的港池）发生剧烈的变化。到1976年11月，泥沙淤积达174万立方米，以后越积越多。于1978年，按万吨级要求进行疏浚，挖泥350万立方米，平均浚深至8米，但又迅速回淤，到1980年，淤积量又达110万立方米，航道水深迅速变浅。1978—1980年镇海口外航道回淤情况见表2-1-1。

1978—1980年镇海口外航道回淤情况统计 表2-1-1

航道部位	1977年12月至1979年2月深(米)	1980年2月深(米)	淤积厚度(米)
泊位区	-10(1977.2)	-1.7	8.3
港池	-7.6	-4.6	3.0
喇叭口	-7.6	-5.6	2.0
虎蹲段	-8	-5.5	2.5
游山口外	-7.3	-5	2.3

1980年6月起，改变过去单纯疏浚而采取整治与疏浚相结合的做法，用束水导流、控制河宽、促水归槽等措施，调整主潮流位置，使进出潮量集中在主航道（包括港池），以提高潮流的冲刷力。为达此目的，先后修建丁坝与顺堤15条。整治后，到1983年8月，镇海港区港池的断面积从原设计的3300平方米，减缩为2750平方米，宽度由280米减至200米。这样，与1979年比较，航道淤积量下降了50%，挖泥量已由每年300万立方米，减为80万立方米。水深有所增加，虎蹲段增加2米以上，其余航段维持在6—7米之间，可以满足万吨级船舶进港靠泊。但终于难以恢复原有水深，所以原定在此建造3—7万吨级泊位的计划也就不能不放弃了。

二、锚地

北仑港域附近船舶锚地，因各时期进出港船舶构成、港区范围、水域水深、码头条件各异，时有变动。根据《浙江沿海及主要港口航行指南》《宁波金塘七里锚地定点锚泊管理规定》，北仑港域有4处主要船舶锚地。

虾峙门锚地，位于虾峙岛东面，为引航、待泊锚地。虾峙门口外矿船锚地面积4.12平方千米，外油船锚地面积7.89平方千米。虾峙门北锚地面积15平方千米，南锚地面积11.3平方千米。

马峙锚地，位于马峙岛西南、小干岛西，为避风锚地。马峙1号锚地16.9平方千米，2号锚地2.7平方千米，危险品作业锚地1.3平方千米。

七里锚地，位于七里屿灯塔东北，为引航、避风、待泊锚地。设置锚泊点23个，面积13.7平方千米。

金塘锚地，位于金塘岛西南，为引航、避风、待泊锚地。设置锚泊点11个，面积5平方千米。

北仑港区另设置供船舶待泊、作业使用的锚泊点9个。

三、航线

(一)古代航路

镇海县海运的历史,可以追溯到新石器晚期。河姆渡与舟山十字路等处的地下考古发现表明,大约在距今5500年前,住在姚江两岸的先民们,已驾舟越过河间海口,航行于今镇海—舟山海域,从而把河姆渡文化带到了舟山群岛(参见《宁波港史》第8—11页)。

先秦时,有"海人"持货来鄮。海人,通常释作海上来的客人或海岛来的客人。鄮,即鄮山,"以海人持货于此,故名"(参见《十道蕃志》)。其地在小浃江上游,即今鄞州区宝幢附近,邻近今北仑下邵。由此可以窥见当时镇南近海交通的端倪。

公元前5世纪,句章古港兴起之后,镇海的海上交通即被纳入句章的海上过境航路。史书记载:西汉元鼎元年(前116),由句章出大浃口的大规模运兵船队,直抵福州(参见《史记·东越列传》)。三国吴永安七年(264),魏将王稚率水军,"浮海入句章",掳人财以归(参见《三国志·吴书·孙休传》)。公元3世纪,陆云在给友人的信中,提到当时鄮治同谷(包含今北仑江南)的海上交通情况时说:"泛船长驱,一举千里,北接青徐,东洞交广"(参见陆云《答车茂安书》)。这几乎囊括了当时全国沿海所有航路。

中唐以后,由望海镇放洋的明州商船,主要航路有三:一是沿海岸北上至楚州、登州,在登州与去高丽、日本的"渤海航路"衔接。二是南下福州、广州,在广州与去西洋的"南海航路"相连。三是向东,横渡东海,直抵日本值嘉岛。

宋时,除闽广、日本外,因长江口至登州的沿海岸航路被战事所阻,而新辟了定海(即镇海)至高丽礼成江的新直达航路。南下广州的航路,延伸到今印度尼西亚的爪哇(时称阇婆国)。

镇海去高丽的航路与航海时间,据徐兢《宣和奉使高丽图经》上说:"由明州定海(镇海)放洋,绝海而北,舟行皆乘夏至后南风,风便不过五日即抵岸焉。"《宋史·高丽传》记得更为详细,说:"自明州定海遇便风,三日入洋,又五日抵墨山(一作黑山),入其境(高丽国境)。自墨山过岛屿,诘曲礁石间,舟行甚驶,七日至礼成江。江居两山间,束以石峡,湍急而下,所谓急水门,最为险恶。又三日抵岸,有馆曰碧澜亭,使人由此登陆。崎岖山谷四十余里,乃其国都云。"

元兴,全国统一,使隔断多年的去登、莱等北方诸港的航路得以恢复,又创海运漕粮,辟北上新航路。这条航路经过3次探索与变动,至元三十年(1293)才成定局。它的走向是:从刘家港出航,至崇明三沙放洋东行,径入黑水大洋,北取成山转西至刘家岛,又经登州沙门岛,于莱州大洋入界河。若风流顺适,不过10天就可到达大都。这条航路已基本上接近今天的北洋航线,也是元代以后镇海去北方诸港最常走的航路。

清代,镇海船只除行走国内南北诸港外,还开往日本长崎和南洋吕宋等地。后来因为日本政府限制中国船只进口,原行日本的船只多数也改走南洋与东南亚。所以,光绪《鄞县志·风俗》记载,开禁后,宁波商人去南洋者日众。他们措资结队往南洋吕宋、新加坡,西洋苏门答腊、锡兰诸国,开设廛肆,并且有定居娶妇长子孙者。文中说的"宁波商人"也包括镇海贩运商在内。

(二)近代航线

定期航线

境域港区轮运定期航线主要是中途在穿山港停靠的"过埠航线"。至民国二十五年(1936),计有沪穿温、甬镇穿瓯、甬镇穿普三条线。抗日战争爆发,各线班轮停航。民国三十四年(1945)8月,日本投降。1946年11月,甬镇穿线恢复通航。"新永安""新宁余""岱山"3轮轮流行驶在甬镇穿线。民国三十八年(1949)5月23日,上述三轮被国民党溃军劫去定海,海运再次中断(表2-1-2,表2-1-3)。

穿山港定期过埠、到埠航线与轮船一览 表2-1-2

(光绪十六年(1890)至宣统三年(1911))

航线	沿线停靠	船名	载重(吨)	首航年月	停航年月	公司名
穿山至定海	—	惠宁	107	1903	不详	不详
上海至温州	穿山、定海、海门	平安	千吨级	1908	1920	上海平安商轮公司
		可贵	千吨级	1910	1920	上海可贵商轮公司
宁波至海门	镇海、穿山、定海、石浦	海宁	106	1904	不详	宁波永川商轮公司
		湖广	87	1904	不详	宁波永川商轮公司
宁波至薛岙	镇海、穿山、定海、墙头、四周	宁海	73	1905.3	1920	宁波,宁海商轮公司
		宁象	总358	1908	1920	宁波,宁象轮船局

民国二十五年(1936)穿山港定期过埠、到埠航线与轮船一览 表2-1-3

航线	沿线停靠地	船名	载重(吨)	结构	公司名
甬—普	镇海、穿山、定海、沈家门	普兴			普兴商轮公司
		定海	260	木质	定海商轮公司
甬—龙	宁波、镇海、穿山	姚北	240	铁质	三北商轮公司
		镇北	173	铁质	三北商轮公司
沪—穿—温	穿山、定海、海门	大华	千吨级	铁质	上海大华商轮公司
		穿山	千吨级	铁质	上海穿山商轮公司
		舟山	千吨级	铁质	上海舟山商轮公司

(三)现代航线

近代客运定期航线曾有9条,2003年3月,小门客运码头整体移至大榭客运码头,由大榭开发区管辖。

1.甬普线

1995年6月开通,自白峰小门至普陀山。2003年3月小门客运站整体搬迁至大榭,此线调整自大榭至普陀山,航程28海里。由宁波花港高速客轮有限公司“甬旺”轮营运。每天上午8时10分开,下午3时40分回开。“甬旺”轮,钢体长31米、宽9.2米,满载吃水船头1米,船尾2米,主机2000马力×2,抗风力8级,时速25/小时,客轮分2层,共312客位。2003年7月该公司又投入的“甬快”轮共70客位。年客运量9万人次。1999年5月,宁波海运有限公司所属宁波海马轮船有限公司营运的“海马1”号轮,投入该航线营运。每天上午8时开,下午3时30分回开。“海马1”号,钢体长44.2米,宽5.5米,满载吃水2.26米,主机1390马力,抗风力7级,时速25/小时,客轮分2层,共234客位。年客运量12万人次(2001年4月至7月分别有“海马3”号、“海马2”号与“海马1”号轮交替营运)。

1997年9月5日,舟山市海星轮船有限公司“舟鹰1”号、“舟鹰2”号两轮(各为66客位)投入该航线营运。1998年8月29日该公司又有“舟鹰3”号、“舟鹰4”号(各为66客位)投入营运,后又新增“舟鹰5”号轮(70客位)。5轮交替营运。

2001年7月5日,宁波市镇海威远海运有限公司“招宝山”轮(440客位)投入该航线营运。该轮原为镇海至普陀山。

2001年7月,舟山普陀山台门运输公司“翔鸿”轮(65客位)投入该航线营运,中途停靠桃花岛。

2003年7月,舟山通达高速客轮有限公司“飞舟5”号轮投入港航线营运,共70客位。

2.西(浪嘴)—郭(巨)—梅(山)线

1964年开通,航程7海里。1985年始由六横龙山乡西浪嘴大队“普民交19”号轮营运(50客位)。1990年起,该轮由佛渡乡经营。郭巨泊联运码头;梅山泊茶厂码头。1994年10月停航。

3.佛(渡)—梅(山)—郭(巨)—沈(家门)线

1967年开通,航程23海里。1985年,由佛渡乡“普民交5”号轮营运,后改名“佛渡”号,梅山泊茶厂码头;郭巨泊联运码头。后改郭巨至沈家门,1航次/日。

4.郭(巨)—栅(棚)—六(横)—虾(峙)线

1977年6月开通,航程22海里。1985年由黄石乡“普民交16”号轮营运,郭巨泊联运码头,1998年底停航。

5.甬(白峰小门)—桃(花岛)线

2001年7月开通,航程17海里。由舟山市海星轮船有限公司“佛顶山”轮营运,共

188客位。2003年3月,小门客运站整体移至大榭客运码头,改自大榭至桃花岛,由大榭开发区管辖。

6.甬沪线

1986年10月开通,自小港至上海芦潮港,航程108海里。由宁波花港高速客轮有限公司"甬兴"轮营运。每天上午8时开,下午3时回开。"甬兴"轮钢铝合金船,体长38.8米,宽9.45米,满载吃水1.4米,空载1.17米,型深1.393米。主机1470马力×2。抗风力7级,时速32/小时。客船分2层,共129客位。节假日期间日航班2次,年客运量10万人次。后因甬沪长途汽车客运的开通,客量骤减,2000年6月停航。

7.沈(家门)定(海)穿(山)线

航程39海里。清光绪二十九年(1903)"惠宁"轮首开穿(山)定(海)客班航线。1936年甬普线"普兴""定海"两轮,中途停靠穿山,抗日战争爆发后,此航线停航。1954年,浙江省轮船公司宁波分公司"浙会"开通甬穿定沈线,1959年停航。1970年,由省航舟山分公司开通沈定穿线,"浙江83""浙江807"两轮对开,中途停靠六横、虾峙、桃花三岛。1985年改由"浙江814""浙江802"两轮对开。穿山港泊客货码头。1994年12月,大榭跨海浮桥架通,航道受阻而停航。

8.栅(棚)桃(花)穿(山)线

航程22海里。1974年开通,由栅棚乡工办经营。船名为"普民交17"号,泊穿山客货码头。1994年12月,大榭跨海浮桥架通,航道受阻而停航。

9.穿(山)沈(家门)线

1997年2月18日开通,同年4月8日,因经济纠纷停航,1998年5月8日,复航。由舟山市普陀航运总公司"金岑"轮营运,共70客位。1999年5月24日,舟山市普陀航运总公司转制,由新组建的普陀华星航运有限公司继续经营原公司航线。2000年10月15日停航。

(四)现役航线

1.郭巨—六横线

2004年1月开通,航程4.2海里。由六横运输总公司"双屿1"号、"双屿3"号、"双屿5"号、"双屿6"号、"双屿8"号、"双屿10"号轮投入该航线营运,共1185客位。17航次/日发。

2.郭巨—桃花

2004年1月开通,航程16海里。由桃花客轮公司"东海神珠"号、"桃花渡1"号轮投入该航线营运,共404客位。秋冬季1航次/日发,春夏季2航次/日发。

3.郭巨—虾峙

2004年1月开通,航程13海里。由虾峙运输公司"虾峙渡3"号轮投入该航线营运,

180客位。1航次/日发。

4.白峰—舟山鸭蛋山

1986年2月1日通航,由舟山海峡轮渡有限集团公司经营,航线全长8.6海里(15.93千米),营运船舶15艘,总客计6630座,日发航班72班次。2009年12月底前小型客车船载通行,2010年10月船载货车通车,但禁止危险品运输车通车。随着舟山跨海大桥的开通,鸭白线从第一通道变成第二通道,客(车)流量大量减少,2010年渡运量4.6654万航次,车流量99万辆,客流量206万人次。

四、船舶

南宋宝祐年间(1253—1258),原镇海县船幅在6米上下者387艘,3米上下者804艘,合计1191艘(小而不堪充军需者未计在内),(参见《开庆四明续志》卷六《三郡隘船》)。在明州地区仅次于昌国(今定海)而位居第二。

清嘉庆、道光年间(1796—1850),仅南北号就有海上贸易运输船40艘,加上近海运输船舶,总吨位当在15,000吨以上。

民国二十五年(1936),10吨以上帆船1614艘,合计37,528吨位。外县市驶经镇海县者,20吨以下小轮37艘,20吨以上轮船47艘。(参见《镇海县政府文书档案》110-2-122)

至1949年5月,镇海解放时,外海运输船舶只剩下小型木帆船52艘,合计1086吨位。

新中国成立后,逐步增加,1985年,全县有机动船80艘,计4836吨位;拖轮3艘,260马力;木帆船80艘,计2800吨位。总计163艘,7636吨位。

以清嘉庆、道光年间南北号海上贩运业兴盛期所拥有的船舶吨位及其航次来推定,(即以南船每年平均航行5—6个航次、北船航行5个航次计之),原镇海县全年货运量不下10万吨,加上近海运输,货运总量在20万吨上下。19世纪70年代起,货运量逐渐下降。抗日战争爆发,船舶尽毁,运量降到了零,中华人民共和国成立后逐渐恢复(见表2-1-4至表2-1-6)。

1956—1985年镇南海运船舶分年统计 表2-1-4

年份	拖轮		机动船		木帆船	
	艘数	马力	艘数	载重(吨)	艘数	载重(吨)
1956	—	—	3	45	34	660
1960—1961	—	—	3	45	43	762
1965	—	—	4	78	57	1384
1970	—	—	12	682	62	2260
1975	1	250	15	1170	83	3249
1976	1	250	14	1125	86	3378
1977	3	600	15	1171	80	3573

续上表

年份	拖轮		机动船		木帆船	
	艘数	马力	艘数	载重(吨)	艘数	载重(吨)
1978	3	600	16	1246	87	3873
1981	4	450	21	1674	123	2704
1982	4	510	23	1446	114	2539
1983	3	260	21	2106	92	2364
1984	4	510	68	3990	69	1585
1985	3	260	80	4836	80	2800

1985 年镇南沿海海运船舶按所有制分类统计 表 2-1-5

船类 \ 所有制性质		航运企业	个体船舶	厂矿自备船
拖轮	艘数	3	—	—
	马力	260	—	—
机动船	艘数	12	66	2
	载重(吨)	2576	2140	120
木帆船	艘数	—	80	—
	载重(吨)	—	2800	—

1956—1985 年镇南海运船舶货运量分年统计 表 2-1-6

年份	合计(吨)	轮驳船运量(吨)	木帆船运量(吨)
1956	31,365	—	31,365
1960	45,443	—	45,443
1965	70,792	—	70,792
1970	103,561	15,420	88,141
1975	133,296	43,988	89,308
1976	136,591	45,767	90,824
1977	157,099	48,986	108,113
1978	208,496	44,923	163,573
1979	218,812	69,141	149,671
1980	112,200	—	—
1981	247,900	—	—
1982	263,300	—	—
1983	137,100	—	—
1984	208,100	—	—
1985	182,311	164,932	17,379

(一)历来海运帆船船型

1.客舟

是宋时浙闽沿海的一种民用海船。宋朝成例,朝廷每遣使海外,常雇募此种民船加以装饰后,作为使船出国。北宋宣和年间,路允迪出使高丽时,以客舟充作随员乘船,从镇海出发直驶高丽礼成江。徐兢在《宣和奉使高丽图经》一书中,对客舟的大小、构造作了详细的记载:"客舟长十余丈,深三丈,阔二丈五尺,可载二千斛粟。其制皆以全木巨舫搀叠而成。上平如衡,下侧如刃,其贵可以破浪而行。船分三仓,前一仓,在头桅与主桅之间,底下安灶与水柜,上为兵甲宿棚。其次一仓,装作四室。又其后一仓,谓之乔屋,高及丈余,四壁施窗户,如房屋之制;周围有栏杆、帘幕,上有竹篷,遇雨则张盖。船前两额柱中有车轮,上绾藤索,其大如椽,长五百尺,下垂碇石,石两旁夹以两木构。船未入洋,近山抛泊,则放碇着水底,……若风涛紧急,则加游碇,其用如大碇而在其两旁。遇行,则卷其轮而收之。后有正舵,大小两等,随水浅深而易。当乔之后,从上插下二棹,谓之三副舵,唯入洋则用之。客舟双桅十橹,大樯高十丈,头樯高八丈,风正则张布帆五十幅,稍偏则用利蓬,左右翼张,以使风势;大樯之巅,更加小帆十幅,谓之野狐帆,风息则用之。每舟篙师水手五六十人。舟师识地理,夜则观星,昼则观日,晦冥则用指南浮针以揆南北。"

2.神舟

北宋赴高丽正副使臣座船。神舟形似客舟,具体而微,其长、阔、高、篙师人数,皆为客舟之3倍。

3.绿眉毛船

浙江沿海的一种优良型木帆船。载重30—200吨,最大500吨以上,有数百年的历史。中后期与清前期,大船远航日本及东南亚等地。近代以来,多航行上海。这种船习惯用黑色油漆,并在船首两侧绘上两只眼睛,而运输船为了与同类型渔船相区别,会在两眼上方各涂一条绿色油漆,状似眉毛,因此得名。绿眉毛船结构坚固,形线好,船首部成"V"形尖头,底平而向里微凹,圆弧舭,舷弧曲率较大,舷墙高,航速快,操纵灵活,回转半径小,稳性好,在六级风浪下能正常航行,并适宜安装机器动力。

4.鹏船

绿眉毛船的一种。由于隔舱较密,结构强度更佳,能抗七八级风浪,适宜远航,犹如海鹏。但舱口小,装卸不便。鹏船又因横剖形线不同,而分宁波型和温州型。前者底部较宽,舭部肥大,两弦侧呈外突弧线,至舱面渐收窄;后者舱面较宽,底部较窄,没有主龙骨。

5.石塘船

绿眉毛船的一种。货舱为一个敞口大舱,专运石料,便于装卸,但不适宜远航。

6.蜓船

明清时代浙江海船。据清椿寿《浙江海运漕粮全案》记载,载重1800石的蜓船定式,长十一丈,宽二丈三尺多,深约八尺,小方头,高尾,船壳水下部分涂蛋粉防蛀、腐,水上部分用煤屑抹成黑色,首尾抹矾红。蜓船不设桨橹,靠风力行驶。三桅,主桅高八丈,头桅、尾桅高度分别为主桅的0.7弱和0.46强。主帆宽四丈一尺,并有头巾顶帆方广三丈二尺,头帆、尾帆宽度分别为主帆的0.45弱和0.37弱。二铁锚,各重900斤和830斤;一木椗,长2丈6尺。《江苏海运全案》记蜓船木椗的作用说:"南泥性柔,铁锚易走,故有木椗之制;北泥性坠,非铁不入。是以沙船独尚铁锚,唯浙船用木椗。"

7.赶舟曾船

明清时沿海渔船。大中型赶舟曾船,长7.1—10.85丈,宽1.79—2.29丈,深6.0—8.6尺,分19—24舱;板厚2.6—3.2寸。龙骨为松木,三段接成,肋(勒)和船板用杉木,梁用椐木。双桅,双舵,二铁锚及四木椗,大橹二支,头梢一支。一船配船工14—15人。大型赶䒥船载重1500石。

8.南船"金裕同"号

清道光二十五年(1845)马尾船厂打造。全船以7—8寸厚的大油松枋作船板,优质进口硬木(俗称铜抄、铁抄)为筋锁、桅樯、舵杆,大樟木作绕肋与桅梁。船长32丈(鲁班尺,下同),阔16丈,深9丈,载重890吨(据海关核发之航行簿)。3桅,主桅高12.03丈,胸径4尺余;头桅高9.8丈,后桅高5.4丈。硬蓬3道,另有5张三角形软篷,名称各异。挂在主帆底下的叫"坐裙",挂在主桅顶部与头桅顶部之间的叫"天桥",斜挂在头桅上部与船头伸杆之间的叫"前插花",斜挂在主桅上部与船尾部之间的叫"后插花",斜挂在主桅上部与船首部之间的叫"耳捂"。锚7门,其中4抓大锚5门(船头1门,船头两侧各2门),另2门独抓锚用于船泊岸时抛在岸上。每门大锚连1条长90丈、直径1.2寸的铁撑锚链,再加1条直径1—2寸的钢丝缆绳(外层裹护着2—3寸厚的桐油麻索);锚链与缆绳并联,以防"走锚"。绞盘5部,2部固定在前甲板上,2部可以移动,1部新型卧式双滚绞车,用于起锚、起货、升帆等。舵为悬式舵,有悬舵索和绞舵装置,可以随时升降,根据需要调整舵叶入水深度或将舵叶提出水面。如船在深水区航行遇大风浪或乱流时,将舵叶降到船的底线以下,可使舵效不受影响。船分3舱:前舱,舱面操作,下分2层,上层船工宿舍,下层装货;中桅至驾驶台下为中舱,分为3层,装货;后舱,又分为前部与尾部。前部分4层,上层为驾驶台,住船老大及其服务人员,第2层,中间为神堂(俗称娘娘堂),右边4个房间是船长(出海)室、寝室、起居室与会计室,左边4间是采办寝室以及库房、武器弹药库;第3层与第4层与中舱有门相通,都用作装货。尾部、驾驶室后面这1层,前面伙房及正副伙长寝室,后面是库房(储藏粮、油、柴)。伙房下面1层是水柜,用水时以吊桶汲水。伙房上1层,中间公用,两边两排宿舍,住戥大和掌舵6人。再上1层,为护航人员(4人)宿舍。全船员工32人(护航人员由水上警察厅派出,船方给工资,但不占船员编制),具体职司是:船长(全船负责人)1人,老大(行船指挥,由熟谙航路者充任)1人,戳大2人(一正一副,老大副手),掌舵4人,司账1人,采办(又称买办)1人,伙食长2人,服务员2人,水手:头桅6人(包括小木2人),中桅8人(包括大木2人),后桅4人;各桅水手均设带班人。船上还置有:大小舢板3只,大者可载8吨,2橹4桨;小者可载4吨,1橹4桨;罗盘3只,大号1只,在娘娘堂内,中号1只,在驾驶台,小号1只,在老大寝室。此外,还有气压表、倾斜仪等。

(二)建区后海运船舶及营运量

北仑建区后,海运船舶运营发展较快,其特点是木质船逐渐减少,钢质船增多,运载吨位增大,船舶设施改善,安全性提高。至2010年,计有各类船舶38艘,其中普通货船28艘,计78.32万载重吨;油轮6艘,计2.13万载重吨;液化气船2艘,计0.18万载重吨;客船2艘,计429客位;万吨级以上船舶23艘,计73.84万载重吨(见表2-1-7);北仑地方货物吞吐量为4484.56万吨,旅客吞吐量为836.8万人次。货运量达2039.57万吨,货运周转量达139.27亿吨/千米;客运量达3.58万人次,客运周转量达144.52万人千米。(不含北仑港埠公司)(见表2-1-8)。

北仑区海运船舶分年统计

表2-1-7

年份	普通货船		客船		危险品船	
	艘数	吨位	艘数	吨(客)位	艘数	吨位
1986	80	2100	0	0	0	0
1987	82	2548	0	0	0	0
1988	115	3046	0	0	0	0
1989	106	3083	0	0	0	0
1990	85	2562	0	0	0	0
1991	78	2648	0	0	0	0
1992	60	3574	0	0	0	0
1993	60	7192	0	0	0	0
1994	98	77,779	0	0	0	0
1995	111	124,624	4	1049吨	0	0
1996	78	136,667	6	1434吨	6	4548
1997	79	115,934	6	1434吨	5	4161
1998	58	116,788	7	1744吨	6	4311
1999	49	135,887	7	1744吨	6	3355
2000	43	149,868	7	1744吨	6	2565
2001	45	131,926	6	1594吨	6	2420
2002	41	138,875	3	785吨	6	5699
2003	25	165,270	3	662吨	8	8046
2004	31	232,246.6	2	353客位	8	7547
2005	36	317,856	2	353客位	7	7146

续上表

年 份	普通货船		客 船		危险品船	
	艘 数	吨 位	艘 数	吨(客)位	艘 数	吨 位
2006	30	335,171	1	70 客位	10	12,515
2007	24	482,513	2	429	15	26,998
2008	22	480,700	2	429	11	31,062
2009	27	640,841	2	429	9	28,934
2010	38	80,640	2	429	8	23,163

北仑区船舶营运量分年统计 表 2-1-8

年 份	货运量(万吨)	货运周转量(万吨/千米)	客运量(万人)	客运周转量(万人/千米)
1986	5.8	960.1		
1987	12.1	1396.7		
1988	23.4	1601.8		
1989	16.2	1196		
1990	13.3	984.2		
1991	13.6	1237.5		
1992	16.2	2058.5		
1993	40.2	6265.3		
1994	104.1	93,060.7		
1995	146.3	130,970.4	47.1	4610.8
1996	236.5	203,491.1	65	6253.2
1997	270.1	222,072.1	59.5	8413.3
1998	324	262,930	50.5	5384.7
1999	92.7	96,917.2	8.26	696.4
2000	414.9	392,576.8	26.9	1516.4
2001	401.3	366,022.8	25	1200.8
2002	369.7	388,806	23	1105.6
2003	630.6	593,382.2	11.3	541.2
2004	816.9	750,000	11.4	472
2005	878.6	1,220,000	15.05	639
2006	1088.6	1,012,400	15.20	618
2007	1532.639	1,306,205	14.8	593
2008	1940.364	1,472,354	18.2	792
2009	2174.332	1,491,893	16.9	681
2010	2043.676	1,426,692	3.6	145

注:统计数不含白峰涨埠山轮渡。

第二节 内河航运

内河航运,在历史上与当地水利的发展紧紧地连在一起。资料表明,镇海原为“海潟之地”,先是“筑塘捍海,外御风潮”,而后“设滩煮盐”,经过一定时期后才开渠、蓄水或截江阻咸蓄淡,改盐田为农田,直至逐步完善灌溉农业体系,改造成为平原上河渠纵横的稻棉之乡。在兴修农田水利的同时,内河航道也随之逐步形成。由于地理上的原因,五代至明朝,先在江北,后在江南,陆续形成了三个相对独立的内河航运区。明中叶后,内河航运已发展成为地方交通的主要力量,清代,以府城宁波和县城城区的内河航运网络已初步形成。民国七年(1918),江南始行“汽油船”。最盛时,镇海县有内河运输船506艘,总吨位不下1300吨。民国三十年(1941),镇海沦陷后,船舶减少,汽船多数停航。抗日战争胜利后未见起色。新中国成立后,内河航运逐步恢复,船舶经过全面技术改造,实现了机动化,在当时经济建设中起重要的作用。20世纪70年代中期及90年代初以来,随着铁路、公路运输的快速发展,人们开始选择“弃水走陆”的运输方式,内河航运逐渐为道路运输所代替。至20世纪80年代初,客运全部停止,货运也因运量骤减而日见萎缩,1998年亦停。

一、航道

北仑区内河航道主要有小浃江、璎珞河及芦江与屯埭河。1979年调查,境内主航道养护里程为98.68千米。

1.小浃江航道

原是潮汐河流。相传,先秦时有海岛居民驾舟溯江至鄮山贸易。明嘉靖三十四年(1555),截流阻咸蓄淡、造东岗碶,自此,“碶上为河,碶下为江”。在此同时,又分别从鄞县后塘河的石桥港和练盆桥,开凿2条支流谢墅河和新大河,与小浃江河连通,把东钱湖的水引到江南。清道光九年(1829)建义成碶,东岗碶废,小浃江河向北延伸至义成桥。

1966年,浃水大闸取代义成碶,河道再向北伸展至浃水大闸出海。

1979年航道普查记录:此河起于浃水大闸,经小港镇、长山桥、赵家、下倪桥、东岗桥、下邵、太师湾,至鄞州区5个乡镇,全程25.44千米,北仑区境内21.37千米。通航10吨船舶,属12级航道。

1978—1979年,截弯取直3个河段:小港浦山段1115米,洪家段580米,联丰段50米,宽度均为20米。共挖土方115,080立方米。全航道通航水位2.7—3.2米,航道宽度25—40米(最窄处小港镇附近15米),水深2—3米,底宽10—20米。河底标高(吴淞)0.3米,桥梁14座,大部分系钢筋混凝土平桥和拱桥,通航孔净跨最小4.7米(安乐桥),净空最低1.4米(群英桥)。航道所经的主要村集都建有岸壁式埠头。

2.璎珞河航道

古称杨落河,又谓岩河。宋时,自璎珞至石湫出海。明嘉靖四十一年(1562)邑令何愈发民筑千丈塘,造长山碶(俗称大碶),石湫碶废,于是璎珞河延伸至长山碶。清雍正七年(1729)筑永丰塘,造新碶(永丰碶),长山碶废,河道随之伸展至新碶出海。

1970年，在下三山新建下三山碶、河道改为由此出海。

1979年，航道普查记录：此河自璎珞起，经邬隘、石湫、大碶，到新碶下三山碶，全程15.1千米，通航5—10吨船舶，属12级航道。

其中，璎珞至大碶8.6千米，河宽25米，最窄处邬隘璎珞段为10米。水深1.5—2.0米，河底宽6米，桥梁7座，以石平桥为主。大碶至下三山6.5千米，河宽40米，水深2.0—2.5米，河底宽22米，桥梁11座，均为石台钢筋混凝土平桥和拱桥，通航孔净跨最小3.2米（备碶大桥），净孔最低0.75米（大碶薛家桥）。1977年，发动群众，投工60万人，取直、拓宽大碶新庙粮管所至新碶老凉亭河段3900米，挖取土方40万立方米，使这段俗称“十八望娘湾”航道状况大为改善。

3.芦江与屯埭河航道

芦江原是潮汐河流，源于瑞岩山，集洪溪、瑞岩、梅家坪3溪之水，东北流至芦浦入海。北宋庆历七年（1047），鄞县知县王安石主持造穿山碶，截流蓄淡，改江为河。屯埭河，自明嘉靖四十一年（1562），千丈塘与长山碶建成后，在屯埭江筑屯埭下堰（俗称泥堰）与屯埭上堰（即大碶王公堰），使芦江与璎珞两河连通。

璎珞河、芦江与屯埭河构成北仑区东南隅重要的内河航道，在历史上曾发挥过很大的作用。

1979年起，芦江与屯埭河都不再列入航道养护范围。

北仑建区后，在水利建设的同时，对内河航道进行整治，2003年，北仑区定级的航道为岩河和小浃江河2条（见表2-2-1–表2-2-4）。

1933年境内内河航道一览 表2-2-1

名称	起讫	全程（千米）	水深			宽度（米）	通行船舶
			高水位（米）	低水位（米）	普通（米）		
小浃江	小港至五乡镇	25.44	2.97—6.60	1.65—5.28	2.31—5.94	13—33	航船汽油船
璎珞河	璎珞至新碶	17.00	4.62	1.65	3.30	26-39	航船汽油船
芦江	穿山至泥堰	8.00	9.90	2.31	6.6	6.6-33	航船汽油船
屯埭河	泥堰至大碶	7.50					

注：本表参考《中国实业志》（1933年成书）等书。

1979年境内内河航道一览 表2-2-2

航道起讫点	里程（千米）			通航水位（吴淞高程）		水深（米）	通航船吨（吨）
	全程	其中		高（米）	低（米）		
		重复里程	养护里程（区内）				
小港镇——五乡	25.44	—	25.44	3.20	2.70	2.0—3.0	10
长山粮站——梅墟	10.90	—	8.70	3.20	2.70	1.1—1.3	5—10

续上表

航道起讫点	里程(千米)			通航水位(吴淞高程)		水深(米)	通航船吨(吨)
	全程	其中		高(米)	低(米)		
		重复里程	养护里程(区内)				
许家桥叉口——衙前	0.58	—	0.58	3.20	2.70	0.5—0.9	5—10
前房节制闸——石桥粮站	0.73	—	0.73	3.20	2.70	1.0—1.2	5—10
长山粮站——下邵化肥厂	12.66	5.50	7.16	3.20	2.70	1.4—1.7	5—10
长山粮站——鄞县龙一	13.25	6.80	6.45	3.20	2.70	1.2	5—10
长山粮站——东岗碶	6.62	1.90	4.72	3.20	2.70	1.5—2.0	5—10
长山粮站——小港节制闸	7.00	2.40	4.60	3.20	2.70	1.5—2.5	5—10
长山粮站——小港砖厂	5.40	4.00	1.40	3.20	2.70	1.5	5—10
璎珞——下三山碶	15.10		15.10	3.20	2.70	1.5—2.5	5—10
大碶镇——横河粮站	4.50		4.50	3.20	2.70	1.0—1.2	5—10
大碶镇——五星粮站	7.10	2.80	4.30	3.20	2.70	1.0	5—10

注:本表所列航道系指交通部门养护航道。

2006年北仑区内河航道状况(一) 表2-2-3

航道名称	河流名称	定级航道	航道起点名称	航道终点名称	航道里程	通航里程	最小航道宽度(米)	最小航道水深(米)	最小弯曲半径(米)
岩河	岩河	8级	北仑港	育王岭	15.40	15.40	16	0.8	60
小浃江	小浃江	8级	北仑小港	鄞州五乡	24.09	24.09	21	0.9	60
合　计	—	—	—	—	39.49	39.49	—	—	—

2006年北仑区内河航道状况(二) 表2-2-4

航道名称	水上过河建筑物数量(座)			临河设施(座)
	桥　梁	架空电线	管　道	
岩河	29	1	6	8
小浃江	24	3	4	5
合计	53	4	10	13

二、船舶

1.数量

抗日战争前,镇南、镇东南(今北仑)区域,有内河客运航船近50艘,货运船120—125艘,赶市或民间自备船40艘。

民国三十年(1941),镇海沦陷后,船舶数逐渐减少。据调查,民国三十五年(1946)至民国三十七年(1948),专门从事客货运输的内河船舶,镇南、镇东南(今北仑)区域有

50—60 艘,船吨位约 250—300 吨。

1956 年后,内河运输船舶被逐渐集中到运输合作社内。同时,各厂矿企业自置机动船以自运货物。1965 年起,开始船舶的技术改造与更新换代,设置拖轮搞机动拖带,改木构为钢丝水泥结构,反映在统计数字上,则机动船只增加,船舶的单位载重能力随着航道的拓浚改善而由 3 吨左右提高到 10—15 吨。1985 年,全县共有机动和非机动船 331 艘,总吨位 2522 吨,1795 马力(见表 2-2-5)。

1956—1985 年镇海县内河运输船只分年统计 表 2-2-5

年份	拖轮		机动船			驳船	
	艘数	功率(马力)	艘数	吨位	功率(马力)	艘数	吨位
1956—1958	—	—	12	60	—	38	200
1960—1961	—	—	15	85	—	70	360
1965	4	32	16	85	—	84	456
1970	12	187	16	80	—	117	558
1975	15	324	31	182	—	334	2217
1980	16	621	80	514	245	679	4851
1981	16	621	86	514	263	547	3925
1982	6	128	223	1530	1206	275	2083
1983	6	128	376	2835	1796	36	408
1984	6	128	336	2395	2295	36	408
1985	8	180	284	2031	1615	39	491

注:1983—1985 年个体驳船未计在内。

2.船型

主要有木板船和水泥船两类。

(1)木板船

红头船 航船中较大者,能搭客 40 人,载重在 5—8 吨之间。

快马 航船中最小者,载重 0.5 吨,能搭客 5—6 人。因其吃水浅自重轻,无论是纤行或驶风,都比较快速,因名“快马”。

脚划船 供临时租用,主要是载客。用双足划桨。船体狭长,容客最多 3 人,灵活轻快。

百官船 因造于上虞县百官镇而得名。船体涂以桐油红,平底、方头、方艄,船板较厚,船舱较大,船头两边画有眼睛。橹摇、拉纤或挂帆行驶。适用于运货。有大小 2 种,大者载重 10.5 吨,小者 4.5 吨。

沙石船 形似百官船,以运输石料为主,载重 5—10 吨。

乌山船 尖头,自重轻,船板薄,底平,船稳。适宜于浅水航行和装载轻泡货。船舷当勒子。外面涂清桐油为主。大者 7 吨,小者 5 吨。

尖头船(俗称导头船) 船头较尖,船板厚。前舱不宜装货。主要用于短驳,或者用作渡船。

鸭嘴阔头船(俗称柴拖) 船头阔而低,船较稳。

田装船 船型与百官船相似,但吨位较小,一船为2—3.5吨。灵活,适航于小江支流。农用为主,或为各自然村的交通船。

(2)水泥船

小型水泥货驳船 钢丝网水泥结构。20世纪60年代开始使用,形状与百官船相似。艄艉有气舱,以增大浮力。后舵盘用木料,上面装有橹支可以使橹,船舵与百官船的相同。后艄用水泥壁壳,供船员住宿用。小型水泥驳船分3吨、5吨、10吨3种。3吨系农用船,后艄不装壁壳。

15吨水泥货驳船 圆头,船头船尾均用扁铁包牢,无需木材。船舵装在船尾凹进处,不易撞坏,舵杆用空心铁管,船长15.5米,阔2.8米(包括船舷在内),净深1.2米。后艄用水泥壁壳,长3米,宽2.1米,高0.75米;壁壳上面有扶手。

挂浆机水泥船 即装有柴油发动机与螺旋桨的水泥船,单船行驶,不再用橹。挂浆机装在艉部,一人操作,既管机,又掌舵,时速10千米左右。

三、运量

客运,以最盛时即民国十九年(1930)前后全镇海县120艘船计算,则年客运量当在百万人次以上。1941年,镇海沦陷后逐渐下降。1956年至北仑建区前的客货运量见表2-2-6。

1956—1985年原镇海县内河运量分年统计 表2-2-6

年份	货运			客运(人次)
	合计(万吨)	航运企业(万吨)	个体(万吨)	
1956	5.99	5.99		—
1960	11.75	11.75		—
1965	12.75	12.64	0.11	—
1970	13.93	13.56	0.37	—
1971	16.38	12.45	3.93	—
1972	17.88	14.16	3.72	—
1973	11.71	10.95	0.76	34,021
1974	11.58	10.33	1.25	33,125
1975	44.57	13.22	31.35	53,625
1976	71.03	10.20	60.83	33,627
1977	113.87	11.75	102.12	43,068
1978	166.30	15.95	150.35	7342

续上表

年份	货运			客运(人次)
	合计(万吨)	航运企业(万吨)	个体(万吨)	
1979	140.83	14.62	126.21	5,347
1980	95.66	13.16	82.50	—
1981	68.29	12.24	56.05	—
1982	74.27	11.61	62.66	—
1983	57.79	11.82	45.97	—
1984	54.95	12.92	42.03	—
1985	44.73	9.77	34.96	—

四、航船与航线

通常所称的内河航船,均有固定航行路线和停靠埠头,定时定班,从各有关村镇开出,以搭客为主。在夜间开航的叫夜航船。原镇海县镇北、镇南、镇东南三个航区最盛时,有航船 120 艘,镇海沦陷后,减至 80 艘。镇南与镇东南(今北仑区),主要是上甬城(开往璎珞河头的,改乘宝幢航船至甬城)。20 世纪 70 年代中期起,内河客运陆续为汽车客运所取代。

1.镇南航区航船

民国十九年(1930),镇南航区有航船 10 艘,汽船 1 艘(表 2-2-7),为鄞山公司"甬镇"轮,船长 14 米,宽 2.3 米,吃水 0.66 米,25 马力。发照日期为民国七年(1918)3 月 28 日。民国三十年(1941)4 月 19 日,宁波沦陷后,汽船停航。

1950 年,镇南航区仍有航船 9 艘(表 2-2-8)。1953 年,减至 5 艘,1963 年,由鄞县航运公司"鄞客 26"号轮(一主一拖)航行大河桥至东岗碶线,原 5 艘航船停航。汽船每日 1 班,中间经过福明桥、盛垫桥、新桥、小站、阮家堰、江桥头、高低张、下邵、符家汇、顾家桥、下倪桥。1980 年,江南至五乡公路通车后,乘客锐减,改为货运为主。1985 年,大河桥河道填塞,汽船改泊下茅塘。

1930 年前后镇南航区航船情况一览 表 2-2-7

航船名	停泊地	经过地	艘数
长山桥	宁波江东三眼桥	符家汇、汪家、高低张、钟家桥、樟树桥、大站、小站、韩岙周家、沈家庄	1
小港	宁波江东三眼桥	长山桥、符家汇、汪家、高低张、钟家桥、樟树桥、大站、小站、韩岙周家、沈家庄	1
东岗碶	宁波江东三眼桥	汪家、高低张、钟家桥、樟树桥、大站、小站、韩岙周家	1
符家汇	宁波江东三眼桥	汪家、高低张、钟家桥、樟树桥、大站、小站、韩岙周家、沈家庄	1

续上表

航船名	停泊地	经过地	艘数
顾家桥	宁波江东三眼桥	姚家斗、高俞、钟家桥、樟树桥、沈家庄	1
下部	宁波江东三眼桥	埠头墩、新桥	1
江桥头	宁波江东三眼桥	埠头墩、新桥	1
丁家山	大河桥	埠头墩、新桥	1
长山桥	大河桥	夏杜岙、王谷港、镇定桥、钟家桥、樟树桥、柴叶港桥、万安桥、莘新桥、盛垫桥、福明桥、张斌桥	1
衙前	大河桥	新民、梅墟、五都房、盛垫桥、福明桥、张斌桥	1
甬镇号(汽船)	起自大河桥	张斌桥、福明桥、盛垫桥、太平桥、江桥头、丁家山、下邵、符家汇、东岗碶、抵长山桥	1

1941—1949 年镇南航区航船情况一览 表 2-2-8

航船名	停泊地	航班	艘数
江桥头	宁波江东大河桥	每天往返 1 次	1
丁家山	宁波江东大河桥	每天往返 1 次	1
下邵	宁波江东大河桥	每天往返 1 次	1
顾家桥	宁波江东大河桥	每天往返 1 次	1
符家汇	宁波江东大河桥	每天往返 1 次	1
东岗碶	宁波江东大河桥	每天往返 1 次	1
长山桥	宁波江东大河桥	每天往返 1 次	1
小港	宁波江东大河桥	每天往返 1 次	1
衙前	宁波江东大河桥	每天往返 1 次	1

2.镇东南航区航船

先是航船或者夜航船航行于柴桥等村镇与璎珞间(见表 2-2-11)。20 世纪初,穿山港造轮埠,停靠沪瓯、甬瓯客轮,内河航运转盛,宁穿公路通车前达于鼎盛,并通行汽油船。

与镇北和镇南方面不同的是,抗战爆发后,因为制海权落入敌手,过去正常的海上贸易通道受阻,于是商人就冒着被敌舰袭击的危险,用帆船出入于穿山港与新碶海口,往上海、舟山等地做单帮生意。定海沦陷后,沪定间行驶悬意大利旗"利玛"轮,在定海泊于干石览岛,商人就设法用帆船装货,在夜间避过敌人的海上封锁,经大榭过北渡,运至霞浦,然后再从霞浦由内河贩运到宁波各地。一时间,霞浦镇上商贩云集,街路两旁摆满烟卷、红糖、面粉、龙头细布、红枣等百杂货品。内河航运因为公路不通而客货两旺,从霞浦起航的船舶,最盛时多达 40 艘。镇海沦陷后,干石览—大榭—穿山的帆船通路失去作用,霞浦市面随之回落,航船恢复旧貌。但新碶、穿山两口的商贸海帆一直延续到抗日战争结束。在此期间,镇东南航区仍显得颇为热闹。曾因宁穿公路通车而已经停航的穿柴汽船,重新组股,投入营运。柴桥航船除原有4艘(夜船)继续航行外,又增开4艘,往返于柴(桥)璎(珞)之间。新碶汽船1艘,一日2班,航船3艘,一日1班,开往璎珞(表2-2-9)。

1950年,柴桥尚有夜航船行驶至璎珞,但不久因营业清淡而停航;新碶航船,也因同年9月宁穿公路修复通车,乘客减少而停航(表2-2-10)。

1930年前后镇东南航区航船情况 表2-2-9

航船名称(起航地)	到达停泊地	经过各地	艘数	航班	航距(千米)
柴桥航船	璎珞河头	杨木、霞浦、清水桥、牌门头、大碶、石湫	7	下午2时柴桥开,次日下午返航	22.50
霞浦航船	璎珞河头	清水桥、牌门头、大碶、石湫	3	清晨开,下午回,一天往返一次	20.00
新碶航船	璎珞河头	半浦陈、石湫	3	每天往返一次	18.00
新碶赶市船	柴桥	泥堰、霞浦	1	每逢农历一、三、六、八开	18.00
新碶货班	璎珞河头	半浦陈、石湫	1	每天往返一次	18.00
大碶鱼班	璎珞河头	半浦陈、石湫	1	每天往返一次	15.00
风洋、算山等赶市船	大碶		4	每逢农历一、三、六、八早上开,下午回	3.00
穿山客船	柴桥		19	接穿山港停泊班轮	2.00

1930年镇东南航区汽船一览 表2-2-10

船名	到达停泊地	载重	业主	航班	始航时间	停航时间
柴桥"公利"号	璎珞河头	6吨80客位	公利汽船行乐阿土	每天下午穿山开,次日上午返柴桥	1925	1945
柴桥"芦江"号	璎珞河头	6吨80客位	芦江汽船行周财耕	每天下午穿山开,次日上午返柴桥	1931	1934

1939—1949年镇东南航区汽船与航船一览 表2-2-11

起航地、船名及类型	到达地	载重	航班	始航时间	停航时间
穿山新汽船	璎珞	1主3拖载120人	每天下午2时穿山开,次日上午璎珞回	1939	1941.4
穿山老汽船	璎珞	1主3拖载120人	每天下午2时穿山开,次日上午璎珞回	1939	1945.8
新碶"交通"号汽船	璎珞	1主1拖载30—40人	1天2班	1939	1945.8
新碶"大通"号汽船	璎珞	1主1拖载30—40人	1天2班	1945.9	1949
柴桥郑桂芳夜航船	璎珞	6—7吨	每天下午柴桥开,次日上午璎珞回	1937.11	1948
柴桥日航船(4艘)	璎珞	每艘可载30—40人	每天下午柴桥开,次日上午璎珞回	1941	1949

续上表

起航地、船名及类型	到达地	载　重	航　班	始航时间	停航时间
霞浦航船(4艘)	璎珞	每艘可载30—40人	每天清晨霞浦开,下午璎珞回	1937.8	1949
新碶航船(3艘)	璎珞	4吨,每艘30—40人	1天1班	1937	1949
新碶"公利"货班船(1艘)	璎珞	5吨	1天1班,早上璎珞回,下午新碶开	1937	1945.8
大碶鱼班船	璎珞	3吨	1天1班	1937	1945.8
柴桥客货混载航船	璎珞	10艘约40吨	无固定航班	1939	1945.8

第三节　渡　　运

北仑区域内岛屿众多,渡运是海岛与大陆间的主要交通途径。建区时有人渡10处,汽渡1处。2010年,尚有人渡7处,汽渡2处(见表2-3-1)。

2010年北仑区现役渡运船舶一览　　表2-3-1

渡船名	载重(吨)	核定装载		主机功率(千瓦)	船质	船体(米)			建造厂名	建造年月	主管经营单位
		客位	车位			长	宽	型深			
上梅渡6	56	80	4标准车	91×2	钢质	19.7	8.6	2.2	岱山船厂	1983.7	上梅渡运站
上梅渡8	150	90	6标准车	136×2	钢质	26.0	9.8	2.6	宁波新乐造船有限公司	2001.3	上梅渡运站
上梅渡9	283	75	8	184×2	钢质	32	12	3.2	浙江凯灵船厂	2006.9	上梅渡运站
梅东渡1	4	40	—	29	钢质	15.9	4.0	1.1	宁波船舶修造厂	1993.3	梅山村
梅东渡2	13.49	50	—	58	钢质	18.0	4.6	1.4	大榭开发区船厂有限公司	2004.9	梅山村
外峙渡2	4	60	—	29.4	钢质	17.9	4.2	1.1	大榭开发区船厂有限公司	2002.12	外峙村
外峙渡3	4	40	—	17.6	钢质	15.4	3.6	1.2	绍兴市交通造船厂	1991.2	外峙村
神马渡2	4	40	—	17.6	钢质	17.6	3.6	1.02	大榭开发区船厂有限公司	1992.1	神马村
神马渡3	5	45	—	25	钢质	16.2	4.2	1.1	宁波市蓝天造船有限公司	2005.3	神马村

一、人渡

(一)现役渡口

1.镇海渡(镇海江南渡)

宋宝庆《四明志》称定海江南渡,又叫大浃渡。明嘉靖《镇海县志》称南关渡或大关渡。清乾隆《镇海县志》称大道头渡。光绪《镇海县志》记载,渡旁"有亭三楹,曰利涉"。

与大道头对岸的是江南道头，其上“旧有海济亭，光绪六年(1880)里人谢诏禹捐资重修，又建明远亭、明远阁于渡侧”。两边岸坡建有石板台阶形道头，20世纪60年代尚存。

宋初为官渡。行之既久，滋生弊端，掌管者往往以官办为幌子，仗势“对过渡者肆意敲索，甚至侵骂殴辱，变便民为害民”。宝庆《四明志》记载：南宋淳祐年间，“知府颜颐仲奏准朝廷，使之改为民渡，由当地民船渡之，人收渡钱二文。”明清之际，过渡者日众，渡口增加，据民国《镇海县志》所记：先后有拦江浦渡(俗称镇大道头渡，南岸为江南道头)、济川渡(即小道头，南岸为江南小道头)、薛家道头渡、邵家道头渡、县望道头渡、泥道头渡、练子道头渡、白家浦渡等。渡船(2吨橹摇船)多至40—50只。

1955年，经过整顿，保留大道头至江南道头和小道头至江南小道头2对渡口。

1963年，始置“镇渡1”号轮(15马力，限载51人)，新造渡轮码头。江北码头建在大道头边上，江南码头建在江南新道头。小道头渡停废。1981年，江北码头西移150米至县望道头公记码头旧址新建。1984年，扩建江南新道头码头；1985年后，镇海渡属镇海区管辖。

2.穿鼻大榭渡

渡运线为穿鼻门登—外神马—大榭土鼋头。运距1800米，3处均建有斜坡式干砌条石道头。门登、外神马各有面积14.4平方米空心板平顶渡亭。1985年，置12马力、12吨(限乘40人)渡轮，弃用风帆船。1987年置“穿鼻渡3”号轮，钢质船体，40马力，60客位。由门登、门下、土鼋头三村联合经营管理，船工3人。日均客流量约200人次。1995年起，此渡运移交大榭开发区管辖。

3.土鼋头里神马渡

土鼋头与里神马均建有浆砌块石岸壁式码头。大榭土鼋头有水泥桁条、平瓦屋面渡亭1个，面积25.2平方米；里神马有空心板平顶渡亭1个，面积14.4平方米。1984年，改橹摇渡船为3吨、3马力木质渡轮，限乘11人。1994年底起，此渡线改为土鼋头至长腰剑，渡轮为木壳机动船，主机24千瓦，40客位，限载10人(定位为民渡)。船工2人，由土鼋头村经营管理，日均客流量70人次。1995年起，此渡运移交大榭开发区管辖。

4.外峙仰岛湾渡

始设于清乾隆年间，先后有柴桥沃家村与东山门村沃、李两姓居民来外峙定居，选岛之南山嘴与仰岛湾轮江为来往渡口，运距约132米。始时为不定时的2吨橹摇小船。光绪年间，村人集资，两渡口俱造条石台阶型道头，固定渡船，并各建渡亭3间。过渡费每人1个铜板。1971年，两岸新建浆砌块石码头，高3.3米，宽15米，长21米。1978年更新为5吨木壳机动船，限载28人。1999年2月起，弃用木壳机动船，投入钢质“外峙渡3”号渡轮营运，主机功率17.6千瓦，核定40客位；2002年12月，“外峙渡2”号渡轮投入营运，钢质，主机29.4千瓦，参考载货量4吨，核定60客位。日均客流量约500人次。由外峙村经营管理。

5.神马司前渡

始设于清雍正年间,北口神马岛小井湾,南口司前村涨埠山嘴枫城碶口,运距约380米。初时,在涂滩靠船,乾嘉间,建干砌条石道头。1969年改橹摇渡船为5吨12马力木壳机动船,额乘20人。1983年,两岸建宽25米的突堤式块石码头。1985年,营运渡轮为木壳,15吨,主机24马力,限载40人。1992年1月起,更新为钢质渡轮"神马渡2"号,参考载重量4吨,主机17.6千瓦,核定40客位。2005年3月,又投入钢质渡轮"神马渡3"号,主机功率25千瓦,核定45客位。日均客流量400人次。由神马村经营管理。

6.梅山上阳渡

始设于明嘉靖年间,《嘉靖志》称嵩子渡。《乾隆志》称下岸渡。《民国志》记:"光绪三年,里人傅昌兰、沈尧如、沈象庆等募资置田四十亩为造船雇工经费,改为义渡。上岸渡头(即上阳一侧)供天后,名天后宫。下岸渡头有亭名嵩子。"北口上阳道头,南口梅山岛,均建石砌条石道头。运距约656米。1976年,造浮码头,并将梅山渡口西移50米,置机动渡轮,"上梅渡1"号轮,木壳,主机60马力,22吨,限乘72人。1982—1983年,两岸新建码头及附属用房。1983年,"上梅渡2"号轮投入营运,木壳,主机60马力,参考载重量25吨,限乘160人。1988年,"上梅渡4"号轮投入营运,钢质,参考载重量20吨,主机58×2千瓦,205客位,2003年退役。现役船舶有"上梅渡6"号,钢质,参考载重量56吨,主机91×2千瓦,80客位,4标准车位。"上梅渡8"号,钢质,参考载重量150吨,主机136×2千瓦,核定6标准车位,90客位。"上梅渡9"号,钢质,主机184×2千瓦,5吨标准8车位,参考载重量283吨。由上梅渡运站经营管理。梅山大桥建成,2010年8月底停航。

7.梅东(狮子口)渡

始设于明嘉靖年间,《嘉靖志》《乾隆志》均称梅山渡,谓"由此北达郭巨狮子口,有亭名梅江"。南口梅山岛梅东村,北口郭巨狮子口,运距约406米。20世纪70年代初,两渡口均为石路形道头,长60米,宽2米,坡面最高点2.5米,最低点0.5米,乱石砌口,条石铺面。梅东道头有亭2楹。1977年,修道头置木壳机动渡轮,主机40马力,额载23吨,限乘100人,由梅山乡船厂造。1985年,两岸建块石浆砌步梯式固定码头(长39.6米,宽22米)和仓库3间,场地一块37.75平方米。1993年3月,弃用木壳机动船,投入钢质渡轮"梅东渡1"号,参考载重量4吨,主机功率29千瓦,核定40客位。2004年9月,又投入钢质渡轮"梅东渡2"号,参考载重量13.49吨,主机58千瓦,核定50客位。年均客流量10万人次。有职工6人,由梅山村经营管理。

(二)建区前停废渡口

1954年,整顿水上交通秩序,经宁波港务局勘定,下列渡口予以停废:拦江浦道头渡、薛家道头渡、邵家道头渡、县望道头渡、泥道头渡、练子道头渡、白家浦渡(以上均在镇海城关镇甬江路岸)和泥湾渡(在江南乡)。

济川渡在城关镇,与之相对的是江南乡小道头渡口,1963 年,镇海渡运站成立后停废。

虹桥——朱家河头渡,停废时间不详。

五里牌——郑家埠(泊)渡,停废时间不详。

梅墟——石桥渡,抗日战争镇海沦陷时停废。

青墩方舟纤渡,1967 年,建东方桥(后改名青墩渡桥)后停废。

霞林渡(又名下林渡),在白峰乡百丈村田鸡山后江边。古为霞林浦,故名霞林渡,建于清乾隆年间。对面为大榭山,故亦呼榭山头渡,或大山头渡,渡口有亭,曰临江亭。原是大榭岛赴大陆主要通道,中华人民共和国成立后,随着公路的建设,过江者改行南渡或神马渡,这条线上行人日少,渡口逐渐衰落而废弃。

(三)建区后停废渡口

1.新棉清水浦渡

《民国镇海县志》称清水浦渡。北口位于镇海区清水浦西街,南口位于小港江南新棉村。江面宽 450 米。斜坡式干砌条石道头。1982 年,新棉渡口建凉亭 1 间,面积 13.32 平方米。1984 年,改橹摇渡船为 5 吨木壳 3 马力渡轮,限乘 30 人。日均客流量 230 人次,船工 2 人。由新棉村经营管理,1996 年 2 月停渡。

2.穿山榭南渡

《宝庆志》称芦浦渡,“乘半潮可抵昌国”,又注:“芦浦即穿山碶”。《民国镇海县志》称穿山渡,清道光二十年(1840)重筑,有穿山渡亭。榭南道头,系由乱石堆砌而成,旁有亭。穿山道头在杨梅湾旁。清末民初,渡船是一种名谓“丁榫头”(载重 4 吨以下)的橹摇木船(无风帆)。

1972 年,榭南道头移至北岙村下柴埠,穿山杨梅湾道头移至穿山村海岸,各建造长 26 米的阶梯形石砌道头。1973 年,置渡轮取代旧式渡船。由大榭渡运站经营。1978 年,造候船室、售票处、仓库、油库等。1985 年时,客流量 58 万人次。1987 年,新“大渡 1”轮投入营运,钢木船体,960 总吨,主机 120 马力,250 客位,1 车位。1993 年,“大渡 4”轮投入营运,钢质船体,130 总吨,主机 204 马力,250 客位;“大渡 6”轮,钢质船体,130 总吨,主机 300 马力,250 客位,年产值 150 万元。1995 年 1 月 8 日,跨海浮桥建成后停渡。在船舶进出穿山港浮桥开启期间,渡船临时营运。该渡运虽停运,但两口码头仍未拆弃,以备急用。

3.榭北养志渡

是大榭岛北渡村通往大陆的津渡,江面宽约 500 米。建有斜坡式干砌条石道头。榭北有候船亭 2 间,面积 18 平方米;养志有空心板平顶渡亭 1 间,面积 14.4 平方米。1961

年,改橹摇船为风帆船。1974年,置木壳渡轮,4吨,限乘25人,船工2人,由北渡村经营。1985年,日均客流量约200人次。1987年,置换12吨木壳渡轮,限乘40人。1994年底停渡。

二、汽渡

(一)镇海汽车轮渡

1971年11月动工,1972年12月码头建成,1974年9月25日开航通渡(见表2-3-2)。

镇海汽渡渡轮一览

表2-3-2

汽渡号	结构型式	主机马力	载重量	服役年月
汽渡1	水泥钢丝结构横骨架式	120	50吨,4车位	1972.5—1985.9
汽渡2	水泥钢丝结构横骨架式	150	40吨,4车位	1975.11—1981.8
汽渡3	钢体横骨架	500	68吨,8车位	1979.10—1983.8
汽渡4	钢体横骨架结构	300	50吨,6车位	1983.8—1995.11
汽渡5	钢体纵横结构	400	100吨,12车位	1975—1995.11

北口码头位于镇海城关张鑑碶大闸以东0.9千米处。南口码头位于境内江南码头以西0.6千米处。两口均为浆砌块石锯齿形码头,长19米,宽11米。时投资10.68万元,由镇海县工交局组建。

北口码头与镇(海)骆(驼)公路衔接,长357米,宽8米。南码头与镇(南)大(碶)公路衔接,长911米,宽8米。

镇海汽车轮渡的建成通渡,连接了甬江南北的公路交通,来往车辆不必再绕道宁波市区,不但节减了运输费用,也减轻了对宁波市区的交通压力,社会经济效益十分显著。20世纪80年代后,随着北仑港的建设和北仑的经济发展,轮渡车辆与日俱增。1995年,甬江隧道建成通车后,轮渡停废。

(二)白峰涨埠山至定海鸭蛋山汽车轮渡

1984年3月动工建设。1985年基本建成。

1.白峰汽车轮渡码头

位于北仑区白峰镇涨埠山,纵向有50×12米趸船1艘,东西各有15.6×4米钢引桥1座、18×9米趸船1艘和4米×4米靠船墩各2只;横向为45米×8米车行栈桥1座,由21米×6.3米钢引桥与大趸船连接。呈"T"形布置。东西靠船墩各有45米×3米人行栈桥1座与陆地连接。码头全长157.2米,占用岸线300米,可停靠1000吨级以下船舶(见表2-3-3)。

2.鸭蛋山汽车轮渡码头

位于定海西偏南方向之鸭蛋山。结构:纵向有41.2米×10米固定平台1座,东西各有21米×5米钢引桥1座、18米×9米趸船1艘和4米×4米靠船墩各2只，横向为70.4米×8米车行栈桥，呈“T”形布置。东西靠船墩各有人行栈桥与陆地连接，东面为71米×3米，西面为81米×3米。码头全长159.2米，占用岸线317米，可停靠1000吨级以下船舶。

2010年北仑区白峰汽渡船舶一览 表2-3-3

航线					
白峰至鸭蛋山					
轮渡号	载客(人)	载车(辆)	轮渡号	载客(人)	载车(辆)
舟渡1	450	30	舟渡9	350	20
舟渡4	480	20	舟渡10	442	27
舟渡5	480	25	舟渡11	478	30
舟渡7	480	28	舟渡12	442	27
舟渡8	338	20	舟渡6	危险品专用	

(三)渡口设施

白峰渡口：候船室481.24平方米，办公楼408.88平方米，招待所412.24平方米，食堂176.28平方米，其他78.89平方米，停车场1400平方米。

鸭蛋山渡口：候车室488.26平方米，办公楼560.93平方米，招待所430.51平方米，食堂、仓库261.36平方米，其他56.3平方米，停车场2610平方米。

该轮渡由舟山海峡汽车轮渡公司经营。始有2艘从日本引进的客货两用渡轮。名为“舟渡1”号、“舟渡2”号，船长分别为43.5米和50.8米；船宽分别为11.83米和12.8米。载重分别为486.1吨和499.57吨，车客位分别为8吨卡车8辆和12辆，客位390个和480个。两船主机分别为1470千瓦和1411千瓦，航速每小时14海里，汽车舱翻板均由液压传动，首尾皆可上下车辆，装卸方便。渡轮所涉海域可全天通航。

1.郭巨汽车轮渡

原为上阳汽渡，1989年9月建成通渡，首航上阳至虾峙线；1991年10月，郭巨汽渡建成通渡，上阳汽渡停弃，改自郭巨至虾峙；同年10月28日，首航郭巨至六横；2001年5月1日，首航郭巨至桃花岛。后另有郭巨至佛渡，郭巨——沈家门两条航班(线)(见表2-3-4)。

2010年北仑区汽渡(客滚)船舶一览 表2-3-4

航线	轮渡号	载重(吨)	客位	营运单位	航线	轮渡号	载重(吨)	客位	营运单位
郭巨—六横	双屿1	198	206	六横运输总公司	郭巨—桃花	东海神珠	497	198	桃花客轮公司
	双屿3	487	200			桃花渡1	198	206	
	双屿5	497	201		郭巨—虾峙	虾峙渡3	493	180	虾峙运输公司
	双屿6	497	198		郭巨—佛渡	佛渡轮		56	
	双屿8	493	180		郭巨—沈家门	佛渡轮		98	
	双屿10	1783	200		涨埠山—神马	华茂15	50	60	蓝天海运有限公司

2.白峰涨埠山轮渡

白峰涨埠山码头至神马岛,航距约336米。北仑蓝天海运有限公司经营。2004年8月建成。营运船舶“华茂15”号,船长25.22米,船宽9.40米。主机功率110.3×2千瓦,载重54吨。

第四节 码　　头

19世纪90年代,镇海港始建轮埠。20世纪初,穿山港始建轮埠,到30年代,梅山港始建轮埠。1974年四大工程(宁波港镇海港区、浙江炼油厂、镇海电厂、清水浦渔业基地)上马,各施工单位在镇海港兴建建材或工作船码头,交通运输单位也修建各自的码头。1978年起,在平均水深20米以上的13千米北仑港深水岸线内,相继建造了不同等级的码头。至2006年,共建有码头146座,计160泊位,靠泊能力255.90万吨。按港分述如下:

一、镇海港区码头

19世纪初,镇海港始建轮埠,至清末,先后建造轮埠8个,到民国二十四年(1935)时犹存2个,即镇海轮埠和瑞云轮埠(1931年改名湖广轮埠)。民国元年(1912)至民国二十四年(1935),新建5个轮埠。几经变迁,到民国二十五年(1936),镇海港在用码头为招商局、宁兴、镇海、湖广(南海)、三北、永川(宁象)、联益7个码头。民国三十年(1941)4月19日,镇海沦陷,港航设施及贸易运输全为日本海军特务部所控制。战后,由于日军的掠夺性使用,镇海港已没有一个可用的码头。民国三十五年(1946)初,始有庙后张人王允财在县望道头西新建公记码头。同年9月,江天码头修复,沪甬客轮恢复在镇海港停靠(见表2-4-1)。

1949年前镇海港码头统一览　　表2-4-1

名　　称	地　　点	建造年月
海龙轮埠	县望道头西	1890
三龙足踏轮埠	大道头附近	1898
镇海轮埠	县望道头东	1900
宁波轮埠	县望道头西	1904
小平安轮埠	始在台下道头东,后移县望道头西	1905
海宁轮埠	县望道头西	1906
景升轮埠	始在台下道头西,后移大关汛外	1908
瑞云轮埠	始在白家浦,后移泥道东	1911
三北公司码头	大道头与下道头间	1915

续上表

名　称	地　点	建造年月
永川公司码头(1931年改宁象码头)	县望道头西	1918
招商局码头(江天码头)	济川渡西	1924
联益码头	税关道头西	1932
宁兴码头	招商码头西	1934
公记码头	县望道头西	1946

镇海解放之初,港口只有公记码头1个。

1985年,镇海港有泊位50个,吊机14台,输送机5台,仓库2座计449平方米,堆场14处计44,436平方米。近海客班航线5条,进出港旅客65万人次,货物吞吐量42.93万吨。撤县设区后,此港属镇海区。镇海港江南岸(今北仑区)码头见下表(见表2-4-2)。

1985年镇海港江南岸(今北仑区)码头泊位、库场、装卸设备一览　　表2-4-2

地点	建用单位泊位名称	结构型式	靠泊标准(吨级)	库场(平方米)	装卸机械(台)	建成年月
钳口门	小港砂石场院1—4号码头	干砌块石突堤式	均200	—	—	1974
	沙头村砂石码头	干砌块石突堤式	100	—	—	1974
金鸡山下	红联石场码头	钢梁排铁面板	200	场13,200	输送机1	1980
	开发区工商实业公司黄砂码头	高桩梁板	200	场11,000	2吨吊车1	1985.1
	二轻建材厂黄砂码头	槽钢横梁空心板	100	场1200	1吨吊车1 输送机1	1975
	三航四处预制厂成品码头	高桩梁板	1000	—	50吨吊车1	1976.4
	江南采石场码头	干砌块石岸壁式	200	场1660	1.5吨吊车1 输送机1	1971
	三航四处物资站码头	高桩梁板	200	—	输送机1	1976.2
江南道头	长山粮管所码头	钢桩梁板	300	场600	0.5吨吊车1	1961

二、北仑港区码头

抗日战争前,时有帆船出入三碶(今新碶街道)海口。抗战时期,三碶一度成为大后方与外界之间地下航运线的一个小出入口,有不少单帮客人冒险躲过日军的海上封锁,乘帆船去上海或舟山贩货。1974年,大碶运输站在下三山碶门跟建造了一座50吨级的高桩梁板简易码头,供去舟山的运粮船停靠。

1975年5月23日,浙江炼油厂在算山动工建造原油码头。1978年3月,北仑港建设指挥部成立,毛礁10万吨级矿石中转码头建设开始。1978年10月,原油码头竣工投产。1982年12月27日,矿石中转码头建成通过国家验收,1983年1月1日投入生产。1984年10月20日,2.5万吨级通用泊位开工。至1985年,港口已初具规模,并且形成了2500万吨的年吞吐能力。

1985年底,北仑港已建成10万吨级泊位1个,5万吨级泊位2个,25,000吨级泊位2个,5000吨级、3000吨级和1600吨级泊位各1个。1995年10月投入运行的宁波港务局北仑港埠公司20万吨级矿石码头,是港区最大的矿石装卸泊位;2003年建成的北仑第二集装箱公司2号泊位,是靠泊吨位最大的集装箱船舶专用码头,靠泊能力为10万吨级,设计年吞吐能力25万标准箱。

20世纪70年代中后期,国家做出开发利用北仑深水良港资源决策后,至2006年,相继建成各类专业性、综合性码头泊位39座,成为宁波港万吨级泊位最多、货物吞吐量最大、拥有国内国际航线最广的港区。

港区码头布局,自西向东依次为:西北部水运工业区、西部算山企业码头区、中部公用码头区、东部企业码头区和穿山西口通用泊位发展区。

1.西北部水运工业区

规划长跳嘴以东1400米自然岸线为宁波市的水运工业发展区,以船舶修造为主,兼有港口机械修造。

(1)三星重工(宁波)有限公司码头

三星重工码头 1997年12月建成投产,属经营性通用件杂货泊位,为板梁式结构。泊位长100米,设计水深6.5米,设计靠泊能力为5000吨级,年货物通过能力为10万吨。

二期工程自备码头 2006年7月建成投产,属非经营性通用件杂货泊位,为重力式结构。泊位长252米,设计水深7米,设计靠泊能力5000吨级,年货物通过能力为15万吨。

(2)宁波青峙化工码头有限公司码头

青峙化工1号泊位 2005年4月建成投产,属经营性液体化工泊位,为板梁式结构。泊位长340米,设计水穿梭15米,设计靠泊能力3万吨级,年货物通过能力90万吨。

(3)海湾重工有限公司码头

化驳码头 2004年1月建成投产,属经营性件杂货码头。为高桩式结构,泊位长180米,前沿水深7米,设计靠泊能力5000吨级,年货物通过能力4万吨。

龙门档码头 2004年1月建成投产,属经营性件杂货码头。为高桩式结构,泊位长90米,前沿水深5米,设计靠泊能力5000吨级,年货物通过能力4万吨。

(4)西部算山企业码头区

西部算山企业码头区自杨公山至算山,自然岸线长2600米。

埃索中化(宁波)石化储配有限公司码头

杨公山石化码头 1999年12月建成投产,属经营性液化气码头,为高桩式结构。前沿水深14米,泊位长360米,设计靠泊能力5万吨级,年货物通过能力270万吨。

杨公山油品码头 1994年9月建成投产,属经营性成品油码头,为板梁式结构。泊位长20米,前沿水深6.5米,靠泊能力500吨级,年货物通过能力10万吨。

(5)镇海炼化厂码头

炼化1号泊位 1994年12月建成投产,属经营性原油码头,为高桩式结构。泊位长510米,前沿水深20.5米,设计靠泊能力25万吨级,年货物通过能力1519万吨。

炼化2号泊位 1978年12月建成投产,属经营性原油码头,为高桩式结构。前沿水深13米,泊位长305米,设计靠泊能力5万吨级,年货物通过能力238万吨。

炼化3号泊位 1979年12月建成投产,属经营性原油码头,为高桩式结构。前沿水深13米,泊位长305米,设计靠泊能力5万吨级,年货物通过能力188万吨。

炼化4号泊位 1979年12月建成投产,属经营性成品油码头,为高桩式结构。泊位长93米,前沿水深8米,设计靠泊能力3000吨级,年货物通过能力35万吨。

炼化5号泊位 1983年12月建成投产,属经营性成品油码头,为高桩式结构。泊位长182米,前沿水深10米,设计靠泊能力5000吨级,年货物通过能力50万吨。

炼化6号泊位 2001年8月建成投产,属经营性成品油码头,为高桩式结构。泊位长220米,前沿水深9.5米,设计靠泊能力1万吨级,年货物通过能力200万吨。

炼化7号泊位 2001年8月建成投产,属经营性成品油码头,为高桩式结构。泊位长400米,前沿水深14米,设计靠泊能力5万吨级,年货物通过能力362万吨。

(6)浙江北仑发电厂码头

一期工程卸煤码头 1991年10月建成投产,属经营性煤炭码头,为板梁式结构。泊位长274米,前沿水深15米,设计靠泊能力5万吨级,年货物通过能力400万吨。

二期工程卸煤码头 1999年12月建成投产,属经营性煤炭码头,为板梁式结构。泊位长250米,前沿水深13.5米,设计靠泊能力5万吨级,年货物通过能力400万吨。

二期工程装煤码头 1991年10月建成投产,属经营性煤炭码头,为板梁式结构。泊位长131米,前沿水深15米,设计靠泊能力1万吨级,年货物通过能力200万吨。

2.中部公用码头区

包括已建成的北仑港区一期、二期和三期工程码头,北仑山西侧金光、正大粮油码头和北仑山东侧通用码头。

(1)宁波港北仑股份有限公司码头

一期工程1号泊位 亦名北仑矿石中转码头,1982年12月建成投产,属经营性金属矿石卸矿专用码头,为高桩板梁式结构。泊位长351米,前沿水深18.2米,设计靠泊能力10万吨级,年卸矿通过能力1000万吨,是上海宝山钢铁总厂的主要配套设施,中国第一个现代化10万吨级矿石中转码头,工程于1979年1月10日开始打桩施工。

一期工程2号泊位 1995年10月建成投产,属经营性金属矿石卸矿专用码头,为高桩板梁工结构。泊位长360米,前沿水深20.5米,设计靠泊能力20万吨级,年卸矿通过能力1200万吨。

一期工程3号泊位 1982年12月建成投产,属经营性金属矿石装矿专用码头,为靠舶与高桩板梁式分离式结构。泊位长500米,前沿水深12.5米,设计靠泊能力2.5万吨级,年装矿通过能力1400万吨。

一期工程4号泊位 1982年12月建成投产,属经营性金属矿石装矿专用运送,为靠舶与高桩板梁式分离式结构。泊位长500米,前沿水深12.5米,设计靠泊能力2.5万吨级,年装矿通过能力1400万吨。

一期工程5号泊位 1996年10月建成投产,属经营性金属矿石装矿专用码头,为板梁式结构。泊位长150米,前沿水深12米,设计靠泊能力2.5万吨级,年装矿通过能力700万吨。

(2)宁波北仑国际集装箱码头有限公司码头(NBCT)

NBCT二期工程3号泊位 1992年10月建成投产,属经营性集装箱装卸专用泊位,为板梁式结构。泊位长300米,前沿水深13.5米,设计靠泊能力5万吨级,年通过能力30万标准箱。

NBCT二期工程4号泊位 1991年6月建成投产,属经营性集装箱装卸专用泊位,为板梁式结构。泊位长300米,前沿水深13.5米,设计靠泊能力5万吨级,年通过能力30万标准箱。

NBCT二期工程5号泊位 1991年6月建成投产,属经营性集装箱装卸专用泊位,为板梁式结构。泊位长300米,前沿水深13.5米,设计靠泊能力5万吨级,年通过能力30万标准箱。

(3)宁波港集团北仑第二港埠公司码头

二期工程1号泊位 1992年10月建成投产,属经营性煤炭码头,为板梁式结构。泊位长245米,前沿水深13.5米,设计靠泊能力1万吨级,年货物通过能力200万吨。

二期工程2号泊位 1992年10月建成投产,属经营性煤炭码头,为板梁式结构。泊位长254米,前沿水深13.5米,设计靠泊能力5万吨级,年货物通过能力400万吨。

二期工程3号泊位 2006年6月建成投产,属经营性通用件杂货装卸码头,为板梁式结构。泊位长150米,前沿水深12.5米,设计靠泊能力7000吨级,年货物通过能力260万吨。

二期工程4号泊位 2006年6月建成投产,属经营性煤炭码头,为板梁式结构。泊位长250米,前沿水深12.5米,设计靠泊能力3万吨级,年货物通过能力440万吨。

二期工程5号泊位 1987年9月建成投产,属经营性通用件杂货装卸码头,为板梁式结构。泊位长345米,前沿水深12.5米,设计靠泊能力5万吨级,年货物通过能力203万吨。

(4)宁波金光粮油码头仓储有限公司码头

1998年4月建成投产,属经营性粮油及食品为主的装卸、中转码头,为板梁式结构。泊位长250米,前沿水深14米,设计靠泊能力8万吨级,年货物通过能力370万吨。

(5)宁波正大粮油实业有限公司码头

1997年2月建成投产,属经营性粮食码头,为板梁式结构。泊位长250米,前沿水深12.5米,设计靠泊能力4万吨级,年货物通过能力170万吨。

(6)宁波海螺水泥有限公司码头

1996年3月建成投产,属经营性专业水泥装卸码头,为板梁式结构。泊位长170米,前沿水深10.5米,设计靠泊能力7000吨级,年货物通过能力95万吨。

(7)宁波港集团北仑第二集装箱有限公司码头

三期工程1号集装箱泊位 2003年3月建成投产,属经营性集装箱装卸专用泊位,为板梁式结构。泊位长311米,前沿水深15米,设计靠泊能力8万吨级,年通过能力25万标准箱。

三期工程2号集装箱泊位 2003年3月建成投产,属经营性集装箱装卸专用泊位,为板梁式结构。泊位长308米,前沿水深15米,设计靠泊能力10万吨级,年通过能力25万标准箱。

三期工程3号集装箱泊位 2003年3月建成投产,属经营性集装箱装卸专用泊位,为板梁式结构。泊位长311米,前沿水深15米,设计靠泊能力7万吨级,年通过能力25万标准箱。

三期工程4号集装箱泊位 2003年3月建成投产,属经营性集装箱装卸专用泊位,为板梁式结构。泊位长311米,前沿水深15米,设计靠泊能力5万吨级,年通过能力25万标准箱。

3.东部企业码头区

该区位于宁波港北仑股份有限公司矿石码头东起至协和石化码头,自然岸线长1720米。

(1)台塑港务(宁波)有限公司码头

台塑多1泊位 2006年9月建成投产,属经营性通用件杂货泊位,为高桩式结构。泊位长240米,前沿水深14米,设计靠泊能力2万吨级,年通过能力32万吨。

台塑多2泊位 2006年9月建成投产,属经营性通用件杂货泊位,为高桩式结构。泊位长240米,前沿水深14米,设计靠泊能力2万吨级,年通过能力71万吨。

台塑多3泊位 2006年9月建成投产,属煤炭泊位,为高桩式结构。泊位长270米,前沿水深14米,设计靠泊能力3.5万吨级,年通过能力172万吨。

(2)协和石化码头(待建)

穿山口为西为协和石化配套的1100米岸线规划建设20万吨级原油进口泊位1座,

3万吨级成品油化工泊位2座,3000—5000吨级成品油和液体化工泊位6座,3万吨级多用途泊位1座。

三、穿山港区码头

1.宁波港集团港吉码头经营有限公司码头

北仑四期3号泊位 2004年7月建成投产,属经营性集装箱生产泊位。码头结构为板梁式,泊位长300米,前沿水深15米,设计靠泊能力5万吨级,年集装箱通过能力为40万标准箱。

北仑四期4号泊位 2005年11月建成投产,属经营性集装箱生产泊位。码头结构为板梁式,泊位长385米,前沿水深15米,设计靠泊能力10万吨级,年集装箱通过能力为320万标准箱。

北仑四期5号泊位 2005年12月建成投产,属经营性集装箱生产泊位。码头结构为板梁式,泊位长415米,前沿水深15米,设计靠泊能力10万吨级,年集装箱通过能力为320万标准箱。

北仑四期6号泊位 2005年12月建成投产,属经营性集装箱生产泊位。码头结构为板梁式,泊位长300米,前沿水深15米,设计靠泊能力10万吨级,年集装箱通过能力为40万标准箱。

2.宁波港集团远东码头经营有限公司码头

北仑四期7号泊位 2006年12月建成投产,属经营性集装箱生产泊位。码头结构为板梁式,泊位长385米,前沿水深15米,设计靠泊能力10万吨级,年集装箱通过能力为40万标准箱。

3.宁波宝达港埠有限公司码头

宝达穿山码头 2004年7月建成投产,属经营性通用件杂货生产泊位。码头结构为板梁式,泊位长45米,前沿水深5米,设计靠泊能力1000吨级,年货物通过能力为50万吨。

4.北仑交通局码头

穿山杂货码头 1979年6月建成投产,属经营性客货泊位。码头结构为浮码头、泊位长65米,前沿水深5米,设计靠泊能力500吨级,年货物通过能力为15万吨。

北仑区码头一览表2-4-3。

5.穿山港区轮埠码头

20世纪初,穿山港始建轮埠,到30年代中叶所建轮埠如下:

(1)永川轮埠

在穿山村道头右侧(即今中国人民解放军海军703船队1号码头所在),木质趸船,长30米,宽12米,单引桥,1000吨级。光绪二十八年(1902)永川商轮公司建。沪—穿—定—石—海线的永川、海宁、湖广三轮泊此。民国二年(1913)废。

北仑区码头一览

表 2-4-3

序号	泊位名称	建设年份	三要用途	靠泊能力	泊位数	单位性质	经营类型	结构型式	码头经营人
1	元贝建材码头	2004	散杂货	2000	1	私营	普货 1,3	高桩梁板式	宁波北仑区小港元贝建材厂
	元贝建材码头加固改造工程	2009	散杂货	3000		私营		高桩梁板式	宁波北仑区小港元贝建材厂
2	明日化工工码头	1996	化工	300	1	私营	普货 1,3、危货	浮码头	宁波经济技术开发区明日化工原料有限公司
3	开良建材码头	2002	黄沙	2000	1	私营	普货 1,3	重力式	北仑石桥建材公司
4	海兆贸易码头	2009	散杂货	3000	1	私营	普货 1,3	高桩梁板式	宁波北仑海兆贸易有限公司
5	永发码头	1997	成品油	3000	3	股份	普货 1,3、危货		宁波甬石旺泰船舶有限责任公司
6	江甬码头	2002	通用杂货	1000	1	私营	普货 1,3	高桩梁板式	宁波江甬物资中转有限公司
7	兴发油品码头	2004	成品油	2000	1	私营	普货 1,3、危货	高桩梁板式	宁波兴发油品有限公司
	兴发油品新建 3000 吨级码头工程	2008	成品油	3000	1	私营		高桩梁板式	宁波兴发油品有限公司
8	宝达码头	1995	黄沙	3000	1	私营	普货 1,3	高桩梁板式	宁波宝达港埠有限公司
9	海警二支队浮码头	1996	靠巡逻艇	300	1	国有	—	浮码头	省边防中队海警二支队
10	海警二支队固定码头	1996	靠巡逻艇	300	1	国有	—	固定码头	省边防中队海警二支队
11	小港木材码头	1989	通月杂货	1000	1	私营	普货 1,3	高桩码头	宁波市北仑区小港木材码头货物联运站
12	镇海轮渡公司通用杂货码头	2002	杂货	1000	1	集体	普货 1,3	高桩梁板式	镇海轮渡公司
13	北仑航运公司码头	1996 年建成,2001 年扩建	杂货集装箱	2000	2	私营	普货 1,3、危货	高桩码头	北仑航运有限公司
14	边防舰艇学校码头	1989	靠巡逻艇	1000	1	国有	—	浮码头	公安边防水面舰艇学校

续上表

序号	泊位名称	建设年份	主要用途	靠泊能力	泊位数	单位性质	经营类型	结构型式	码头经营人
15	海兴油品码头	1999	成品油	1000	1	国有	普货1,3、危货	浮码头	宁波海兴油品供应有限公司
16	江南油脂公司码头	1999	粮食	500	1	国有	普货1,3	浮码头	宁波市北仑江地油脂公司
17	江南渡口码头	1987	客滚渡运	500	1	集体	—	浮码头	镇海轮渡公司
18	江南冷冻厂1号码头	1991	水产	400	1	私营		浮码头	北仑水产公司
19	江南冷冻厂2号码头	1993	水产	400	1	私营		浮码头	北仑水产公司
20	江南冷冻厂4号码头	2000	水产	500	1	私营		浮码头	北仑水产公司
21	南洋公司3号泊位	1996	水产	500	1	私营		浮码头	宁波北仑南洋公司祥宏经营部
22	佐餐冷冻厂浮码头	1986	水产	300	1	私营		浮码头	北仑佐餐冷冻厂
23	佐餐冷冻厂固定码头	1994	水产	100	1	私营		重力式	北仑佐餐冷冻厂
24	预制厂出运码头	1975	构件下驳	2000	1	国有		高桩梁板式	三航局宁波分公司预制厂
25	预制厂出运码头	1991	构件下驳	2000	1	国有		高桩梁板式	三航局宁波分公司预制厂
26	永大冷冻码头	1989	水产	500	2	国有	普货1,3	浮码头	宁波市北仑区小港永大冷冻厂
27	热电厂卸煤码头	1990	煤炭	1000	1	国有	普货1,3	高桩码头	北仑开发区热电有限责任公司
28	东方电缆码头	2008	自用	500	1	私营		高桩码头	宁波东方电缆有限公司
29	凤鹰水产码头	1992	水产	200	1	私营		重力式	凤鹰冷冻厂
30	兴达船厂	2000	舾装			私营	普货1	船台	宁波市北仑区小港兴达船舶修造厂
31	三星重工码头	1997	自用	5000	4	外商独资	普货1,3	高桩码头	三星重工宁波公司
32	青峙化工码头	2003	化工	40,000	2	私营	普货1,3、危货	高桩码头	宁波青峙化工码头有限公司
33	海湾重工码头	2003	杂货	5000	1	私营	普货1,3	高桩码头	宁波海湾重工有限公司
34	科元塑胶码头	2009	化工	5000	1	私营	普货1,3、危货	高桩码头	宁波科元塑胶有限公司

续上表

序号	泊 位 名 称	建设年份	主要用途	靠泊能力	泊位数	单位性质	经营类型	结构型式	码头经营人
35	青屿第一石场码头		杂货	2000	1	私营	普货 1,3	高桩码头	宁波杨公山物流有限公司
36	杨公山沙场码头		杂货	300	1	私营	普货 1,3	高桩码头	杨公山沙场
37	杨公山油库码头	1968	船舶加油	500	1	私营		重力式	杨公山油库
38	杨公山石化码头	1999	液体化工	50,000	1	中外合资	普货 1,3、危货	高桩墩式	宁波杨公山石化码头有限公司
39	镇海炼化 1 号泊位	1994	原油	250,000	1	国有		高桩墩式	镇海炼化仓储公司
40	2 号泊位	1978	原油、成品油	50,000	1	国有		高桩墩式	镇海炼化仓储公司
41	3 号泊位	1979	原油、成品油	50,000	1	国有		高桩墩式	镇海炼化仓储公司
42	4 号泊位	1979	成品油	3000	1	国有		高桩墩式	镇海炼化仓储公司
43	5 号泊位	1983	成品油、液化化	5000	1	国有		高桩墩式	镇海炼化仓储公司
44	6 号泊位	2001	成品油	10,000	1	国有		高桩梁板式	镇海炼化仓储公司
45	7 号泊位	2001	原油、成品油	50,000	1	国有		高桩墩式	镇海炼化仓储公司
46	电厂一期卸煤码头	1990	煤炭	50,000	1	国有	普货 1,3	高桩梁板式	北仑第一发电有限责任公司
47	二期卸煤码头	1998	煤炭	50,000	1	国有	普货 1,3	高桩梁板式	北仑第一发电有限责任公司
48	北仑电厂装船码头	1990	煤炭	10,000	1	国有	普货 1,3	高桩梁板式	北仑第一发电有限责任公司
49	北仑第二集装箱公司	2003	集装箱	7 万、10 万、 7 万、5 万	4	国有	普货 1,3	高桩梁板式	北仑第二集装箱公司
50	金光粮油码头	1998	粮油专用	5 万吨级 （兼靠 8 万吨）	2	股份	普货 1,3、危货	高桩梁板式	宁波金光粮油码头有限公司
51	正大粮油码头	1996	粮油专用	40,000	2	股份	普货 1,3、危货	高桩梁板式	宁波正大粮油实业有限公司
52	新碶黄沙站码头	1986	黄沙	200	1	私营		重力式	新碶黄沙站
53	小港砂石站码头	1993	黄沙	100	1	私营		重力式	小港砂石站

续上表

序号	泊位名称	建设年份	主要用途	靠泊能力	泊位数	单位性质	经营类型	结构型式	码头经营人
54	港务集团5万吨通用码头		集装箱	5万		国有	普货(1,3)	高桩梁板式	宁波港集团公司
55	海螺水泥码头	1995	水泥	海侧靠7000—10000吨级,陆侧靠船500吨级	1	国有股份	普货1,3	高桩码头	宁波海螺水泥有限公司
56	北仑第二港埠分公司码头	1992	煤炭	1—2泊位,5万吨级,2.5万吨级煤炭	3	国有	普货1,3	高桩码头	宁波港北仑股份公司
57	北仑国际集装箱码头	1992	集装箱	50000	3	国有	普货1,3	高桩码头	宁波北仑国际集装箱码头有限公司
58	宁波港股份有限公司北仑矿石码头分公司	1982	矿石卸船	2.5万吨级泊位3个,10万1个,20万兼靠30万1个	5	国有	普货1,3	高桩码头	宁波港股份有限公司北仑矿石码头分公司
59	第二港埠公司码头9建龙	2004	煤炭	30000	2	股份		高桩码头	宁波港集团第二港埠公司
60	台塑码头		化工	化工:3万吨和5万吨化工码头(双靠);化工:3万吨和6万吨化工码头(双靠)	4	外资	普货、危货1,3	高桩码头	台塑港务(宁波)有限公司
61	协和石化码头			10000		外资		高桩码头	
62	仁宏码头	1993	黄沙	300	1	私营		高桩码头	宁波市北仑仁宏物流有限公司
63	宁波救助码头		靠泊	5000		国有		高桩码头	宁波救助局
64	港务集团驳船码头		驳船靠泊	3000		国有	普货1,3	浮码头	宁波港集团公司

(2)平安轮埠

在穿山村道头(今穿山村水产贸易码头所在)。木质趸船,长30米,宽12米,单引桥,1000吨级。光绪三十四年(1908)平安商轮公司建。同时建成的有栈房平屋22间、办公室3间。甬—穿—定—石线的平安、快利、宁波诸轮泊此。民国十一年(1922)后的大华轮与民国十八年(1929)后的穿山轮、姚北轮亦先后在此停靠。

(3)可贵轮埠

在穿山浦出口处西北侧(大湾村)。木质趸船,长30米,宽12米,单引桥,1000吨级。清宣统二年(1910)可贵商轮公司建,可贵轮泊此。民国十年(1921)后改泊舟山轮;舟山商轮公司在此建栈房6间,办公室4间,宿舍9间,共432平方米。民国三十年(1941)镇海沦陷后,轮埠以及栈房等岸上建筑物逐渐废弃。

(4)茂利轮埠

今穿山水产公司码头所在地。民国二十二年(1933),茂利商轮公司(负责人慈溪人洪宝仁)建。同时建成的还有堆场面积5亩,仓库、住房6间(3大3小)。不料,“茂利轮”(806吨)试航沉没于定海,以致轮埠造好没有几天即被弃置。

至新中国成立时,穿山港只剩下平安轮埠,此轮埠于1979年因海岸塌方而毁圮。2010年,港内共有码头93座,靠泊能力29.33万吨。

其他货运码头见附表2-4-4。

穿山港区其他货运码头情况一览 表2-4-4

序号	泊位名称	码头经营人	码头结构	建设年月	靠泊能力		泊位长度(米)	泊位宽数(米)	前沿水深(米)	堆场面积(平方米)	库容	建筑面积(平方米)
					吨级	泊位数						
1	穿山航管站码头	北仑航管所	浮码头	1992.7	300	1	36	8	5	700		243
2	穿山杂货码头	宁波市北仑区益友沙场	高桩梁板式	1979.3	500	1	37.8	12	6	4000		196
3	穿山宝达水泥码头	宁波北仑宝达水泥有限公司	高桩梁板式	2003.12	500	1	43	12	7	3000	7000	4843
4	大榭渡运码头	大榭轮渡公司	阶梯重力式	1978	300	1	41	18.5	2			
5	后所冷库码头	柴桥后所村	浮码头	1979	500	1	36	8	6			
6	福华船厂码头	宁波福华造船工业有限公司	高桩梁板式	2004.12	500	1	35	25.8	3.4	400	3600	864
7	北冰冷库码头	北仑海宁冷藏有限公司	岸壁式	1989	200	1	30	17	2.8	2800		
8	柴桥后所砂石码头	北仑区柴桥镇后所村	重力式	2002	300	1	85	32	3.7			

续上表

序号	泊位名称	码头经营人	码头结构	建设年月	靠泊能力		泊位长度（米）	泊位宽数（米）	前沿水深（米）	堆场面积（平方米）	库容	建筑面积（平方米）
					吨级	泊位数						
9	宁波华埠物流码头	宁波华埠物流有限公司	高桩梁板式	2005.7	3000	1	180	15	7.8	28,000	3000	1000
10	白峰金银来沙场码头	宁波市北仑区金银来沙场	高桩梁板式	2004.12	200	1	17.3	7	4	5000		200
11	华翔联运码头	宁波市北仑华翔联运有限公司	高桩梁板式	1998.6	1000	1	80	10	4.5			
12	小门避风码头	宁波港集团轮驳公司	浮码头	1987	425	4	40	9	4.5	4000	200	
13	小门高速客轮码头	宁波港集团客运总站	浮码头	1999	500	1	30	9		5300		
14	小门高速客轮码头	宁波港集团客运总站	浮码头	1999	500	1	40	9				
15	小门石场码头	小门村	浮码头	2000	500	1	36	22				
16	永港物流码头	宁波永港物流有限公司	高桩梁板式	2005.3	2000	1	112	12	5	50,000	3500	2500
17	振兴冷冻厂码头	振兴冷冻厂	浮码头	2003	500	1	40	9	3.5			
18	满洋杂货码头	宁波市北仑区小港满洋船厂	高桩梁板式		1000	1	112	14.5	4.3	7000	158	4.35
19	三鑫物流码头	宁波三鑫物流发展有限公司	高桩梁板式	2006.12	2000	1	112	14	5.3	20,000	600	400
20	福海油库码头	宁波福海燃料有限公司	高桩梁板式	1996.4	5000	1	136	9	8.5	1800	13,000	
21	中石化北仑油库码头	中厂化浙江宁波北仑石油支公司	浮码头	1996.8	1000	1	42	9	6		4000	
22	白峰冷冻三厂码头	北仑兴业水产有限公司	高桩梁板式	1992	300	1	40	9				
23	白峰运政艇码头	大榭海事处白峰站	浮码头	1998	300	1	28	8				
24	白峰汽渡码头	舟山海峡汽车轮渡有限公司	浮码头	1983	1000	2	36	10	4.5	3000		
25	白峰汽渡码头	舟山海峡汽车轮渡有限公司	浮码头	1983	1000	1	50	12	4.5	3000		

续上表

序号	泊位名称	码头经营人	码头结构	建设年月	靠泊能力		泊位长度（米）	泊位宽数（米）	前沿水深（米）	堆场面积（平方米）	库容	建筑面积（平方米）
					吨级	泊位数						
26	神马渡	神马村	重力式		300	1			6			
27	蓝天供油码头	宁波北仑蓝天石油有限公司	浮码头	1989	500	1	20.5	6	8		1250	
28	冷冻一厂码头	北仑东兴水产有限公司	浮码头	1991	300	1	40	9	3			
29	峰城冷库码头	宁波海洋渔业总公司	浮码头	1996	300	1	32	9	10		250	
30	兴发冷冻厂码头	北仑兴发冷冻有限公司	浮码头	1994	500	1	40	8	4			
31	蓝天神马汽渡码头		高桩斜坡式	2005.5	500	1	40	12	5			
32	蓝天神马汽渡码头		重力斜坡式高	2005.8	200	1	40	11	2.6			
33	华英沙场码头	宁波市北仑区白峰华英沙场	高桩梁板式	2004.8	200	1	35	7	2.5	2600		60
34	外峙渡码头	外峙村	重力式	2002.12	300	1						
35	竹湾沙石码头	竹湾村	重力式	2002	500	1	70		6			
36	雄镇建材码头	宁波市雄镇建材实业有限公司	高桩梁板式	2005.5	2000	1	112	12	8	10,000		500
37	盛全冷冻厂码头	盛全冷冻厂	浮码头	2003	500	1	40	9	3.5	2000		

四、梅山港区码头

梅山港在明朝中叶已见诸文献。其时港中有梅山、嵩子两渡通行大陆。清代增辟梅山佛渡，以通定海之佛渡岛。民国十九年（1930 年）建盘峙道头，以停靠帆船。

1956—1985 年，新建小型码头 10 个（见表 2-4-5），靠泊能力 1760 吨级。堆场 4 处计 1890 平方米，0.5 吨吊车 1 台。至 2006 年梅山港码头已达 13 个（见表 2-4-6）。

1985 年梅山港码头泊位、堆场、装卸机械一览 表 2-4-5

地 点	建用单位泊位名称	结构型式	靠泊标准（吨级）	库场（平方米）	装卸机械（台）	建成年月
郭巨新碶头	郭巨搬运站杂货码头	干砌块石岸壁式	50	场 500		1956
	郭巨区水利会壳灰厂码头	干砌块石突堤式	100	场 300	0.5 吨吊车 1	1982
上阳利明村	宁波海洋渔业公司油库码头	钢筋混凝土突堤式	500	场 840	—	1966

续上表

地点	建用单位泊位名称	结构型式	靠泊标准（吨级）	库场（平方米）	装卸机械（台）	建成年月
上阳道头	上阳啤酒厂码头	浆砌块石岸壁式	50	场 250	—	1972
梅山岛	梅山盐场磨头码头	干砌块石岸壁式	200	—	—	1958
	七姓涂盐场码头	高桩梁板	300	—	—	1985
	梅山盐场小担山码头	干砌块石岸壁式	200	—	—	1960
	梅山乡工办盘峙码头	条石面石路式	60	—	—	1973
昆亭	昆亭盐场洋帽山码头	浆砌块石岸壁式	150	—	—	1973
三山洋沙山	三山盐场码头	浆砌块石岸壁式	150	—	—	1972

2006 年梅山港区码头一览 表 2-4-6

序号	泊位名称	码头结构	建设年月	靠泊能力		泊位长度（米）	泊位宽数（米）	前沿水深（米）	堆场面积（平方米）	库容	建筑面积（平方米）
				吨级	泊位数						
1	宁波市北仑宁舟汽渡站码头	浮码头	1994.10	1000	3	122	8	4.7	6886	335	402
2	郭巨交通码头	浆砌块石岸壁式	1956	200	1	50		1			
3	郭巨冷冻厂码头	重力式	1991	100	1	34.7			1830		
4	郭巨南门村石场码头	岸壁式	2000	200	1	73		3			
5	宁波成开海洋渔业有限公司码头	浮码头	1992.9	500	1	40	9	10		2000	50
6	梅山油库码头	高桩梁板式	1996	500	1	30	12	3.5	840		
7	上阳冷冻厂码头	浮码头	1990	200	1	13					
8	紫阳啤酒厂码头	重力式	1995	500	1	12	80	3	250		
9	梅山上梅渡码头	浮码头	1984	200	1	18	8	1	3000		
10	梅山上梅渡码头	浮码头	1983	200	1	18	8	5			
11	梅山上梅渡码头	浆砌锯齿式	1989	500	1	8	24	2	2500		
12	北仑惠峰冷冻厂码头	浮码头	1986	500	1	47		10			
13	梅山盘峙码头	浆砌锯齿式	1987	500	1	20	22	3	1500		

第三章 公 路

民国十九年(1930)9月,镇海县境内始建公路,至民国二十五年(1936),共修通6条(段),总长度85.27千米。江南(今北仑区)境内为2条,总长度36.86千米。

宁(波)穿(山)公路育王至柴桥段,为境内首条公路(宁穿公路自宁波江东包家道头汽车总站至穿山,全程41.06千米,由宁穿汽车公司借款建造并承租营运)。经育王、璎珞、徐洋、大碶、清水、霞浦、穿山至柴桥,全程21.76千米。黄土路基,宽6.5米;泥碎石路面,宽5米;有半永久性桥梁15座,荷载汽车6吨。民国二十三年(1934)7月12日建成通车。民国二十七年(1938)2月路毁车停。民国三十六年(1947)9月,宁波至璎珞段20.1千米修复通车,境内只修复育王岭至璎珞段1.3千米。此条公路中华人民共和国成立后为329国道组成部分。

镇(南)大(碶)公路,自江南渡口起,经小港、青峙、高塘到大碶,全长14.30千米。民国二十一年(1932),由小港人唐爱陆等发起兴建。工程分两段进行:第一段,从江南渡口至青峙太平桥,所需经费由唐爱陆、吴吉三、李树青负责筹募;第二段,从蛟门岭至大碶,由镇胜汽车公司(董事长虞洽卿)投资(8万银元)。路基宽6.5—8.5米;泥碎石路面,宽3米;有半永久性桥梁3座,荷载汽—6。全线路于民国二十五年(1936)建成通车。民国二十六年(1937)冬掘毁;民国三十六年(1947)10月,由顾宗瑞筹资修复至高塘。此条公路中华人民共和国成立后为县道镇(南)大(碶)线。

据民国二十五年(1936)镇海县政府《政绩表报》,当时,还有镇(南)梅(墟)路8千米和五(乡)长(山)路17.5千米(境内16.1千米),分别"在建筑中"和"在工兵建筑中"。

新中国成立后,人民政府非常重视公路建设。

1949年8月起公路建设的重点,转入抢修急用公路,境内即璎(珞)穿(山)段公路。

为支援人民解放军进军舟山,发动沿线群众,突击重建璎穿段公路,全程19.3千米。先后动修3次,才达到全天候通行炮车的要求。第1次,1949年8月19日至9月10日,因陋就简,在初步填筑路基(土方)的基础上,利用碎砖瓦砾铺填路面、搭架临时木构桥梁(见表3-0-1)。第2次,同年10月2日至19日,由于暴风雨成灾路基不稳,泥泞难行,再次组织抢修,动用民工计12,023劳动日,填基13,400立方米,运输路面材料2040立方米,重建木构桥梁14座。第3次,1950年1月,由于所修路基太低、路面不实,一逢大雨就通行不畅,而且桥梁也不够结实,于是对道路与桥梁进行加高加固,使之达到10吨重车全天候通行标准,整修路基20.1千米(宽7米,平均厚度30厘米),新铺厚度为5—30厘米的泥结碎石路面19千米,加固所有桥梁。同年5月恢复客运。

1949年公路修复统计 表3-0-1

路　　名	修复路段长度(千米)	区内路段长度(千米)	修 复 时 间
宁穿	宁波—璎珞 19.80	育王岭—璎珞 1.30	1949.9
镇大	江南—高塘 10.00	江南—高塘 10.00	1949.8

1950年12月,在开展土地改革前,完成了保留公路用地丈量订界工作。1954年4月,制定了“镇海县保护公路行道树的十条办法”。同年,在修复过去被毁公路的同时,开始酝酿发展公路与改造传统民间人行道路结合起来建设地方道路网的计划。数以万计的群众参加了义务修路劳动。到1962年,通车公路(按现在的镇海、北仑两区范围)已增加到77千米,1967年122千米,1985年285.83千米。经过30余年建设,公路不但数量增加,而且质量不断提高。其间又可分为两个阶段,前一阶段主要修复拓展,后一阶段即从1976年起,则是在继续发展的同时,注重提高公路等级,着手修建高级、次高级路面。此举在1976年7月16日,从甬曹路(现在的杭沈路)蟹(浦)常(洪)段开始,至1985年已完成5段计71.3千米。境内(育王至穿山段)为16.3千米,其中油路7.55千米,混凝土路8.75千米。

北仑区建立时,境内有329国道(杭沈公路过境线)育王至涨埠山公路、320(原79)省道(骆霞线)江南至霞浦公路及3条县道、2条乡道和12条专用公路。总长203.01千米,其中混凝土路面28.50千米,油路面21.55千米,砂路面152.96千米。沿线绿化38.1千米。北仑建区后,区政府重视公路建设。1998年新建同三线大碶至乌石岙段,填补了北仑区高速公路的空白。至2010年累计投入50余亿元,改建旧公路,修建新公路,全区公路总里程644.475千米;基本形成了以北仑城区为中心,以高速公路和国省道为主骨架,以县乡公路为连接的公路网络(表3-0-2)。

2010年北仑区公路状况一览(单位:千米) 表3-0-2

路别	里程	公路等级	里程	路面等级	高级	603.446
国道	28.745	高速公路	12.395		次高级	0
省道	35.640	一级公路	57.239		中级	41.029
县道	190.038	二级公路	78.941	晴雨通车里程		644.475
乡道	42.696	三级公路	31.449	养护里程		644.475
专用道	28.605	四级公路	243.181	已绿化里程		319.365
村道	318.751	准四级公路	24.257	桥梁	390座	19,555.35延米
合计	644.475	等外公路	197.013	隧道	10座	4375延米

第一节 高速公路

高速公路是一个地区纳入现代经济循环活动的基本硬件设施之一，是见证这一地方经济繁荣的重要标志。同(江)三(亚)高速公路，亦名同三国道主干线，系1988年交通部规划的“两纵两横”四条国道主线之一。起自黑龙江省同江市，经长春、沈阳、大连、青岛、连云港、上海、宁波、福州、广州、湛江等沿海主要开放城市，止于海南省三亚市，全长约5200千米。其中宁波市境内段起自北仑区大碶街道，止于宁海麻岙岭，主线全长121.65千米。北仑区境内为大碶至乌石岙段，2010年，改称甬台温高速北仑支线，编号S1。

北仑支线

起自大碶，在STAL0千米+140米处与进(北仑)港铁路高架，经王家庄、柴楼村至嘉溪村乌石岙。全长6.55千米，含与泰山路连接线500米。

此段采用中平原微丘地形的高速公路标准。路基宽26米，双向四车道，桥面与路基同宽。桥梁设计车辆荷载汽—超20，挂—1200，时速120千米，洪水频率路基100年，大桥300年。全线沥青路面，设中央隔离带及防撞护栏，是一条全立交、全隔离、全封闭的高等级公路。有桥梁16座，总长2479.7延米，其中大碶特大桥1座长1881.3延米，大桥2座长403.4延米，中桥1座长42.7延米，小桥12座长152.7延米；涵洞4处。全线绿化。

宁波大碶枢纽

1993年12月16日由交通部批准立项，翌年3月22日交通部批复工程可行性研究报告，9月15日批复工程初步设计方案，11月6日批复工程开工程报告。1995年10月22日动工，1998年12月16日竣工通车。为北仑区首条高速公路，首条收费公路，设大碶收费站。

北仑区大碶街道至奉化市西坞镇段,为宁波段首期工程,全长 49.67 千米。设计总概算 20.17 亿元,竣工决算 19.4 亿元。其中交通部补助 3.21 亿元,省交通厅低息贷款 1.71 亿元,宁波市政府自筹 6 亿元并商请贷款。

第二节　国　　道

一、329 国道育(王)涨(埠山)海峡轮渡码头

原称宁穿公路,1958 年始称甬新线国道,为宁波至郭巨。1991 年之前为甬(宁波)郭(巨)线的组成部分,原全长 28.144 千米,即 202K+990-231K+134。1991 年修建白峰至涨埠山海峡轮渡码头后,为杭(州)沈(家门),2009 年改为杭(州)朱(家尖)公路过境线(编号 G329330206,1982 年划定)。白峰至郭巨段改为县道。起点阿育王寺,桩号 202K+990,终点白峰码头,桩号 231K+735,全程 28.745 千米。经过 2004 年、2007 年、2008 年 3 次改建,二级双车道混凝土路 9.26 千米,宽 9 米;二级沥青路 5.515 千米,宽 9 米,设计时速 40 千米。一级 6 车道混凝土路 6.091 千米,宽 22.5 米;一级 4 车道混凝土路 7.879 千米,宽 15 米,设计时速 100 千米。有永久性桥梁 38 座,长 981.52 延米,羊白岭隧道二座,计长 734 延米,涵洞 29 处,全线绿化。由 3 个路段划组而成:

二、329 国道育(王岭)穿(山)路段

长 20.545 千米,原是宁穿公路的组成部分,路基宽 6.5 米,泥结碎石路面,宽 5 米,半永久性桥梁 15 座。1960 年全线公路桥改建为永久性桥梁。1972 年路基拓宽至 12 米,1980 年 3 月开始路桥改造。同年 10 月首先完成璎珞至大名桥 2.25 千米混凝土路面改建宽 7 米。1981 年 8 月,完成育王岭至璎珞段油路改建及塔峙牌门至陈华混凝土路面改建,长 3.93 千米。1984 年,完成前郑至马鞍山油路改建,长 6.55 千米。1985 年,完成陈华至穿山混凝土路改建,长 6.5 千米,路基宽 13 米,路面宽 9 米,造价 126 万元。1993 年 11 月,完成育王岭段 1.13 千米的降坡及混凝土路改建,路基宽 12 米,路面宽 9 米,造价 102 万元。1997 年 7 月,完成陈华至羊白岭改道工程,长 6.80 千米,路基宽 12 米,二级公路高级混凝土路面,宽 9 米,造价 3470 万元。原国道陈华经舞岭至穿山段降级为县道,称陈穿线。2000 年 1 月,完成大碶新车站段 5.3 千米沥青路面改建,路基宽 12 米,二级混凝土路面,宽 9 米,造价 850 万元。2000 年底,完成大名桥至清水吕监段 5.3 千米路面改建,为二级混凝土路面,造价 850 万元。2004 年完成陈华至上周段改建,一级公路,高级混凝土路,宽 22.5 米,6 车道,设计时速 100 千米。2007 年完成育王至大碶段改建,二级公路,高级混凝土路,宽 9 米,设计时速 40 千米。2008 年完成大碶至陈华段改建,二级公路,双车道沥青路 5.515 千米,宽 9 米,设计时速 40 千米,混凝土路 1.755 千米,宽

12 米,设计时速 40 千米。

三、穿山至白峰段

全长 7.278 千米。原为国防公路。1955 年,根据浙江省人委和宁波专署指示,镇海县组建国防公路办公室,组织实施公路建设。按四级公路标准修建,路基宽 8 米,路面宽 6 米;由部队投资、省交通厅工程局派员设计管理实施。1992 年 1 月,完成改道新建工程,路基宽 12 米,混凝土路面,宽 9 米,其中羊白岭右隧道长 309 延米,总造价 1246 万元。此后,穿山至白峰车辆,由经后所北门岭,改行羊白岭隧道。1994 年 1 月,完成穿山舞岭—渡口—后所 2.8 千米路面改建,其中舞岭至大榭渡口 1.51 千米,沥青路面,路基宽 9 米,路面宽 7 米,大榭渡口至后所混凝土路面 1.29 千米,造价 65 万元。2004 年 12 月,此路段拓宽改造为双向 4 车道,一级公路,高级混凝土路面,总宽 22.5 米,主车道 3.75 米×4,设计时速 100 千米。羊白岭在隧道长 425 延米。隧道实行单向行驶。

四、白峰至涨埠山海峡轮渡码头接线

全长 1.3 千米,1991 年 12 月建成通车,路基宽 12 米,混凝土路面,宽 9 米。由舟山海峡轮渡公司出资。

2006 年 1 月,完成 329 国道陈华至羊白岭隧道段亮灯工程,总投资 582.6 万元。

第三节 省 道

骆(驼)霞(浦)公路(编号 S320330206,原为 79 省道,1982 年划定),自甬江隧道检查亭起,桩号 13K+320,经小港、青峙、算山、沿海、新碶、通山至霞浦陈华相交于 G329 线、桩号 36K+095,全长 22.775 千米。其中二级公路,混凝土路 22.775 千米;沥青路 4.747 千米。有永久性桥梁 14 座,长 494.1 延米,涵洞 22 处,全线绿化。由江南至新碶与新碶至霞浦两个路段划组而成。

一、镇(南)新(碶)路段

长 21.092 千米,按照原路始建先后又可分为江南站至青峙与青峙至林大两段。

二、江南站至青峙段

原先为镇(南)大(碶)路的一部分,此段自江南至青峙太平桥,是民国二十年(1931)由小港人唐爱陆倡议兴建,经费由唐爱陆、吴吉三、李树青负责筹募,翌年冬掘毁。1933 年,虞洽卿、吴吉三等组建镇胜汽车公司,筹资修路,1936 年秋修复通车。1938

年初路又被毁。1957年1月10日修复通车。全线路基宽6.5—8.5米,泥结碎石路面,宽4.5—5.5米,桥梁3座。1975年6月,沙蟹岭下一小段为三航四处预制厂而改道。1979年将江南站至青峙段划为镇(南)北(仑)线。1992年1月完成沿(甬)江段与江南公路交接处1.306千米改建,路基宽8.5米,沥青路面,宽7米。

三、青峙至林大段

起于金鸡山脚下,经青峙、算山、沿海、新碶、抵林大山。1979年5月动工,1987年10月竣工,路基宽12米,沥青路面,宽9米,桥梁6座。1982年,镇大路沙蟹岭段与北仑进港专用线(即林大霞浦段)接通。

四、林大至霞浦段

长2.17千米,1978年3月建成,路基宽8.5米,砂石路面,宽6米,桥梁3座,属等外级公路。此路原是北仑进港专用线,1982年移交公路段,1992年1月改建为沥青路面,宽9米,造价95万元。2003年移交建龙钢铁厂。车辆改行下史—珠江路—泰山路—329连接线至G329线。

1993年12月完成骆霞线改造,总长24.02千米,其中新建10.80千米,路基宽21米,混凝土路面,宽10.5米。

2006年8月完成骆霞线小港江南公路至钱塘江路改建工程,全长22.775千米。其中双车道沥青路面1.103千米,宽9米;4车道沥青路面0.941千米,宽20米,设计时速60千米。双车道混凝土路面2.05千米,宽9—16米,设计时速60—80千米。4车道混凝土路面14.986千米,宽16—20米,设计时速60—80千米。

第四节　县　　道

一、江南(宁波至小港)公路

编号X023330206,起点新模村,桩号0K,终点小港热电厂,桩号9K+049,长9.049千米,其中一级公路9.049千米,有永久性桥梁10座,长309.6延米,涵洞24处,全线绿化。1988年5月新建,路基宽38—75米,高级混凝土路面。

二、宁波至通途路

编号X029330206,起点鄞州龙一村,桩号0K,终点通途路方前村,桩号11K+437,全程11.437千米,4—6车道一级公路,沥青路面,永久性桥梁17座,长762延米,涵洞50处,全线绿化。1995年8月开工建设,1996年12月30日建成通车。

老 329 国道

三、大(碶)镇(南)公路

全长 14.3 千米,民国二十一年(1932)由小港人唐爱陆等发起兴建。由江南至青峙段(此段后划为省道)和大碶至青峙段划并而成。

四、大碶至青峙段

编号 X801330206,起点大碶车站相交 G329 线 210.57 千米处,桩号 0K+000,终点青峙相交 S320 线 22.42 千米处,桩号 8K+212。从大碶头至蛟门岭,长 9.465 千米。双车道四级公路,高级混凝土路面。永久性桥梁 2 座,长 81.7 延米,涵洞 27 处。此路段,始由镇胜汽车公司(董事长虞洽卿)投资 8 万银元,于民国二十五年(1936)建成通车,翌年冬掘毁。民国三十六年(1947)10 月,由顾宗瑞筹资修复至高塘。中华人民共和国成立前夕停运,随后通行军车,路况差。1956 年 8 月 19 日,小港至大碶段按四级公路标准整修。并且从大碶头延伸约 1 千米与 329 国道接通,路基宽 6.5—8.5 米,泥结碎石面,宽 4.5—5.5 米。桥梁 3 座,属 6 级公路。1993 年完成高塘至蛟门岭段 1.7 千米路面修建,为二级砂石路面,造价 111.6 万元。1993 年完成大碶穿镇段路面改建,长 0.79 千米,二级混凝土路面,造价 205.8 万元。1996 年 8 月完成(两段),2.06 千米改建,路基宽 7 米,混凝土路面,宽 6 米。造价 85 万元。1998 年 10 月完成大碶阀门厂至通途路段 1.4 千米改建和许胡村至算山村 3.5 千米新建。路基宽 7 米,混凝土路面,宽 5 米,造价 353 万元。此后,车辆改行许(胡)算(山)段,不行蛟门岭段。

五、白(峰)洋(涨)公路

编号 X802330206,起点白峰村相交 G329 线 230.258 千米处,桩号 0K+000,终点洋涨村,桩号 21K+495。从白峰司前起经仰岛、华峙、郭巨、司城岙、抵洋涨岙,全长 21.495 千米,双车道四级公路,其中白洋线,一级公路:6.099 千米,二级公路:2.607 千米,四级公路:13.329 千米,高级混凝土路面 12.789 千米,沥青路面 8.706 千米。永久性桥梁 2 座,长18.2延米,涵洞81处。全线绿化。始建路基宽6.5—8.5米,泥结碎石路面,宽3.5—6米,桥梁2座,均为四级公路。此路是由司(前)至仰(岛)、仰(岛)至郭(巨)、郭(巨)至司(城岙)、司(城岙)至洋(涨岙)4段划并而成的。司仰段1.54千米,1957年建成通车。仰郭段8.06千米,1958年建成通车。郭司段10.66千米,为军用公路,1972年5月25日建成通车。司洋段2.04千米,1984年建成通车。1986年完成司城岙至洋涨岙段2.04千米砂石路面改建,投资1.5万元。1993年8月完成白洋线0K至2K+441路面改建,路基宽7.5米,次高级沥青路面,宽5.5米,造价23万元。1993年12月完成2K+441至郭巨10K+000千米路面改建,路基宽7米,沥青路面,宽5.5米,造价230万元。2000年11月完成8K+800米至10K+568长1.77千米路面改建,路基宽9米,混凝土路面,宽7米,造价185万元。2003年5月完成10K+56至13K+484长3.43千米路面改建,路基宽7.5米,混凝土路面,宽6米,造价313万元。2004年8月完成4K+414至8K+124原油路面改建,路基宽7.5米,混凝土路面,宽6.5米;10K+568至13K+460原砂石路面改建,长2.89千米,路基宽6米,混凝土路面,宽6米。2006年8月,完成仰岛湾路面改建,全长2.407千米,沥青路面,宽5米,投资320万元。

建设中的白洋线

六、穿(山)咸(祥)公路

编号X803330206,起点穿山渡口,相交X809线4.127千米处,桩号0K+000,终点英子山(印子山),桩号21K+471。由穿(山)柴(桥)段、柴(桥)昆(亭)段、昆(亭)海(口)段划并而成。全程20.723千米,其中三级公路5.518千米,四级公路7.972千米;高级混凝土路面13.49千米,沥青路面7.233千米;永久性桥梁16座,长649.5延米,昆亭岭隧道1座,长369延米,涵洞88处,全线绿化。

七、穿(山)柴(桥)段

长 2 千米,原是宁穿路的组成部分,民国二十三年(1934)建成,抗日战争初被掘毁。1950 年 9 月修复,1988 年 5 月完成原柴桥物资站至穿山三角地砂石路面改建,长 1.4 千米,路基宽 7 米,混凝土路面,宽 6 米,造价 35 万元。1995 年 4 月新建柴桥上周至穿山渡口公路,长 1.3 千米,路基宽 10 米,混凝土路面,宽 7 米。1998 年 10 月完成 1K+476 至 4K+290 路面改建,长 2.84 千米,路基宽 10 米,混凝土路面,宽 7 米。1998 年,新建上周村至柴桥新车站公路长 1.43 千米,为三级混凝土路面,造价 434 万元。

八、柴(桥)昆(亭)段

全长 7.295 千米。始建于 1956 年,由柴桥搬运社为主修建。1992 年 5 月完成九间头至新曹村砂石路面改建,长 0.94 千米,路基宽 7.5 米,混凝土路面,宽 6.5 米,造价 32 万元。1993 年 10 月完成火车路至朱家漕段路面改建,长 4.09 千米,路基宽 10 米,沥青路面,宽 7 米,造价 85.8 万元,1996 年改为混凝土路面,造价 297.1 万元。1995 年 8 月完成 8K+378 至 21K+471 改道,新建路长 1.295 千米,路基宽 11 米,混凝土路面,宽 7 米。其中 9K+628 处,为新建昆亭岭隧道,长 369 延米,总造价 810.4 万元。

九、昆(亭)海(口)段

长 11.428 千米。昆亭至轮窑厂一段,原属昆亭至三山公路的组成部分,始建于 1958 年,1960 年 3 月建成通车。1981 年 6 月,建成轮窑厂至英子山(印子山)支线 5 千米,使穿(山)三(山)线与鄞州区咸祥公路相接。1994 年完成昆亭上车门至下庙 3 千米路面改建,沥青路面,造价 64.2 万元。1996 年改建混凝土路面造价 222.9 万元,1999 年 1 月完成轮窑厂至海口桥路面改建,长 2.74 千米,路基宽 12 米,混凝土路面,宽 7 米,造价 218 万元。

十、大(碶)海(口)公路

编号 X804330206,起点大碶车站相交与 329 线 210.700 千米处,桩号 0K+000,终点海口相交 X803 线 19.883 千米处,桩号 22K+472,全长 22.472 千米。其中双车道三级公路 3.848 千米,四级公路 18.624 千米;0 千米至 1K+578,路基宽 9 米,路面宽 7 米;1K+578 至 17K+919,路基宽 6.5 米,路面宽 6 米;17K+919 至 22K+472,路基宽 8.5 米,路面宽 7 米。有永久性桥梁 7 座,长 136 延米,茅岭隧道 1 座,长 602 延米,涵洞 136 处,全线绿化。2004 年 10 月完成全线改造,总投资 1500 万元。可分为大碶至杨岙段与杨岙至海口段。

十一、大碶至杨岙段

从大碶站起,经新和,绕新路水库,经小岭张、林场、共同至杨岙。全长 16.518 千米,四级公路,高级混凝土路面。始建时,除起始段 1.5 千米为混凝土路面外,余为泥结碎石路面,宽 5 米,桥梁 3 座,属四级公路。由大(碶)塔(峙)线的大(碶)新(和)段与新(和)杨(岙)段划并而成。大塔线长 3.7 千米,1978 年 4 月 24 日建成。新杨段 13.1 千米,1983 年 12 月建成。1985 年将大塔线的大新段 0.9 千米与新杨段合并称大(碶)杨(岙)公路。余下的新和至塔峙 2.8 千米列为乡道。2004 年 8 月完成 1K+578 至 14K+456 路面改建,路基宽 6.5 米,高级混凝土路面,宽 6 米。

十二、杨(岙)海(口)段

全长 5.954 千米,路基宽 8 米,路面宽 5.8 米,其中茅岭隧道长 602 延米,杨岙至民丰段长 1.89 千米,为混凝土路面,其余 1.29 千米属砂石路面。总造价 1300 万元。1997 年完成民丰至海口桥油路改建,长 5 千米,造价 144 万元。2003 年 12 月完成中段 14K+90 至 17K+500 长 2.6 千米路面改建,路基宽 7 米,混凝土路面,宽 6 米。同时完成 18K+347 至 22K+472 路面改建,路基宽 8.5 米,高级混凝土路面,宽 7 米。2004 年 8 月完成 1.29 千米砂石路改建,路基宽 6.5 米,高级混凝土路面,宽 6 米。

十三、江(南)五(乡)公路

编号 X805330206,区内为江南至军民桥段,起点江南渡口相交 Y810 于 1.3 千米处,桩号 0K+000,终点军民桥,桩号 12K+618。自江南汽车站起,经红联、前进、建设、陈山、下倪桥、联丰、东岗碶、下邵,至军民桥(旧称鄞定桥),长 12.596 千米。其中起点至 2K+154,路基宽 14 米,双车道二级公路,高级混凝土路面,宽 9 米;2K+154 至 5K+549,路基宽 9.5 米,双车道三级公路,高级混凝土路面,宽 7 米;5K+549 至 12K+596,路基宽 6.8 米,双车道四级公路,高级混凝土路面,宽 6.8 米。有永久性桥梁 4 座,91 延米,涵洞 16 处,全线绿化。下邵至五乡镇 5.7 千米,是由部队于 1971 年建成;江南至下邵 8.7 千米,1980 年 5 月完成。路基宽 6.5 米,泥结碎石路面,宽 4—5 米,桥梁 5 座,属 4 级公路。1995 年 12 月,完成其中段路面改建,长 4.3 千米,路基宽 8 米,沥青路面,宽 7 米。2003 年,又完成 4.24 千米路面改建,路基宽 8 米,混凝土路面,宽 6 米。2004 年 8 月,完成 5K+963 至8K+368 路面改建,路基宽 6.8 米,混凝土路面,宽 6.8 米。2006 年 8 月,完成其中 3 千米路面改造,宽 7 米,投资 700 万元。

十四、白峰至梅山盐场公路

编号 X806330206,起点白峰蒋岙村相交 X807 线 1.36 千米处,桩号 0K+000,终点梅山盐场，桩号 14K+475，长 14.475 千米。其中双车道三级公路 8.251 千米，四级公路，高级混凝土路面 6.224 千米，永久性桥梁 4 座，长 43.4 延米，涵洞 38 处，全线绿化。白峰站起，经门浦、阮家，上阳道头，过上阳轮渡至梅山盐场。白峰至上阳段原路基宽 4.5—6.5 米，泥结碎石路面，宽 3.5—4 米，桥梁 2 座，属等外级公路，始建于 1966 年 12 月 26 日，1967 年 4 月 10 日竣工，同年 5 月 1 日通车。为原郭巨公社民办公助工程。1994 年 10 月完成 8.14 千米路面改建，其中沥青路 1.14 千米，混凝土路面 7 千米，路基宽 9 米，路面宽 6 米。至 1993 年完成了余下的砂石与沥青路面改建，计长 9.52 千米，属三级混凝土路面，造价 1250 万元。

梅山渡口至盐场段，原为砂石路，1995 年 12 月完成路面改建 3.69 千米。路基宽 9.5 米，混凝土路面，宽 7 米。

十五、白峰至中宅公路

编号 X807330206，起点白峰停车场，相交 G329 线 229.28 千米处，桩号 0K+000，终点中宅村，相交 Z804 线 0 千米处，桩号 13K+221，长 9.221 千米。其中双车道二级公路 0.508 千米，单车道四级公路 8.713 千米，为高级混凝土路面，有永久性桥梁 1 座，长 8.3 延米，涵洞 20 处，全线绿化。白峰至华峙段为白(峰)洋(涨)线重复，华峙至中宅长 8.3 千米，1971 年 1 月 8 日建成通车，路基宽 5.5 米，泥结碎石路面，宽 3.5 米，属等外级公路，原为乡道，后划入白峰至中宅进港公路，为县道。2000 年 12 月完成路面改建，路基宽 5.5 米，混凝土路面宽 4.5 米，造价 300 万元。

十六、集装箱货运第二通道

编号 X808330206，起点骆霞线，桩号 0K+000，终点 329 国道与大榭跨海大桥南连接线交叉口，桩号 8K+441，终点至大榭公铁立交桥北仑侧连接线，总长 8.2 千米。其中起点至创业路交叉口段(0K-2K+480)，长 2.48 千米，路基宽 28 米；交叉口至终点段(2K+480-8K+441)，长 5.961 千米，路基宽 40 米。双向六车道，一级公路，沥青混凝土路面。有桥梁 14 座，总长 1974 延米。2008 年 3 月 3 日动工建设，2009 年 10 月建成通车。总投资 5.84 亿元。

十七、柴桥至狮子山公路

编号 X809330206，原为甬郭线，起点柴桥新车站相交 X803 线 3.15 千米处，桩号 0K+000，终点狮子山相交 G329 线 226.867 千米处，桩号 6K+941，长 6.941 千米。双车道三级公路，永久性桥梁 4 座，长 98.5 延米，涵洞 16 处，已绿化 2.68 千米。2006 年 8 月，完成 2.7 千米路面改建(K2+670 至 K6+900)，混凝土路面，宽 6 米，造价 400 万元。

十八、石桥至龙钟公路

编号 X810330206,起点石桥相交 X023 线 9.75 千米处,桩号 0K+000,终点龙钟相交 X029 线 8.30 千米处,桩号 6K+249,长 6.249 千米。为双车道四级公路,高级混凝土路面,永久性桥梁 6 座,长 130.3 延米,涵洞 81 处,全线绿化。

十九、永定河公路

编号 X811330206,起点胜利村,桩号 0K+000,终点霞南村,桩号 K+805,长 0.805 千米。为四车道二级公路,沥青路面宽 10.5 米,全线绿化。2010 年 6 月建成,总投资 2669 万元。

二十、甬小线连接线公路

编号 X812330206,起点镇海招宝山,桩号 0K+000,终点小港,桩号 2K+736,长 2.736 千米。四车道三级公路,其中沥青路面改为 2.482 千米,宽 21 米,2001 年 4 月建成,6 月 8 日通车,项目总投资 4.57 亿元。混凝土路面 0.25 千米,宽 15 米。招宝山特大桥(左、右),各长 2482 延米,各宽 14.75 米。2001 年建成。

二十一、长江路口至陈华公路

编号 X813330206,起点长江路,桩号 0K+000,终点陈华相交 G329 线 216.91 千米处,桩号 2K+551,长 2.551 千米,四车道一级公路,高级混凝土路面,永久性桥梁 8 座,长 1488 延米,涵洞 9 处,全线绿化。造价 3800 万元。

二十二、白峰至咸祥公路(沿海中线)

编号 X814330206,起点 G329 线白峰段 230K+000 处,桩号 0K+000,终点三山鹰嘴山,长 25.901 千米。双向四车道,一级公路,沥青混凝土路面,总宽 25.901 米,主车道宽 3.75 米×4,有桥梁 16 座,总共 521 延米。于(冤)家岭隧道长 505 延米,全线绿化。是北仑区首条环线公路。2013 年 2 月开工建设,2004 年 12 月建成通车,总投资 39,957 万元。

二十三、太河路至春晓公路

编号 X815330206,起点太河路大碶城东村,桩号 0K+000,终点接沿海中线春晓段,桩号 11K+816,长 11.816 千米。双向四车道,一级公路,沥青混凝土路面,宽 22 米。有桥梁 29 座,总长 1524 延米。溪岙岭左隧道 1002 米,右隧道长 937 米。2008 年 6 月建成通车。总投资 2.77 亿元。

夜幕下的方河路

二十四、329国道与集装箱二通道连接公路

编号X817330206,起点G329线,桩号0K+000,终点二通道,桩号0K+743,长0.743千米,四车道二级公路,高级混凝土路面宽9米。2009年建成。

第五节 乡 道

一、朱田洋至武警学校

编号Y801330206,起点朱田洋相交X023线11.300千米处,桩号0K+000,终点武警学校,相交Y810线2.140千米处,桩号3K+608,长3.608千米,为单车道四级公路,混凝土路面1.412千米,沥青路面2.196千米。永久性桥梁1座,长16延米,涵洞8处,已绿化1.412千米。始建于1999年7月,2006年8月改建,造价440万元。

二、郭巨至码头(去六横)公路

编号Y802330206,起点郭巨相交X802线9.900千米处,桩号0K+000,终点码头,桩号1K+418,长1.418千米,1995年11月新建,路基宽11.5米,宽7米,为双车道三级公路,次高级路面,永久性桥梁1座,长13延米,涵洞7处。全线绿化。2005年12月改建,造价210万元。

三、轮窑厂至三山公路

编号Y803330206,起点轮窑厂相交X803线17.210千米处,桩号0K+000,终点三山车站,桩号1K+462,长1.462千米,为双车道四级公路,高级混凝土路面,涵洞4处,全线绿化。2005年改建,造价210万元。

四、新和至城东公路

编号Y804330206,起点新和村相交X804线1.1千米处,桩号0K+000;终点城东村,桩号2K+54。经牌门、横山,长2.54千米。为单车道四级公路,高级混凝土路面,永久性桥梁1座,长17延米,涵洞2处,全线绿化。始建于1978年4月24日,路基宽8.5米,泥结碎石路面,宽5.5—6米。1992年12月完成路面改建,路基宽7米,路面宽6米,造价53.4万元。

五、河头至岭下公路

编号Y805330206,起点河头车站相交X803线6.31千米处,桩号0K+000;终点岭下村,桩号1K+869,长1.869千米。为双车道四级公路,高级混凝土路面。永久性桥梁1座,长10.5延米,涵洞9处,全线绿化,1986年10月竣工。1998年12月完成路面改建,路基宽7米,路面宽6米,造价115万元。

六、清水至城湾公路

编号Y806330206,起点清水相交G329线21.562千米处,桩号0K+000,终点城湾村,桩号3K+743,长3.743千米。为双车道四级公路,高级混凝土路面。有永久性桥梁2座,长46延米,有涵洞27处,全线绿化,1989年12月底竣工。2002年4月完成路面改建,路基宽6.5米,宽5米,造价687万元。

七、里岙至盘峙公路

编号Y807330206,起点里岙相交X806线10.3千米处,桩号0K+000;终点盘峙村,桩号3K+706,长3.706千米。为双车道四级公路,高级混凝土路面。涵洞15处。全线绿化。2003年5月完成路面改建,路基宽7米,宽6米,造价300万元。

八、里岙至小山村公路

编号Y808330206,起点里岙相交X806线1.82千米处,桩号0K+000;终点小山村,桩号1K+204,长1.204千米。1998年1月改建为双车道四级公路,路基宽7米,高级混凝土路面,宽6米。有涵洞19处,全线绿化。造价216万元。

九、姚墅岙至下邵公路

编号Y809330206,起点姚墅岙,桩号0K+000;终点下邵相交X029线12.55千米处,桩号 1K+260,长 1.26 千米,为双车道三级公路,高级混凝土路面。有涵洞 18 处,全线绿化。原为砂石路,1997 年 7 月完成路面改建,路基宽 7 米,混凝土路面,宽 6 米。造价 140 万元。

十、泥湾至前进公路

编号 Y810330206,起点泥湾,相交 X023 线 16.850 千米处,桩号 0K+000,终点前进村,相交 X023 线 13.600 千米处,桩号 3K+568,长 3.568 千米,为双车道四级公路,其中高级混凝土路面 2.593 千米,沥青路面 0.975 千米,永久性桥梁 1 座,长 15 延米,涵洞 11 处,已绿化 1 千米。2006 年 8 月改建,造价 120 万元。

十一、璎珞至西山(沿山)公路

编号 Y811330206,起点璎珞相交 G329 线 204 千米处,桩号 0K+000;终点西山村,桩号 7K+996,长 7.996 千米。从璎珞起,经莘丰、莘岙、林头方、先峰、方夏,与通途路相接。为双车道四级公路,高级混凝土路面。2001 年 2 月新建。路基宽 7 米,路面宽 6 米。永久性桥梁 11 座,长 132 延米,全线绿化。造价 1100 万元。

十二、华峙至童家峙公路

编号 Y812330206,起点华峙车站相交 X802 线 5.1 千米处,桩号 0K+000,终点童家峙相交 X807 线 6.640 千米处,桩号 0K+879,长 0.879 千米,为单车道四级公路,中级混凝土路面,永久性桥梁 1 座,长 40 米,涵洞 6 处,全线绿化。1998 年新建,造价 100 万元。

十三、三山至双狮村公路

编号 Y813330206,起点三山车站,桩号 0K+000;终点双狮村,桩号 2K+038,长 2.038 千米。2001 年 1 月新建。为单车道,四级公路,路基宽 7.5 米,高级混凝土路面,宽 5 米。有涵洞 17 处,全线绿化。造价 180 万元。

十四、鲍家洋村至下邵村公路

编号 Y817330206,起点鲍家洋村,桩号 0K+000,终点下邵村,桩号 4K+816,长 4.816 千米,双车道四级公路。2003 年 8 月新建,路基宽 7 米,混凝土路面,宽 6 米,永久性桥梁 5 座,长 50 延米,全线绿化。造价 860 万元。

十五、三山至洋沙山公路

编号 Y818330206,起点三山车站,桩号 0K+000,终点洋沙山,桩号 2K+589,长 2.589

千米,双车道四级公路。2003年5月新建,路基宽7米,混凝土路面宽6米。永久性桥梁2座,长40.4延米,全线绿化。

第六节　专　用　道

一、岭下至瑞岩寺公路

编号Z802330206,起点岭下村相交Y805线1.618千米处,桩号0K+000;终点瑞岩寺林场,桩号3K+164,长3.164千米。为等外级公路,高级混凝土路面。有涵洞6处,全线绿化。

二、下史至北仑港公路

编号Z803330206,起点下史相交X811线0.350千米处,桩号0K+000;终点北仑港区,桩号1K+046,长1.046千米。为双车道二级公路,高级混凝土路面。有永久性桥梁2座,长32延米,涵洞2处。全线绿化。

三、中宅至长坑公路

编号Z804330206,起点中宅相交X807线13.983千米处,桩号0K+000;终点长坑,桩号8K+775,长8.775千米。为单车道四级公路,高级混凝土路面。有涵洞2处,全线绿化。

四、二号桥至电厂区公路

编号Z805330206,起点2号桥相交S320线,桩号0K+000;终点电厂区,桩号0K+493,长0.493千米。为双车道二级公路,高级混凝土路面。全线绿化。

五、算山至原油码头公路

编号Z806330206,起点算山相交S320线23.950千米处,桩号K+000;终点原油码头,桩号0K+794,长0.794千米。为双车道四级公路,高级混凝土路面。有涵洞3处。

六、后所至4332工厂公路

编号Z807330206,起点后所相交G329线225.35千米处,桩号0K+000;终点4332工厂,桩号0K+277,长0.277千米。为双车道四级公路,中级混凝土路面。有涵洞3处,全线绿化。

七、算山至京甬石油公路

编号 Z808330206，起点算山相交 S320 线 72.850 千米处，桩号 0K+000；终点京甬石油，桩号 0K+818，长 0.818 千米。为双车道三级公路，高级混凝土路面。有永久性桥梁 1 座，长 19.0 延米，涵洞 3 处。

八、咸昶至洋沙山公路

编号 Z809330206，起点咸昶村相交 X803 线 16.410 千米处，桩号 0K+000；终点洋沙山，桩号 2K+038，长 2.038 千米。双车道四级公路，高级混凝土路面；等外级公路 0.44 千米，为中级路面。有涵洞 12 处，全线绿化。

九、张洞岙至茅娘寺公路

编号 Z810330206，起点张洞岙，桩号 0K+000；终点茅娘寺，桩号 3K+134，长 3.134 千米，为双车道四级公路，中级混凝土路面。有涵洞 4 处。

十、居子山至北仑山公路

编号 Z811330206，起点居子山相交 Z812 线 0.70 千米处，桩号 0K+000；终点北仑山，桩号 1K+502，长 1.502 千米，其中单车道四级公路 0.946 千米，中级混凝土路面；等外级公路 0.556 千米。有永久性桥梁 1 座，长 46.6 延米，涵洞 4 处，已绿化 0.65 千米。

十一、北仑老车站至水泥厂公路

编号 Z812330206，起点北仑站（老车站）相交 S320 线 29.70 千米处，桩号 0K+000；终点海螺水泥厂，桩号 1K+383，长 1.383 千米。为双车道二级公路，高级混凝土路面。有永久性桥梁 1 座，长 19.7 延米，涵洞 4 处，全线绿化。

十二、昆亭至干岙连接线公路

编号 Z813330206，长 1.955 千米。2003 年 12 月新建，为双车道四级公路路基宽 7 米，高级混凝土路面，宽 6 米，全线绿化。造价 635 万元。

十三、穿山至大榭跨海大桥连接公路

编号 Z814330206，起点穿山相交 X809 线 0.886 千米处，桩号 0K+000，终点跨海大桥相交 C128330206 处，桩号 3K+226，长 3.226 千米。为四车道一级公路，路基宽 20 米，高级混凝土路面，宽 17 米。全线绿化。

第七节　城区道路

1985年建区初,北仑城区道路仅新碶镇西街及东河塘路2条,总长不足千米。至1990年,相继建成新大路、明州路、西河塘路、新建路、建行路、星中路、中河路、外洋路、镇小路等9条路,道路总长3.44千米,车行道面积3万平方米,人行道面积1.64万平方米。至1994年,又相继新建了珠江路、淮河路、东河路、华山路、横河路、嵩山路,延建了明州路、中河路。次年,北仑区和宁波经济技术开发区两区城区管理区域和工作职能划分,城市道路建设向外围发展。至2001年,建成了松花江路、泰山路、长江路、甬江路、钱塘江路、富春江路、福泉路、华新路,完成了明州路、外洋路、新建路、中河路延伸和新大路拓宽。至2006年底,累计投入资金52.8亿余元,建成道路89条,总长119.4千米。道路总面积277.16万平方米,其中车行道面积230.3万平方米,人行道面积46.86万平方米。车行道面积中,有混凝土路面222.46万平方米,沥青路面14.82万平方米。人行道路面铺设,逐年用彩色方块和花岗石广场砖替代原素色方块,其中彩色方块路面33.08万平方米,素色方块路面6.48万平方米,现浇0.51万平方米,花岗石广场砖路面8.79万平方米。(见表3-7-1)

长度超千米的其他道路　　表3-7-1

路　名	起　讫　地	长度(米)
珠江路	骆霞线—二号桥	1390
泰山路	珠江路—岩河	10,950
凤洋一路	泰山路—恒山路	1438
凤洋二路	大港五路—明州路	2740
凤洋三路	大港六路—明州路	1740
大港五路	钱塘江路—凤洋一路	1123
五台山路	凤洋三路—凤洋一路	1014
天目山路	钱塘江路—富春江路	1728
规划五路	黄山西路—明州路	1362
规划六路	富春江路—规划一路	1318
大港一路	凤洋三路—凤洋一路	1128
大港二路	凤洋三路—凤洋一路	1058
大港四路	大港五路—凤洋一路	1422
大港六路	大港五路—凤洋一路	1320
岷山路	疏港路—太河路	1780
黄海路	武夷山路—黄山路	1505
高凤路	骆霞线—华山路	1320

续上表

路　名	起 讫 地	长度(米)
四明山路	新大路—辽河路	2240
辽河路	骆霞线—泰山路	2526(已通段)
横河路	骆霞线—恒山路	1520
甬江南路	龙角山路—庐山路	1332
	规划二路—富春江路	1084
汽配园沿山河路	甬江路—坝头路	1321
庐山路	太河路—长江路	1268
四明山路	太河路—长江路	1001

一、明州路

以宁波古称明州得名。西起渤海路,东至珠江路,全长 6268 米,宽 42 米,其中机动车道 15 米,两侧非机动车道各 6 米,两边人行道各 5.5 米,机动与非机动车道中间绿化带各宽 2 米。混凝土路面。与新大路、中河路、横河路、东河路、长江路、珠江路等相交。建于 1987 年 10 月,全线分 5 次建成,1988 年建成原政法大院至中河路段,长 600 米;2000 年,东延至珠江路,2001 年西延至钱塘江路,2002 年延伸至富春江路,2006 年延伸至渤海路。沿路有新碶街道、电信局、老板娘大酒店、人武部、人才市场、创业大厦、海关、检验检疫局、港务大楼、政法大楼、小山公园、高凤家园等。

二、新大路

北起西街,南讫 329 国道,是最早建成的商业街和最早接连大碶的主干道,长 4929 米,宽 14—16 米。混凝土路面。沿途与明州路、华山路、恒山路、岷山路、泰山路、四明山路、黄山路相交。1988 年始建,1990 年底通车,1996 年、2003 年、2005 年三次拓宽改造。两侧商店密集,其中区内最大的商场曼哈顿广场和北仑商厦、明州商联、华山超市、黄山建材灯具市场、宁波职业技术学院、宁波东海实验学校、明港中学等皆设在路两侧。

三、华山路

东起辽河路,西迄新大路。长 1833 米,宽 24 米,其中车行道宽 14 米,混凝土路面。始建于 1993 年,2000 年全路贯通。与长江路、横河路、东河路、中河路、新大路相交,是城区主要商业街之一。

四、恒山路

西起富春江路,东迄长江路,长 5565 米,宽 42 米,其中主车道 16.5 米,慢车道各 5.5 米,人行道各 5.25 米,绿化带各 2 米,混凝土路面。1995 年始建,1999 年建成,与富春江路、甬江路、钱塘江路、凤洋三路、凤洋二路、凤洋一路、新大路、中河路、太河路、横河路、长江路相交。沿路有广播电视台、海事大楼等。2010年,自长江路东延至闽江路,长1255米。

五、长江路

北起骆霞公路,南迄329国道,混凝土路面。始建于1993年,逐段建设,于2006年南延至329国道。长4677米,宽60米,其中机动车道14米,两边人行道各7.5米,中间绿化带9米,两侧绿化带各4米。与明州路、华山路、恒山路、黄山路、泰山路相交,绿化带内建有不锈钢或混凝土城市道路雕塑15座,是城区主要道路之一。

六、松花江路

南起泰山路,北至骆亚线,是主要交通运输干道。全长2708米,车行道宽27.5米,建成于1997年,混凝土路面。与黄山路、恒山路、明州路相交。

七、中河路

北起明州路,南迄泰山路。混凝土路面。长1242米,路宽42米,路中间置绿化带14米,人行道各6米。1990年始建至恒山路,1997年南延至四明山路,2004年建成。与明州路、星中路、华山路、恒山路、四明山路、黄山路相交。中间绿化带面积共1.1万平方米,1998年,明州路至华山路段辟为休闲地。路西侧有公园四座,分别为海晨园、念慈园、海韵园、海之滨公园。2008年,自泰山路南延至坝头路,长1214米。

八、东河路

南起恒山路,北迄明州路。长1534米,宽12米,混凝土路面。与恒山路、华山路、新建路、明州路相交。始建于1989年。原名星阳路,1992年更名东河路,路两侧密集商店。2001年列为创建信誉一条街路段。

九、闽江路

北起骆霞线,南至恒山路。长1300米,宽42米。主车道16.5米,慢车道两侧各5.5米,人行道两侧各5.25米,中间绿化带各2米,混凝土路面。2005年全线贯通。与骆霞线、小山路、嵩山路、明州路、恒山路相交。沿路有太平洋土地建设有限公司、高峰家园、妇幼保健院、疾控中心、吉利汽车公司等。

十、泰山路

东起长江路,西至小港骆亚线,长12,029米,宽60米,混凝土路面,始建于1994年,通途路至骆霞线段原路面宽29米,2006年拓宽至60米。

十一、太河路

北起明州路北仑海关,南至329国道,全长4008米。其中北仑海关到余北快速路段,长3674米,宽55米。横断面形式为:5米人行道—6.5米慢车道—2米绿化带—12.25米行车道—3.5米中间绿化带—12.25米行车道—2米绿化带—6.5米慢车道—5米人行道。余北快速路段到329国道,长334米,宽38米,混凝土路面。始建于2003年,2006年全线贯通。与明州路、广源路、华山路、恒山路、四明山路、黄山路、岷山路、泰山路、329国道相交。沿路有北仑海关、北仑影剧院、行政中心、体艺中心等。2007年,自骆霞线北延至海螺水泥厂,长1400米,2008年,自329国道南延至牌楼,长2760米,是城区主要道路之一。

十二、黄山路

西起富春江路,东至凤凰山乐园商业街,混凝土路面,全长6095米。分路段,路宽有55米和60米两种,断面形式因路宽不同而异,为:5—7.5米绿带,6.5米慢车道,2米绿带,8—12米行车道,11.5—3.5米中间绿带,8—12米行车道,2米绿带,6.5米慢车道,5—7.5米绿带。与富春江路、黄海路、甬江路、南海路、钱塘江路、凤洋三路、松花江路、凤洋二路、凤洋一路、白杨路、新大路、中河路、太河路、长江路相交。沿路有大港建材市场、大港工业城、北仑自来水公司、体艺中心、中心公园、行政中心、凤凰山主题乐园等,是城区主要道路之一。

十三、钱塘江路

北起骆霞线,南至余北快速路。长5990米,宽78米。横断面形式为:7.25米绿化带—5.5米慢车道—2米绿化带—12.25米行车道—6米河岸绿化带—12米规划河道—6米河岸绿化带—12.25米行车道—2米绿化带—5.5米慢车道—7.25米绿化带。混凝土路面。与骆霞线、明州路、恒山路、黄山路、天目山路、泰山路、凤凰山路、普陀山路、庐山路、元宝山路、龙角山路、坝头路相交,是城区主要道路之一。

十四、甬江路

北起明州路,南至龙潭山路,全长5666米。其中明州路到庐山路段,长3010米,宽42米。横断面形式为:5.25米绿化带—5.5米慢车道—2米绿化带—16.5米行车道—2米绿化带—5.5米慢车道—5.25米绿化带。庐山路到龙潭山路段,始建2005年,2006年竣工。长2656米,宽36米。横断面形式为:5米绿化带—11米行车道—4米绿化带—11米行车道—5米绿化带。混凝土路面。与明州路、崂山路、恒山路、黄山路、天目山路、莫干山路、泰山路、凤凰山路、普陀山路、庐山路、元宝山路、龙角山路、庙前山路、坝头路、天龙山路、龙潭山路相交,是城区主要道路之一。

十五、富春江路

北起骆霞线,南至329国道。长9580米,宽42米。横断面形式为:5.25米绿化带—5.5米慢车道—2米绿化带—16.5米行车道—2米绿化带—5.5米慢车道—5.25米绿化带。混凝土路面。与骆霞线、明州路、崂山路、恒山路、黄山路、天目山路、莫干山路、泰山路、天台山路、龙角山路、庙前山路、坝头路、灵峰山路、329国道相交,是城区主要道路之一。

附:废弃公路

大(碶)新(碶)公路

1949年冬,为支援解放军解放定海,初建大车道。1966年改建为公路,1967年7月15日起,通行客运班车。自大碶新庙叉口至新碶,经千丈、贺家、大路等村,全长4.7千米,路基宽4.5—6.5米,泥碎石路面,宽3.5—4.5米,桥梁4座,为等外级公路。1984年撤县划区后,随着改革开放的深入,原路不适应发展需要,于1988年10月改线新建新(碶)至大(碶)公路;1990年12月28日,新大路通过竣工验收,1991年1月正式通车。老路段废弃。

第八节　民间道路

一、历史概况

据查证,最早在公元3世纪时,旧镇海境内就设有道路交通郡城会稽(参见陆云《答车茂安书》)。

《宝庆四明志》记载:明州于南宋绍兴四年(1134)设置斥堠铺道,其中有两条通往镇海县(当时称定海县)。两条都是从州城桃花铺出发,一条经清水铺,至镇海铺;另一条经河头铺,至芦浦铺,然后乘船去昌国(今定海)县道头铺。设斥堠铺道目的是“专差铺兵传送文书”。此驿道为当时的州道。

明清时,县境内民间道路以驿道为基干形成全县道路网络。据明朝《嘉靖定海县志》所记铺司,镇海县境内有3条干路,其中1条是出南门摆渡至江南(现北仑区小港),经孔墅,至莘岙。再分两路:一路至育王;另一路经陈华,至穿山。又分两路:一路渡海至大榭和昌国县;另一路经门堰、郭巨、虾康、昆亭、慈岙、至鄞县(现鄞州区,下同)孤岭。

《民国镇海县志》对清末、民初时本县的道路走向与里程记之甚详,又访地方父老,谓志中所记各路,到民国十九年(1930)时并无多大变化,主要为大路路面用石板重铺加宽,新建不多。经调查整理,将民国元年至民国十九年(1912—1930)间境内主要道路记述如下:

1.干路一

自江南起，东南行，经芦江塘、长山桥、布阵岭南麓、大碶镇、施罟桥、清水桥、泥堰、杨木堰桥、柴桥镇、洋沙溪、小亹村、大渡岭、郭巨所北门、泥沙岭、双岙村、盛岙村、司城岙、泥城嘴，抵峙头角海滨。全程45千米。另有支路①：自布阵岭南麓，经林头方村，至育王岭，与鄞县分界。支路②：自大碶镇，经石湫村、华岩山西麓、嶓山东南，与鄞县分界。支路③：自清水桥，经启亚岭、裘岙前村，与鄞县分界。支路④：自柴桥镇，经谢家桥、河头村、狮子岭、太平桥、上宅俞村、樟树岭西，与鄞县分界。支路⑤：自郭巨所城，经官山岭、上梅山市、朱家碶、马嘴碶、五眼碶、大眼岗岭、昆亭村前、沙塘、慈岙村，与鄞县分界。这是一条区南的边海道路。

2.干路二

自江南起东行，过大岭，经义城桥、青屿(峙)岭、算山碶、三眼碶、备碶、新碶、西碶、太和东碶、三山浦口、林大山、双礁碶、东关山西北麓、舞岭、穿山碶、穿山所北门、东门碶、白枫(峰)村、竹山碶、大岙岭、华峙碶、后墩碶、上宅碶、王前碶、大滕村，至泥城嘴。全程46.5千米。这是一条区东南的边海道路。

3.干路三

自江南芦江塘起，西南行，经下倪家、东岗碶、下邵，至鄞定桥，去鄞县五乡镇。全程6千米。

4.干路四

自江南起，西行，经衙前、沈村、张家堰，与鄞县分界。全程6千米。

上述道路全是人行路，路面宽度一般为2米，最宽2.5米，较狭者1.5米，最狭1米；路面材料主要是石板和鹅卵石。平原多为石板路，山区多为卵石路。卵石路又叫石弹路，采用卵石嵌黄土或整齐排列或铺成图案状，既牢固坚实又不积水防滑且美观。

二、当代民间道路建设

可分为由传统人行道路改建成为简易车行道和农村等级公路建设两个阶段。1957年3月，原镇海县人民政府制定《改造地方道路网规划意见》，并且付诸实施。《意见》从全面改造旧有人行道路为车行道路出发，结合当地实际，提出："采取以民工建设为主要力量，以简易公路为模式，大车道为基础，逐步向公路过渡的方针。"并解释说："简易公路是一种过渡性质的能通行一般汽车及农用拖拉机的道路。"这种道路"通至乡镇、重点高级农业合作社、国营农场、仓库码头等。其标准是：路基宽6.5米(在施工困难的山岭地区，可降为4.5米的单车道，但需要每隔300—500米处，设6米宽的避车道)。""大车道是通行人力车和畜力车的道路，路基宽度一般为3.5米。"《全国农业发展纲要》的颁布与实施，进一步推动了改造地方道路网计划的进行。农业合作为修路提供了极为有利的条件，数以万计的群众参加了义务修路劳动。到1963年止，境内修建了路面宽

2.5—3.5米的砂石路212千米(表3-8-1)。20世纪70年代农村兴建机耕路(简易公路),至1976年,一个以公路为主脉、简易公路与大车道为支脉的全区地方车行道路网基本形成。各种车辆的增加,使广大农村延续了1000多年的肩挑人担的原始陆运方式得以彻底改变(表3-8-2)。随着农村经济的发展,通过集资和地方政府拨款,农村道路基本改建成了水泥路。2002年北仑区成立农村公路建设领导小组,有计划地进行农村等级公路建设。2005年完成"农村公路乡村康庄工程",实现全区村委会通公路率、通等级公路率、通班车率均为100%的"三百"目标(表3-8-3、表3-8-4)。2007年起,进行农村联网公路工程建设,至2010年,建成农村联网公路35条,计48.05千米,累计投资8483.92万元。(表3-8-5)

1963年境内民间道路一览(单位:千米) 表3-8-1

路别 / 里程(千米) / 区别	水泥路	砂石路	石板路	卵石路	土　路
柴桥	0.5	36	86.35	64.25	26.2
长山	—	45.25	130.75	3.5	49
郭巨	—	19.5	1.2	175.2	93.3
大碶	—	111.25	176.5	39	24.5
合计	0.5	212.1	394.8	281.95	193

1989年北仑区民间道路一览(单位:千米) 表3-8-2

乡　镇　名	混凝土路	沥　青　路	砂　石　路	石　板　路	卵　石　路
江南乡	0	0	19.99		
枫林乡	0	0	7.35		
下邵乡	0	0	10.23		
小港镇	1.85	0	8.66	0.2	
邬隘乡	0	0	23.54		
塔峙乡	0	0	15		
高塘乡	0	0	17.4		
大碶镇	1.4	0.9	29.32		
新碶镇	1	0	19.55		
霞浦镇	2.4	0	32.75		
紫石乡	0	0	15		
柴桥镇	4	0	27		
昆亭乡	0	0	7		
三山乡	0.6	0	4		
上阳乡	0	0	28.98		
白峰乡	0	0	13.95		1.5
郭巨镇	1.5	0	8.4		

续上表

乡 镇 名	混凝土路	沥 青 路	砂 石 路	石 板 路	卵 石 路
梅山乡	0	0	36.73		
合 计	12.99	0.9	324.85	0.2	1.5

2006 年北仑区农村公路建设一览 表 3-8-3

所在地	路 线	里程（千米）	路面宽（米）	等级	总投资（万元）	建设年份
小港街道	G329 线至牌门、金家村	2.35	6	四级	300	2004
	东岗碶至沃家村	2.85	6	四级	300	2004
	通途路至渡头董村	0.96	12	四级	120	2004
	甬小线至新权村	1.37	6	四级	130	2004
柴桥街道	穿咸线至钟灵村	0.5	3.5	四级	150	2004
	G329 线至沙溪村	0.97	3.5	四级	200	2004
	穿咸线至四合村	1.16	3.5	四级	100	2004
	G329 线至后所村	0.68	5.5	四级	75	2004
白峰镇	沿海中线至马盘村	1.12	5	四级	75	2004
	上白线至下湾村	0.98	5	四级	60	2004
	上白线至山防村	2.05	5	四级	150	2004
	上白线至太平村	0.51	5	四级	50	2004
	G329 线至沿亭村	1.49	3.5	四级	100	2005
	上白线至山坑村	0.85	3.5	四级	110	2005
梅山乡	梅山渡口至梅东村	1.52	3.5	四级	200	2004
	梅山渡口至南深村	1.6	3.5	四级	190	2004
	南汇村至外墩村	0.5	3.5	四级	50	2004
	梅东村至碑塔村	1.24	3.5	四级	75	2004
新碶街道	通途路至永久村	1.56	5—6	四级	140	2005
大碶街道	G329 线至嘉溪村	1.38	3.5	四级	200	2005
霞浦街道	G329 线至上傅村	2.27	6.5	四级	115	2005
合计		27.91			2890	

2006 年北仑区农村等级公路一览 表 3-8-4

序号	街道(镇乡)名	总长度(千米)	通班车情况	序号	街道(镇乡)名	总长度(千米)	通班车情况
1	新碶街道	13.38	已通	5	霞浦街道	18.47	已通
2	大碶街道	62.35	已通	6	白峰镇	52.55	已通
3	柴桥街道	39.6	已通	7	春晓镇	5.25	已通
4	小港街道	32.42	已通	8	梅山乡	15.96	已通
合计(千米)		239.98					

注：农村等级公路为四级以上。

2010年北仑区农村联网公路建设一览

表 3-8-5

所在地	路　线	里程(千米)	路面宽(米)	总投资(万元)	建设年份
小港街道	甬小线—新建村、新棉村、新模村	15.24	5.5	386.374	2007
	新政村—石龙线	2.255	5.5	374.926	2007
	山下村—前进村	1.2	5.5	150	2008
	山下村—前进工程西沿	0.464	5.0	80	2009
	纬五路—山下村	0.632	6.0	70	2010
柴桥街道	保安桥—东直路	0.561	5.5	91.728	2007
	紫石水厂—黄华岙	0.769	5.0	203.831	2007
	芦江村—庙岭	0.936	5.0	179.263	2007
	芦江村—黄土岭	0.875	5.5	130	2007
	穿咸线—天洋直路	0.915	5.0	392.293	2008
	久勤村—砖瓦厂	0.488	5.0	87	2008
	水芹村中河堂路	0.324	5.0	50	2008
	洪岙村连村公路	0.93	5.5	112.5	2008
	车境村联网公路	0.416	5.0	70	2009
	上史村公路	10.47	7.0	130	2010
	甘溪桥—后溪坑	0.47	5.0	70	2010
大碶街道	G329—牌门村	0.737	5.0	104.112	2007
	金家村—太河路	1.736	5.5	230	2008
	外环路	1.120	5.5	576	2009
	嘉溪乌石岙—明堂岙	2.700	7.0	890	2010
霞浦街道	蒋吴村—上傅村	0.301	5.0	50.827	2007
	上傅甬东变—香岭庵水库	1.380	6.0	173	2010
春晓镇	风山村—太河路	0.492	5.5	64.5	2008
	双狮村—太河路	1.350	5.5	285.02	2008
	球山村—太河路	0.720	5.5	89.87	2008
	海口村—山前	0.710	5.5	132.12	2008
	咸昶村—咸东村	0.550	5.0	116.34	2008
	慈东村—慈峰村	0.665	5.0	93	2008
	治溪桥—慈东村	1.000	5.0	98	2009
	三山村—慈岙村	1.700	5.0	170	2009
	桂池村—燕湾村	1.050	6.5	222	2010
戚家山街道	桥东村—胡家塔村	0.562	5.5	56.2	2008

续上表

所在地	路　线	里程(千米)	路面宽(米)	总投资(万元)	建设年份
白峰镇	门浦村—上白线	0.301	5.0	64.941	2007
	下阳—上白线	0.336	5.0	91.698	2007
	勤丰村—上白线	0.579	5.0	78.496	2007
	钟家湾村—沿海中线	0.603	5.5	95.429	2007
	道头—沿海中线	0.695	5.5	142.011	2007
	上王村—虾康—沿海中线	0.33	5.5	84.189	2007
	黎明村—沿海中线	0.388	5.5	45.39	2007
	长浦—双屯	2.143	5.0	349.96	2007
	盛岙村—白洋线	2.326	5.0	155	2009
	道头新村—沿海中线	0.34	4.5	51	2010
	马盘—黎明沿海中线	1.572	4.5	236	2010
	钟家湾—农业基地	0.76	4.5	115	2010
梅山乡	梅东渡口—梅山大会堂	0.5	5.5	96.426	2007
	担峙村—茶厂村—东风水堂	1.861	5.5	289.519	2007
	太和—里岙凤凰山	1.46	5.5	229.959	2007
	后厂—梅东公路	0.72	5.5	95	2009
	外南山—梅山公路	0.63	5.5	85	2009
	外岙俞家—梅白公路	0.548	4.5	75	2010
	店跟桥头—曹家门口	0.7	6.0	90	2010
	南汇菜场—小山村	0.36	4.0	60	2010
	炮台龙山庙—农药店	0.32	4.5	45	2010
合　计		48.05		8483.92	

注:农村联网公路等级为四级。

第九节　民间路亭

路亭是与民间道路相配套的服务设施,又名茶亭、凉亭、路廊,建在尼庵、庙宇边的则称茶庵。旧时民间道路上,设五里一短亭,十里一长亭,专供行人纳凉、避雨、小憩,以解旅途劳顿。

旧时路亭多由当地乡民、士绅集资或独资建造,由公共划田产或个人捐田助银等方式,推定专人管理、维修,常年或季节性供茶水,或有挂草鞋、灯笼之类,免费舍予,以助行者之难。

路亭格局大致有二:或坐落于村口、路边、岭间;或独立于路中,有石弹(板)路穿亭而过,亭路相合,遂为有顶之通道,俗称穿心路廊。路亭渗透着浓厚的民族文化:稍有规模者建有石亭碑,刻亭记及助银者名录;亭内刻(塑)菩萨佛像,意在保佑一方平安,荫庇乡里;石柱刻警句、妙联,大多出自当地文人墨客之手,谐趣横生。

1985年《镇海县交通志》记境内曾有路亭123座,尚存路亭96座,已废圮拆除27座。其中最古的是大碶街道原白石村的拦云亭,建于明代;建筑风格最独特的是大碶街道石湫村的水阁凉亭(又名清渠亭),为2层木质结构,且与五板桥同建于河上;最大的是小港街道长山桥凉亭,为6楹。历年来,地方政府和个人出资对路亭进行了修缮,得以保留至今;又在乡村道路和农村文化乐园的建设中,新建了路亭。2006年调查,区内共有路亭117座。现将原有和新建的路亭按街道、乡镇分述之。

一、小港街道

宋家弄凉亭　民国三十二年(1943)造,3楹。

关圣殿凉亭　址在义成碶,清道光九年(1829)造,3楹。

大岭下凉亭　民国十年(1921)造,2楹。

小岭凉亭　民国十五年(1926)造,2楹。

大岭墩凉亭　2楹。

板桥凉亭　民国二年(1913)造,2楹。

北平亭　址在孔墅,民国二十二年(1933)造,2楹。1983年移建。

高河塘凉亭　址在建设村,1963年重修,3楹。1987年移建。

吴家凉亭　2楹。

黄泥岭凉亭　2楹。

江家山凉亭　2楹。

布旗(阵)岭亭　5楹。

长山桥凉亭　址在方前村,旁有永济庵,故又名永济庵亭,建于清朝初年,6楹。1990年12月,连同长山桥(永济桥)公布为区级文物保护单位。

静房寺亭　址在方前村,建于清朝,1961年重修,3楹。1988年失火烧毁。

七旬亭　址在孔墅岭墩,建于清朝,1987年2月重修。1楹。

李隘四脚凉亭　1楹。

龙虎亭　址在姜家口,1楹。

善福亭　址在青峙岭下,1963年重修,1楹。

青峙岭凉亭　址在青峙岭上,民国二十四年(1935)造,1楹。

道义桥凉亭　址在鲍家洋,民国十二一年(1932)造,3楹。

心领桥凉亭　址在任家,民国十七年(1928)造,2楹。1976年重修。

鄞镇通津桥凉亭　建于清道光(1821—1850)年间,1958年重修,1楹。

金银渡桥凉亭　清道光三十年(1850年)造,1楹。2000年12月12日,连同金银渡桥公布为区级文物保护点。

五眼桥凉亭　址在江桥头,民国二十一年(1932)造,3 楹。

资助亭　址在下邵村,清道光(1821—1850)年间造,1 楹。

朋泽亭　址在五盟,民国十二年(1923)造,1 楹。

大桥头凉亭　址在丁家山,民国二年(1913)造,3 楹。1958 年、1985 年两次重修。

庙前凉亭　址在丁家山,1958 年造,1 楹。1985 年重修。

慈航亭　址在桥头严,清道光(1821—1850)年间造,1965 年重修,1 楹。

姚墅岙凉亭　2 楹。

卧龙亭　址在合兴村,2 楹。

铭亭　址在下邵村,2 楹。

乌鲤鱼凉亭　址在衙前,2 楹。

安乐亭　址在前袁,民国二十年(1921)造,2 楹。

衙前凉亭　址在衙前,3 楹。

勤俭亭　址在衙前,民国二十一年(1932)造,2 楹。

油车桥凉亭　3 楹。

石桥庵凉亭　址在新立村,历史遗留,1988 年重修,3 楹。

上三眼桥凉亭　址在新政村,民国二十八年(1939)造,1980 年重修,3 楹。

下三眼桥凉亭　址在新建村,民国二十八年(1939)造,3 楹。

胡家洋凉亭　1 楹。

竹山头凉亭　址在建设村,建于中华人民共和国成立前,2 楹。

沙蟹岭墩凉亭　1963 年重修,2 楹。

逸然亭　址在街道敬老院,1988 年建,1 楹。

爰陆亭　址在孔墅村,1989 年 6 月建,1 楹。

新棉渡口亭　址在新棉村,1980 年建,1 楹。

福寿亭　址在红联,1989 年 5 月建,2 楹。

新凉亭　址在渡头村,1949 年前建,1983 年重修,2 楹。

新凉亭　址在鲍家洋,1932 年建,1964 年重修,3 楹。

新民凉亭　址在新民村,建于民国初,3 楹,已作他用。

高俞凉亭　址在合兴村,1985 年重修,1 楹。

另有永济、海济、明远、一言、十三眼桥、得胜桥、头道、浦前 8 亭废圮,资料不详。

二、新碶街道

备碶凉亭　民国四年(1915)造,2 楹。

下老鼠山凉亭　址在隆顺村,1982 年造,1 楹。

小横河凉亭　址在贝碶村,1982年造,1楹。

横河墩凉亭　址在贝碶村,1983年造,1楹。

长生亭　址在河头焦,民国四年(1915)造,3楹。

凤洋新凉亭　1960年建,3楹。

新凉亭　址在凤洋村,1960年建,3楹。

子丈庵亭　址在大路村,1998年建,1楹。

另有中岭庙、妙林顾、八凤洋、算山、邱家、孔墅岭、崇岩7亭废圮,资料不详。

三、大碶街道

拦云亭　址在白石村,建于明朝,1984年重修,1楹。2003年拆弃。

塘段庵凉亭　址在老贺村,民国十七(1928)造,1984年重修,3楹。2005年11月拆弃。

卫家桥凉亭　民国二十年(1931)重修,1楹。2003年拆弃。

水阁凉亭(清渠阁)　址在石湫村,1楹,两层木结构。

新凉亭　址在吕监村,清光绪二十二年(1896)重修,3楹。

天童岭凉亭　址在杨岙村,1966年建,3楹。

城湾水库凉亭　1977年建,2楹。

灵峰亭　址在灵峰水库西北边,1990年建,2楹。

观音亭　址在灵峰寺与至茅洋寺山道中,1楹。

白鹤亭　址在莘岙村,建于清嘉庆年间,1964年拆。

古风亭　址在林头庙边,建于顺治年间,已废圮。

半浦亭　址在仙灵桥东,建于清康熙年间,1959年拆。

新凉亭　址在西山官道上,建于清乾隆年间,1959年拆。

另有布旗岭下、西山、万湫山、后洋、役田、云麓、璎珞、丁山、牌门、网岙、观望11亭已废圮,资料不详。

四、柴桥街道

盘龙亭　址在上周村,建于明末清初,1961年重修,3楹。

碶头凉亭　址在后所东门,曾被火焚毁,1963年修复,3楹。

小门凉亭　清光绪二十一年(1895)建,3楹。

青垫亭　址在沙溪村,清宣统元年(1909)重修,3楹。

笔架山亭　址在石栏桥边,民国十八年(1929)重修,1967年易址重建,2楹。

岭墩凉亭　址在瑞岩山,2楹。

芦江亭　址在芦江村,1977年造,1楹。

乌贼岭亭　址在上史村,清光绪(1875—1908)年间造,3 楹。

仰芝亭　址在岭下村,1963 年修,3 楹。

瑞岩凉亭　1950 年修,3 楹。

谢家桥凉亭　址在里界村,建于 1949 年前,1988 年 9 月重修,3 楹。

新凉亭　址在大溟村,建于 1949 年前,1988 年 9 月重修,3 楹。

下凉亭　址在昆亭岭下,建于 1987 年,1 楹。

文英亭　址在沙溪村,建于 1988 年,1 楹。

语录亭　址在后所村北门岭,建于 1968 年,1 楹。

庙岭亭　址在芦江村庙岭,建于 1986 年,1 楹。

北渡亭　址在大湾村北渡口,建于 1981 年,1 楹。

四脚亭　址在水芹村,建于明朝,现为居民住宅。

五、霞浦街道

傅家碶凉亭　3 楹。

宝德亭　址在陈华村,清咸丰九年(1859)修,3 楹。

安善亭　址在上傅村,1963 年重修,3 楹。

长山头凉亭　址在红光村,3 楹,1980 年折弃。

另有康山、长山岗 2 亭已废圮,资料不详。

六、白峰镇

枫棚岭凉亭　址在勤丰村,民国十五年(1926)重修,3 楹。1993 年废圮。

中岭凉亭　3 楹。

下小门凉亭　1963 年重修,2 楹。

乌柱桥凉亭　址在石山村,建于 1949 年前,1978 年 5 月重修,2 楹。

大堰塘凉亭　址在勤丰村,1965 年造,1980 年 10 月重修,2002 年移位重建,1 楹。

柏树塘凉亭　址在马盘村,1982 年 9 月造,1 楹。

碧兰亭　1953 年重修,1 楹。

南门凉亭　位于郭巨南门村,民国三十五年(1946)重修,2 楹。

新碶凉亭　1978 年建,2 楹。

山嘴凉亭　址在中宅村,2 楹。

碶边凉亭　址在沙湾村,2 楹。

柳树头凉亭　2 楹。

盛岙凉亭　位于郭巨盛岙村,1972 年重修,1 楹。

磊石岗凉亭　址在竹湾村,1970 年建,1 楹。

上道头凉亭　址在上阳渡口,4楹。
外峙亭　址在轮江村,1970年建,2楹。
外峙凉亭　址在外峙村,1970年建,3楹。
神马亭　址在神马村,1981年造,2楹。
蕉山村凉亭　址在蕉山村,1994年造,1楹。
胡家凉亭　址在门浦村,2001年造,1楹。
野毛张凉亭　址在门浦村,2001年造,1楹。
龙爪蛟凉亭　址在勤丰村,2002年造,1楹。
马盘庙凉亭　址在马盘村,2002年造,3楹。
另有枫水岭、屺峙、后墩3亭已废圮,资料不详。

七、春晓镇

景仰亭　址在慈东村,民国二十三年(1934)造,1楹。
慈隐亭　址在民丰村,建于清朝,民国二年(1913)重修,3楹。
垛柱亭　址在上横村垛柱岭墩,建于中华人民共和国成立前,1楹。
静岚亭　址在狮子岭墩,建于宋朝,1952年修,3楹。
卧龙亭　址在凤山村,清光绪三十三年(1907)造,1981年重修,2楹。
昆亭　址在大岭墩,历史遗留,1981年重建,1984年重修,1楹。
海晏亭　址在管(干)岙猛风山嘴,清光绪二十三年(1897)建,2楹。
槐洞坑凉亭　历史遗留,1981年重修,1楹。
另有礼贤亭已废圮,资料不详。

八、梅山乡

众家塘凉亭　址在碑塔村,1964年造,1楹。2000年修建梅东公路拆除。
望江亭　址在梅山上方门,1996年造,1楹。

第四章 桥梁 隧道

2010年统计,区境内有公路桥梁390座,其中跨海(江)桥梁3座,公铁立交桥2座;有城区桥梁75座,隧道10座。

第一节 跨海(江)桥

一、大榭跨海浮桥

是北仑区境内第1座连接大陆与海岛的跨海桥。1994年6月动工兴建,同年12月8日试通车;1995年1月8日正式投入使用。浮桥南口位于穿山东侧后所北门岭下,北口位于榭南渡口东侧100米。桥长444.78米,宽12.6米,高1.2米,离水面0.97米,双车道,由131个浮箱联成。此桥由中信公司投资1970万元,海军工程设计研究局、南京工程兵工程学院设计,湖北华舟特种设备制造厂制造,东海舰队工程船大队承建。2001年4月29日,大榭跨海公铁两用桥建成后,浮桥拆弃。是期日通车量2000—3000辆。

二、大榭跨海公铁两用桥

为国内第1座公路、铁路合建同一桥面的跨海大桥,长4350米。正桥为公铁两用三跨连续钢结构桥,桥长4118.9米,桥面宽28.2米。公铁同一平面合建,铁路居中,公路分设两侧。两侧公路桥面相同,分别为双车道,车道宽3.75米×2,两侧路缘带宽0.5米×2,人行道宽1.5米,防撞护栏0.5米。坡度:纵坡2.5%—3%,横坡1.5%;荷载为汽超-20,挂-120,人群设计3.5kPa。公路桥北仑(穿山)岸引桥长761米。衔接329国道引道长1011米,双向各设3.75米×2行车道和1.5米硬路肩。大榭岸环岛主干路为双向六车道并设双侧人行道,路基宽30.5米,路面宽24.5米。中间铁路桥,单线,荷载为中一活载;主桥长391米,引桥长921米。(铁路建设为二期工程)

大桥一期工程由大榭大桥有限公司组织建设。总投资45,640.4万元。自1997年4月动工,2001年3月底竣工,同年4月29日正式通车。

三、招宝山大桥

横跨甬江口,连接北仑区小港金鸡山与镇海区招宝山,于1995年6月8日开工兴建,2001 年 6 月 8 日建成通车,总投资 4.573 亿。整个工程包括主桥、东西引桥、引路和招宝山隧道四个部分,全长 2552 米。主桥为单塔双索面不对称预应力钢筋混凝土斜拉桥,长 568 米,宽 29.5 米,主塔高 148.4 米,双向 6 车道,设计车速为 60 千米,设计日通机动车 50,000 辆;通航主孔净高 32 米,能通过 5000 吨级客货轮。主通航孔宽 258 米,边孔宽 185 米,主塔高 148.4 米,两侧各有 25 对斜拉钢索悬带桥梁。隧道长 169 延米,车辆分流平行两隧洞,洞宽各 12.75 米,高 8.36 米,两洞间隔 4 米。

第二节　公　路　桥

北仑建区时,全区有公路桥梁 55 座,其中永久性 14 座,半永久性 41 座。2010 年,有桥梁 390 座,计 19,555.35 延米。其中永久性桥梁 383 座,计 19,459.35 延米(表 4-2-1),半永久性桥梁 7 座,96 延米。其中公铁立交桥 2 座(见表 4-2-2、表 4-2-3)。

2010 年公路桥梁基本情况

表 4-2-1

项　目	总　计		特　大　桥		大　桥		中　桥		小　桥		永　久　性		半永久性	
	座	延米	座	延米	座	延米	座	延米	座	延米	座	延米	座	延米
国道	38	1015.68					7	285.74	31	729.94	38	1015.68		
省道	35	3089.3	1	1881	2	403.4	8	403	24	401.9	35	3089.3		
县道	134	11,631.78	2	4964	7	3330.16	25	1284.46	100	2053.16	134	11,631.78		
乡道	27	384.9					1	40	26	344.9	27	384.9		
专用公路	8	1381.51	1	1238.21			1	46.6	6	96.7	8	1381.51		
村道	148	2052.18			3	120	10	323	135	1609.18	141	1956.18	7	96
本年年底	390	19,555.35	4	8083.21	12	3853.56	52	2382.8	322	5235.78	383	11,459.35	7	96

一、大碶特大桥

位于大碶街道,为北仑区境内首条高速公路(原为同三线,2010 年名为甬台温高速北仑支线大碶至乌石岙段)第 1 座大型公铁立交桥,桩号 K6+993.55—K8+874.5。桥全长 1881.3 米,跨径总长 1877.6 米,桥最高 6 米(下通火车、汽车),左右分道行驶,各三车道,桥面净宽各 13 米。全桥均为预应力空心板简支结构。跨越坝头路、现有 329 国道、大塔路、规划 329 国道及萧甬铁路甬北支线。荷载汽超-20、挂-120。由宁波市政府投资建设,1998 年 12 月建成通车。

二、北仑支线陈华公铁立交桥

位于霞浦街道陈华村,为北仑区第 1 座公路大型公铁立交桥,跨越萧甬铁路甬北支线。桥全长 705.04 米,跨径总长 690 米(20 米×16 孔+25 米×2 孔+20 米×16 孔),桥最高 7.27 米,桥面净宽各 11.5 米,左右分道行驶,各三车道。荷载汽超-20 级、挂-120,2004 年 9 月建成通车,总投资 2500 万元。

公路特大桥、大桥、中桥情况

表 4-2-2

行政区划	桥梁名称	所属路线名称	桥梁全长（米）	跨径总长（米）	跨径组合（孔＊米）	桥梁全宽（米）	按跨径分	按使用年限分	设计荷载等级	建成年份
小港街道	招宝山大桥(左)	甬小线连接线	2482	568	102+83+49.5	14.75	特大桥	永久性	超 20 级	2001
小港街道	招宝山大桥(右)	甬小线连接线	2482	568	102+83+49.5	14.75	特大桥	永久性	超 20 级	2001
大碶街道	大碶特大桥	甬台温高速北仑支线	1881	1878	97＊19	26	特大桥	永久性	公路-Ⅰ级	1996
柴桥街道	大榭大桥	穿山至大榭	1238	1226	24.45+170+359	28.2	特大桥	永久性	公路-Ⅰ级	2000
霞浦街道	陈华公铁立交桥(左)	集装箱第二通道	778	773	9＊71＊22＊76	13.75	大桥	永久性	公路-Ⅰ级	2009
霞浦街道	陈华公铁立交桥(右)	集装箱第二通道	778	773	9＊71＊22＊76	13.75	大桥	永久性	公路-Ⅰ级	2009
霞浦街道	陈华公铁立交桥(左)	集装箱第二通道至陈华	705	690	14＊22＊43＊20	11.25	大桥	永久性	公路-Ⅰ级	1998
霞浦街道	陈华公铁立交桥(右)	集装箱第二通道至陈华	705	690	14＊22＊43＊20	11.25	大桥	永久性	公路-Ⅰ级	1998
大碶街道	七桥	甬台温高速北仑支线	260	256	16＊16	26	大桥	永久性	公路-Ⅰ级	1996
大碶街道	十桥	甬台温高速北仑支线	144	140	7＊20	26	大桥	永久性	公路-Ⅰ级	1996
白峰镇	沿海十一号桥(左)	穿山渡至咸祥	124	120	1＊20	21.5	大桥	永久性	公路-Ⅱ级	2004
白峰镇	沿海十一号桥(右)	穿山渡至咸祥	124	120	1＊20	21.5	大桥	永久性	公路-Ⅱ级	2004
大碶街道	三号桥	太河路	116	112	2＊18＊4	11.25	大桥	永久性	公路-Ⅰ级	2008
大碶街道	吕监桥	G329 至吕监	40	40	1＊40	14	大桥	永久性	公路-Ⅱ级	1999
小港街道	峡水大桥	湖水	40	40	1＊40	14	大桥	永久性	公路-Ⅱ级	2001
小港街道	五排桥	北平路至五排	40	40	1＊40	13	大桥	永久性	公路-Ⅰ级	2001
霞浦街道	陈华桥	G329(杭朱线)	55.5	42.1	13.3+16.6+12.2	12.6	中桥	永久性	公路-Ⅱ级	2005
柴桥街道	沃家桥(左)	G329(杭朱线)	52	52	4＊13	18.7	中桥	永久性	公路-Ⅱ级	2005
柴桥街道	沃家桥(右)	G329(杭朱线)	52	52	4＊13	18.7	中桥	永久性	公路-Ⅱ级	2005
柴桥街道	五马桥(左)	G329(杭朱线)	39	39	3＊13	18.6	中桥	永久性	公路-Ⅱ级	2005
柴桥街道	五马桥(右)	G329(杭朱线)	39	39	3＊13	18.4	中桥	永久性	公路-Ⅱ级	2005
白峰镇	桥(左)	G329(杭朱线)	24	20	1＊20	12.2	中桥	永久性	公路-Ⅱ级	2004

续上表

行政区划	桥梁名称	所属路线名称	桥梁全长（米）	跨径总长（米）	跨径组合（孔*米）	桥梁全宽（米）	按跨径分	按使用年限分	设计荷载等级	建成年份
白峰镇	桥(右)	G329(杭朱线)	24	20	1*20	12.2	中桥	永久性	公路-Ⅱ级	2004
大碶街道	十五桥	甬台温高速北仑支线	42.7	39	3*13	26	中桥	永久性	公路-Ⅰ级	1996
大碶街道	疏港二号桥	温台温高速北仑支线	48	48	3*16	30	中桥	永久性	公路-Ⅰ级	2008
新碶街道	小江桥	骆霞线	44.6	39	3*13	22.6	中桥	永久性	公路-Ⅱ级	1994
新碶街道	袁家桥	骆霞线	60	48	4*12	22.4	中桥	永久性	公路-Ⅱ级	2005
新碶街道	岩河桥	骆霞线	67.2	60	5*12	18.8	中桥	永久性	公路-Ⅱ级	2005
新碶街道	太和桥	骆霞线	52	40	4*10	18.8	中桥	永久性	公路-Ⅱ级	2005
新碶街道	静洪桥	骆霞线	46.5	36	3*12	18.8	中桥	永久性	公路-Ⅱ级	2005
新碶街道	邱家桥	骆霞线	42	39	3*13	15.2	中桥	永久性	公路-Ⅱ级	2005
小港街道	张苗江桥	宁波至小港	39.6	33	3*11	15.5	中桥	永久性	公路-Ⅰ级	1987
小港街道	十二号桥	宁波至通途路	42.7	39	3*13	17.5	中桥	永久性	公路-Ⅰ级	2000
小港街道	十三号桥	宁波至通途路	68.7	65	5*13	17.5	中桥	永久性	公路-Ⅰ级	2000
小港街道	十四号桥	宁波至通途路	42.7	39	3*13	17.5	中桥	永久性	公路-Ⅰ级	2000
小港街道	二十四号桥	宁波至通途路	68.7	65	5*13	17.5	中桥	永久性	公路-Ⅰ级	2000
小港街道	二十五号桥	宁波至通途路	42.7	39	3*13	17.5	中桥	永久性	公路-Ⅰ级	2000
小港街道	二十九号桥	宁波至通途路	42.7	39	3*13	17.5	中桥	永久性	公路-Ⅰ级	2000
大碶街道	关兴桥	大碶至青峙	56.7	40	4*10	6	中桥	永久性	公路-Ⅱ级	1990
柴桥街道	陈胜桥	穿山渡至咸祥	47	39	3*13	11	中桥	永久性	公路-Ⅱ级	1994
春晓镇	一号桥(左)	穿山渡至咸祥	29.4	20	1*20	21.5	中桥	永久性	公路-Ⅱ级	2004
春晓镇	一号桥(右)	穿山渡至咸祥	29.4	20	1*20	21.5	中桥	永久性	公路-Ⅱ级	2004
春晓镇	二号桥(左)	穿山渡至咸祥	64	60	3*20	21.5	中桥	永久性	公路-Ⅱ级	20004
春晓镇	二号桥(右)	穿山渡至咸祥	64	60	3*20	21.5	中桥	永久性	公路-Ⅱ级	2004
霞浦街道	临江桥(左)	集装箱第二通道	42	39	3*13	27.25	中桥	永久性	公路-Ⅰ级	2009

续上表

行政区划	桥 梁 名 称	所属路线名称	桥梁全长（米）	跨径总长（米）	跨径组合（孔＊米）	桥梁全宽（米）	按跨径分	按使用年限分	设计荷载等级	建成年份
霞浦街道	临江桥(右)	集装箱第二通道	42	39	3＊13	23.75	中桥	永久性	公路-Ⅰ级	2009
柴桥街道	芦江桥(左)	集装箱第二通道	84	80	5＊16	20.25	中桥	永久性	公路-Ⅰ级	2009
柴桥街道	芦江桥(右)	集装箱第二通道	84	80	5＊16	20.25	中桥	永久性	公路-Ⅰ级	2009
白峰镇	号桥(左)	白峰至咸祥	43	39	3＊13	8	中桥	永久性	公路-Ⅰ级	2004
白峰镇	号桥(右)	白峰至咸祥	43	39	3＊13	8	中桥	永久性	公路-Ⅰ级	2004
白峰镇	号桥(左)	白峰至咸祥	43	39	3＊13	8	中桥	永久性	公路-Ⅰ级	2004
白峰镇	号桥(右)	白峰至咸祥	43	39	3＊13	8	中桥	永久性	公路-Ⅰ级	2004
白峰镇	号桥(左)	白峰至咸祥	43	39	3＊13	8	中桥	永久性	公路-Ⅰ级	2004
白峰镇	号桥(右)	白峰至咸祥	43	39	3＊13	8	中桥	永久性	公路-Ⅰ级	2004
大碶街道	二号桥	太河路	84	80	4＊20	11.25	中桥	永久性	公路-Ⅰ级	2008
大碶街道	六号桥	太河路	52	39	3＊13	11.25	中桥	永久性	公路-Ⅰ级	2008
白峰镇	华峙新桥	华峙至童家峙	40	33	3＊11	7	中桥	永久性	公路-Ⅰ级	2004
新碶街道	居子碶桥	居子碶至北仑山	46.6	36	4＊9	7	中桥	永久性	公路-Ⅱ级	1999
小港街道	新政桥	路至新政	36	36	3＊12	7	中桥	永久性	公路-Ⅱ级	1990
小港街道	江桥头桥	至石龙	36	36	3＊12	7	中桥	永久性	公路-Ⅰ级	2001
小港街道	鄞镇桥	至渡头董	36	36	3＊12	8	中桥	永久性	公路-Ⅱ级	2003
小港街道	汇龙桥	至桥头严	40	40	4＊10	12	中桥	永久性	公路-Ⅱ级	1993
大碶街道	张埠桥	G329 至邬隘	40	40	4＊10	14	中桥	永久性	公路-Ⅱ级	1998
大碶街道	西岙桥	西岙至东岙	36	36	3＊12	14	中桥	永久性	公路-Ⅱ级	2001
霞浦街道	九峰桥	G329 至上傅	39	39	3＊13	14	中桥	永久性	公路-Ⅱ级	2005
霞浦街道	排洪河桥	至镇东	20	20	1＊20	14	中桥	永久性	公路-Ⅱ级	1988
新碶街道	周家桥	镇大路至周家	20	20	1＊20	14	中桥	永久性	公路-Ⅱ级	1992
新碶街道	邱李王桥	镇大路至许胡	20	20	1＊20	14	中桥	永久性	公路-Ⅱ级	1992

2010 年公路桥梁情况(国道、省道、县道) 表 4-2-3

路线	桥名	桥梁基本情况			桥梁分类			修(改)建年份
		桥梁全长(米)	跨径总长(米)	桥面全宽(米)	按使用年限分	按路径分	荷载等级	
甬台温高速北仑支线	大碶特大桥	1881.3	1877.6	26	永久性	特大桥	公路-Ⅰ级	1996
	二桥	11.5	6	26	永久性	小桥	公路-Ⅰ级	1996
	三桥	13.5	8	26	永久性	小桥	公路-Ⅰ级	1996
	四桥	11.5	5	26	永久性	小桥	公路-Ⅰ级	1996
	五桥	11.5	6	26	永久性	小桥	公路-Ⅰ级	1996
	六桥	13	10	26	永久性	小桥	公路-Ⅰ级	1996
	七桥	259.7	256	26	永久性	大桥	公路-Ⅰ级	1996
	八桥	13.6	8	26	永久性	小桥	公路-Ⅰ级	1996
	九桥	10.5	5	26	永久性	小桥	公路-Ⅰ级	1996
	十桥	143.7	140	26	永久性	大桥	公路-Ⅰ级	1996
	十一桥	10.5	5	26	永久性	小桥	公路-Ⅰ级	1996
	十二桥	13.5	8	26	永久性	小桥	公路-Ⅰ级	1996
	十三桥	13.5	8	26	永久性	小桥	公路-Ⅰ级	1996
	十四桥	16.7	13	26	永久性	小桥	公路-Ⅰ级	1996
	十五桥	42.7	39	26	永久性	中桥	公路-Ⅰ级	1996
	十六桥	13	10	26	永久性	小桥	公路-Ⅰ级	1996
	疏港一号桥	30	30	30	永久性	小桥	公路-Ⅰ级	2008
	疏港二号桥	48	48	30	永久性	中桥	公路-Ⅰ级	2008
329国道育王岭至涨埠山(杭朱线)	璎珞桥	16.8	8	13.6	永久性	小桥	公路-Ⅱ级	2005
	楼兰桥	15.2	7.1	13.6	永久性	小桥	公路-Ⅱ级	2005
	大名桥	30.2	20.8	13.6	永久性	小桥	公路-Ⅱ级	2005
	后漕嘴桥	12.4	7.2	13.4	永久性	小桥	公路-Ⅱ级	2005
	徐洋桥	17.4	12.6	13.4	永久性	小桥	公路-Ⅱ级	2005
	道场王桥	20.7	10	12.5	永久性	小桥	公路-Ⅱ级	2005
	大碶桥	34.7	26.7	12.5	永久性	小桥	公路-Ⅱ级	2005
	青龙桥	10.8	10.4	12.1	永久性	小桥	公路-Ⅱ级	2005
	张监碶桥	34.1	26	12	永久性	小桥	公路-Ⅱ级	2008
	通道桥	33.8	28	30	永久性	小桥	公路-Ⅰ级	2008
	清水桥	37	27.6	12.1	永久性	小桥	公路-Ⅱ级	1998
	陈华桥	55.5	42.1	12.6	永久性	中桥	公路-Ⅱ级	2005
	史家桥	16.6	11.8	12.6	永久性	小桥	公路-Ⅱ级	2005
	河西桥(左)	13	12.9	25.5	永久性	小桥	公路-Ⅱ级	2005
	河西桥(右)	28	12.9	25.5	永久性	小桥	公路-Ⅱ级	2005
	霞南桥(左)	34.7	26	18.3	永久性	小桥	公路-Ⅱ级	2005
	霞南桥(右)	34.7	26	18.5	永久性	小桥	公路-Ⅱ级	2005
	同盟桥(左)	26	26	18.7	永久性	小桥	公路-Ⅱ级	2005
	同盟桥(右)	26	26	18.5	永久性	小桥	公路-Ⅱ级	2005
	沃家桥(左)	52	52	18.7	永久性	中桥	公路-Ⅱ级	2005
	沃家桥(右)	52	52	18.7	永久性	中桥	公路-Ⅱ级	2005

续上表

路线	桥名	桥梁基本情况			桥梁分类			修(改)建年份
		桥梁全长(米)	跨径总长(米)	桥面全宽(米)	按使用年限分	按路径分	荷载等级	
329国道育王岭至涨埠山(杭朱线)	五马桥(左)	39	39	18.6	永久性	中桥	公路-Ⅱ级	2005
	五马桥(右)	39	39	18.4	永久性	中桥	公路-Ⅱ级	2005
	上周桥(左)	13	13	18.4	永久性	小桥	公路-Ⅱ级	2005
	上周桥(右)	13	13	18.3	永久性	小桥	公路-Ⅱ级	2005
	后所桥(左)	34	30	12.8	永久性	小桥	公路-Ⅱ级	2005
	后所桥(右)	34	13.6	12.2	永久性	小桥	公路-Ⅱ级	2005
	小门桥(左)	20	16	12.2	永久性	小桥	公路-Ⅱ级	2005
	小门桥(右)	20	7	29.2	永久性	小桥	公路-Ⅱ级	2005
	[illegible]一桥(左)	20	13.7	11	永久性	小桥	公路-Ⅱ级	2005
	岜峙一桥(右)	20	15.9	12.5	永久性	小桥	公路-Ⅱ级	2005
	岜峙二桥(左)	20	8	10.7	永久性	小桥	公路-Ⅱ级	2005
	岜峙二桥(右)	20	8	10.7	永久性	小桥	公路-Ⅱ级	2005
	新白峰桥(左)	24	20	12.2	永久性	中桥	公路-Ⅱ级	2005
	新白峰桥(右)	24	20	12.2	永久性	中桥	公路-Ⅱ级	2005
	新一号桥(左)	20.4	16	23	永久性	小桥	公路-Ⅱ级	2004
	新一号桥(右)	20	16	23	永久性	小桥	公路-Ⅱ级	2004
	渡口二号桥	18	10	13.2	永久性	小桥	公路-Ⅱ级	2004
宁波至通途路	十二号桥	42.7	39	17.5	永久性	中桥	公路-Ⅰ级	2000
	十三号桥	68.7	65	17.5	永久性	中桥	公路-Ⅰ级	2000
	十四号桥	42.7	39	17.5	永久性	中桥	公路-Ⅰ级	2000
	十五号桥	13.5	13	17.5	永久性	小桥	公路-Ⅰ级	2000
	十六号桥	27	24	17.5	永久性	小桥	公路-Ⅰ级	2000
	十七号桥	13.5	13	17.5	永久性	小桥	公路-Ⅰ级	2000
	十八号桥	31	30	17.5	永久性	小桥	公路-Ⅰ级	2000
	十九号桥	31	30	17.5	永久性	小桥	公路-Ⅰ级	2000
	二十号桥	11	10	17.5	永久性	小桥	公路-Ⅰ级	2000
	二十一号桥	33.3	30	17.5	永久性	小桥	公路-Ⅰ级	2000
	二十二号桥	11	10	17.5	永久性	小桥	公路-Ⅰ级	2000
	二十三号桥	11	10	17.5	永久性	小桥	公路-Ⅰ级	2000
	二十四号桥	68.7	65	17.5	永久性	中桥	公路-Ⅰ级	2000
	二十五号桥	42.7	39	17.5	永久性	中桥	公路-Ⅰ级	2000
	二十六号桥	16.7	13	17.5	永久性	小桥	公路-Ⅰ级	2000
	二十七号桥	33	30	17.5	永久性	小桥	公路-Ⅰ级	2000
	二十八号桥	16.7	13	17.5	永久性	中桥	公路-Ⅰ级	2000
	二十九号桥	42.7	39	17.5	永久性	中桥	公路-Ⅰ级	2000

续上表

路线	桥名	桥梁基本情况			桥梁分类			修(改)建年份
		桥梁全长(米)	跨径总长(米)	桥面全宽(米)	按使用年限分	按路径分	荷载等级	
穿山至咸祥	曹家桥	34	26	11	永久性	小桥	公路-Ⅱ级	1998
	陈胜桥	47	39	11.5	永久性	中桥	公路-Ⅱ级	1994
	东茄桥	11.8	6.8	11.2	永久性	小桥	公路-Ⅱ级	1995
	蓝瑞桥	15.1	10.5	4.5	永久性	小桥	公路-Ⅱ级	1958
	沿海八号桥(左)	22.2	13	21.5	永久性	小桥	公路-Ⅱ级	2004
	沿海八号桥(右)	22.2	13	21.5	永久性	小桥	公路-Ⅱ级	2004
	沿海九号桥(左)	29.4	20	21.5	永久性	中桥	公路-Ⅱ级	2004
	沿海九号桥(右)	29.4	20	21.5	永久性	中桥	公路-Ⅱ级	2004
	沿海十号桥(左)	17	13	24	永久性	小桥	公路-Ⅱ级	2006
	沿海十号桥(右)	17	13	24	永久性	小桥	公路-Ⅱ级	2006
	沿海十一号桥(左)	124	120	21.5	永久性	大桥	公路-Ⅱ级	2004
	沿海十一号桥(右)	124	120	21.5	永久性	大桥	公路-Ⅱ级	2004
	沿海十二号桥(左)	64	60	21.5	永久性	中桥	公路-Ⅱ级	2004
	沿海十二号桥(右)	64	60	21.5	永久性	中桥	公路-Ⅱ级	2004
	沿海十三号桥(左)	14.2	10.2	24	永久性	中桥	公路-Ⅱ级	2006
	沿海十三号桥(右)	14.2	10.2	24	永久性	中桥	公路-Ⅱ级	2006
大碶至海口	新和桥	25	18	6.5	永久性	小桥	公路-Ⅱ级	2003
	上帽溪桥	33	24	7	永久性	小桥	公路-Ⅱ级	2003
	郎头桥	20	16	7	永久性	小桥	公路-Ⅱ级	2003
	杨岙桥	13	8	9.5	永久性	小桥	公路-Ⅱ级	2003
	民丰桥	10	6	8	永久性	小桥	公路-Ⅱ级	2003
	汤果桥	9	6	6.5	永久性	小桥	公路-Ⅱ级	2003
	海口桥	26	22	12	永久性	小桥	公路-Ⅱ级	2003
江南至五乡	浃江桥	19.5	11	9.5	永久性	小桥	公路-Ⅱ级	1990
	下倪桥	12.5	6.8	9.2	永久性	小桥	公路-Ⅱ级	1998
	群联桥	40	28	10.6	永久性	小桥	公路-Ⅱ级	1995
	崎山桥	19	10.8	5	永久性	小桥	公路-Ⅱ级	1995
骆霞线	前进二号桥	18	13	15.6	永久性	小桥	公路-Ⅱ级	1994
	半江河桥	18	13	22	永久性	小桥	公路-Ⅱ级	1994
	联谊桥	28.5	20	22	永久性	小桥	公路-Ⅱ级	1994
	小江桥	44.6	39	22.6	永久性	中桥	公路-Ⅱ级	1994
	孔墅一桥	19	13	22.6	永久性	小桥	公路-Ⅱ级	1994
	孔墅二桥	19	13	22.6	永久性	小桥	公路-Ⅱ级	1994
	李隘桥	21	13	22.6	永久性	小桥	公路-Ⅱ级	1994
	太平桥	8.8	6.5	22.8	永久性	小桥	公路-Ⅱ级	2005
	袁家桥	60	48	22.4	永久性	中桥	公路-Ⅱ级	2005
	岩河桥	67.2	60	18.5	永久性	中桥	公路-Ⅱ级	2005
	太和桥	52	40	18.5	永久性	中桥	公路-Ⅱ级	2005
	静洪桥	46.5	36	18.5	永久性	中桥	公路-Ⅱ级	2005

续上表

路线	桥　　名	桥梁基本情况			桥 梁 分 类			修(改)建年份
		桥梁全长(米)	跨径总长(米)	桥面全宽(米)	按使用年限分	按路径分	荷载等级	
骆霞线	邱家桥	42	39	15.2	永久性	中桥	公路-Ⅱ级	2005
	定向桥	11	6	23	永久性	小桥	公路-Ⅱ级	2005
	百大洋桥	11	6	21	永久性	小桥	公路-Ⅱ级	2005
	黑蓝桥	24.3	13	21	永久性	小桥	公路-Ⅱ级	2005
	书院桥	31	20	18.5	永久性	小桥	公路-Ⅱ级	2005
宁波至小港	界牌桥	19.6	13	15.5	永久性	小桥	公路-Ⅰ级	1987
	三眼桥	19.6	13	15.5	永久性	小桥	公路-Ⅰ级	1987
	胡家祥桥	26.6	20	15.5	永久性	小桥	公路-Ⅰ级	1987
	野猪窝桥	16.6	10	15.5	永久性	小桥	公路-Ⅰ级	1987
	石桥	19.6	13	15.5	永久性	小桥	公路-Ⅰ级	1987
	断头河桥(一)	16.6	10	15.5	永久性	小桥	公路-Ⅰ级	1987
	张苗江桥	39.6	33	15.5	永久性	中桥	公路-Ⅰ级	1987
	断头河桥(二)	16.6	10	15.5	永久性	小桥	公路-Ⅰ级	1987
	王家厢楼桥	19.6	13	15.5	永久性	小桥	公路-Ⅰ级	1987
	郭家桥	31.6	24	15.5	永久性	小桥	公路-Ⅰ级	1987
	半山头桥	15.1	10	15.5	永久性	小桥	公路-Ⅰ级	1987
	双桥	19.6	13	15	永久性	小桥	公路-Ⅰ级	1987
白峰至中宅	华峙一号桥	8.3	6	13	永久性	小桥	公路-Ⅱ级	1998
柴桥至狮了山	芦江桥	24.6	13	6.5	永久性	小桥	公路-Ⅱ级	1985
	石栏桥	34.2	27.2	7.7	永久性	小桥	公路-Ⅱ级	1985
	穿山碶桥	30	24	6.8	永久性	小桥	公路-Ⅱ级	1985
	东门碶桥	9.7	7.7	7.5	永久性	小桥	公路-Ⅱ级	1985
石桥至龙钟	石桥	28.6	24	5	永久性	小桥	公路-Ⅱ级	2000
	李本通桥	17.6	5.2	8	永久性	小桥	公路-Ⅱ级	2000
	合兴桥	19.7	8	8	永久性	小桥	公路-Ⅱ级	2000
	徐家桥	24.8	7	8	永久性	小桥	公路-Ⅱ级	2000
	涨家桥	26	8	8	永久性	小桥	公路-Ⅱ级	2000
	钟家桥	42.2	26	8	永久性	小桥	公路-Ⅱ级	2000
白峰至梅山盐场	铜桥	10	8	9.5	永久性	小桥	公路-Ⅱ级	1994
	阮家桥	12	8	9.5	永久性	小桥	公路-Ⅱ级	1994
	乌交桥	11.1	5	9.5	永久性	小桥	公路-Ⅱ级	1994
	夹塘桥	10.3	5	9.5	永久性	小桥	公路-Ⅱ级	1994

续上表

路线	桥名	桥梁基本情况			桥梁分类			修(改)建年份
		桥梁全长(米)	跨径总长(米)	桥面全宽(米)	按使用年限分	按路径分	荷载等级	
白峰至咸祥	白峰新桥(左)	34	30	8	永久性	小桥	公路-Ⅰ级	2004
	白峰新桥(右)	34	30	8	永久性	小桥	公路-Ⅰ级	2004
	沿海一号桥(左)	24	20	8	永久性	小桥	公路-Ⅰ级	2004
	沿海一号桥(右)	24	20	8	永久性	小桥	公路-Ⅰ级	2004
	沿海二号桥(左)	17	13	8	永久性	小桥	公路-Ⅰ级	2004
	沿海二号桥(右)	17	13	8	永久性	小桥	公路-Ⅰ级	2004
	沿海三号桥(左)	43	39	8	永久性	中桥	公路-Ⅰ级	2004
	沿海三号桥(右)	43	39	8	永久性	中桥	公路-Ⅰ级	2004
	沿海四号桥(左)	43	39	8	永久性	中桥	公路-Ⅰ级	2004
	沿海四号桥(右)	43	39	8	永久性	中桥	公路-Ⅰ级	2004
	沿海五号桥(左)	39.5	26	8	永久性	小桥	公路-Ⅰ级	2004
	沿海五号桥(右)	39.5	26	8	永久性	小桥	公路-Ⅰ级	2004
	沿海六号桥(左)	43	39	8	永久性	中桥	公路-Ⅰ级	2004
	沿海六号桥(右)	43	39	8	永久性	中桥	公路-Ⅰ级	2004
	沿海七号桥(左)	17	13	8	永久性	小桥	公路-Ⅰ级	2004
	沿海七号桥(右)	17	13	8	永久性	小桥	公路-Ⅰ级	2004
白峰至洋涨	碧兰溪桥	9	5	8.5	永久性	小桥	公路-Ⅱ级	1980
	盛岙桥	9.2	5	8.5	永久性	小桥	公路-Ⅱ级	1980
大碶至青峙	关圣桥	56.7	40	6	永久性	中桥	公路-Ⅱ级	1990
	许胡桥	25	21	5.6	永久性	小桥	公路-Ⅱ级	1990
集装箱第二通道	钢铁厂桥(左)	20	16	62.7	永久性	小桥	公路-Ⅰ级	2009
	钢铁厂桥(右)	20	16	9.5	永久性	小桥	公路-Ⅰ级	2009
	通道桥(左)	16	13	13.75	永久性	小桥	公路-Ⅰ级	2009
	通道桥(右)	16	13	13.75	永久性	小桥	公路-Ⅰ级	2009
	公铁立交桥(左)	778	773	13.75	永久性	大桥	公路-Ⅰ级	2009
	公铁立交桥(右)	778	773	13.75	永久性	大桥	公路-Ⅰ级	2009
	临港桥(左)	42	39	27.25	永久性	中桥	公路-Ⅰ级	2009
	临港桥(右)	42	39	23.75	永久性	中桥	公路-Ⅰ级	2009
	霞浦桥(左)	20	16	20.25	永久性	小桥	公路-Ⅰ级	2009
	霞浦桥(右)	20	16	20.25	永久性	小桥	公路-Ⅰ级	2009
	同盟桥(左)	27	24	20.25	永久性	小桥	公路-Ⅰ级	2009
	同盟桥(右)	27	24	20.25	永久性	小桥	公路-Ⅰ级	2009
	芦江桥(左)	84	80	20.25	永久性	中桥	公路-Ⅰ级	2009
	芦江桥(右)	84	80	20.25	永久性	中桥	公路-Ⅰ级	2009

续上表

路线	桥　名	桥梁基本情况			桥梁分类			修(改)建年份
		桥梁全长（米）	跨径总长（米）	桥面全宽（米）	按使用年限分	按路径分	荷载等级	
太河路至春晓公路	一号桥	35	26	11.25	永久性	小桥	公路-Ⅰ级	2008
	二号桥	84	80	11.25	永久性	中桥	公路-Ⅰ级	2008
	三号桥	116	112	11.25	永久性	大桥	公路-Ⅰ级	2008
	四号桥	22	13	11.25	永久性	小桥	公路-Ⅰ级	2008
	五号桥	22	13	11.25	永久性	小桥	公路-Ⅰ级	2008
	六号桥	52	39	11.25	永久性	中桥	公路-Ⅰ级	2008
	七号桥	20	10	11.25	永久性	小桥	公路-Ⅰ级	2008
	八号桥	18	10	11.25	永久性	小桥	公路-Ⅰ级	2008
	九号桥	23	10	11.25	永久性	小桥	公路-Ⅰ级	2008
	十号桥	23	10	11.25	永久性	小桥	公路-Ⅰ级	2008
	十一号桥	26	13	11.25	永久性	小桥	公路-Ⅰ级	2008
	十二号桥	13	13	11.25	永久性	小桥	公路-Ⅰ级	2008
	十三号桥	34	26	11.25	永久性	小桥	公路-Ⅰ级	2008
	十四号桥	16	13	11.25	永久性	小桥	公路-Ⅰ级	2008
	十五号桥(左)	17	13	11.25	永久性	小桥	公路-Ⅰ级	2008
	十五号桥(右)	17	13	11.25	永久性	小桥	公路-Ⅰ级	2008
甬小线连接线	招宝山大桥(左)	2482	568	14.75	永久性	特大桥	超20级	2010
	招宝山大桥(右)	2482	568	14.75	永久性	特大桥	超20级	2010
长江路口至陈华	一号桥(左)	13	13	13	永久性	小桥	公路-Ⅰ级	1998
	一号桥(右)	13	13	13	永久性	小桥	公路-Ⅰ级	1998
	二号桥(左)	13	13	13	永久性	小桥	公路-Ⅰ级	1998
	二号桥(右)	13	13	13	永久性	小桥	公路-Ⅰ级	1998
	三号桥(左)	13	13	13	永久性	小桥	公路-Ⅰ级	1998
	三号桥(右)	13	13	13	永久性	小桥	公路-Ⅰ级	1998
	陈华立交桥(左)	705	690	12.25	永久性	大桥	公路-Ⅰ级	1998
	陈华立交桥(右)	705	690	12.25	永久性	大桥	公路-Ⅰ级	1998

注:表中不含专用公路、乡道和农村公路桥梁。

第三节　城区桥梁

北仑城区属岩泰水系,中河、泰河、岩河3条河流贯其间,主要桥梁横跨此3条河流。1984年前大多是简易的石板桥、拱桥等,承载能力低、跨度小、桥面窄,宜通人畜和人力车。建区后,依照规划陆续修建了新桥梁。新建桥梁多为钢筋混凝土简支梁桥,桥梁下部结构均为钢筋混凝土钻孔桩,桩顶设盖梁,上部结构采用钢筋混凝土预制梁或板,吊装成桥。栏杆有水磨石、花岗石、不锈钢等型式。城区内最长的桥梁是明州路岩河桥,全桥共5跨,每跨12米,全长60米。面积最大、最宽的桥梁是辽河路跨线桥,桥梁全宽100米,桥梁总面积4200平方米。至2010年底,共有桥梁75座(表4-3-1),总长宽2269米,面积94,747平方米。

城区主要桥梁一览(单位:米)　　表4-3-1

序号	桥　名	桥址	水系	始建改建年份	桥长	桥宽	结构	承载能力
1	明州桥	星中路	中河	1988.6	34.7	10	简支梁	汽-20,挂-100
2	明州路中河桥	明州路	中河	1991.1	34	36	简支梁	汽-20,挂-100
3	明州路太河桥	明州路	太河	1992.3	34	36	简支梁	汽-20,挂-100
4	横河路一号桥	横河路	太河	1992.3	7.6	13	简支梁	汽-20,挂-100
5	横河路二号桥	横河路	太河	1992.3	24	13	简支梁	汽-20,挂-100
6	华山路中河桥	华山路	中河	1993.4	42.4	24	简支梁	汽-20,挂-100
7	华山路太河桥	华山路	太河	1993.5	54.4	24	简支梁	汽-20,挂-100
8	恒山路一号桥	恒山路	中河	1994.8	39	42	简支梁	汽-20,挂-100
9	新大路贝碶桥	新大路		1989.2	16	13	简支梁	汽-20,挂-100
10	塘湾一号桥	新大路		1989.2	20	13	简支梁	汽-20,挂-100
11	塘湾二号桥	新大路		1989.2	8	13	简支梁	汽-20,挂-100
12	千丈桥	新大路		1989.2	24	24	简支梁	汽-20,挂-100
13	大新桥	新大路		1989.2	16	24	简支梁	汽-20,挂-100
14	塊头桥	新大路		1989.2	16	13	简支梁	汽-20,挂-100
15	烟墩桥	新大路		1989.2	16	13	简支梁	汽-20,挂-100
16	中河路五期桥	中河路	中河	1997.12	13	23	简支梁	汽-20,挂-100
17	大同前顾桥	通途路		1995.4	6	60.5	简支梁	汽-20,挂-100
18	小浃江桥	通途路		1995.4	39	60.5	简支梁	汽-20,挂-100
19	建设河桥	通途路		1995.4	33	60.5	简支梁	汽-20,挂-100
20	东泰河东桥	通途路	太河	1995.12	29	60.5	简支梁	汽-20,挂-100
21	东泰河西桥	通途路	太河	1995.12	36	60.5	简支梁	汽-20,挂-100
22	凤洋河桥	通途路	凤洋河	1995.11	24	60.5	简支梁	汽-20,挂-100
23	泰山路中河桥	泰山路	中河	1995.7	36	60.5	简支梁	汽-20,挂-100
24	中河支流桥	通途路	中河	1995.7	29	60.5	简支梁	汽-20,挂-100
25	泰山路岩河桥	泰山路	岩河	1995.11	52	60.5	简支梁	汽-20,挂-100
26	官河桥	通途路	岩河	1995.11	36	60.5	简支梁	汽-20,挂-100

续上表

序号	桥 名	桥址	水系	始建改建年份	桥长	桥宽	结构	承载能力
27	黄山路桥	黄山路	岩河	2001.4	12	95.6	简支梁	汽-20,挂-100
28	恒山西路一号桥	恒山路	岩河	2001.4	12	82.6	简支梁	汽-20,挂-100
29	明州西路一号桥	明州路	岩河	2000.1	12	82.6	简支梁	汽-20,挂-100
30	凤洋路桥	凤洋路		2000.8	20	33.6	简支梁	汽-20,挂-100
31	小山桥	明州路	沙湾河	1994.7	36	42.6	简支梁	汽-20,挂-100
32	明州路岩河桥	明州路	岩河	1996.1	60	42.6	简支梁	汽-20,挂-100
33	淮河路二号桥	淮河路		1993.5	6	22.6	简支梁	汽-20,挂-100
34	珠江路二号桥	珠江路		1922.1	6	22.4	简支梁	汽-20,挂-100
35	江家桥	长江路		1994.4	10	60	简支梁	汽-20,挂-100
36	黄山路岩河桥	黄山路	岩河	1993.11	52	60.5	简支梁	汽-20,挂-100
37	四明山路中河桥	四明山	中河	1998.11	52.6	24.6	简支梁	汽-20,挂-100
38	沙湾河桥	嵩山路	沙湾河	1999.9	26	24.6	简支梁	汽-20,挂-100
39	界河桥	东河路			13	10	简支梁	汽-20,挂-100
40	恒山路二号桥	恒山路		1994.7	36	42.5	简支梁	汽-20,挂-100
41	恒山路岩河桥	恒山路	岩河	1998.8	55	42.5	简支梁	汽-20,挂-100
42	东兴桥	华山路	沙湾河	1997.8	13	38.3	简支梁	汽-20,挂-100
43	闽江路箱涵	闽江路	定向河	2004.7	20	42	箱涵	汽超 20
44	定向河桥	太河路	定向河	2006.6	32	55	简支梁	城-A 级
45	沙湾河桥	辽河路	沙湾河	2004.7	26	42	简支梁	城-A 级
46	辽河路跨线桥	辽河路	辽河路	2005.4	100	42	简支梁	城-A 级
47	四明山路太河桥	四明山	太河	2002.8	46	24	简支梁	城-B 级
48	凤凰山路太河桥	凤凰山	太河	2002.12	46	24	简支梁	城-B 级
49	岷山路中河桥	岷山路	中河	2003.6	46	24	简支梁	城-B 级
50	岷山路太河桥	岷山路	太河	2003.6	46	24	简支梁	城-B 级
51	东沙连河桥	长江路	东沙连河	2006.5	30	60	简支梁	城-A 级
52	清水河桥	长江路	清水河	2006.5	46	25.5	简支梁	城-A 级
53	富春江河桥	黄山路	富春江河	2004.9	22	55	简支梁	汽-20,挂-100
54	黄山路中河桥	黄山路	中河	2004.9	58	60	简支梁	汽-20,挂-100
55	黄山路太河桥	黄山路	太河	2004.9	46	60	简支梁	城-A 级
56	凤洋河桥	钱塘江	凤洋河	2001.4	34	33	简支梁	汽-20,挂-100
57	明州路桥	钱塘江路	凤洋河	2001.4	22	58	简支梁	汽-20,挂-100
58	恒山路桥	钱塘江路	凤洋河	2001.4	22	82	简支梁	汽-20,挂-100

续上表

序号	桥　名	桥址	水系	始建改建年份	桥长	桥宽	结构	承载能力
59	黄山路桥	钱塘江路	凤洋河	2001.4	22	95	简支梁	汽-20,挂-100
60	天目山路桥	钱塘江路	凤洋河	2001.4	22	38	简支梁	汽-20,挂-100
61	普陀山路桥	钱塘江路	凤洋河	2002.5	22	30	简支梁	汽-20,挂-100
62	庐山路桥	钱塘江路	凤洋河	2002.5	22	48	简支梁	汽-20,挂-100
63	规划河桥	钱塘江路	凤洋河	2002.5	22	42	简支梁	汽-20,挂-100
64	元宝山路桥	钱塘江路	凤洋河	2002.5	22	10	简支梁	汽-20,挂-100
65	龙角山路桥	钱塘江路	凤洋河	2002.5	22	48	简支梁	汽-20,挂-100
66	坝头路桥	钱塘江路	凤洋河	2002.5	22	36	简支梁	汽-20,挂-100
67	岩河桥	钱塘江路	岩河	2002.5	58	66	简支梁	汽-20,挂-100
68	通途路南河桥	甬江路	通途路南	2005.3	34	42	简支梁	城-A级
69	横河桥	甬江路	横河	2005.3	34	36	简支梁	城-A级
70	沿塘河桥	富春江路	沿塘河	2001.6	22	42	简支梁	城-A级
71	富春江路规划	富春江路	富春江河	2001.6	26	42	简支梁	城-A级
72	通途路南河桥	富春江路	通途路南河	2002.4	34	42	简支梁	城-A级
73	富春江南路一号	富春江路	汽车城河	2002.4	34	42	简支梁	城-A级
74	富春江南路二号	富春江路	汽车城河	2002.4	34	42	简支梁	城-A级
75	富春江南路三号	富春江路	汽车城河	2002.4	34	42	简支梁	城-A级

第四节　隧　　道

在山中、地下或海底、江河底下筑成的道路称隧道。至2010年,区域内有隧道10座(不含大榭开发区),计4375延米。均为建区后新建。

一、羊白岭隧道

在G329线穿山至白峰段。分左右隧道:右隧道长309延米,净宽12米,宽9米,人行道2×1.5米,净高5.5米。1992年6月建成。左隧道长425延米,净宽10米,宽9米,人行道1.5米×2,净高5米。2004年10月建成。投资1312万元。

二、甬江隧道

于1989年6月动工建设,1995年11月8日建成通车。为S32(原79)省道线跨越甬江工程,位于镇海区张鉴碶村与北仑区江南衙前村之间,单管双车道钢筋混凝土结构,隧道长1019延米,其中江中沉管5段长420延米,内壁净宽10.2米,路面宽7.5米,净高

4.5 米;按平原微丘 2 级公路标准设计,最大纵坡 3.5%,桥汽-20,挂-100,设计车速为每小时 60 千米,日通过能力 5500 辆车次。隧道内置有两排高压钠灯照明,6 台射流风机通风,并建有消防、监控、通讯等设施。两端公路接线 2802 米。总投资 1.76 亿元。隧道投入使用后,镇海汽车轮渡停废。2010 年起由市政府决定移交镇海区管理。

三、昆亭岭隧道

在穿咸线柴桥至昆亭段。长 369 延米,净宽 10 米,主车道宽 7 米,人行道 2×1.5 米,净高 4.5 米,1994 年 12 月建成。2006 年 8 月渗水处理,投资 300 万元。

四、茅岭隧道

在大海线杨岙至民丰段。长 602 延米,净宽 11 米,车道宽 7 米,人行道 1.5 米×2,净高 4.5 米,2001 年 6 月建成。

五、招宝山隧道

在甬小线连接线招宝山大桥北端,分左右隧道,均长 169 延长,净宽 12.8 米,净高 8.36米。2001 年 6 月建成。2010 年起,由市政府决定移交北仑区管理。

六、于家岭隧道

在白峰至咸祥线。M 型联体隧道,左右隧道均长 505 延米,宽 16.4 米,车净宽 13 米;人行道 1.7 米×2,净高 5 米,2004 年 12 月建成。投资 4300 万元。

七、溪岙岭隧道

在太河路至春晓公路春晓段。分左右隧道:右隧道长 937 延米,净宽 10.5 米,净高 5 米,人行道 1.2 米×2。2008 年 6 月建成。

溪岙岭隧道北出口

八、垛子岭隧道

在春晓镇,连接慈岙村与三山村。长 385 延米,宽 7 米,双向二车道,净高 5 米,人行道 1.2 米×2。2009 年 12 月建成。由区政府与春晓镇合资兴建,投资 2600 万元。

九、在建隧道

溪岙岭隧道左道,长 1002 延长,净宽 10.5 米,净高 5 米,计划 2011 年 10 月完成。

十、升螺隧道

在柳树田至中宅公路上,分左右隧道,均长 325 延米,净宽 10.5 米,净高 5 米。计划 2011 年 12 月完成。

十一、中宅隧道

在柳树田至中宅公路上,分左右隧道,左隧道长 725 延米,净宽 10.5 米,净高 5 米;右隧道长 690 延米,净宽 10.5 米,净高 5 米。计划 2011 年 12 月完成。

第五节　民 间 桥 梁

修路造桥,造福桑梓,乃民俗淳风,为历代称颂。民间旧时建桥,多为官倡民助,众人捐银建桥遍于乡里。也有家底殷实者独资建之:柴桥里人沃泮独资建有五马桥(位于柴桥五马村)、清水桥(位于大碶清水村)和牌门桥(位于大碶牌门村)。区境内民间古桥盛行采石建之,结构多为石平板桥或石拱桥。石平板桥,车行平坦;石拱桥,造型美观,显示先人之智慧。如东岗碶桥,俗称十三眼桥,13 孔石梁,桥长 43 米;建于明嘉靖三十四年(1555),风雨 450 余年,仍坚固似昨。永济桥,又名长山桥,3 孔条石拱,纵联分节,并列砌筑,桥长 53 米;建于清康熙戊申年(1668),至今雄姿犹存,风采依旧。上两桥均列入区级文物保护单位。全区有 7 座古桥为区级文物保护单位(点)。建区后,历届政府投入大量资金,对旧桥进行了改建和重建,并新建桥梁,其宽度和承重能力,都普遍增加。1989 年调查统计,区境内有民间桥梁 1284 座(见表 4-5-1),其中单跨净孔 2 米以上的小桥 930 座,单孔跨径大于等于 5 米、多孔跨径大于等于 8 米的桥梁 354 座。收入这一节的民间桥梁,一是长度在 20 米以上的重要车行桥,二是历史上较为有名或以乡名、村名命名的传统人行桥。

小港古桥——长山碶桥

1989 年北仑区民间桥梁一览 表 4-5-1

乡镇名	小桥			桥			合计		
	座	孔	长度(米)	座	孔	长度(米)	座	孔	长度(米)
江南乡	72	72	595.3	27	36	470.8	99	108	1066.1
枫林乡	42	42	263.8	17	37	333.3	59	79	597.1
下邵乡	34	34	572.4	30	50	776.2	64	84	1348.6
小港镇	49	49	402.2	20	34	559.2	69	83	961.4
邬隘乡	74	78	955.7	21	31	504.2	95	109	1459.9
高塘乡	79	79	978.65	18	24	487.1	97	103	1465.75
塔峙乡	56	58	220.8	33	59	481.5	89	117	702.3
大碶镇	51	51	608.4	15	21	293.8	66	72	902.2
新碶镇	99	99	952.9	31	86	803.65	130	185	1756.55
霞浦镇	73	74	807.05	30	41	568.6	103	115	1375.65
紫石乡	57	59	323.5	28	33	338.6	85	92	662.1
柴桥镇	54	55	466.9	25	32	586.5	79	87	1053.4
昆亭乡	10	18	76.5	10	12	127.2	20	30	203.7
三山乡	14	16	61.9	31	37	344.1	45	53	406
上阳乡	21	23	110.9	7	10	79.1	28	33	190
白峰乡	38	40	161.2	1	3	13	39	43	174.2
峙头乡	21	22	78.7	1	1	6	22	23	84.7
郭巨镇	46	55	193.1	3	7	42	49	62	235.1
梅山乡	40	42	275.2	6	7	60	46	49	335.2
总计	930	966	8105.1	354	561	6873.85	1284	1527	14,978.95

注:单跨净孔 2 米以上者为小桥,单孔跨径大于等于 5 米、多孔跨径大于等于 8 米的为桥。

按原乡镇分述如下：

一、江南乡

1.江南一号桥

位于新民村，1978 年建，钢筋混凝土圆洞拱片，桥长 35.3 米，宽 3 米，高 2.9 米，净孔 34.3 米。

2.江南二号桥

位于新民村，1979 年建，钢筋混凝土圆洞拱片，桥长 26.5 米，宽 4.4 米，高 2.75 米，净孔 25.5 米，荷载汽-6。

3.江南三号桥

位于新民村，1980 年建，钢筋混凝土圆洞拱片，桥长 26.6 米，宽 3 米，高 2.85 米，净孔 25.6 米。

4.江南四号桥

位于新政村，1980 年建，钢筋混凝土圆洞拱片，桥长 40 米，宽 3 米，高 3.2 米，净孔 34.9 米。

5.雅度岙桥

位于新权村，1979 年建，钢筋混凝土圆洞拱片，桥长 21.3 米，宽 3 米。

6.联谊桥

位于新权村，1985 年石桥改建，钢筋混凝土矩形板梁，桥长 24 米，宽 4.53 米，高 3.4 米，净孔 21 米，荷载汽-15。

二、枫林乡

1.东岗碶桥

位于东岗碶村，明嘉靖三十五年(1556)始建，凡 5 孔，为老碶；万历年间建新碶，8 孔；万历三十一年(1603)，增建新碶为 13 孔，俗称十三眼桥。现存碶桥系清康熙二年(1663)重建，13 孔石梁，条石桥面，桥长 28.8 米，宽 2.8 米，高 2.82 米，每孔孔距 2.1 米，嘉庆十三年(1808)，下游新东岗碶的燕山碶建成后，东岗碶改为交通桥。1993 年 8 月 11 日，公布为区级文物保护点。2009 年 9 月公布为区级文物保护单位。

2.东岗碶拱桥

位于东岗碶村，1966 年造，钢筋混凝土板梁，桥长 25 米，宽 2.3 米，高 1.95 米，净孔 16 米。

3.五眼桥

位于顾家桥村，明万历三十二年(1604)建，5孔石梁，条石桥面，桥长35米，宽2.3米，高3.5米，净孔24米。

4.王家港桥

位于大石门，1972年石桥改建，钢筋混凝土板梁，桥长34米，宽5.6米，高2.5米，净孔25.2米。

5.群英桥

位于下倪桥，1967年造，3孔钢筋混凝土板梁，桥长37.3米，宽2.85米，高3.4米，净孔8.5米×3。

6.前沈桥

位于东岗礇，1967年建，钢筋混凝土板梁，桥长22米，宽2.1米，高3.5米，净孔7米。

7.施家平桥

位于冯家斗，1967年建，钢筋混凝土板梁，桥长25.5米，宽2.45米，高4.25米，净孔7米。

三、下部乡

1.下部桥

1974年石桥改建，钢筋混凝土圆洞拱片，桥长23.5米，宽3.3米，高2.35米，净孔20米，荷载汽-6。

2.安乐桥

俗称七眼桥，位于下部。旧系东陵渡，因屡有覆溺，于清道光二十九年(1821)建桥，取名安乐。7孔木桩基础条石台墩石桥梁。桥长61.5米，宽2.4米，每孔跨度5.1米，桥面由3块条石并列。桥台高4米，墩高4.4米。1987年改建为钢筋混凝土板梁。2000年12月公布为区级文物保护点。

3.上车堰桥

位于姚张，民国十一年(1922)修，单孔石梁。1964年改建，钢筋混凝土门形梁，桥长36米，宽2.4米，高3.6米，净孔6.9米。

4.新来水桥

位于五盟，1978年造，钢筋混凝土圆洞拱片，桥长40米，宽4米，高3米，净孔30.4米，荷载2吨。

5.朋泽桥

载于民国志，位于五盟。1966年石桥改建，钢筋混凝土门形梁，桥长27米，宽1.8米，高3.65米，净孔6.5米。

6.李家桥

载于清《乾隆志》,位于周隘。1985年石桥改建,钢筋混凝土板梁,桥长21.5米,宽2.6米,高3.5米,净孔7米。

7.鄞镇江桥

位于江桥头,1932年建,整体式钢筋混凝土桥,桥长43米,宽2.47米,高3.05米,净孔5.4米×5,荷载1吨。

8.庙前桥

载于清《乾隆志》,位于丁家山。1985年石桥改建,钢筋混凝土板梁,桥长22米,宽2.9米,高3.5米,净孔6.8米。

9.丁家山桥

又称大桥头,石拱,桥长10.5米。1985年改建,钢筋混凝土板梁,桥长28.6米,宽2.6米,高3.65米,净孔6.6米。

10.金银渡桥

位于桥头严,旧系牵渡,清嘉庆年间设渡,清道光三十年(1850)建桥,桥凡5孔,桥北北仑,桥南鄞州,迤西建土地祠及亭。5孔石梁,桥长46.8米,宽2.3米,高4.5米。2000年12月12日,公布为区级文物保护点。

11.鄞镇通津桥

位于渡头董,在去五乡碶道上,俗称三眼桥。乾隆五十年(1785)建,3孔石梁,条石桥面,桥长40米,宽2米,高4.3米。

12.利农大桥

位于渡头董,1970年造,5孔钢筋混凝土门形梁,桥长57米,宽2米,高3.7米,净孔7.8米×5。

13.钟家桥

1980年石桥改建,钢筋混凝土板梁,桥长27米,宽2.45米,高3.5米,净孔4.6米。

14.太平桥

1983年石桥改建,钢筋混凝土板梁,桥长20米,宽2.6米,高3.2米,净孔4.8米。

15.通海桥

位于湖芳村,1976年石桥改建,钢筋混凝土圆洞拱片,桥长33.5米,宽3.25米,高2.9米,净孔25米,荷载汽-6。

16.石狮桥

位于湖芳桥,1965年建,钢筋混凝土门型梁,桥长22米,宽1.8米,高3.5米,净孔6.9米。

四、小港镇

1.小港大桥

原名义成桥。《乾隆志》记载此处未造桥之前，人以小舟渡江，风浪不测，屡至覆溺。康熙五十九年建桥。道光七年重修，3孔条石半圆拱桥，纵联分节，并列砌筑，条石栏，莲蓬望柱，长51.5米，跨径中11.7米，边各10米，宽4米，高7.6米。1963年改建为3孔干砌条石重力式台墩钢筋混凝土组合梁，并改名为小港大桥。此桥净跨径中12.6米，两边孔10.6米，全长54米，宽4米，高5.2米。1983年改换钢筋混凝土空心板梁，桥面拓宽至6米，荷载汽-15。

2.永济桥

又名长山桥，明洪武年间鄞人谢复荣建。成化年间海道朱绅、杨宣相继建石梁。明万历丙申秋，大潦，桥陁，知县丁鸿阳、朱一鹗先后葺成之。清顺治戊戌，海盗从穿山登陆，桥毁。清康熙戊申，知县王元士议重建，邑贡生谢泰履捐金倡建，逾2年造竣。清嘉庆年间重修，3孔条石拱，纵联分节，并列砌筑，跨径中9.6米，两边孔各7.2米，全长53米，宽4米，高3米，荷载汽-5。壁上嵌明万历和清嘉庆修桥碑记各一方。1990年12月公布为区级文物保护单位。

3.浦山大桥

位于渡头村，1979年建，钢筋混凝土圆洞拱片，桥长57米，宽5.5米，高2.8米，单跨径45米，荷载汽-15。

4.青墩渡桥

位于孔墅，1967年改建，钢筋混凝土桥梁，桥长36米，宽3.2米，净孔10米×3，荷载3吨。

5.渎水桥

位于孔墅，1979年造，钢筋混凝土圆洞拱片，桥长57米，宽5.5米，高2.1米，净孔45米，荷载汽-15。

6.赵家桥

位于长山村，1987年建，钢直梁横梁，桥长34米，宽2.4米，高3米，净孔10米×3。

7.里乐桥

位于建设村，1989年建，钢筋混凝土空心板梁，桥长37.2米，宽3.2米，高3米，净孔10.2米×3，荷载汽-15。

8.生产桥

位于建设村，1986年建，钢筋混凝土圆洞拱片，桥长26米，宽3米，高3米，净孔20米，荷载3吨。

9.碶跟排涝桥

位于义成碶,1974 年建,钢筋混凝土圆洞拱片,桥长 25 米,宽 3 米,高 2.5 米,净孔 25 米,荷载 3 吨。

10.渡头桥

位于渡头村,1987 年建,钢筋混凝土空心板梁,桥长 40 米,宽 6 米,高 2.8 米,净孔 12 米×3,荷载汽-15。

11.义成碶桥

位于小港街道龙头山东麓。清道光九年(1829)里人胡多钧、乐涵建,耗费一万二千贯。自发起至工成,皆出于“义”字,故名。1937 年、1962 年先后加宽。该碶跨小浃江,全长 32 米,宽 5.3 米,15 孔,孔距 1.4—1.9 米。以岩为基,以石柱并列为墩,上游两岸石砌引堤。碶桥柱上镌联云:“三邑通其水,五乡碶、东冈碶、蝘山碶,至此独障狂澜;万灶乐为农,灵岩乡、泰邱乡、清泉乡,惜不共沾美利”。1979 年改为交通桥。1993 年 8 月公布为区级文物保护点。2009 年 9 月公布为区级文物保护单位。

12.朱家渡桥

位于小港街道顾家桥村任家小浃江上。建于清光绪二十四年(1898),为五孔梁式石平桥。全长 49.2 米,其中引桥长 18.7 米,正桥长 30.5 米,宽 2.25 米,高 3.5 米。木桩基础,条石干砌墩台,桥墩设有分水尖。桥面用石板梁铺就,两旁设望桥、栏板,望柱同条石栏板用榫卯结合。由于保存完整,在区域历代建造的梁式石桥中有一定代表性,因此,具有较高的历史、艺术和科学价值。2000 年 12 月公布为区级文物保护点。

13.燕山碶桥

位于小港街道长山村。建于清嘉庆十三年(1808),全长 26 米,宽 2.6 米,13 孔,孔距 2 米。以三石柱并列为墩,条石为梁,每孔按闸,上游方向呈分水形,旁立小堰。1993 年 8 月公布为区级文物保护点。

五、邬隘乡

1.邬隘大桥

位于邬隘村,宋《宝庆志》称蒋傅桥。清《乾隆志》称绍定桥,俗称涨浦桥。民国十三年(1924)重修,石桥,桥长 21.6 米,孔径 3.05 米。1966 年,改建为跨度 15 米的钢筋混凝土坦拱桥。1973 年拱顶下沉重建,钢筋混凝土圆洞拱片,桥长 40 米,宽 5.1 米,荷载汽-6。1986 年改建,钢筋混凝土圆洞矩形板梁,5 孔桥长 42 米,宽 7 米,高 3.5 米,荷载汽-15。

2.邬东桥

位于邬隘村,清咸丰年间修,石桥。1980 年改建,2 孔钢筋混凝土矩形梁,桥长 27.6 米,宽 4.3 米,高 4.05 米,净孔 3.9 米×2,荷载汽-5 吨。

3.木莲桥

位于湖塘村,清光绪二十年(1894)修。1978 年石桥改建,钢筋混凝土矩形梁,桥长 22 米,宽 3.5 米,高 4.5 米,净孔 5.7 米,荷载汽-5。

4.陆家桥

位于湖塘村,1980 年石桥改建,钢筋混凝土矩形梁,桥长 24 米,宽 4.1 米,高 4.2 米,净孔 4.8 米,荷载汽-5。

5.新桥

位于湖塘村,1969 年造,钢筋混凝土圆洞拱片,桥长 28 米,宽 2.3 米,高 2.9 米,净孔 14.8 米。

6.大名桥

位于新安村,又名大溟桥。清《乾隆志》谓荆溪未建时,芦江名芦浦,奔腾浩瀚,势不可挡,故名大溟。1985 年石桥改建,2 孔钢筋混凝土矩形梁,桥长 32 米,宽 3.25 米,高 3.5 米,净孔 6 米×2,荷载 3 吨。

7.王大名桥

位于林头方村,1985 年石桥改建,钢筋混凝土矩形梁,桥长 23 米,宽 2.7 米,高 4.6 米,净孔 5 米。

8.丰产桥

位于嘉溪村,1979 年造,2 孔钢筋混凝土矩形梁,桥长 33.5 米,宽 4 米,高 4.2 米,净孔 11.3 米×2,荷载汽-6。

9.莘岙大桥与沿山大桥

位于莘岙村,俱为 1973 年造,钢筋混凝土圆洞拱片,桥长 32 米,宽 3.25 米,高 4 米,净孔 24 米,荷载 3 吨。

10.三眼桥

位于石湫村,建于同治年间,条石桥面,桥长 35 米,宽 1.97 米,高 3 米,净孔 8 米×3。

11.卫家桥

位于俞王村,1969 年建,钢筋混凝土圆洞拱片,桥长 30 米,宽 2.3 米,高 2.9 米,净孔 15 米。

六、高塘乡

1.普济大桥

位于凤洋村,《民国志》记:此桥建于清光绪二十四年,花钱二千余缗,河西有庵曰普济,故名。5 孔石梁桥,桥长 40.5 米,宽 2.5 米。

2.岩河大桥

位于凤洋村,1977 年造,钢筋混凝土圆洞拱片,桥长 45.4 米,宽 3.8 米,高 3.2 米,净孔 40 米,荷载汽-6。

3.定向河一号桥

位于镇安村,1978 年造,钢筋混凝土圆洞拱片,桥长 27.2 米,宽 3.5 米,高 2.3 米,净孔 20 米。2001 年开发建设拆弃。

4.定向河三号桥

位于镇安村,1978 年造,钢筋混凝土圆洞拱片,桥长 26.5 米,宽 3.5 米,高 2.3 米,净孔 20 米。2001 年开发建设拆弃。

5.定向河四号桥

位于镇安村,1978 年造,钢筋混凝土圆洞拱片,桥长 27 米,宽 3.4 米,高 2.3 米,净孔 20 米。2001 年开发建设拆弃。

6.定向河五号桥

位于五星村,1978 年造,钢筋混凝土圆洞拱片,桥长 28 米,宽 3.45 米,高 2.3 米,净孔 20 米。2001 年开发建设拆弃。

7.定向河六号桥

位于五星村,1978 年造,钢筋混凝土圆洞拱片,桥长 27 米,宽 3.4 米,高 2.3 米,净孔 20 米。2001 年开发建设拆弃。

8.定向河拱桥

位于算山村,1978 年造,钢筋混凝土圆洞拱片,桥长 27 米,宽 3.45 米,高 2.32 米,净孔 20 米,荷载汽-6。

9.验碶桥

位于算山村,1982 年石桥改建,钢筋混凝土圆洞拱片,桥长 31.8 米,宽 4.5 米,高 3.4 米,净孔 25 米,荷载汽-10。

10.周家桥

位于算山村,1981 年石桥改建,钢筋混凝土圆洞拱片,桥长 30 米,宽 3.5 米,高 2.8 米,净孔 25 米,荷载汽-6。

11.定向河二号桥

位于许胡村,1978 年造,钢筋混凝土圆洞拱片,桥长 26.1 米,宽 3.4 米,高 2.3 米,净孔 20 米。2001 年开发建设拆弃。

12.定向河七号桥

位于许胡村,1978 年建,钢筋混凝土拱片,桥长 27 米,宽 3.45 米,高 2.3 米,净孔 20 米,荷载汽-6。2001 年开发建设拆弃。

13.建设桥

位于许胡村,始建于20世纪50年代,70年代改建,2孔钢筋混凝土矩形板,桥长21米,宽4.5米,高3.8米,净孔8.72米,荷载3吨。2001年开发建设拆弃。

14.袁家直桥头

位于算山村,始建于清朝,20世纪70年代改建,2孔钢筋混凝土拱板铁轨梁,桥长36米,宽2.7米,高4.3米,净孔28米,荷载2吨。

七、塔峙乡

1.和鸽桥

位于和鸽村,旧名下溪桥。1976年石桥改建,3孔钢筋混凝土直梁横板,桥长21米,宽5米,高1.9米,净孔6米×3,荷载汽-10。

2.水春桥

位于和鸽村,1978年石桥改建,钢筋混凝土圆洞拱片,桥长20米,宽3.5米,高3.2米,净孔20米,荷载汽-6。

3.建设桥

位于城联村,1968年造,3孔钢筋混凝土矩形梁,桥长21米,宽5米,高2.1米,净孔5.4米×3,荷载汽-15。

4.陆家桥

位于城联村,1978年石桥改建,钢筋混凝土门形梁,桥长20.5米,宽2.5米,高2.3米,净孔6米×3。

5.城东桥

位于城东村,旧名建设桥。1976年石桥改建,3孔钢筋混凝土门形梁,桥长21米,宽4米,高2米,净孔6米×3,荷载3吨。

6.网岙桥

位于城东村,1978年造,3孔钢筋混凝土矩形梁,桥长21米,宽5.5米,高3米,净孔6米×3,荷载汽-15。

7.教养所桥

位于青山村,1978年石桥改建,3孔钢筋架梁钢筋混凝土横板,桥长21米,宽1.2米,高2.3米,净孔5.5米×3。

8.水坑山公路桥

位于青山村,1975年造,4孔钢筋混凝土矩形梁,桥长27米,宽5米,高1.9米,净孔4.5米×4,荷载汽-15。

9.李鉴桥

位于吕锱村,载于明《嘉靖志》。民国十九年(1930)改建,整体式钢筋混凝土桥,桥长21.4米。

10.大兴碶桥

位于吕锱村,1985年改建,钢筋混凝土圆洞拱片,桥长40米,宽4米,高3.5米,净孔40米,荷载汽-6。

11.大宣畈新桥

位于吕锱村,1982年造,钢筋混凝土圆洞拱片,桥长20米,宽3.6米,高3.5米,净孔20米,荷载汽-6。

12.牌门桥

位于牌门村,明《嘉靖志》记:"上有沃泮牌坊。"清光绪三十三年(1907)重修。《民国志》记:"桥有二,一直一横,今见方柱作直桥之外梁。"石桥,桥长21米。1974年改建,钢筋混凝土圆洞拱片,桥长20米,宽3.4米,高3.1米,净孔20米,荷载汽-6。

13.清水桥

位于清水村,明《嘉靖志》记:"上下二桥,俱里人沃泮建。上清水,下回龙,盖清水桥左畔加开一眼,因曰回龙。"民国四年(1915)修,石桥,桥长24.4米。1974年改建为钢筋混凝土板梁结构。

14.同俞横桥

位于共同村,1977年建,钢筋混凝土圆洞拱片。桥长28米,宽3.5米,高3.5米,净孔20米,荷载汽-6。

15.镇安桥

位于新路村,1989年建,钢筋混凝土矩形板,桥长20米,宽5米,高6米,净孔9米×2,荷载汽-15。

16.周家桥

位于新路村,1989年建,钢筋混凝土门型矩形板,桥长25米,宽4.5米,高1.8米,净孔:6米+10米+6米,荷载汽-6。

八、大碶镇

1.大碶桥

位于上街与东街间的岩河上,原为长山碶,明嘉靖四十一年(1562)改称长山大碶,简称大碶,俗叫碶塘墩,后为人行桥,曾名丰产桥。1977年重建,4孔钢筋混凝土板梁,净跨4×8.2米,宽10.3米,高3.7米,荷载汽-10。2001年重修,钢混梁3孔,长30米,宽11米。

2.薛家桥

位于人民南路,清乾隆十六年(1751)重修,桥边原有薛家,故名。民国年间改建,整体式钢筋混凝土坦拱桥,桥长25米,宽3.9米,高3.8米,净孔6.4米。1993年建人民南路拆原桥建整体式钢混桥,长30米,宽18米,荷载汽-15。

3.永安桥

位于绿化村,1982年石桥改建,钢筋混凝土圆洞拱片,桥长25米,宽3.3米,高2.1米,净孔20.8米。

4.一号桥

位于干家村,1974年建,钢筋混凝土圆洞拱片,桥长25米,宽3.3米,高2.2米,净孔20.8米。2004年开发建设拆弃。

5.二号桥

位于绿化村,1978年建,钢筋混凝土圆洞拱片,桥长25米,宽3.3米,高2.2米,净孔20.8米。2004年开发建设拆弃。

6.大河桥

位于塊头村,清道光年间建,20世纪70年代石桥改建,钢筋混凝土板梁,桥长27.2米,宽3.9米,高3.8米,荷载汽-6。

7.雄镇桥

位于坝头路,1997年建,4孔钢筋混凝土板梁,桥长40米,宽18米,荷载汽-15。

8.人民桥

位于人民路,以路得名。1993年建,整体钢筋混凝土结构,桥长20米,宽8.5米,荷载汽-10。

9.岩乡桥

位于高田王社区,2002年建,3孔钢筋混凝土板梁,桥长40米,荷载汽-15。

九、新碶镇

1.岩河大桥

1977年造,7孔钢筋混凝土竖梁横板,桥长53米,宽2.8米,高3.5米,净孔48米,荷载1吨。

2.西泰河长桥

1977年建,5孔钢筋混凝土竖梁横板,桥长38.5米,宽2.8米,高3.5米,净孔33.5米,荷载1吨。

3.东碶桥

原为泰河碶,建于清雍正年间,1968年废碶为桥。1980年石桥改建,5孔钢筋混凝土矩形梁,桥长28米,宽9.3米,高3.7米,净孔20.2米,荷载汽-6。

4.泰(太)河桥

原为牵渡,后搭木桥,清光绪二十九年(1903),建石桥。1975年改建,5孔钢筋混凝土竖梁横板,桥长26米,宽4米,高3.4米,净孔21米,荷载汽-6。

5.下三山大闸交通桥

位于新碶街道下三山,1966年造。14孔钢筋混凝土圆洞拱片,桥面平。桥长46.5米,宽3.5米,高4米,净孔36.4米,荷载汽-6。

6.居子碶交通桥

1966年造。6孔钢筋混凝土圆洞拱片,桥长23米,宽4.1米,高3.7米,净孔14.7米,荷载汽-6。2002年改建成钢筋混凝土双曲拱桥,桥长20米,宽4米。

7.备碶岩河大桥

1979年造,钢筋混凝土双曲拱片,桥长45.5米,宽3.8米,高4.3米,净孔35米,荷载汽-6。2003年改建成3孔预应力板梁,桥长39米,宽9.75米。

8.静洪桥

位于高潮村,1963年石桥改建,2孔钢筋混凝土竖梁横板,桥长23.4米,宽3米,高3.8米,净孔16.8米。

9.肃洪桥

位于高潮村,原名失魂桥,石砌,建于民国年间。1985年石桥改建,钢筋混凝土板梁,桥长20.2米,宽3.1米。1997年河道被填,改桥为路。

10.小山碶桥

位于隆顺村,原为千丈塘五碶之一,建于明嘉靖四十一年(1562)。民国二年(1913)废碶为桥。1963年石桥改建,钢筋混凝土门形梁,长30米,宽2.4米,高4.2米,净孔7米。

11.杨家碶桥

位于隆顺村,原为千丈塘五碶之一,建于明嘉靖四十一年(1562)。1978年废碶为桥,钢筋混凝土双曲拱片,桥长35米,宽3.3米,高4.2米,净孔25.8米。

12.中仰弄桥

位于隆顺村,1967年石桥改建,钢筋混凝土竖梁横板,桥长28.5米。2004年填塞。

13.向家岩河大桥

1978年造,钢筋混凝土双曲拱桥,桥长46米,宽3.8米,高4.2米,净孔35米,荷载汽-6。

14.滕家堍桥

位于向家村,原为牵渡,1966年造,钢筋混凝土拱片,桥长40米,宽2.5米,高4.7

米,净孔 30 米。1992 年改建成 3 孔平桥,桥宽 4 米。

15.贝家碶桥

位于贝碶村,原为千丈塘五碶之一,建于明嘉靖四十一年(1562),清乾隆十一年废碶为桥。1987 年改建,4 孔钢筋混凝土矩形板,桥长 20.5 米,宽 2.5 米,高 4 米,净孔 11.8米。

16.贝碶涵桥

位于贝碶村,1987 年建,6 孔钢筋混凝土矩形板,桥长 34 米,宽 2.4 米,高 1.8 米,净孔 15 米。

十、霞浦镇

1.下李家桥

位于镇东村,1974 年石桥改建,3 孔钢筋混凝土矩形板,桥长 24.6 米,宽 3.7 米,高 3.6米,净孔 17.2 米,荷载 2 吨。

2.东风桥

位于镇东村,1980 年石桥改建,钢筋混凝土矩形梁,桥长 21 米,宽 4 米,高 3.3 米,净孔 6.25 米,荷载 3 吨。

3.霞浦新桥

位于霞浦街道胜利村,民国二十二年(1933)造。整体式钢筋混凝土结构,桥面弧形。桥长 27.2 米,宽 4.5 米,高 5.5 米,净孔 4.8 米,荷载汽-5。

4.庙桥

位于霞南村,桥处杨亭庙边,故名。民国二十二年(1933)造,整体式钢筋混凝土结构,桥长 27 米,宽 4.5 米,高 5.5 米,净孔 4.8 米,荷载汽-5。

5.上新桥

位于水俞村,1976 年造,钢筋混凝土板梁,桥长 26 米,宽 1.8 米,高 3 米,净孔 4.7 米。

6.毛家桥

位于河西村,1974 年石桥改建,钢筋混凝土板梁,桥长 21 米,宽 3.5 米,高 5.3 米,净孔 5.8 米,荷载汽-5。

7.上傅大桥

位于上傅村,1969 年石桥改建,钢筋混凝土板梁,桥长 22 米,宽 2.9 米,高 2 米,净孔 14 米。

8.东风桥

位于镇东村,1980 年建,钢筋混凝土矩形板,桥长 21 米,宽 4 米,高 3.3 米,净孔 6.25 米,荷载 3 吨。

9.二号桥

位于镇东村,1988年建,钢筋混凝土圆洞拱片,桥长20米,宽3米,净孔20米,荷载3吨。

10.三号桥

位于镇东村,1988年建,钢筋混凝土圆洞拱片,桥长20米,宽3米,净孔20米,荷载3吨。

11.四号桥

位于董王村,1988年建,钢筋混凝土圆洞拱片,桥长20米,宽3米,净孔20米。

12.五号桥

位于礁碶村,1988年建,钢筋混凝土圆洞拱片,桥长20米,宽3米,净孔20米。

13.六号桥

位于礁碶村,1988年建,钢筋混凝土圆洞拱片,桥长20米,宽3米,净孔20米。

14.七号桥

位于霞西村,1988年建,钢筋混凝土板梁,桥长23.4米,宽7.9米,高3.2米,净孔17米,荷载汽-7。

15.八号桥

位于河东村,1989年建,钢筋混凝土板梁,桥长20米,宽3米,高2米,净孔20米。

16.小桥

位于陈华村,1988年建,钢筋混凝土板梁,桥长20米,宽5米,高5米,净孔6米,荷载汽-5。

十一、紫石乡

1.紫石大桥

位于高村,原名陈胜桥,民国年间修,2孔石桥。1964年改建,3孔钢筋混凝土板梁,桥长32.6米,宽3.65米。1971年改建,4孔钢筋混凝土平板,桥长24.5米,宽3.65米,高2.8米,净孔14米。

2.谢家桥

位于里界村,民国十年修,2孔石桥。1964年改为钢轨梁。1984年重建,钢筋混凝土板梁,桥长24米,宽3.4米,高1.6米,净孔10米。

十二、柴桥镇

1.石栏桥

明《嘉靖志》称石缆桥,又名石澜桥。清《光绪志》记:“正笔山后,明御史沃泮建,清光绪十二年(1886)胡修槐重修,左右添设石栏,旁有亭曰笔山亭。”民国十七年(1928)改建为3孔条石台钢筋混凝土板梁,跨径两头边孔2×6.3米,中8.3米,桥长29米,宽3.05米,荷载汽-8。民国二十三年(1934)建宁穿公路时,用作为公路桥。1977年,在离原桥3米处,另建新公路桥,4孔动式块石墩台矩型板桥梁,长45米,宽7米,荷载汽-15。原桥拆除。

2.资圣桥

明《嘉靖志》志名。位于红光村,清乾隆十五年(1750)里人刘蕴山重建,3孔石桥,桥长33米。俗称三眼桥。1967年改建为单孔石台钢筋混凝土板梁桥,桥长36米,宽3米,高5米,净孔6米。

3.杨家桥

位于上史村,1976年石桥改建,2孔钢筋混凝土板梁,桥长48米,宽3.3米,高4.5米,净孔8米。

4.钟灵桥

位于钟灵村,清乾隆十五年(1750)里人胡胜墀重建。光绪三十三年(1907)修,石栏桥。1976年改建,钢筋混凝土板梁,桥长51米,宽3.35米,高4.7米,净孔6米。

5.陆家桥

又称乐驾桥,位于同盟村。民国二十一年(1932)重修,石桥。1974年改建,钢筋混凝土板梁,桥长23米,宽4.6米,高5米,净孔6米。

6.芦东三桥

位于水芹村,1978年建,钢筋混凝土圆洞拱片,桥长25米,宽3.5米,高4.7米,净孔15米。

7.柴桥

《嘉靖志》称柴家桥,沃汝明修。位于柴桥老街。《光绪志》记:“石梁中旧刊进士桥,清道光八年(1828)改名柴桥,里人钟怀谦、刘翼捐资重建。”民国三十七年(1948)改建,整体式钢筋混凝土拱桥。1972年重建,钢筋混凝土矩形板梁,桥长17米,宽5.5米,高4.2米,净孔4.4米,荷载汽-10。

8.麻车桥

俗称茅草桥,明弘治年间(1488—1505)建,清光绪壬辰年重修。民国二十一年(1932)又重修,石桥,桥长19.8米。1977年移位重建,改名镇西桥。钢筋混凝土板梁,桥长21米,宽5.1米,荷载汽-10。

9.芦东一桥与芦东二桥

位于田洋村,均为1978年建,钢筋混凝土圆洞拱片,桥长25米,宽3.5米,高4.7米,净孔15米。

10.薪桥

位于田洋村,1984 年建,钢筋混凝土空心板梁,桥长 24.5 米,宽 14.8 米,高 5.5 米,净孔 7.8 米,荷载汽-15。

11.食品厂桥

位于田洋村,1982 年建,钢筋混凝土空心板梁,桥长 26 米,宽 3.3 米,高 3 米,净孔 5 米。

12.学苑桥

位于柴桥中学,原桥 5 孔木桩木面,1966 年改建,3 孔钢筋混凝土空心板梁,桥长 33 米,宽 3.1 米,高 4.8 米,净孔 26.2 米。

13.五马桥

清《乾隆志》记:“旧名骢马桥,系沃泮建,清乾隆年间重修,改名五马。桥柱有联云:曾经水陆几千路,特建东南第一桥。”清嘉庆年间重修。清光绪三十四年(1908)重修时,复于桥之两旁添设 2 洞,以备多雨时宣泄河水。民国三十七年(1948)改建,整体式钢筋混凝土结构,桥长 45.8 米,宽 5.5 米。1976 年重建,3 孔钢筋混凝土空心板梁,板长 34 米,宽 5 米,高 5 米,净孔 19.8 米,荷载汽-10。

14.红桥

位于车垵村,1969 年石桥改建,钢筋混凝土板梁,桥长 48.1 米,宽 2.5 米,高 5.1 米,净孔 32.6 米。

15.下洋桥

位于养志村,1978 年改建,钢筋混凝土圆洞拱片,桥长 28 米,宽 3.5 米,高 4.5 米,净孔 22 米。

十三、昆亭乡

1.合兴桥

位于昆亭盐场,1978 年建,钢筋混凝土圆洞拱片,桥长 21 米,宽 3.3 米,高 2.8 米,净孔 15.8 米。

2.新征桥

位于昆亭盐场,1978 年建,钢筋混凝土圆洞拱片,桥长 22.2 米,宽 3.4 米,高 2.4 米,净孔 15.6 米。

十四、三山乡

1.海陆桥

位于海陆村,1978 年建,钢筋混凝土圆洞拱片,桥长 21 米,宽 3.35 米,高 3 米,净孔

20米。

2.平桥

位于海陆村,1979年建,3孔钢筋混凝土板梁,桥长24.6米,宽2.5米,高2.3米,净孔7.3米×3。

3.上横桥

1978年石桥改建,钢筋混凝土圆洞拱片,桥长21.4米,宽3.35米,高3米,净孔20米。

4.小桥头

位于堰潭村,2孔石桥。1964年改2孔钢轨梁。1978年重建,单孔钢筋混凝土圆洞拱片,桥长21.6米,宽3.35米,高3米,净孔20米。

5.人胜桥

位于凤山村,1978年建,钢筋混凝土圆洞拱片,桥长21.2米,宽3.35米,高3米,净孔20米。

6.豹山桥

位于合宅村,1978年建,钢筋混凝土圆洞拱片,桥长21.4米,宽3.35米,高3米,净孔20米。

第五章　公路运输

民国二十三年(1934)7月,宁波至穿山公路通车,标志境内公路运输的开始,由私营宁波宁穿汽车运输公司经营。民国二十五年(1936)1月,镇海至大碶公路建成通车,由私营镇海镇胜公司经营。民国二十七年(1938)2月,为抗战需要,公路掘毁,2家公司停业。公路运输从此中断8年之久。民国三十六年(1947)9月,宁穿路宁波至璎珞段修复通车。翌年(1948)1月,镇大路江南至高塘段修复通车。宁穿、镇胜二家公司惨淡经营,勉力维持。镇胜公司终因受不住货币极度贬值的打击,于民国三十八年(1949)2月通告停业。

宁波解放后,宁波市军事管制委员会对各商营汽车公司作出经营政策,并扶持其通车营业,以尽快恢复公路交通运输。1949年5月30日,宁穿公司恢复通车。

1953年9月,宁穿公司实行公私合营。1954年10月,宁穿公司与通运公司合并组成公私合营宁波汽车公司。1957年5月,转为国营并入浙江省公路运输局宁波运输处(后改名浙江省汽车运输公司宁波分公司),经营包括镇海县在内的全宁波地区公路运输。

1989年6月开始,境内公路客运主要由先后成立的北仑汽车运输有限公司、北仑公路运输有限公司、北仑宏海运输有限公司、宁波公运集团北仑分公司、北仑区绿岛巴士有限公司5家公司经营;货运由区内集体、个体运输企业经营。2001年7月,成立北仑货运市场有限公司,承运内地货物。

2010年,共有道路运输3961家,其中货运3918家、客运41家(其中客运企业3家、出租车企业1家、出租车个体户37家)、客货兼营2家(见表5-0-1)。年客运量达2660万人次,客运周转量98,800万人千米;货运量达1810万吨,货运周转量325,310万吨千米。2010年北仑区道路运输业详情见表5-0-1-表5-0-5。

2010年北仑区道路运输业营业户一览　　表5-0-1

类　别	单　位	合　计	其中个体
道路运输经营许可证在册数	张	2874	1732
一、道路货物运输业户合计	户	3918	1662
普通货运	户	3659	1515
集装箱运输	户	246	0

续上表

类　别	单　位	合　计	其中个体
危险品运输	户	13	0
二、道路旅客运输业户合计	户	41	35
班车客运	户	2	0
旅游客运	户	1	0
出租客运	户	38	35
三、道路运输业户合计	户	81	47
物流服务	户	20	10
货运代办	户	35	24
信息配载	户	22	11
停车场经营	户	1	0
驾驶员培训	户	4	2
其他	户	63	15
四、道路搬运装卸	户	9	0
五、从业人数合计	人	9339	2109
道路旅客运输	人	1589	76
道路货物运输	人	5921	1816
道路运输服务	人	402	83
道路搬运装卸	人	76	0
汽车维修	人	1351	134

2010年北仑区道路运输经营业一览　　表5-0-2

计量单位:个(户)

类　别	合计	100辆及以上	50—99辆	10—49辆	5—9辆	5辆以下	个体运输户
一、道路旅客运输经营业户数	41	1				1	37
其中:班车客运	2					1	
包车(旅游)客运	1						
出租客运	38	1					37
二、道路货物运输经营业户数	3918	28	28	281	129	149	3303
其中:普通货运	3659	14	14	175	78	75	3303
货物专用运输	246	14	14	96	48	74	
内:集装箱运输	246	14	14	96	48	74	
危险货物运输	13			10	3		
三、道路客货运输兼营业户数	2						

2010 年道路运输企业经理人一览 表 5-0-3

类　别	人　数(人)
道路运输经理人合计	127
其中:道路旅客运输企业经理人	2
道路货物运输企业经理人	14
内:道路危险货物运输企业经理人	13
道路客运站经理人	2
道路货物运输站经理人	1
机动车驾驶机构经理人	18
机动车检测维修企业经理人	90

2010 年北仑区道路运输从业人员一览 表 5-0-4

指　标　名　称	人数(人)	持证上岗(人)
甲	1	2
道路运输从业人员合计	12,267	10,588
1.道路旅客运输经营从业人员	1935	1335
其中:客运驾驶员	1335	1335
内:出租车驾驶员	500	500
乘务员	0	0
2.道路货物运输经营从业人员	7460	7460
其中:道路货物运输驾驶员	6986	6986
内:危险货物运输驾驶员	205	205
危险货物运输押运员	162	162
危险货物运输装卸管理员	48	48
3.站(场)经营从业人员	490	0
其中:客运站经营从业人员	22	0
货运站(场)经营从业人员	410	0
4.机动车维修经营从业人员	1852	1495
其中:技术负责人	113	113
质量检验员	207	207
其他维修技术人员	1532	1175
5.机动车驾驶培训从业人员	271	271
6.汽车综合性能检测站从业人员	29	27
7.汽车租赁从业人员	0	0
8.其他相关业务经营从业人员	230	0

北仑区道路运输企业分类情况(2010年)　　表5-0-5

<table>
<tr><th colspan="2">分类方式</th><th>业户数量</th><th colspan="2">分类方式</th><th>业户数量</th></tr>
<tr><td rowspan="5">按经营范围分类</td><td>货运站场(堆场)</td><td>109</td><td rowspan="5">按企业类型分类</td><td>集装箱企业</td><td>4358</td></tr>
<tr><td>集装箱企业</td><td>253</td><td>普通货运企业</td><td>5942</td></tr>
<tr><td>普通货运企业</td><td>3671</td><td>危险品企业</td><td>239</td></tr>
<tr><td>危险品企业</td><td>13</td><td rowspan="2">合计:</td><td rowspan="2">10,539</td></tr>
<tr><td>合计:</td><td>4046</td></tr>
<tr><td rowspan="4">按经济性质分类</td><td>国有企业</td><td></td><td rowspan="4">按车辆类型分类</td><td>牵引车</td><td>4358</td></tr>
<tr><td>集体企业</td><td></td><td>挂车</td><td>4514</td></tr>
<tr><td>其他</td><td></td><td>其他</td><td>3792</td></tr>
<tr><td>合计:</td><td>4046</td><td>合计:</td><td>12844</td></tr>
</table>

第一节　道路客运

民国二十三年(1934)7月、民国二十五年(1936)1月,宁(波)穿(山)、镇(南)大(碶)两条公路分别建成通车,标志着境内公路运输的开端。上述2条公路分别由宁波宁穿公司和镇海镇胜公司营运。

民国二十七年(1938)2月,因抗日战争,公路掘毁,2家公司全部停业,公路运输从此中断达8年之久。

民国三十五年(1946)3月,镇大公司组建,修路复业;民国三十七年(1948)1月,镇南至高塘段通车,日发车3—4班次,日客运量约200人次,站务人员20人,养护工15人。

民国三十六年(1947)9月宁穿路宁波至璎珞段修复通车。宁穿公司复业,置车15辆,日发车10班次,职工85人。宁穿、镇胜两家公司惨淡经营、勉力维持。但镇胜公司终因受不住货币极度贬值的打击,于民国三十八年(1949)2月再告停业。

宁波解放后,宁波市军事管制委员会对商营汽车公司采取了维持其原有经营范围的政策,并扶持其通车营业,以尽快恢复公路交通运输。宁穿公司经过紧张筹备,宁穿路(通至璎珞)于1949年5月30日恢复通车。是时,西方国家对我国实施经济封锁,汽油禁运。1949年7月至次年4月,客运汽车改装木炭车。1950年5月,宁穿路至穿山段修复通车,同年9月修通至柴桥。

1953年9月,宁穿公司与营运鄞慈镇路的通运公司实行公私合营。1957年10月两公司合并组成公私合营宁波汽车运输公司。1957年5月转为国营并入浙江省公路运输局宁波运输处(后改名为浙江省汽车运输公司宁波分公司)。1959年3月,镇海县境内线路划归宁波市运输公司经营。国内油田开发后,1963年1月至3月,县境内营运的木炭、白煤车改为汽油车;同年4月,县境内客运线复由浙江省汽车运输公司宁波分公司经营。

1985年客运班车营运线

1985年在北仑区境内的客班营运线,计有浙江省汽车运输公司宁波分公司经营的长运线26条。以下就开通时间、停靠车站、路程、班次分别记述。

自宁波东站发车有13条:

1.宁波至大碶

民国二十三年(1934)7月12日开通,民国二十七年(1938)初停运,1950年5月恢复营运。中间(在本区境内,下同)停靠民乐(又名璎珞、下同)、湖塘、徐洋3站,全程26千米。日行2个班次。

2.宁波至新碶

1967年7月15日开通。中间停靠民乐、湖塘、徐洋、大碶、塘湾5站,全程32千米,日行4个班次。

3.宁波至镇南

1957年1月10日开通。中间停靠民乐、湖塘、徐洋、大碶、高塘、青峙、林塘、小港8站,全程41千米。日行1个班次。

4.宁波至穿山

民国二十三年(1934)7月12日开通。民国二十七年(1938)初停运,1954年恢复营运。中间停靠民乐、湖塘、徐洋、大碶、清水、陈华、霞浦、东山门8站,全程39千米。日行1个班次。

5.宁波至柴桥

民国二十三年(1934)开通。民国二十七年(1938)停运。1954年10月恢复营运。中间停靠民乐、湖塘、徐洋、大碶、清水、陈华、霞浦、东山门、穿山9站,全程40千米。日行1个班次。

6.宁波至三山

1966年4月开通。中间停靠民乐、湖塘、徐洋、大碶、清水、陈华、霞浦、东山门、穿山、柴桥、河头、红星岭、昆亭、咸昶14站,全程59千米。日行3个班次。

7.宁波至白峰

1955年开通。中间停靠民乐、湖塘、徐洋、大碶、清水、陈华、霞浦、东山门、穿山、后所、小门等11站,全程46千米。日行2个班次。

8.宁波至仰岛

1959年7月开通。中间停靠民乐、湖塘、徐洋、大碶、清水、陈华、霞浦、东山门、穿山、后所、小门、白峰等12站,全程48千米。日行1个班次。

9.宁波至郭巨

1958年10月开通。中间停靠民乐、湖塘、徐洋、大碶、清水、陈华、霞浦、东山门、穿山、后所、小门、白峰、仰岛、华峙等14站,全程56千米。日行5个班次。

10.宁波至司城岙

1972年5月开通。中间停靠民乐、湖塘、徐洋、大碶、清水、陈华、霞浦、东山门、穿山、后所、小门、白峰、仰岛、华峙、郭巨、双岙、盛岙、升螺等18站,全程67千米。日行1个班次。

11.宁波至上阳

1967年5月1日开通。中间停靠民乐、湖塘、徐洋、大碶、清水、陈华、霞浦、东山门、穿山、后所、小门、白峰、门浦、阮家等14站,全程56千米。日行2个班次。

12.宁波至下邵

1971年12月5日开通。中间停靠丁家山,全程17千米。日行1个班次。

13.宁波经下邵至镇南

1980年7月1日开通。中间停靠丁家山、下邵、东岗碶、下倪桥、陈山等5站,全程26千米。日行4个班次。

自镇海南站发车有13条:

1.镇南至大碶

民国二十五年(1936)1月开通。民国二十七年(1938)初停运。1952年1月10日恢复营运。中间停靠小港、林塘、青峙、高塘等4站,全程15千米。日行2个班次。

2.镇南至新碶

1967年11月开通。中间停靠小港、林塘、青峙、高塘、大碶、塘湾等6站,全程21千米。日行1个班次。

3.镇南至霞浦

1967年开通。中间停靠小港、林塘、青峙、高塘、大碶、清水、陈华等7站。日行1个班次。

4.镇南至塔峙

1978年6月5日开通。中间停靠小港、林塘、青峙、高塘、大碶、岙口等6站,全程19千米。日行2个班次。

5.镇南至杨岙

1984年2月1日开通。中间停靠小港、林塘、青峙、高塘、大碶、新和、小岭张、新路、何俞、共同等10站,全程30千米。日行1个班次。

6.镇南至上阳

1967年5月2日开通。中间停靠小港、林塘、青峙、高塘、大碶、清水、陈华、霞浦、东山门、穿山、后所、小门、白峰、门浦、阮家等15站,全程45千米。日行2个班次。

7.镇南经北仑至柴桥

1982年开通。中间停靠小港、林塘、青峙、算山、北仑、下史、霞浦、东山门、穿山等9

站,全程26千米。日行4个班次。

8.镇南至三山

1960年3月18日开通。中间停靠小港、林塘、青峙、高塘、大碶、清水、陈华、霞浦、东山门、穿山、柴桥、河头、红星岭、昆亭、咸昶等15站,全程48千米。日行1个班次。

9.镇南经北仑至三山

1982年开通。中间停靠小港、林塘、青峙、算山、北仑、下史、霞浦、东山门、穿山、柴桥、河头、红星岭、昆亭、咸昶等14站,全程44千米。日行1个班次。

10.镇南至郭巨

1959年开通。中间停靠小港、林塘、青峙、高塘、大碶、清水、陈华、霞浦、东山门、穿山、后所、小门、白峰、仰岛、华峙等15站,全程45千米。日行2个班次。

11.镇南经北仑至郭巨

1982年开通。中间停靠小港、林塘、青峙、算山、北仑、下史、霞浦、东山门、穿山、后所、小门、白峰、仰岛、华峙等14个站,全程41千米。日行2个班次。

12.镇南至中宅

1971年1月8日开通。中间停靠小港、林塘、青峙、高塘、大碶、清水、陈华、霞浦、东山门、穿山、后所、小门、白峰、仰岛、华峙、斗沙湾、楼石岗等17站,全程49千米。日行2个班次。

13.镇南至慈丰

1982年9月开通。中间停靠小港、林塘、青峙、高塘、大碶、清水、陈华、霞浦、东山门、穿山、柴桥、河头、红星岭、昆亭、咸昶、三山、海口等17站,全程53千米。日行1个班次。

1998年11月28日北仑第一汽车运输有限公司(2000年改为北仑公路运输有限公司)所属北仑客运中心相继开通北仑至杭州、义乌、上海、椒江、温州、常熟、柯桥、花桥、黄山、无锡、石浦、开化、武汉、遂昌、余姚(黄家埠)、奉化(溪口)16条长途客运班车线以及78路(北仑客运中心至镇海招宝山,与镇海合营)、68路(北仑客运中心至大榭)2条短途客运班车线。分别由宁波公运集团北仑分公司、北仑公路运输有限公司、北仑汽车运输有限公司经营。原由北仑公路运输有限公司经营的78路,从2005年2月起由宁波公交五公司经营。

2000年1月北仑宏海运输有限公司成立,开通龙钟至小港、朱田洋至方前(即701路)、上阳至柴桥3条客运班车线。

至2010年底,北仑区有客运班车营运线32条,其中跨省8条,跨地(市)7条,跨县(区)3条。

第二节 城市公交

1989年5月浙江省汽车运输公司宁波分公司下放,同年6月成立北仑长途汽车运输公司、公共交通公司(为一套领导班子)。1991年改为北仑汽车运输总公司。2002年3月企业转制成立北仑汽车运输有限公司。公司首期开通82、83、84、85、86、88路6条市、区际公交班线;后期开通801、802、803、804、805、806、807、809、810、811、812、702路12条城区公交班线。另有挂靠北仑汽车运输有限公司的个体客运经营班车线有:郭巨至宁波、柴桥至宁波、白峰至宁波、上阳至宁波、慈丰至宁波、小港至宁波、郭巨至镇南(即86路)、柴桥至镇南、上阳至镇南、大碶至镇南(即84路)、镇海至五乡(即85路)11条班线。

宁波市公交公司在1995年1月开通运营宁波火车南站至大榭线,编码556路;同年7月开通运营宁波火车南站至北仑线,编码353路。2005年北仑区交通局配合市交通局完成329线、小港线、保税区线、邱梅线4条客运线路公交化改造,开设12条公交线路,由市公交总公司投入80辆公交车,7月1日起营运。同时原挂靠北仑汽车运输有限公司的个体客运班车线停运,即郭巨、柴桥、白峰、上阳、慈峰、小港、保税区至宁波和小港至邱隘、东钱湖九条客运班线。

北仑城市公共交通起步晚。1989年5月成立北仑公共交通公司,2002年3月更名为北仑公共交通有限公司,隶属北仑汽车运输有限公司。同年,经宁波市城市管理局批准,北仑公共交通有限公司开始经营城市公共交通。

1990—2000年,先后开通82路(北仑客运总站至宁波轮船码头)、83路(柴桥客运站至宁波南站)、801路(北仑客运总站至大碶客运站)、803路(北仑客运总站至霞浦)、556路(大榭至宁波南站)5条公交线路。

2004年6月,经宁波市城管局批复,北仑公交客运线路编号作了调整,首号“8”改为“7”。

2005年6月,开通沿海中线715路公交线路,使沿该线附近6个行政村告别了无公交车的历史。同年7月,北仑区交通局配合市交通局完成区内329线、小港线、保税区线、邱梅线4条客运线139辆民营中巴车的公交化改造。2008年4月,对朱田洋至方前、小港至新模、红联至山下3条客运线实施公交化改造,至6月27日,历时3个月总投资2000余万元,对94辆中巴车实施改造。至此,全区中巴车公交化改造全面完成。7月18日,连接洋沙山、九峰山两个风景区以及宁波经济技术开发区、春晓区的721路公交线路开通运行。2009年6月10日,我区春晓洋沙山风景区至鄞州区瞻岐的670公交线开通运行。同年9月,我区首条环城巾帼公交线710路开通。

710 路巾帼环城线开通

至 2010 年,北仑区开通公交线路 51 条,总营运里程 1230 千米,投入营运车辆 579 辆(见表 5-2-1—表 5-2-4)。其中 2007 年投入新车 19 辆,2008 年共投运新车 128 辆,2009 年投入新车 70 辆,2010 年共投入新车 46 辆。原由宁波公交总公司经营的公交线路有 353、355、378、550、550-1、553、556、557、557-1、557-2、558、559 路共 14 条,营运总里程 484 千米,营运车辆 161 辆。2008 年 1 月 23 日接收市公交 550 路,至 2009 年 3 月 3 日市公交 378 路划归北仑公交经营(后改为 778 路),标志着北仑区全面完成市公交投放线路和车辆的接收工作。

2008 年起北仑公交全面实行公交 IC 卡折扣优惠乘车,普通乘客六折,困难家庭、学生三折,高龄老人、伤残军人、盲人、离休干部免费。

2010 年北仑公交公司完成客运量 6765.78 万人次。

2010 年,北仑区内注册的 5 座出租车 170 辆,850 客位,完成客运量 120 万人次。

2010 年北仑区客运班线经营一览 表 5-2-1

<table>
<tr><td rowspan="4">跨省</td><td colspan="13">跨省线路经营情况</td></tr>
<tr><td colspan="2">线路合计</td><td rowspan="3">日发班次</td><td colspan="5">1.本省车辆</td><td colspan="5">2.外省车辆</td></tr>
<tr><td rowspan="2">条数</td><td rowspan="2">千米</td><td rowspan="2">辆</td><td rowspan="2">客位</td><td colspan="2">线路/里程</td><td rowspan="2">日发班次</td><td rowspan="2">辆</td><td rowspan="2">客位</td><td colspan="2">线路/里程</td><td rowspan="2">日发班次</td></tr>
<tr><td>条数</td><td>千米</td><td>条数</td><td>千米</td></tr>
<tr><td>合计</td><td>7</td><td>4541</td><td>7.75</td><td>8</td><td>339</td><td>8</td><td>4541</td><td>5</td><td>7</td><td>250</td><td>4</td><td>4072</td><td>2.75</td></tr>
<tr><td rowspan="3">跨市</td><td colspan="2">线路合计</td><td rowspan="3">日发班次</td><td colspan="5">1.本市(地)车辆</td><td colspan="5">2.外市(地)车辆</td></tr>
<tr><td rowspan="2">条数</td><td rowspan="2">千米</td><td rowspan="2">辆</td><td rowspan="2">客位</td><td colspan="2">线路/里程</td><td rowspan="2">日发班次</td><td rowspan="2">辆</td><td rowspan="2">客位</td><td colspan="2">线路/里程</td><td rowspan="2">日发班次</td></tr>
<tr><td>条数</td><td>千米</td><td>条数</td><td>千米</td></tr>
<tr><td>合计</td><td>7</td><td>1960</td><td>14.0</td><td>9</td><td>339</td><td>7</td><td>1960</td><td>9.5</td><td>5</td><td>167</td><td>5</td><td>1512</td><td>4.5</td></tr>
</table>

续上表

跨区	线路合计		日发班次	1.本县(市)车辆					2.外县(市)车辆				
	条数	千米		辆	客位	线路/里程 条数	线路/里程 千米	日发班次	辆	客位	线路/里程 条数	线路/里程 千米	日发班次
合计	6	412	122	19	414	6	412	87	7	155	5	388	35

	类别	合计	城内班线(公交经营)	县城至乡镇班线	县城到行政村班线	行政村到行政村班线
区内	线路条数	12	5	2	3	2
区内	车辆数	84	41	12	20	11
区内	客　位	1529	738	216	389	186
区内	日发班车	331	162	48	72	49

2010年北仑区客运班车线一览　　表5-2-2

序号	经营线路	经营单位	运营车辆(辆)	客位/车	班次/日	里程(千米)	类别
1	北仑—常熟	宁波公运集团北仑分公司	1	38	1/4	468	跨省
2	北仑—黟县	宁波公运集团北仑分公司	1	38	1/2	530	跨省
3	郭巨—上海	宁波公运集团北仑分公司	1	38	1/2	480	跨省
			1	46	1		
4	郭巨—无锡	宁波公运集团北仑分公司	1	34	1/2	485	跨省
5	北仑—武汉	宁波公运集团北仑分公司	1	41	1/2	990	跨省
6	北仑—淮滨	宁波公运集团北仑分公司	1	49	1/2	1000	跨省
7	小港—上海	宁波公运集团北仑分公司	1	45	1	450	跨省
8	北仑—杭州	宁波公运集团北仑分公司	1	30	7	250	跨地(市)
9	北仑—杭州(高速)	宁波公运集团北仑分公司	1	48	2	181	跨地(市)
10	北仑—椒江	宁波公运集团北仑分公司	1	48	1	250	跨地(市)
11	北仑—开化	宁波公运集团北仑分公司	1	37	1	480	跨地(市)
12	北仑—柯桥	宁波公运集团北仑分公司	1	19	1	171	跨地(市)
13	北仑—温州	宁波公运集团北仑分公司	1	39	1	384	跨地(市)
14	北仑—义乌	宁波公运集团北仑分公司	1	40	1	255	跨地(市)
15	柴桥—杭州	宁波公运集团北仑分公司	1	38	1	251	跨地(市)
16	北仑—花桥	宁波公运集团北仑分公司	1	38	1	218	跨地(市)
17	北仑—溪口	宁波公运集团北仑分公司	1	19	2	70	跨县(区)
18	北仑—黄家埠	北仑汽车运输有限公司	1	25	2	128	跨县(区)
19	北仑—石浦	北仑长途汽车运输有限公司	1	24	1	145	跨县(区)

2010年北仑公交一览 表5-2-3

线路	起 讫 点	里程（千米）	开通年月	投放车辆（辆）	日发班次	日客流量（人次）
701	朱田—方前	11	2008.4	4	28	910
703	北仑客运站—大碶客运站	8	2004.6	14	90	10,675
703-1	大碶客运站—西岙	6	2006.3	3	41	665
703-2	大碶客运站—伏虎将军庙	11	2006.3	1	8	172
703-3	大碶客运站—莘岙	11	2006.3	3	21	938
703-4	北仑客运站—嘉溪	15	2006.3	1	7	318
704	镇安—九峰小区	11	2004.6	3	31	438
705	上傅—北仑影剧院	13	2004.6	3	20	509
706	停运					
707	北仑客运站—大碶客运站	12	2004.6	4	40	2250
708	保税东区—出口加工区	11	2004.6	12	75	8620
709	柴桥—春晓	16	2008.1	8	48	2293
709-1	学校场站—洪岙	6	2008.1	1	12	448
709-2	学校场站—上龙泉	6	2008.1	2	23	1462
709-3	学校场站—后所	6	2008.1	2	25	307
709-4	学校场站—沙溪	6	2008.1	1	14	944
709-5	学校场站—瑞岩寺	8	2008.1	3	36	675
710	北仑客运站—北仑客运站	17	2009.9	12	114	4000
711	客运西站—郭巨	36	2008.9	16	72	6338
711-1	郭巨—洋涨		2006.3	1	7	154
712	北仑客运站—梅山客运站	40	2007.8	20	54	5726
713	小港联合车站—山下	8	2008.4	2	20	418
714	红联渡口—新政	10	2009.12	2	14	210
715	学校场站—郭巨	27	2008.1	4	16	377
716	北仑影剧院—茅洋山路	15	2006.1	10	56.5	4536
717	小港联合车站—龙中	14	2008.4	3	24	1683
718	停运					
719	红联渡口—桥头严	15	2009.6	2	54	154
720	红联渡口—白峰	36	2008.6	18	62	5657
721	北仑客运站—洋沙山	25	2008.7	7	70	3227
750	保税东区—南站	38	2008.9	16	92	3674
753	新碶站—南站	42	2008.9	32	192	12,762
754	小港联合车站—汽车东站	22	2005.7	15	74	6368
755	小港联合车站—邱隘	19	2005.7	6	36	2769

续上表

线路	起 讫 点	里程（千米）	开通年月	投放车辆（辆）	日发班次	日客流量（人次）
756	大榭客运站—南站	51	2008.9	24	60	6574
757	大碶客运站—柴桥客运站	15	2005.7	8	60	2795
758	白峰—汽车东站	49	2008.9	20	47	6094
759	郭巨—汽车东站	54	2009.11	10	30	1963
759-1	汽车东站—慈东	60	2009.11	2	6	431
759-2	汽车东站—梅山客运站	60	2009.11	3	8	568
768	大榭客运站—红联渡口	37	2008.6	16	56	5800
778	新碶站—招宝山	23		14	122	5497
781	客运西站—柴桥客运站	19	2008.6	10	55	2870
782	保税东区—火车东站	42	2003.3	15	82	4391
783	柴桥客运站—南站	56	2008.5	26	68	7943
784	红联渡口—大碶客运站	19	2008.6	10	50	4164
785	小港联合车站—蟠龙	17	2008.5	8	45	2534
787	北仑客运站—春晓	33	2006.6	4	28	12,284
788	北仑客运站—体育馆	36	2003.5	24	240	10,836
789	凤凰山—南站	40	2008.9	13	104	3660
790	梅山客运站—汽车东站	56	2010.8	10	28	2644
670	洋沙山—瞻岐	20	2009.5	1	12	350

2010 年北仑公交停靠站设置情况 表 5-2-4

线路	停靠站
701 路	朱田站—老年活动中心站—陈家蓬站—衙前菜场站—海天站—万安桥站—武警学校站—红联菜场西站—红联菜场东站—渡口路站—红联站—小港医院站—贝发站—戚家山站—公园路站—小港联合车站—咸兴公寓站—蔚斗小学站—小岭头站—孔墅站—砖窑厂站—方前站—兴岙站—江家山站—海天路站
703 路	北仑客运站—闽江路站—小山公园站—高凤路站—横河路站—中河路站—邮电大楼站—华山路站—交警大队站—绍成小学站—塘湾站—千丈站—宁波职业技术学院站—明港中学站—坝头路站—大碶站—人民路站—灵峰公寓站—大碶文化宫站—庐山西路站—荣安花园站—大碶客运站
703-1 路	大碶客运站—俞王站—人民路站—大碶站—车灯厂站—万湫山站—新和站—横山路—茂盛灯具厂站—敬老院站—黄庵站—二号桥站—四号桥站—碾子桥站—青林站—西岙站
703-2 路	大碶客运站—清水丽庭站—人民路站—大碶站—烟墩站—清水站—倪家弄站—清水菜场站—九峰山社区站—城湾新村站—竺家桥站—城东站—九峰山网岙景区站—和鸽站—城湾站—伏虎将军庙站
703-3 路	大碶客运站—清水丽庭站—人民路站—俞王站—徐洋站—邬隘小学站—信用社站—大成站—老年房站—湖塘菜场站—薛家站—先锋站—山下王站—俞家站—林头方站—莘岙部队站—大树下站—莘岙菜场站—莘岙站
703-4 路	北仑客运站—闽江路站—小山公园站—高凤路站—横河路站—中河路站—邮电大楼站—华山路站—交警大队站—绍成小学站—自来水总公司站—大港工业城站—千丈老年公寓站—庐山路站—大碶文化宫站—灵峰公寓站—人民路站—俞王站—徐洋站—新安站—柴楼站—嘉溪站—嘉溪庙站—古阿育王寺站

续上表

704路	镇安村站—松花江中学站—城市绿洲站—北仑中医院站—五台山路站—大港生活区站—福泉路站—绍成小学站—新艳公寓站—青少年宫站—国贸花园站—行政中心站—凤凰山主题乐园站—九峰小区站
705路	上傅站—蒋吴站—老年房站—华浦新村站—石灰岙站—陈华站—废旧物资市场站—东城华园站—东泰家园站—九峰小区站—方戴站—朱塘站—日积站—疾控中心站—闽江路站—小山公园站—高凤路站—横河路站—北仑影剧院站
706路	郭巨客运站—福民站—于家岭站—官庄站—东香茗园站—白峰中学站—白峰镇站—下林站—屺峙站—小门站—海口站—后所站—柴桥工业区站—万景山站—同盟站—霞南站—霞浦派出所站—河西站—山前站—陈华站—废旧物资市场站—东城华园站—东泰家园站—北仑中学(北仑人民医院)站—黄金海岸站—泰河学校站—泰河小区站—江星公寓站—庐山中路站—庐山西路站—钱塘江路站—大碶交警大队站—甬江路站—天目山路站—甬江路黄山路口站—公交西站
707路	北仑客运站—闽江路站—小山公园站—北极新村站—长江中学站—横河路站—北仑影剧院站—外洋新村站—奥力孚公寓站—交警大队站—绍成小学站—自来水公司站—大港大业城站—大港五路站—老板娘食品站—钱塘江路站—大碶交警队站—甬江路站—茅洋山路站—大碶客运站
708路	大碶客运站—钱塘江路站—甬江南路站—出口加工区站—曹娥江路站—扬子江路站—保税南区站—大同站—高塘社区站—黄海路站—甬江路站—南海路站—凤洋三路站—松花江路站—大港生活区站—福泉路站—新恒路站—青少年宫站—国贸花园站—开发区医院站—横河路站—高潮站—保税东区站
709路	柴桥客运站—老街南站—陈胜站—高村站—周桥站—紫石站—朱家漕站—王家麓站—东山站—上车门站—上刘村站—邹溪站—燕湾村站—桂池村站—蓝瑞站—柴门口站—恒力钢构站—龙头岙站—春晓路站—春晓供电所站—春晓站
709-1路	洪岙站—小工厂站—村口站—洪溪站—谢家站—红光老年协会站—公园路站—大河新村站—柴桥头站—金安站—新江厦站—柴桥菜场站—学校场站
709-2路	上龙泉路—上龙泉村口站—下龙泉站—甘溪村站—史家站—大冥村口站—大冥村站—东六房村站—前郑站—老街南站—柴桥新站—柴桥老站—新江厦站—柴桥菜场站—学校场站
709-3路	后所村站—菜场站—文体活动中心站—渡口站—道头站—碶头站—河南顾站—石栏桥站—柴桥菜场站—学校场站
709-4路	沙溪站—杨家站—村口站—后所站—重家站—柴桥工业区站—上周站—新江厦站—柴桥菜场站—学校场站
709-5路	瑞岩寺风景区—大坑站—岭下村站—小店站—中心桥站—长钱桥站—周桥站—河尚坑站—高村站—陈胜桥站—新曹站—老街南站—柴桥新站—柴桥老站—新江厦站—柴桥菜场站—学校场站
710路	北仑客运站—疾控中心站—北仑电大站—隆顺站—行政中心站—富邦广场站—北仑人民医院东站—北仑中学(北仑人民医院南)站—黄金海岸站—泰河中学站—泰河小区站—江星公寓站—宁波职业技术学院站—千丈站—塘湾站—绍成小学站—福泉路站—大港生活区站—五台山路站—凤阳二路站—北仑中医院站—新大路站—中河路站—横河路站—高凤路站—小山公园站—闽江路站—北仑客运站
711路	郭巨客运站—杨家新村站—福明站—尖山头站—尖岭村站—俞家站—岭头村站—西岸边站—华峙站—老碶头站—四期码头站—江口村站—外峙渡口站—轮仰站—官庄站—仰岛湾站—大岙站—司前新村站—司前站—白峰中学站—白峰镇站—下岭站—百丈站—屺峙站—小门站—海口站—华光厂站—后所站—柴桥工业区站—新江厦站—柴桥医院站—同盟站—烂田汪站—霞南站—霞浦派出所站—山前站—九峰小区站—君临广场—行政中心站—开发区医院站—横河路站—中河路站—新大路站—凤洋二路站—松花江路站—银杏社区站—公交西站

续上表

711—1路	郭巨客运站—郭巨老站—双岙站—盛岙站—升螺头站—榴树头站—洋涨站
712路	梅山客运站—梅山保税区管委会站—大桥北站—虾辣站—上王站—凉亭站—夹塘站—太平岙站—阮家站—焦山站—语录亭站—勤丰站—龙降角站—野毛涨站—小樟树站—门浦站—隔山王家站—山防站—蒋岙站—下林村站—百丈站—屺峙站—小门站—海口站—华光厂站—后所站—柴桥工业园区站—新江厦站—柴桥医院站—同盟站—烂田汪站—霞南站—霞浦派出所站—河西站—山前站—方戴站—北仑人民医院东—北仑中学站(北仑人民医院南)—黄金海岸站—北仑体艺中心站—行政服务中心站—北仑电视台站—星阳菜场站—北仑影剧院站—横河路站—高凤路站—小山公园站—闽江路站—北仑客运站
713路	小港联合车站—公园路站—戚家山站—贝发站—崇邱路站—振兴东路站—振兴西路站—前进路站—海天新村站—经三路站—衙前站—经五路站—联合公寓站—山下站
714路	新政村站—楼家站—新权村站—前蒉站—王家港站—任家站—中后沈站—顾家桥站—下倪桥站—陈山南站—陈山北站—高河塘站—竺山头站—甬晨商场站—红联渡口站
715路	郭巨客运站—杨家新村站—福明村站—尖山头站—盘象岙站—大涂塘站—梅东渡口站—黎明村站—马盘村站—外马盘村站—阳东村站—钟家湾站—凉亭站—上王村站—虾辣村站—干岙村站—昆干线站—邹溪站—上刘村站—上车门站—王家麓站—朱家漕村站—四合村站—河头站—高村站—陈胜站—老街南站—柴桥新站—柴桥老站—新江厦站—柴桥菜场站—学校场站
716路	宏基广场站—茅洋山路站—龙角山路站—甬江南路站—钱塘江路站—清水丽庭站—大碶菜场站—坝头路站—学苑路站—中河丽园站—泰河小区站—泰河中学站—黄金海岸站—北仑中学(北仑人民医院南)站—九峰小区站—富邦广场站—行政中心站—天兴公寓站—新艳公寓站—念慈园站—海晨园站—中河路站—横河路站—嵩山路站—保税东区站
717路	小港联合车站—公园路站—戚家山站—贝发站—小港医院站—红联站—小港街道站—海天新村站—经三路站—衙前站—经六路站—石桥站—大石门村站—王家江站—湖芳村站—合兴村站—大堰粮站—江底涨站—钟家桥村站—龙中大桥站
718路	
719路	红联渡口站—甬晨商场站—竺山头站—高河塘社区站—陈山社区站—下倪桥站—鲍家洋站—姚张村站—下邵村站—下周隘村站—桥头倪站—渡头董站
720路	白峰码头站—白峰镇站—下岭站—百丈站(白峰交警队)—屺峙站—小门站—海口站—华光厂站—后所站—柴桥工业园区站—柴桥街道办事处站—新江厦站—柴桥医院站—同盟站—烂田汪站—霞南站—霞浦站—河西站—山前站—方戴站—九峰小区站—凤凰山主题乐园站—中心广场站—行政服务中心站—北仑电视台站—星阳菜场站—北仑影剧院站—中河路站—新大路站—凤洋二路站—松花江路站—凤洋三路站—银杏社区站—看守所站—北电宾馆站—算山站—杨公山站—蒋家站—青峙站—李隘站—林塘站—小港联合车站—戚家山站—泥湾站—小港医院站—红联站—红联渡口站
721路	北仑客运站—闽江路站—小山公园站—高凤路站—横河路站—北仑电影院站—星阳菜场站—北仑电视台站—行政服务中心站—北仑体艺中心站—泰河学校站—杜家站—青山站—箭箕湾郑家站—城东站—九峰山网岙景区站—和鸽站—城湾站—将军庙站—裘山站—双狮站—陆家站—九天岙站—三山站—合宅站—咸昶站—春晓镇政府站—春晓路站—开发区春晓园区站—洋沙山风景区站
750路	保税东区站—嵩山路站—开发区医院站—国贸花园站—北仑青少年宫站—新恒路站—绍成小学站—塘湾站—宁波职业技术学院站—明港中学站—大碶站—人民路站—徐洋站—新安站—湖塘站—民乐站—育王站—宝幢站—五乡镇行政中心站—五乡中学东站—邱隘站—福明站—汽车东站—百丈路桑田路口站—儿童公园站—黄鹂新村站—李惠利医院站—兴宁桥东站—望湖市场站—宁波南站

续上表

753路	新碶站—小山公园站—高风路站—横河路站—中河路站—新大路站—凤洋二路站—松花江路站—客运西站—北电宾馆站—算山站—杨公山站—青峙站—紧固件园区站—林塘站—孔墅站—北仑职高站—高河塘站—小港街道办事处站—经三路站—衙前站—经六路站—石桥站—新建新权站—新模站—梅墟站—东二路站—谭头路站—俞家站—宁波颐乐园站—老庙站—陆家站—桑家站—中兴北路站—常青藤小区站—锦苑小区(家乐福)站—体育馆站—华侨城站—儿童公园站—丹凤新村站—黄鹂新村站—李惠利医院站—兴宁桥东站—望湖市场站—宁波南站
754路	小港联合车站—公园路站—戚家山站—贝发站—小港医院站—红联站—小港街道办事处站—海天新村站—经三路站—衙前站—经六路站—石桥站—胡家洋站—新建新权站—新模站—梅墟站—东三路站—东二路站—东一路站—涂田涨村站—高新区行政服务中心站—俞家站—宁波颐乐园站—科技大厦站—老庙站—陆家村站—桑家站—中兴北路站—常青藤小城站—锦苑小区(家乐福)站—体育馆站—姚隘路中兴路口站—四号桥站—汽车东站
755路	小港联合车站—戚家山站—贝发站—小港医院站—红联站—小港街道办事处站—海天新村站—经三路站—衙前站—经六路站—石桥站—胡家洋站—新建新权站—新模站—梅墟站—方桥站—新梅路站—海星塑机站—姜陇站—菁华路站—藤家园站—五都王站—新乐站—羊毛衫市场站—盛垫站—邱隘站
756路	大榭客运中心—邻里中心站—隧道东站—海韵园站—穿山站—上周村站—同盟村(柴桥)站—烂田汪站—霞浦派出所站—山前站—人民医院东站—北仑中学(人民医院南)站—泰河中学站—江星公寓站—明港中学站—大碶站—人民路站—俞王村站—徐洋村站—新安村站—湖塘村站—民乐村站—育王村站—宝幢站—五乡镇行政中心站—蟠龙路站—天童庄村站—五乡中学西站—羊毛衫市场站—盛垫站—福明张隘站—福明街道站—汽车东站—四号桥站—健康城(科技小区)站—百丈东路中兴路口站—舟孟北路站—七塔寺站—灵桥东站—灵桥西站—药行街(中国银行)站—第一医院站—镇明小区(月湖盛园)站—三支街站—南站
757路	柴桥客运站—柴桥老站—新江厦站—柴桥医院站—同盟站—烂田汪站—霞南站—霞浦站—河西站—山前站—陈华站—通山站—废旧物资市场站—东城华园站—东泰家园站—北仑中学(北仑人民医院)站—黄金海岸站—泰河中学站—泰河小区站—江星公寓站—庐山中路站—庐山西路站—荣安花园站—大碶客运站
758路	白峰码头站—白峰镇站—下林站—百丈站—岠峙村站—小门站—小门海口站—华光厂站—后所站—柴桥工业园区站—柴桥车站—柴桥街道办事处站—柴桥医院站—同盟站—烂田汪站—霞南站—霞浦派出所站—河西站—山前站—陈华站—废旧物资市场站—倪家弄站—清水站—牌门站—烟墩站—大碶站—人民路站—俞王站—徐洋站—新安站—湖塘站—丰华站—民乐站—阿育王寺站—育王站—宝幢站—雅庄站—五乡行政中心站—蟠龙路站—四安村站—五乡中学东站—项家村站—浦根村站—羊毛衫市场站—盛垫站—张隘明东经济园—福民张隘站—福民街道站—汽车东站—太古城站—东方瑞士站—育兴街站(往白峰方向无站点)—火车东站
759路	汽车东站—福明街道站—引发工业小区站—羊毛衫市场站—项家村站—五乡中学西站—五乡农贸市场站—五乡农贸市场站—五乡行政中心站—宝幢站—宝幢菜场站—育王站—阿育王寺站—民乐站—湖塘站—新安站—徐洋站—人民路站—大碶站—清水站—倪家弄站—东城花园站—陈华站—宝新站—霞浦站—下张村站—东山门站—穿山站—后所站—华光站—海口站—小门村站—岠峙村站—下林站—白峰镇站—司前村站—大岙站—仰岛站—官庄村站—轮仰村站—外峙渡口站—四期码头站—老碶头站—华峙村站—东岙(西岸边)站—俞家站—尖岭站—尖山头村站—福民村站—郭巨站

续上表

759-1 路	汽车东站—福明街道站—福明张隘站—田央站—引发工业小区站—羊毛衫市场站—邱隘民营工业区站——五乡中学西站—四安村站—五乡农贸市场站—五乡镇行政中心站—逸夫中学站—宝幢站—明伦村站—育王站—阿育王寺站—民乐站—丰华站—湖塘站—徐洋站—俞王站—人民路站—大碶站—清水站—倪家弄站—废旧物资市场站—陈华站—山前村站—河西村站—霞浦站—霞南站—同盟村站—新桥北路站—新江厦站—柴桥中学站—柴桥站—老街南路站—新曹村站—陈胜村桥—高村站—河头站—朱家漕村站—王家麓站—上车门站—燕湾村站—桂池村站—春晓咸昶村站—春晓文化站—三山站—海口站—上横村站—慈东村站
759-2 路	梅山客运站—梅山保税区管委会站—大桥北站—虾辣站—上王站—凉亭站—夹塘站—阮家站—焦山站—语录亭站—龙降岐站—野毛涨站—门浦村站—隔山王家—下林村站—岠崻站—小门村站—小门海口站—后所村站—上周村站—万景山站—同盟村站—霞南站—霞浦站—河西村站—山前村站—陈华站—废旧物资市场站—倪家弄站—清水站—大矸车站—人民路站—俞王村站—徐洋站—湖塘站—丰华站—民乐站—阿育王寺站—育王站—明伦站—宝幢站—逸夫中学站—五乡行政中心站—蟠龙路站—天童庄村站—五乡中学东站—邱隘民营工业区站—羊毛衫市场站—引发工业小区站—田央站—福明张隘站—福明街道站—汽车东站
768 路	大榭客运中心站—王榭站—双美碶站—大榭中学站—邻里中心站—兴岛南路站—隧道东站—大榭海韵园站—国际酒店站—穿山站—上周站—同盟站—烂田汪站—霞南站—霞浦派出所站—河西站—山前站—陈华站—废旧物资市场站—东城华园站—东泰家园站—北仑人民医院东—富邦广场站—行政中心站—国贸花园站—青少年宫站—新恒路站—绍成小学站—大港工业城站—钱塘江路站—甬江路站—大同站—岭南站—孔墅站—北仑职高站—高河塘站—竺山头站—永晨商场站(临时)—红联站
778 路	新碶站—小山公园站—高凤路站—横河路站—隆顺花园站—保税东区站—北仑老车站—保税西区站—凤洋二路站—大港货柜站—沿海村站—北仑电厂站—算山站—原油码头站—杨公山站—蒋家站—青峙站—李隘村站—林塘村站—实验小学站—小港联合车站—戚家山站—贝发公司站—小港医院站—红联站—小港街道办事处站—海天新村站—甬江隧道站—涨监碶站—聪园路站—电影院站—南大街站—镇远桥站—招宝山站
781 路	柴桥车站—柴桥中学站—新江厦站—穿山站—东山门站—同盟站—下张村站—霞浦站—宝新站—山前站—方戴站—九峰小区站—富邦广场站—行政中心站—开发区医院站—横河路站—中河路站—新大路站—凤洋二路站—松花江路站—银杏社区站—公交西站
782 路	保税东区站—嵩山路站—开发区医院站—行政中心站—行政服务中心站—体艺中心站—岷山学校站—塘湾站—千丈站—宁波职业技术学院站—明港中学站—坝头路站—大矸车站—人民路站—新江厦站—文化宫站—庐山西路站—老板娘食品站—高塘站—岭南站—孔墅站—海天路站—堰山站—鲍家洋站—下邵站—小港工业区站—盛梅路站—会展中心站—家乐福站—体育馆站—康复中心站—科技小区站—园丁街站—东柳新村站—火车东站
783 路	柴桥车站—柴桥老站—新江厦站—柴桥医院—同盟站—烂田汪站—霞南站—霞浦派出所(霞浦站)—河西站—山前站—方戴站—九峰小区—凤凰山主题乐园—行政中心—开发区医院—横河路站—中河路站(明州路)—新大路站(明州路)—凤洋二路站(明州路凤洋二路站)—松花江路—公交西站—北电宾馆站—算山(骆亚线)—青峙站—亚洲纸业站(李隘)—林塘站—小港—戚家山—贝发制笔厂站—小港医院站—红联站(江南公路)—小港镇政府站—海天新村站—经三路站—衙前站(江南公路)—经六路站—石桥站—胡家洋站—新建新权站—新模站—梅墟(江南公路)—科技大厦站—老庙站(江南公路)—明一站(江南公路)—宁波家乐福(宁波中兴路)—体育馆(宁波中兴路)—樱花公园站(宁波中兴路)—大河路(中山东路上)—宁波电台站—第二医院(长春路)—西门口—马园社区站

续上表

784路	大碶客运站—清水丽庭站—灵峰公寓站—大碶文化宫站—庐山西路站—钱塘江路站—甬江路站—莫干山路站—大同站—崂山路站—北电宾馆站—算山站—杨公山站—蒋家站—青峙站—李隘站—林唐站—小港实验学校站—小港联合车站—公园路站—戚家山站—贝发站—小港医院站—红联站—甬晨商场站—红联渡口站
785路	小港联合车站—公园路站—戚家山站—贝发制笔城站—崇邱路站—渡口路站—红联站—竺山头站—高河塘站—陈山北站—陈山南站—下倪桥站—顾家桥村站—东岗碶站—蓬莱寺站—姚墅村站—下邵站—窑山头站—下周隘村站—丁家山站—丁家山南站—化肥厂站—预制厂站—蟠龙村站—渡头董站
787路	北仑客运总站(珠江路)—闽江路站—小山公园站(明州路)—高凤路站(明州路)—横河路站(明州路)—中河路站—新大路站—华山路站(新大路)—交警大队站(新大路)—绍成小学站(新大路)—塘湾站(新大路)—千丈站(新大路)—职业学院站(宁职院站)—明港中学站(新大路)—坝头路站(新大路)—大碶车站(宁穿路329线)—新和—帐篷厂站—小岭脚站—新路—何俞—共同—杨岙—民丰—慈丰—慈东—上横—海口—咸昶—春晓镇(三山)
788路	北仑客运站—闽江路站—小山公园站—高凤路站—横河路站—中河路站—新大路站—凤洋二路站—恒山路站—黄山路站—甬江路站—大同站—岭南站—孔墅站—下邵站—石龙线站—新明达站—院士路站—国际会展中心站—家乐福站—宁波体育馆站
789路	凤凰山主题乐园—行政中心—青少年宫—新恒路—绍成小学—塘湾—大港工业城—高塘—岭南—孔墅—堰山—剡岙—鲍家洋—下邵—丁家山—五乡工业区—盛梅路—天一玩具—会展中心—宁波眼科医院(兰亭绿源)—福明公园—东海花园—锦苑小区(家乐福)—体育馆—樱花公园—杏阳小区—阳光广场—紫金小区(月湖盛园)—鄞奉路尹江路口—汽车临时南站
790路	梅山客运站—梅山保税港区管委会站—干岙站—下庙站—春晓路站—咸昶站—合宅站—三山站—双狮站—袅山站—城湾站—九峰山网岙景区站—青山站—泰河学校站—泰河小区站—江星公寓站—明港中学站—大碶车站—人民路站—徐洋站—湖塘站—民乐站—阿育王寺站—宝幢站—逸夫中学站—五乡行政中心站—蟠龙路站—五乡农贸市场站—五乡中学东站—邱隘民营工业区站—盛垫站—市行政中心站—国际航运中心站—汽车东站
670路	洋沙山风景区站—开发区春晓园区站—春晓路站—春晓镇镇政府站—咸昶站—合宅站—三山站—上横站—海口站—下杨站—永成塘站—春晓工业园区站—临春站—鄞东北路站—联胜路站—卢一站—合岙站—岐洋站—下洋站—东坑站—东二新村站—瞻岐镇站—茶亭站—瞻歧公交站

第三节　道路货运

境内货运企业始于1950年9月,有大碶搬运服务组、新碶搬运服务组2家;1955年两组合并为大碶联合运输组,组员66人,有河船6艘、手拉车20余辆,从事河驳搬运。1956年,柴桥联合运输组成立,组员92人,有河船17艘、手拉车32辆,经营河驳和搬运。1958年,长山公社运输站成立,有驳船7艘、手拉车8辆、黄包车15辆。以上3家运输企业自1958年都划属镇海县运输公司。1978年,境内还有23个社(人民公社)队(生产大队)办运输队(组),从业人员606人,有手拉车559辆、机动车(拖拉机为主)16辆(34吨位)。20世纪60年代前,公路交通落后,故货物运输主要以河运为主。

20世纪60年代至70年代初，县属和公社集体搬运企业，开始以简易机动车代替人力车搬运，如长山公社运输站自装2辆1.5吨位机动三轮车。为了提高运力，又开始购置汽车。1968年，柴桥运输合作社购置3.5吨位红卫牌卡车1辆。1974年，大碶运输队也购置了汽车。1983年，县属集体搬运企业均更名为运输公司。20世纪70年代后期至80年代中期，是集体运输企业经营最为兴旺时期。1985年，境内3家县属运输企业，拥有载货汽车32辆，161.5吨位；挂车15辆，84吨位；拖拉机5辆，7.5吨位；手拉车64辆；内河驳船25艘，142吨位。货运量达11.66万吨，货运周转量达699.37万吨千米。年营业收入达172.63万元，利润33.59万元。是年，宁波长途汽车运输公司在经营客运同时，也购置货车2辆经营货运。20世纪80年代中后期，允许个人购车营运，搬运企业既有发展机遇，又面临竞争压力，为求生有发展，多家企业着力更新装备，提高运力。实力较强的运输企业还以运输为中心，扩大经营范围，逐步增设客运。客运出租、汽车维修等服务项目。2003年，原大碶运输公司发展成为北仑公路运输有限公司，公司下属单位有北仑客运中心、北仑车辆综合检测站和北仑港城汽车修理厂。2006年，拥有客车39辆，264客位；总资产达1295万元。2000年，原长山运输公司改制为宏海运输有限公司。2006年，公司拥有客车20辆，37客位；货车55辆，51.55吨位；总资产达88.05万元。

改革开放带来了市场的繁荣，工业产品、农副土特产、手工业产品输入输出大幅度增加。经济的繁荣带动了运输市场的发展，货物运输要求聚零为整及时集运，或化整为零迅速散运，一票到底简化手续，因而货物联运业务应运而生。1987年8月，北仑区交通运输联运服务站(后改名为北仑联运公司)成立。2001年7月，北仑货运市场有限公司成立，2006年，公司有经营户38家，拥有货车125余辆，625吨位；日货运量300吨，年吞吐量10.8万吨。北仑港集装箱运输航线的开通、发展，孕育了集物资中转、仓储、搬运、包装、流通加工、信息活动于一体的现代物流业。2010年，在区域内注册的物流企业有88家。2010年，货运车辆9212辆，158,179吨位，货运量达1810万吨，货运周转量达325,310万吨千米。

第四节　运 输 工 具

2010年，北仑区拥有公路运输工具10,001辆，其中载客汽车789辆，23,369客位；载货汽车9212辆，158,179吨位(见表5-4-1)。

一、客运汽车

镇海县客运汽车始于民国二十二年(1933)。民国二十五年(1936)，宁波通运、宁穿、慈城利行、镇海镇胜等4家汽车运输公司，有20余辆客车在镇海县境内营运。抗日战争时期停业,战后车辆不到一半。1957 年宁波长途汽车运输公司在镇海县境内营运的客车有建制的大客车 1 辆,无建制的临时调度车 30 余辆。1985 年,有建制的大客车增至 3 辆。

北仑区公路运输工具一览(截至 2010 年) 表 5-4-1

类别		计算单位	营业性车辆	类别			计算单位	营业性车辆
汽车合计		辆	10,001	载货汽车	1.普通货车		辆	3640
载客汽车		辆	789				吨位	15,302
		客位	23,369		其中	大型	辆	1209
载货汽车		辆	9212				吨位	9962
		客位	158,179			小型	辆	1826
载客汽车	大型	辆	619				吨位	3184
		客位	22,410		2.专用货车		辆	4396
	小型(5座小轿车)	辆	170				吨位	139,963
		客位	850		其中	集装箱车	辆	4157
							TEU	6616

2010 年统计,全区有营业性客车 215 辆(见表 5-4-2),计 2238 客位。其中宁波公运集团北仑分公司 32 辆,计 1280 客位;北仑汽车运输有限公司 2 辆,计 80 客位;北仑绿岛巴士有限公司 11 辆,计 198 客位;宁波大众出租车有限公司 133 辆出租车,计 532 客位,个体出租车 37 辆,计 148 客位。

2010 年北仑区公路客运营业性车辆一览 表 5-4-2

类别		计算单位	总计		按标记客位分						按车长分				按等级分			安装GPS的车辆	安装行驶记录仪的车辆
				个体	大型	个体	中型	个体	小型	个体	特大型	大型	中型	小型	高级	中级	普通		
客运车辆总计		辆	215	37	34		11		170	37		34	11	170	34	181		201	3
		客位	2513	185	1454		209		850	185		1454	209	850	1454	1059		2218	86
其中:卧铺客车		辆	4	0	4							4			4			4	
		客位	170	0	170							170			170			170	
按经营范围分	班车客车	辆	35	0	24		11					24	11		24	11		21	3
		客位	1168	0	959		209					959	209		959	209		873	86
	出租客车	辆	170	37					170	37				170		170		170	
		客位	850	185					850	185				850		850		850	
	旅游客车	辆	10	0	10							10			10			10	
		客位	495	0	495							495			495			495	

续上表

类别		计算单位	总计	按标记客位分							按车长分				按等级分			安装GPS的车辆	安装行驶记录仪的车辆
				个体	大型	个体	中型	个体	小型	个体	特大型	大型	中型	小型	高级	中级	普通		
按燃料类型分	汽油车	辆	8	3					8	3				8		8		8	
	柴油车	辆	207	34	34		11		162	34		34	11	162	34	173		193	3

北仑区举行区域出租汽车投放仪式

二、货运汽车

宁波长途汽车运输公司在经营客运同时，在1985年购置货车2辆经营货运。镇海县第1辆运货汽车是三山（现春晓镇）农业合作社，在20世纪50年代初购置。第2辆是1968年柴桥运输合作社购置的红卫牌卡车，载重3.5吨。此后，货运汽车逐年增加，至1985年，已增至1783辆。

2010年统计，全区有货运车辆9212辆（包括农用车、拖拉机）（见表5-4-3），计158,179吨位。其中集体6814辆，计149,317吨位；个体2398辆，计8862吨位。普通货车3640辆，计15,302吨位；集装箱车4157辆，计126,301吨位，6615标准箱；危险品运输车239辆，计3662吨位。

三、其他机动车及非机动车

其他机动车包括摩托车（可分二轮、侧三轮、正三轮、轻便）和农用车（包括拖拉机,以载货为主),2006 年统一改称低速汽车。非机动车包括自行车、电力助动车、燃油助动车、人力三轮货车、人力三轮客车、小三轮等。自 2006 年 7 月 1 日起,自行车、小三轮车不再登记注册,不再统计。2010 年全区有注册牌照电动自行车 1694 辆,拖拉机 1346 辆。

2010 年北仑区公路货运营业性车辆一览 表 5-4-3

类别		计算单位	总计	个体	按标记吨位分								安装GPS的车辆
					大型				中型		小型		
						重型		个体		个体		个体	
							个体						
货运车辆总计		辆	9212	2398	5712	5572	399	530	662	312	2838	1556	4136
		吨位	158,179	8862	151,460	147,748	5507	5857	2348	1100	4371	1905	122,063
一、载货汽车		辆	9212	2398	5712	5572	399	530	662	312	2838	1556	4136
		吨位	158,179	8862	151,460	147,748	5507	5857	2348	1100	4371	1905	122,063
按车型结构分	厢式货车	辆	1176	406	213	88	20	45	37	15	926	348	
		吨位	2914	760	1676	979	201	343	132	54	1106	363	
	牵引车	辆	6814	6814									3897
		吨位	149,317	149,317									149,317
	专用汽车	辆	4396		4280	4250			20		86		4136
		吨位	139,963		139,822	129,091			60		81		122,063
	普通货车	辆	3640	1992	1209	1234	379	485	605	297	1826	1210	
		吨位	15,302	8102	9962	17678	5306	5514	2156	1046	3184	1542	
按经营范围分	普通运输	辆	4816	2398	1422	1322	399	530	642	312	2752	1556	
		吨位	28,216	8862	21,638	18,657	5507	5857	2288	1100	4290	1905	
	集装箱运输	辆	4157		4157	4157							
		吨位	126,301		126,301	126,301							3897
		TEU	6616		6616	6616							118,401
	危险货物运输车	辆	239		133	93			20		86		239
		吨位	3662		3521	2790			60		81		3662
按燃料类型分	汽油车	辆	50	50							50	50	
	柴油车	辆	9162	2348	5712	5572	399	530	662	312	2788	1506	4136
二、挂车			4124		4124	4124							
1.集装箱挂车		辆	4024		4024	4024							
		吨位	122,741		122,741	122,741							
2.危险品挂车		辆	100		100	100							
		吨位	2840		2840	2840							

第五节　站场设施

车站、停车场、加油站、高速公路收费站是公路交通运输主要的附属设施。

一、汽车站

自民国二十三年(1934)宁(波)穿(山)公路建成通车起,境内就始设公路车站,至1936年,区境内设有车站11个,其中辅导站3个,均有站长1名,站务人员数名;7个站建有站房,装有专用电话。1934年设置大碶站(辅导站)、徐洋站、璎珞站、清水站、柴桥站(辅导站)、霞浦站、穿山站7个站;1936年又设置镇南站(辅导站)、小港站、青峙站、高塘站4个站。至1981年又增设白峰站(1959年)、郭巨站(辅导站、1959年)、昆亭站(1960年)、河头站(1960年)、三山站(1967年)、新碶站(1967年)、上阳站(1967年)、华峙站(1968年)、司城岙站(1973年)、中宅站(1977年)、北仑站(1980年)、下邵站(1981年)等12个站。随着客运市场的深化改革,公共交通发展迅速,车内均设自动售票(投币箱、刷卡),站务人员减少(不需装卸行李),乡间车站功能衰退,停靠站增多。2010年,北仑区先后在52条公交线共建港湾式停靠站点1248个(见表5-5-1),其中城区720个;有汽车客运站10个(见表5-5-2)。

1.大碶客运站(辅导站)

在大碶镇宁穿路与去塔峙支路的叉口。民国二十三年(1934年)设站,地址在宁穿路与镇大路交叉口。有站屋3间,停车场1个。1956年改建扩建成两层楼房和平屋各3间。1985年移址重建。新址占地13亩,建筑面积1833平方米(候车大厅140平方米,票房6平方米,停车棚140平方米,行李房、办公室、修理车间、食堂、厨房计1547平方米)。1985年有站务人员23人,日接发客车6班次,过站客车39班次,年客流量58.22万人次。

2.北仑客运中心

地址:新大路485号,建于1998年,1998年11月28日正式启用,占地面积10,958平方米,建筑面积4123.68平方米、其中候车室604.8平方米,停车场(包括发车位)6211平方米。设计日均发客运班车120次,日均发送旅客3000人次,实际日均发客运班车80次,日均发送旅客列车500人次。站内基本配置较为安全,但也存在力用房面积狭小的问题,由于原先的候车室已大部分出租用作其他用途,现有候车室仅为20平方米,售票室和问讯处各为14平方米,2007年1月搬至北仑珠江路北仑客运总站。

北仑区各线路港湾式停靠站一览(2010 年)　　表 5-5-1

序号	等级	线路编号	线路名称	桩　号	数量	建造时间	投资(万元)
1	国道	G329	杭沈线	K203+800	2	2004—2007	456
				K205+950	2		
				K207+150	2		
				K207+350	1		
				K208+570	2		
				K210+900	1		
				K211+550	1		
				K216+300	1		
				K216+900	2		
				K217+750	1		
				K217+900	1		
				K218+300	1		
				K218+470	1		
				K218+900	2		
				K219+550	2		
				K220+450	2		
				K221+650	2		
				K222+250	1		
				K222+470	1		
				K222+770	2		
				K223+560	2		
				K225+120	1		
				K226+000	1		
				K227+600	2		
				K228+800	1		
				K229+500	1		
2	省道	S320	骆霞线	K21+710	1	2004—2006	60
				K22+870	2		
				K24+900	1		
				K25+800	2		
3	县道	X802	白洋线	K0+900	1	2005	55
				K2+200	1		
				K5+100	2		
				K7+900	1		
				K8+400	2		
				K9+250	1		
				K10+900	1		
				K11+800	1		
4		X803	穿咸线	K17+200	1	2005—2006	25
				K3+500	1		
				K4+350	1		
				K3+150	1		
				K7+050	1		
				K11+000	1		

续上表

序号	等级	线路编号	线路名称	桩　　号	数量	建造时间	投资(万元)
5		X804	大海线	K18+350	1	2005	10
				K20+100	1		
6		X805	江五线	K2+500	1	2004—2005	35
				K3+600	1		
				K3+950	1		
				K5+600	1		
				K5+750	1		
				K8+500	1		
				K11+000	1		
7		X806	白梅线	K1+550	1	2005	15
				K4+520	1		
				K5+580	1		
8		X807	白中线	K1+800	1	2005	15
				K4+600	1		
				K5+300	1		
9		X808	陈穿线	K2+200	2	2005—2006	60
				K4+700	2		
				K5+250	2		
10		X810	石龙线	K2+700	1	2005	20
				K3+950	1		
				K4+300	1		
				K11+300	1		
11		X813	329 连接线	K0+500	2	2006	20
				K1+500	2		
12		X814	沿海中线	K8+950	1	2006	60
				K12+750	1		
				K14+000	1		
				K16+150	1		
				K22+100	1		
13		X023	甬小线	K11+000	2	2004—2005	70
				K12+000	2		
				K13+800	2		
				K14+700	2		
				K15+200	2		
				K15+850	2		
				K16+300	2		

续上表

序号	等级	线路编号	线路名称	桩　号	数量	建造时间	投资(万元)
14	乡道	X801	朱五线	K0+000	1	2005	10
				K1+750	1		
15		X803	轮三线	K0+100	1	2006	5
16		X803	河岭线	K1+050	1	2005	15
				K1+280	1		
				K2+050	1		
17		X808	里小线	K1+200	1	2006	5
18		X813	三双线	K2+000	1	2005	5
合　计					116		941

北仑区汽车客运站一览(2010年)　　表5-5-2

车　站　名	级别	启 用 年 月	占地面积(平方米)	停车场(平方米)	候车室(平方米)	月均发班车(辆)	日均发送旅客量(万人)
北仑客运总站	二级	2001.1	13,333	8500	470	250	3500
北仑客运中心	二级	1997,2007年初注销	10,958	6211	320	220	3200
柴桥客运站	三级	2010.9	8131	4059	0	138	1200
大碶客运站	三级	1985.10	5528	1280	50	50	400
郭巨客运站	三级	1994.10	1332	450		20	150
白峰客运站	五级	2000	4630	4000		50	600
江南客运站	五级	1999.9	3800	3000		214	2400
春晓客运站	五级	2001	2331	1800		6	30
穿山客运站	简易	1993.7	1860	1500			
小港联合区域站	简易	2002.2	4000	2300	150		

LNG新能源公交

3.北仑客运总站

坐落在珠江路88号,2002年通过审批,2003年正式投入使用,总占地面积11,333平方米,停车场(包括发车位)4500平方米。站务用房567平方米,南北纵深11米,东西长52米,其中候车大厅200平方米,售票室70平方米,设有电脑售票系统,调度室40平方米,驾驶员休息室50平方米,其他站务用房207平方米,卫生设施齐全,设立了残疾人专用公厕;站内有专门的办公大楼,占地2670平方米。2007年1月25日至今作为我区唯一长途客车站发站。

4.北仑站

在新碶镇横浦村。1980年9月设站,建两层楼房4间候车大厅1个,共占地705平方米,建筑面积305平方米(候车厅150平方米,售票房15平方米,其他用房140平方米)。1985年有站务人员1人,日过站客车7班次,全年客流量10.02万人次。

5.高塘站

在高塘街东面。民国二十五年(1936)开始设站时无站屋。1970年3月建站屋2间、83平方米。1981年增建厨房1间。共占地138平方米,建筑面积98平方米(候车室40平方米,售票室10平方米,其他用房48平方米)。1985年有站务人员1人,日接发客车1个班次,过站客车16班次,年客流量7.77万人次。

6.徐洋站

在郭隘乡徐洋村。民国二十三年(1934)设站,建有砖木结构站屋2间。1982年公路改道,车站移址重建,计平屋4间、小平屋1间,共占地140平方米,建筑面积100平方米(候车室50平方米,售票室12.5平方米,其他用房37.5平方米)。1985年有站务人员1名,日过站客车25班次,年客流量3.72万人次。

7.民乐站

原名璎络站,1960年改今名。民国二十三年(1934)设站,有站屋2间,占地80平方米,建筑面积54平方米(候车室32平方米,售票室12平方米,其他用房10平方米)。1985年有站务人员1人,日过站客车28班次,年客流量3.04万人次。

8.清水站

在塔峙乡清水村。民国二十三年设站。站屋占地84平方米,建筑面积70平方米(候车室30平方米,售票房30平方米,其他用房10平方米)。1985年有站务人员1人,日过站客车13班次,年客流量2.45万人次。

9.新碶站

在新碶镇大路村。1967年11月设站。1974年建站屋,占地150平方米,建筑面积90平方米(候车室40平方米,售票房10平方米,其他用房40平方米)。1985年有站务人员2人,日接发客车6班次,年客流量9.3万人次。

10.柴桥客运站(辅导站)

在柴桥镇二街道。民国二十三年(1934)设站,建有候车室4间、小屋6间、仓库2间、停车棚1个,总建筑面积327平方米。中华人民共和国成立后,经1966年、1981年两次扩建与改建,全站占地471平方米,建筑面积371平方米。1986年移址重建,新址位于镇南路和穿咸线交叉处。1987年2月新站启用,占地5355平方米,停车场4059平方米。2009年7月,原址折毁重建,2010年9月建成启用。新站占地面积8131平方米,建筑面积3185平方米(一栋二层办公主楼及一栋一层的附属用房),可容纳5条公交线路,设有67个停车位及线条状公交站台、修理车间、加油机房等其他配套设施。

11.霞浦站

在霞浦乡霞西村。民国二十三年(1934)设站,建砖木结构站屋2间,70平方米。1973年改建扩建为混合结构平屋5间、小屋1间,共占地180平方米,建筑面积134平方米。1985年有站务人员2人,日过站客车32班次,年客流量16.03万人次。

12.穿山站

原名江边站。在穿山乡穿山村,民国二十三年(1934)设站时建砖木结构平房2间。1969年移地重建并改名穿山站,有混合结构平房4间、小屋1间,建筑面积108平方米(候车室50平方米,售票室12.5平方米,其他用房45.5平方米)。1985年有站务人员4人,日接发客车1班次,过站客车35班次,年客流量17.03万人次。

13.河头站

在柴桥镇久勤村朱家漕。1960年设站,无站屋。1980年建平屋5间半,占地200平方米,建筑面积130平方米(候车室48平方米,售票室12平方米,其他用房70平方米)。1985年,有站务人员1人,过站客车10个班次,年客流量7.01万人次。

14.昆亭站

在昆亭乡上车门村。1960年设站。1968年建平屋2间半、50平方米(候车室25平方米,售票室12.5平方米,其他用房12.5平方米)。1985年有站务人员1人,日过站客车8个班次,年客流量8.02万人次。

15.三山站

在三山乡合宅村。1967年设站,建平屋3间半,1973年又加建小屋2间,共占地170平方米,建筑面积100平方米(候车室26.6平方米,售票室13.3平方米,其他用房60.1平方米)。1985年有站务人员1人,日接发客车6个班次,年客流量12.02万人次。

16.镇南站(辅导站)

在镇海江南道头。民国二十五年(1936年)设站,无站屋。1967年建平屋12间,1980年增建停车棚1个,全站占地757平方米,建筑面积357平方米(停车棚136平方米,候车室89.4平方米,票房30平方米,其他用房101.6平方米)。1985年有站务人员

17 人,日接发客车 27 班次,年客流量 45.42 万人次。1999 年 9 月,新建江南客运站,原站弃用。

17.下邵站

在下邵乡下邵村。1981 年设站,建站屋 5 间,厨房 1 间,占地 360 平方米,建筑面积 160 平方米(候车室 90 平方米,售票室 15 平方米,其他用房 55 平方米)。1985 年有站务人员 1 人,日过站客车 4 班次,年客流量 4.68 万人次。

18.青峙站

在小港镇李隘村。民国二十五年(1936)设站,借民房作站屋。1984 年 6 月建平屋 4 间半,面积 102 平方米(候车室 45 平方米,售票室 10 平方米,其他用房 47 平方米)。1985 年,有站务人员 1 人,日过站客车 23 班次,年客流量 2.67 万人次。

19.小港站

在小港镇四村里邵。民国二十五年(1936)设站,借民房作站屋。1985 年,日过站客车 23 班次,年客流量 4.01 万人次。2002 年 2 月,新建小港联合区域站,原站弃用。

20.郭巨站(辅导站)

在郭巨镇一村。1959 年设站,1967 年造平房 6 间,1984 年翻建为 2 层楼房 4 间,建筑面积 240 平方米(停车棚 54 平方米,候车室 50 平方米,票房 10 平方米,其他用房 111 平方米)。全站占地 1930 平方米。1985 年有站务人员 12 人,日接发客车 9 班次,过站客车 1 个班次,年客流量 28.2 万人次。1994 年 10 月,新客站投入使用。

21.白峰站

1959 年设站,在白峰乡下岭,有简易平房 3 间。1972 年移至上阳路口,新建站屋 5 间、厨房 1 章,共占地 300 平方米,建筑面积 159 平方米(候车室 73.2 平方米,售票室 12.2 平方米,其他用房 73.6 平方米)。1985 年有站务人员 2 人,日接发客车 2 班次,过站客车 20 班次,年客流量 11.6 万人次。2000 年,新客运站投入使用。

22.上阳站

在上阳乡道头村梅山港边。1967 年 5 月设站,次年建平屋 4 间、停车棚 2 间,占地 200 平方米,建筑面积 147 平方米(候车室 88 平方米,停车棚 59 平方米)。1985 年,有站务人员 2 人,日接发客车 8 班次,年客流量 6.64 万人次。

23.中宅站

在峙头乡中宅村。1977 年设站,建站屋 4 间、车库 1 间、停车棚 1 个,占地 350 平方米,建筑面积 175 平方米(停车棚 39 平方米,候车室 54.4 平方米,售票房 13.6 平方米,其他用房 68 平方米)。1985 年有站务人员 1 人,日接发客车 2 班次,年客流量 3.32 万人次。

24.华峙站

在郭巨镇华峙村。1968 年设站,建站屋 2 间、80 平方米。1985 年,日过站客车 11 班次,年客流量2.21万人次。

25.司城岙站

在峙头乡司城岙。1973年建站,建筑面积115平方米(停车场39平方米,候车室50平方米,售票室12.5平方米,其他用房22.5平方米)。1985年有站务人员1人,日接发客车1个班次,年客流量2.76万人次。

26.仰岛站

在白峰乡官庄村,无站屋。1985年,日接发客车1个班次,过站客车6班次,年客流量1.11万人次。

二、加油站、停车场

20世纪80年代前,北仑区境内无公用型加油站。农用拖拉机用油(柴油)由当地供销社农业生产资料商店凭票供应;运输公司都自建油库。1987年7月,浙江省运输公司宁波分公司,租用驻大碶部队建于人民路口329国道旁油库,作为分公司在北仑区域内营运车辆供油站。1989年6月,北仑长途汽车运输公司建立后,公司在北仑客运总站、柴桥客运站、大碶客运站各建油库,人民路口供油站退还部队。同时期,区域内公路旁建起不同规模的公用型加油站和油品店(详见第八章)。

红联停车场　在江南乡沿江路。1984年由红联村投资建造。占地1333平方米,建筑面积53平方米,停车规模16车位。1985年年停车量2233车次。后改为出租车、社会车辆停放。

第六节　民间交通工具

民间交通运输工具历史悠久,种类颇多,形制从简到繁,由原始的扁担、抬杠、人力车辆、畜力车辆、木船发展到现代的自行车、摩托车、助动车等机械车辆,经历了漫长的历史过程。

一、人力工具

1.扁担、抬杠

为最古老、最基本的人力运输工具。旧时有脚班(夫),为沿江各埠和各家商店、商行、商旅、旅客挑运、装卸货物,使用的主要工具就是扁担、抬杠(配绳索等物)。至今,仍未废弃。

2.黄包车

两轮、钢圈胶胎、木制车身,一人拉,一人乘坐。清同治九年(1870)前后,创始于日本,故又名"东洋车"。同治十三年(1874)传入上海,20世纪20年代传入浙江。此车因轻快,除营业性客运外,渐有私人自备"包车"。1958年,原长山公社运输站成立时尚有黄包车15辆。20世纪60年代淘汰。

3.手车

有独轮(手推车)和两轮(手拉车)两种。本地主要是两轮手拉车。以钢圈、钢丝辐条和胶胎充气为其主要特征,因此又叫钢丝车。一般能载300公斤。20世纪60—70年代发展较快,在改变农村人担肩挑的原始运输方式中起了重要作用。1978年统计,境内的原21个公社、大队运输队(组)有手拉车534辆;2个县属集体运输企业有手拉车64辆。自20世纪80年代后期起,因乡镇集体搬运企业陆续转为个体经营,又运输工具逐步机动化,手拉车数量逐渐减少。

4.泥橇

镇北沿海叫泥蹒,镇南三山一带叫海踢,海涂滑行用。狭长似船形,长1.5—1.8米,宽0.25米,平底,头稍向上翘,中间横一木架,滑行时两手扶架,一脚跪橇内,一脚蹬涂向前滑行,力省行速,境内沿海及海岛仍可见。

5.三轮车

新中国成立后始见,钢圈、钢丝辐条、胶胎充气、链条传动,由人力蹬踏。分载货和载客两种。载货车俗称“黄鱼车”,能载200公斤;载客车一般载客2人。城乡客运三轮车在20世纪90年代开始发展,中期激增。2005年统计,北仑区有营运证人力三轮客车1842辆,人力三轮货车1716辆,小三轮(个人自用,入俗称老年车)11,764辆。

6.自行车

俗称脚踏车,二轮,钢圈、钢丝辐条,胶胎充气,链条转动,人力蹬踏。到民国初民间才开始少量拥有。据记载,民国二十五年(1936)原镇海县有自行车150辆,当时主要是邮政部门供投递员专用和政府机关的公用车。1951年227辆;1953年907辆;1975年33,156辆;1984年176,324辆。2005年统计,北仑区城乡居民拥有自行车256,296辆(不包括未登记领照的)。自行车已成为城乡居民日常的主要代步工具。

7.船

境内河流纵横交错,船自然成为民间水上的重要交通运输工具。旧时为木船,船型小,一般载重300公斤左右,由1人在船尾划桨兼掌方向,1人在首反划桨。此船多为农(渔)民私用,农忙时运载肥料、谷物等,农闲时作内河捕鱼、载客工具。20世纪50年代后,农村生产队集体修造大木船,能载重1吨左右。20世纪70年代后,水泥船(用水泥、钢丝网浇制,船型为平底、鸭尾、小圆头)代替了木船。1974年原镇海县长山运输公司购置6艘8吨级水泥船。1985年统计,大碶运输公司有水泥船19艘,计载重100吨;柴桥运输公司也曾购有水泥运输船27艘。此船因自重量大,不耐碰撞,难修易沉,其数量逐年减少。随着农村道路的修建,陆上交通的便捷,促使了机动车辆的增多,农村内河运输萎缩,船只所剩无几。现只有从事内河淡水养殖、捕捞的个体渔民拥有小型木船。

8.轿

轿作为一种运输工具,世代相沿,历史悠久。晚清、民国时期,旧镇海境内有4种轿。第1种叫官轿,官员乘坐,由4人抬之。此种轿随着清王朝的覆灭而消失。第2种叫小轿,民国年间改称文明轿,形似官轿,但形小而轻,由2人抬之。此种轿由轿行租赁,绅贾、医生出行或民间迎宾接客多租用之,20世纪40年代末消失。第3种叫元宝篮,竹制,因形似元宝,故名。由2人抬之,乘者可躺可坐,轻巧舒适,为民间所乐而广用之。其与文明轿最大不同之处是,它只用一根轿杠,且不是从轿身而是从轿顶上方穿过。20世纪20—30年代,各自然村皆备以供公用,也有自备家用的。到60—70年代,随着传统人行道路的改造修建成为车行路,手拉车普遍代替肩挑人抬,元宝篮的数量大为减少,尚有山区至今还用以接送病人、产妇于医院,只是已不用人抬,而是代以手拉车载运了。第4种叫花轿,为婚娶专用。据传,南宋康王赵构逃难于江南时,一女子救过皇帝,后御赐花轿,江南娶媳嫁女就有用花轿之俗。花轿分二等,头号花轿做工最精,漆色最好,由8人抬之;二号花轿稍逊,由4人抬之。轿身上下装满雕饰和玻璃绘屏,人物场景栩栩如生;全轿朱色为基调,加以彩漆添金,十分华丽。据调查,新中国成立前,境内曾有18家贳器店有花轿租赁(表5-6-1)。土改后移风易俗渐废,20世纪60年代中期,"文化大革命"中作为"四旧"被烧而绝。

江南地区(今北仑区)民间花轿一览 表5-6-1

店　　名	地　　址	花轿数(顶)
周沛昌	新碶西街茅家弄	6
顾泰兴	新碶西街养元里	5
顾秉贵	新碶塘塆	2
虞太和	大碶碶塘墩南沿河街	4
顾德兴	大碶塆头村	5
杨春	大碶前宋村	3
邬隆兴	大碶邬隘村	4
乐万祥	小港直街	3
谢本和	小港碶跟	2
翁源泰	柴桥前郑村翁家	5
曹森泰	柴桥陈胜村	4
乐通和	白峰后弄口善优堂	3
纪宝兴	郭巨西门村纪家	3
汪七房	郭巨南门村汪家	3
贺泰兴	霞浦朝东街	5
林三和	高塘林家	2
贺金富	梅山碑塔村	3
林春和	梅山茶厂村	2

二、机动工具

1.拖拉机

20 世纪 50 年代农村集体开始购置拖拉机，专为农用。20 世纪 60 年代以后，以其价格低廉、油易购、道路易修、操作方便等优点，被用来作货物运输。1981 年开放了运输市场，又 1983 年国家允许私人购买拖拉机搞运输，拖拉机数量增加较快。现有拖拉机分为轮式与手扶式两类。轮式一般载重 2—5 吨，手扶式载重 0.75 吨。1985 年统计北仑区拥有轮式拖拉机 179 台，手扶式拖拉机 2571 台（见表 5-6-2）。后又有形似拖拉机的简四轮投放市场进入运输市场。

1985 年北仑区拖拉机分区域统计 表 5-6-2

<table>
<tr><th colspan="2">区域
辆数
机制</th><th>柴桥</th><th>郭巨</th><th>大碶</th><th>长山</th><th>合计</th></tr>
<tr><td colspan="2">轮式</td><td>46</td><td>27</td><td>57</td><td>53</td><td>179</td></tr>
<tr><td rowspan="2">手扶式</td><td>集体</td><td>458</td><td>234</td><td>444</td><td>283</td><td>1419</td></tr>
<tr><td>个体</td><td>356</td><td>239</td><td>371</td><td>186</td><td>1152</td></tr>
</table>

2.助动车

分燃油助动车和电力助动车两种。20 世纪 90 年代后期盛行燃油助动车，因其废气排放量大，污染环境，1999 年 10 月起限制销售，数量得到控制逐渐淘汰。2005 年统计，北仑区登记领照的燃油助动车为 6578 辆。电力助动车，因其不用油，干净轻便为广大居民所乐用，21 世纪初盛行，2005 年统计，北仑区登记领照的电力助动车为 19788 辆。

3.摩托车

分为二轮和三轮（含侧三轮、后三轮）两种。始见于 20 世纪 60 年代，初只为邮电和公安部门公用。70 年代发展至交通等其他部门；80 年代起，逐渐有个人购买；90 年代以后，个人购买激增，个体专业经营户也用于载物带人。1985 年统计，北仑区有摩托车 127 辆；到 2005 年，北仑区有二轮摩托车 32，157 辆，侧三轮摩托车 425 辆，后三轮摩托车 273 辆，轻便摩托车 5494 辆。

4.三卡

载重 0.35—1.5 吨，有前驱动和后驱动之分。又可分为燃柴油和燃汽油两种。前者性能较差，已于 1984 年淘汰。1984 年统计，北仑区有三卡 58 辆。

第六章 铁路 管道

民国五年(1916),镇海县第一条铁路,即三北轮埠公司配套的龙山铁路建成,位于今属慈溪市境内的伏龙山下,长约4千米。民国二十二年(1933),建宝幢至璎珞线,长3千米。以上两条线都是轻便铁道,行驶小火车。1941年,镇海沦陷后,铁轨均被日军拆走。1985年12月建成甬北铁路支线,全程35.4千米,北仑区境内15.44千米。管道运输主要有镇海炼化有限公司的输油管线、北仑发电厂的输灰管线和春晓天然气管线。

第一节 铁路线路

一、甬北铁路支线

1982年底,上海宝山钢铁总厂重要配套工程北仑港10万吨级矿石中转码头建成投产,宁波港年吞吐能力达到2600万吨,成为浙江省第1个水陆联运港,海运量居全国中等地位,但港区疏港能力滞后。建设直通港区的疏港铁路,可大大提高水陆中转集散效率和宁波港的发展潜力,直接推进宁波建设现代化港口城市的战备目标的实施。

1983年9月,国务院副总理万里视察北仑港,指出:“北仑港条件很好,要很好开发利用这条铁路,原来路基、桥梁都有基础工业,土方砖可以就地取材,我看抓紧施工,一年时间干成。”11月,万里委托铁道部长吕正操到宁波落实工程设计概算。12月中旬,国务院副总理李鹏到宁波视察,指出:“要发挥宁波港的作用,尽快为上海港分流。当前首先要建设好宁波港铁路,铁路通了,才能更好地发挥北仑港的作用,担负上海分流任务。加快疏港也可以促进宁波经济建设更繁荣。”是年,北仑港铁路建设列入国家计划。

1983年10月30日,浙江省副省长张兆万在宁波主持召开加快北仑港铁路建设会议,上海铁路局、浙江省计经委、浙江省交通厅、宁波市政府有关领导14人参加会议。会议确定如下分工:

地方承担路基土砖工程、中小桥梁、房屋建筑及构作物,站场建设中的土建部分建设。宁波市在年内做好落实施工队伍、征地拆迁、“三通一平”(通电、通路、通水、平整场地)等施工前准备工作。上海铁路局完成铁路上部建筑(铺轨)、电务(通信、信号、电力)工程和场站专用设备安装,负责建设奉化江铁路大桥。

同年,成立宁波市北仑港铁路土建工程指挥部。铁路沿线的宁波市郊区、鄞县、镇海县以及沿线11个乡镇和有关市局相继设立指挥机构。东海舰队成立支援北仑港铁路工程建设领导小组,确定承建镇海段9座桥梁、建设沿线站场、支援45辆运输车辆和部分机电设备,仅义务劳动参加人次达1.5万—2万(见表6-1-1)。

北仑港铁路支线土建工程任务分工一览 表6-1-1

承建单位	路基(千米)	涵洞(个)	桥梁(座)	说　明
市郊区	3.378	2	6	团市委共产主义筑路突击营支援宝幢段2.5千米路基施工
鄞县	18.24	12	29	
镇海县	15.579	19	9	东海舰队承建镇海段9座桥梁施工任务
市交通局、水利局			11	
省交通厅			1(立交桥)	系宁穿公路立交桥

1984年2月21日,市政府召开有车辆的机关、企事业单位会议,组织全社会运输车辆支援铁路建设。时全市共有470个单位拥有2吨以上运输货车1300辆,统一由市指挥部安排调度使用。每辆货车完成110—200吨运输量。

甬北铁路是萧甬铁路的延伸线,西起铁路宁波南站,东至北仑港林大山矿石堆场。沿线设宁波东、宝幢、大碶、北仑等4站,北仑境内为大碶、北仑站。全程37.2千米,北仑区境内为15.6千米。其中宁波至陈华段31.9千米,是利用1955年原萧穿铁路(此路始建于1954年9月,1955年完成路基、桥基等工程后因故停建,陈华至柴桥路基至今犹存)路基修成,陈华至北仑3.5千米为新建线路。甬北铁路另接北仑港港区专用铁道和鄞州区铁路营运处专用线,二者合计长4.06千米。

1983年10月10日,北仑铁路建设指挥部成立,12月25日破土动工。1985年12月25日基本建成通过初步验收,1986年12月建成投入运行,投资人民币5938.4万元。技术标准:单轨。线路等级:1级。年设计运输能力270万吨。全线有桥梁50座,1569.8延米,北仑区境内16座,378.9延米;涵渠60个,101.4延米,区境内31个,39.8延米;道口42处,境内道口16个,有人看守道口2个。线路两侧植栽叶羽杉、夹竹桃、紫薇、龙柏等乔、灌木66.81万株。

北仑铁路摘挂货物列车,在萧甬线的庄桥站编发,车流来源由庄桥站以小运转方式送达。

二、已废育王轻便铁道

由上海太仓木器公司老板乐振宝(大碶街道人)投资,民国二十年(1931)开始建造,民国二十二年(1933)建成投产,行使小火车。铁道起于鄞州区宝幢,止于境内璎珞村,为封闭型,长3千米,用以衔接宝幢航船与芦江航船客货运之用。全线有桥梁3座,均为钢筋混凝土桥台,木梁木面。民国二十三年(1934)7月宁穿公路建成通车后,业务转淡,改为行走人力推车。民国三十年(1941)4月,镇海沦陷后,路轨被日军拆走。

第二节　铁　路　站

一、大碶站

位于大碶街道境内,中心里程距萧甬线萧山站175千米+483.08米,隶属上海铁路局宁波车务段管辖。客货运站,货运为主,客运尚未开办。有正线1股,914米;到发线2股,1705米;货物线1股,337米;总计站线4股,长2956米。站屋平房1栋,建筑面积532.57平方米;旅客站台1座,面积550平方米;货物站台1座,面积829平方米;仓库1栋,建筑面积331.1平方米。1984—1985年建成。核定为四等站。

铁路大碶段

二、北仑站

位于新碶街道境内,中心里程跟萧甬线萧山站182千米+656米,隶属上海铁路局宁波车务段管辖。货运站,负责办理北仑港货运列车的取送和调车作业。有正线1股,982米;到发线3股,2655米;其他线6股,1316米;总计站线10股,长4953米。有站屋1栋,建筑面积157.41平方米;另有通讯站、装卸检修所、机车转盘等设施。1984—1985年建成。核定为三等站。

另有北仑港作业站,成立于1987年。

第三节　铁　路　桥

甬北线北仑境内有铁路桥16座,其中立交桥3座(见表6-3-1)。

北仑铁路桥梁一览　　表 6-3-1

桥　名	中心里程（千米+米）	孔数	结构形式	全长（米）	建造年份
人行立交桥	169+617.3	单孔	钢筋混凝土箱	13.00	1984
蛤蟆山桥	169+949.19	单孔	钢筋混凝土低高梁	35.20	1984
大名洋桥	170+731.36	单孔	钢筋混凝土箱	15.30	1956、1984 重修
大明河桥	171+003	单孔	钢筋混凝土箱	28.60	1984
朱家湾桥	171+598	单孔	钢筋混凝土箱	14.80	1984
东塘河桥	171+868	单孔	钢筋混凝土低高梁	13.90	1956、1984 重修
立交桥	174+429.91	单孔	钢筋混凝土箱	9.80	1984
新路河桥	174+518.15	3 孔	钢筋混凝土箱	35.30	1956、1984 重修
牌门河桥	176+056.90	3 孔	钢筋混凝土箱	49.60	1956、1984 重修
清水河桥	177+836.91	3 孔	钢筋混凝土低高梁	40.30	1956、1984 重修
宁穿立交桥	180+127	单孔	钢筋混凝土箱	27.10	1984
陈华桥	180+220.80	3 孔	钢筋混凝土箱	54.20	1984
施家河桥	180+486	单孔	钢筋混凝土箱	20.70	1984
新开河桥	181+370.50	单孔	钢筋混凝土箱	20.00	1984
八大洋桥	181+931	单孔	钢筋混凝土箱	14.00	1984
陆家桥	183+046	单孔	钢筋混凝土箱	5.90	1984

第四节　管　　道

境内管道有油管道、液化气管道、灰浆管道和天然气管道等（见表 6-4-1）。

北仑区各类管道一览　　表 6-4-1

管道类别	建设单位	起讫地点	长度（千米）	管径（毫米）	设计能力	建成年份
原油管道	镇海石化总厂	厂区—算山码头	17.15	426	461 万吨/年	1977
成品油管道	镇海石化总厂	厂区—算山码头	15.77	159	50 万吨/年	1980
成品油管道	镇海石化总厂	厂区—算山码头	15.77	159	60 万吨/年	1980
成品油管道	镇海石化总厂	厂区—算山码头	15.83	273	133 万吨/年	1980
成品油管道	镇海石化总厂	厂区—算山码头	15.88	273	139 万吨/年	1983
成品油管道	镇海石化总厂	厂区—算山码头	15.88	273	139 万吨/年	1983
成品油管道	镇海石化总厂	厂区—算山码头	18	273	164 万吨/年	1983
原油管道	镇海石化总厂	厂区—算山码头	17.71	529	721 万吨/年	1989
成品油管道	镇海石化总厂	厂区—算山码头	18	325	140 万吨/年	1992
成品油管道	镇海石化总厂	厂区—算山码头	18	325	210 万吨/年	1992

续上表

管道类别	建设单位	起 讫 地 点	长度（千米）	管径（毫米）	设 计 能 力	建成年份
成品油管道	镇海石化总厂	厂区—算山码头	18	325	228 万吨/年	1992
成品油管道	镇海石化总厂	厂区—算山码头	18	300	200 万吨/年	2001
成品油管道	镇海石化总厂	厂区—算山码头	18	300	200 万吨/年	2001
原油管道	镇海石化总厂	厂区—算山码头	18	710	2000 万吨/年	2001
灰浆管道	北仑发电厂	厂区—澥浦泥螺山灰场	28×8	219	0.045 万吨/日	2000
天然气管道	中国石化总公司	春晓镇—大碶嘉溪村	26.8	800	10 万立方米/小时	2005
天然气管道	中国石化总公司	嘉溪村—北仑门站	2.4	600	10 万立方米/小时	2006
天然气管道	宁波兴光煤气公司	北仑门站—富春江路	0.15×2	300	10 万立方米/小时	2006
氢气管道	林德气体(宁波)有限公司	厂区—台塑	2.19	150	118 吨/年	2007
氢气管道		厂区—台塑	2.19	150	118 吨/年	2008
氢气管道		厂区—台塑	2.19	150	118 吨/年	2009
氢气管道		厂区—台塑	2.19	150	118 吨/年	2010
氢气管道		厂区—立立电子	4.6	150	235 吨/年	2009
氢气管道		厂区—立立电子	4.6	150	235 吨/年	2010
氮气管道	林德气体(宁波)有限公司	宁波钢铁—小港甬空路	22	30	13.14 万吨/年	2008
氮气管道		宁波钢铁—小港甬空路	22	300	13.14 万吨/年	2009
氮气管道		宁波钢铁—小港甬空路	22	300	13.14 万吨/年	2010

一、原油管道

1977 年,镇海石化总厂铺设从厂区至算山油码头的第一条原油输送管道,管线沉管过甬江,全长 17.15 千米,至 1989 年 8 月,又先后铺设成品油管道 5 条、原油管道 1 条,总计长 65.19 千米。

二、液化气管道

1983 年,镇海石化总厂铺设从厂区至算山油码头 2 条,各长 15.88 千米。

三、灰浆管道

北仑电厂铺设,从厂区至镇海区后海塘新洪口闸以西,外游山至蟹浦泥螺山灰场,全长 28 千米。管道途经招宝山大桥跨越甬江,共有 8 根输灰管道线,2000 年 8 月铺成投入使用。1998 年 8 月,输灰管道跨越甬江的依托工程——招宝山大桥工程延期,为保证电厂二期机组投产后的灰浆排放,曾铺设厂区至北仑区外峙山滩涂应急灰场的输灰管道 4 根,每根长 4 千米。

四、天然气管道

2004年11月，天然气管道铺设工作由中国石化总公司委托北仑区支援重大工程办公室开始前期政策处理工作。从春晓镇至大碶街道嘉溪村。2005年11月，全长26.80千米、管径800毫米的天然气总管铺设完成。2006年2月，开始从嘉溪村（总管）接至北仑门站的主管铺设。全长2.4千米，管径600毫米，同年4月完成。同年，3月，由宁波兴光煤气公司委托北仑支重办，进行从门站接至富春江路的2条天然气管道铺设的前期政策处理工作。1条为工业用高压管，1条为民用低压管，每条长1.5千米，管径300毫米，次年5月完成。

五、氢气管道

2007年，林德气体（宁波）有限公司铺设林德厂区至台塑第1条氢气管线，长2.19千米。至2010年又铺设3条管线。2009—2010年铺设厂区至立立电子氢气管道2条，各长4.6千米。

六、氮气管道

2008年，林德气体（宁波）有限公司铺设北仑至镇海第1条氮气管道，北仑段长22千米。2009—2010年又铺设2条，各长22千米。

第七章 交通企业

旧镇海曾经有过 2 家近代交通企业：三北商轮公司与镇胜汽车公司。三北商轮公司，设在龙山镇，俗称“小三北”，资本 20 万元。民国三年（1914），公司在镇海、龙山两地建三北轮埠，置“慈北”“姚北”两轮行驶甬—镇—穿—定线，“镇北”轮行驶镇—龙线。镇胜汽车公司，设在江南道头，资本 8 万元。民国二十五年（1936），镇海至大碶公路建成通车，公司置车经营江南至大碶的公路客运。1946 年，更名镇大公司。

抗日战争爆发，交通陷入低谷，2 家公司关闭。据民国三十四年（1945）10 月统计，是年从事交通运输业的海帆船与内河船老大、脚夫和人力车夫，全县不过 1405 人。江南（今北仑区）区域 603 人。

1985 年统计，镇海县有交通企业 31 家（见表 7-0-1），其中江南（今北仑区）境内有交通企业 10 家，另据 1978 年统计，境内有 23 个（人民公社、生产大队）社队办运输队（组）（见表 7-0-2），从业人员 591 个，1980 年后相继解体。2010 年统计，北仑区有交通企（事）业 4471 余家，其中交通运输业 3979 家、检修业 408 家、水路运输服务业 37 家、船舶修造业 12 家、交通建筑业 5 家、油品销售业 30 家。

1985 年镇海县交通企（事）业分行业统计 表 7-0-1

业　　别	企（事）业数	固定资产（原值，万元）	职工人数（人）
汽车运输业	8	390.90	604
航运业	2	253.45	476
港埠港驳业	3	10,962.42	2181
渡运业	2	193.68	120
交通建筑业	4	10,331.00	2715
船舶修造业	8	567.26	724
汽车修理业	4	44.58	235
合计	31	22,743.29	7055

1978 年社（队）办运输队（组）一览 表 7-0-2

公 社 名	队、组名称	组建时间（年）	从业人数（个）	运输工具			
				手拉车（辆）	机动车（辆/吨）	船	
						艘	吨
江南	公社运输队	1971	68	80	—	—	—

续上表

公社名	队、组名称	组建时间（年）	从业人数（个）	运输工具			
				手拉车（辆）	机动车（辆/吨）	船	
						艘	吨
下邵	公社运输队	1971	161	150	—	—	—
白峰	公社运输队	1978	50	30	—	—	—
大榭	红卫大队搬运队	1964	19	19	—	—	—
	胜利搬运组	1975	4	4	—	—	—
	北渡搬运组	1972	10	10	—	—	—
	西岙大队搬运组	1971	4	8	—	—	—
霞浦	公社搬运队	1978	46	40	—	—	—
	宝前大队搬运队	1959	10	15	—	5	20
柴桥	穿山大队搬运队	1963	31	25	—	—	—
三山	三山大队搬运组	1964	8	—	1/3	—	—
紫石	河头岭下搬运组	1963	3	3	—	—	—
郭巨	郭巨搬运队	1953	35	30	4/9	—	—
峙头	峙头搬运队	1968	6	5	1/1	—	—
梅山	梅山搬运队	1961	14	10	3/4	—	—
上阳	道头大队搬运组	1955	9	9	—	—	—
白峰	司前大队搬运组	1963	8	8	—	—	—
大碶	街道运输队	1970	12	9	2/3.5	—	—
	一大队运输队	1972	20	9	1/3	—	—
高塘	算山运输队	1975	16	26	3/9	—	—
塔峙	清水搬运队	1972	7	4	1/1.5	—	—
新碶	公社运输队	1978	50	50	—	—	—
	横浦副业搬运队	1969	15	15	—	—	—
合计	23（个）		606	559	16/34	5	20

注：表中机动车以拖拉机为主。

第一节　交通运输企业

2010年统计，北仑区交通运输经营业3979家，其中道路运输经营业3959家，水上航运经营业19家，铁路运输经营业1家。

一、道路运输企业

2010年统计，道路运输经营业3959户，其中旅客运输经营业41户，货物运输经营业3918户，客货兼营业2户。货运量达1810万吨，货运周转量达325,310万吨千米；客运量达2660万人次,客运周转量达98,800万人千米。

2010年,在北仑区注册的客运企业4家,其中出租汽车企业1家。

1.旅客运输企业

(1)宁波北仑汽车运输有限公司

前身为浙江省汽车运输公司宁波分公司,1989年5月底建制下放,隶属北仑区交通局管辖。1989年6月成立北仑长途汽车运输公司、公共交通公司,实行两块牌子、一套班子,合署办公。1992年10月6日更名北仑汽车运输总公司,实行二级法人制。1992年7月9日成立的北仑区汽车出租公司,与总公司实行一套班子制。1999年9月7日,总公司与北仑第一运输总公司实行联合重组的改制方式,建立宁波市北仑汽车运输有限公司;2000年8月14日,一分为二,恢复北仑区汽车运输总公司。2002年3月经区政府批准企业转制,成立北仑汽车运输有限公司,为国有独资企业(董事会成员见表7-1-1)。

北仑汽车运输有限公司董事会　　表7-1-1

届　别	董事长	副董事长	董　事	监事会	监事召集人	任　期
第一届	周锡荣	袁纪昌	焦国庆 邬飞明 贾亚君	胡佩 邱雪飞 陈慈静	胡佩	2002.7—2005.6
第二届	李世良	袁纪昌	邬飞明 周锡荣 贾亚君	胡佩 邱雪飞 茅跃均	胡佩	2005.7—2008.6

公司下属有北仑公共交通有限公司、北仑长途汽车运输有限公司、北仑港城小客服务公司、油料经营部、汽配公司、北仑汽车有限公司修理厂。

公司设立运管科、安全科、财务科和办公室。

2010年公司有营运车辆573辆,总客位8444座。经营公交线路52条,长途客运线22条,年总驶里程4000余万千米,年客运量7000余万人次、年营业收入1.5亿元。在册职工1046人,总资产12,000余万元。

公司有各类站场8个,总占地面积36,434平方米,建筑面积9049平方米。其中北仑客运站13,333平方米,建筑面积3800平方米;北仑西站8580平方米;大碶客运站5528平方米,建筑面积1927平方米;柴桥站8131平方米,建筑面积3185平方米;郭巨站862平方米,建筑面积137平方米。

公司先后被评为"浙江省信用3A级道路运输企业""区文明单位""区学习型企业",获得市"文明线路""平安(车厢)线路"等多次荣誉。

(2)北仑公路运输有限公司

股份制企业。前身为镇海县大碶运输公司,县属集体企业,位于大碶镇。1950年9月组建大碶搬运服务组;1955年,新碶搬运服务组拼入,初称大碶联合运输组,1958年7

月改名大碶搬运服务站，同年10月并入镇海县运输公司。1959年1月，改属宁波市运输公司，1962年下半年，复退为集体，并改名为大碶运输队。1976年12月，加入镇海县第二运输公司。1983年11月，与“二运”分离，单独成立大碶运输公司。1992年5月22日，更名为北仑区第一运输公司，同年10月6日，又更名为北仑区第一运输总公司，实行二级法人制。1985年，有职工101人，有载货汽车15辆，计79吨位；挂车8辆。计42吨位；机动货拖船2艘，计35马力；驳船19艘，计1000吨位。年货运量5.26万吨，货运周转量390.01万吨千米。年产值84.5万元，创利润19万元。固定资产65.3万元。1992年10月28日，公司与日本陆技研株式会社共同投资兴办宁波洲港土建工程有限公司，成为北仑区交通系统首家三资企业。1999年9月7日，与北仑区汽车运输总公司实行联合重组的改制方式，成立宁波市北仑汽车运输有限公司；2000年8月14日，一分为二，恢复北仑区第一运输总公司。2003年3月19日，改名为北仑公路运输有限公司。2003年改制为股份制企业。公司下属单位有北仑客运中心、北仑车辆综合检测站、北仑港城汽车修理厂。2006年，公司有客车39辆，计764客位。总资产1295万元。职工85人。2007年1月，北仑长途客运站从新大路客运中心搬迁至珠江路北仑客运总站，由北仑汽车运输有限公司公司下属长途汽车运输有限公司经营长途客运班车，并收购车辆。公司自由人股权转卖，保留公司股权。2010年，客运中心产权由北仑加贝收购。

(3)北仑宏海运输有限公司

区属集体企业。地址在江南道头，占地4.5亩，建筑面积600平方米。1958年创办，原为长山运输公司。初称长山公社运输站，主要是经营搬运装卸与内河水运。当时有内河驳船7艘，手拉车7辆，黄鱼车15辆。站址在小港街上，江南道头设工作点。1963年，站址迁到江南道头，小港改为业务点。1965年内河运输开始搞机动拖带。1971—1974年，自装1.5吨机动三轮车2辆，新置水泥船6艘，载重计48吨，水泥机动船1艘。1975年置拖拉机(旧)3台。1976年12月加入镇海县第二运输公司。1984年与“二运”分离，单独成立长山运输公司。1985年始置汽车。这一年有职工57人，固定资产(原值)22.53万元，汽车3辆，载重计15吨；拖拉机2辆，载重计4吨；挂车2辆，载重计12吨；内河水泥船6艘，载重计42吨；机动船1艘18马力，手拉车24辆。总运量3.02万吨，货运周转量62.38万吨千米，装卸量5万吨。营业收入22.44万元，利润0.6万元。1999年12月27日，公司实行股份合作；2000年元月改制成立宏海运输有限公司，地址在北仑区小港红联泥湾。占地面积4223.7平方米，建筑面积1409.22平方米。2006年，拥有客运汽车20辆，计371客位；昌河牌微型货车53辆，计18.55吨位；普通货物运输车2辆，计33吨位。总资产88.65万余元。职工65人。

公司开通客运班车线详见第一章第四节《客运班车营运线》。

(4)北仑区柴桥城乡客运有限公司

成立于2000年初，由个体中巴客运户合股经营。2003年下半年由北仑区汽车运输有限公司整体收购,沿用原名。2005 年起,原名注销,为北仑区公交公司 709 路线,有巴士 10 辆,每辆 17 客位。

(5)北仑区绿岛巴士有限公司

成立于 2003 年 1 月,由梅山渡运站与里岙村合办,为股份制企业。2004 年起,由梅山乡政府经营,分岛内 2 条线路:梅一线、梅二线。2010 年有巴士 11 辆,每辆 19 客位,职工 35 人。地址:梅山汽车站,商业用地 21 亩。

(6)宁波公运集团北仑分公司

成立于 2003 年 3 月,股份制企业,由北仑公路运输有限公司和北仑长途运输公司承运,资质为客运二级。注册地址:新碶珠江路 88 号。经营范围:县内、县际、市际、省际班车客运和包车客运,客运出租。一般经营汽车零配件批发、零售,机械设备保养、修理。公司设综合办公室、安机科、运输科、车队、财务科。2010 年,有客车 22 辆、旅游车 10 辆,总客位 1368 座,职工 36 人。

(7)客运出租公司

北仑区客运出租始于 1991 年 5 月,首批 12 辆夏利轿车,为个体私人经营,只限于北仑城区内,属区公路运输管理所管辖。1992—1993 年,相继成立信达、佳佳两家客车租赁公司,拥有 60 辆桑塔纳轿车。同期北仑汽车运输总公司 10 辆桑塔纳轿车投入客运出租。1998 年 8 月—1999 年 3 月,对以上 70 辆出租车进行改造,纳归为“港城小客”,车身统一喷以黄色(俗称“黄的”),归属北仑汽车运输总公司管理,营运区域仍限于北仑城区内。港城小客按 8 年为限到期逐一报废之规定,至 2005 年底,“黄的”全部淘汰。同期,宁波大众汽车出租有限公司注册北仑,经营客运出租,营运区域为宁波大市,2010 年有捷达轿车 133 辆。另有个体出租 37 户,小客 37 辆(捷达 27 辆、桑塔纳 8 辆、奇瑞 2 辆)。

宁波大众出租汽车有限公司为大众交通(集团)股份有限公司全资连锁企业,成立于 1993 年 7 月。地址:宁波市江北区环城北路东段 218-2 号。公司注册资本 200 万元,(上海大众租赁公司 20 万元、大众交通(集团)180 万元)。2010 年,公司总资产 1742 万元,净资产 806.90 万元,实现利润 115.90 万元,平均净资产收益率 13.65%;有车辆 133 辆、有上岗驾驶员 290 人,管理人员 9 人。

公司先后获得“全国出租汽车行业规范管理先进企业”“浙江省优秀管理企业”“宁波市先进企业”等荣誉。

2.货物运输企业

2010 年,在北仑区注册货物运输企业 3918 家(户),其中个体运输 3303 户,普通货运(非个体)356 家(户),集装箱运输 246 家(户),危险货物运输 13 家(户)。

(1)北仑货运市场有限公司

股份制企业。位于大碶新大路与 329 国道交叉口。2001 年 7 月成立,由北仑区公路运输管理所和北仑区供销合作总社合股联办。占地面积 11,389 平方米,建筑面积

1200平方米,停车场面积4500平方米,堆场面积1100平方米。注册资金120万元。2010年,有经营业户38家,拥有货车125余辆,计625吨位,日货运量300吨,年吞吐量10.8万吨。市场以公路运输为主,根据客户需要,承运内地货物。

(2)北仑区柴桥运输公司

原名镇海县柴桥运输公司,县属集体企业。1950年10月组建,称柴桥搬运服务组。1956年,穿山、霞浦搬运组并入,称柴桥联合运输组。1958年7月,改名柴桥搬运服务站。同年10月,并入镇海县运输公司,所有制“升级”。1959年,改属宁波市运输公司,称宁波市运输公司镇海中心站柴桥分站。1962年下半年,又改为集体企业,改名柴桥运输合作社。1976年12月,加入镇海县第二运输公司。1983年11月,与“二运”分离,更名柴桥运输公司。

联合运输组初建时,有组员92人,河船17艘,手拉车32辆,经营河驳和搬运。1985年,有职工96人,固定资产(原值)58万元,汽车14辆,计67.5吨位;其他机动车1辆,载重1.5吨;拖拉机2辆,计2吨位;挂车5辆,载重计30吨位;手拉车40辆。年运量3.37万吨,货运周转量247.5万吨千米。

1964年,船只开始技术更新,搞机动拖带。1968年,始购置汽车。1980年,河运停业,河船淘汰,转以汽车货运为主。

1999年6月1日,公司解体。

3.服务企业

(1)北仑汽车配件公司

原为滨海区汽车配件经营公司,成立于1987年5月6日,为交通局直属大集体企业。1986年10月更名为北仑汽车配件公司。1995年1月13日,原北仑航运公司下属的北仑交通物资公司归属北仑汽配公司管理,并且由汽配公司确定法人代表。1999年3月23日,公司被北仑汽车运输总公司兼并。

(2)北仑联运公司

原为北仑区交通运输联运服务站,成立于1987年8月10日,为交通局直属大集体企业。1993年3月,更名为北仑联运公司。

局属企业负责人及历年营运客货车数和运量见表7-1-2–表7-1-4。

局属企业负责人一览 表7-1-2

企业名	姓名	职务	任期
北仑汽车运输有限公司	姚永龙	经理	1990.1—1991.4
	童才明	副经理	1990.1—1991.4
	顾定云	副经理	1990.1—1994.7
	戴忠平	副经理	1990.1—1994.7
	穆丕风	经理	1991.4—1994.7
	李世良	副经理	1992.1—1994.8
	黄显堃	经理	1994.7—1995.3

续上表

企业名	姓名	职务	任期
北仑汽车运输有限公司	袁纪昌	副经理	1994.7—1997.4
	胡永庆	副经理	1994.10—1995.3
	胡永庆	经理	1995.3—1997.4
	胡裕良	副经理	1995.11—1997.4
	袁纪昌	经理	1997.4—2002.6
	邬飞明	副经理	1997.4—2002.6
	焦国庆	副经理	1997.4—2002.6
	李世良	副经理	2001.2—2005.7
	焦国庆	总经理	2002.6—2005.7
	陈慈静	副总经理	2002.6 至今
	周锡荣	董事长	2002.6—2005.7
	李世良	总经理	2005.7 至今
	李世良	董事长	2005.7 至今
	袁纪昌	副董事长	2005.7 至今
北仑公路运输有限公司	王忠伟	经理	1985.12—1987.11
	贺安耀	副经理	1985.12—1990.5
	顾伟芳	经理	1988.5—1999.10
	李松岳	副经理	1988.5—1999.9
	蒋德忠	副经理	1990.5—1999.7
	庄嗣兴	副经理	1990.5—1999.7
	顾梅龙	副经理	1990.6—1999.7
	徐良明	副经理	1991.12—1999.7
	姚国祥	副经理	1995.3—1999.7
	顾伟芳	总经理	1999.10—2001.8
	姚国祥	副总经理	2000.11—2001.8
	庄嗣兴	副总经理	2000.11—2001.11
	陈海燕	副总经理	2000.11—2001.11
	顾华安	副总经理	2001.1—2001.11
	顾华安	总经理	2001.11 至今
	顾伟芳	副总经理	2001.11 至今
	李松岳	副总经理	2001.11 至今
	干祖永	副总经理	2001.11 至今
	顾伟芳	董事长	2003.1 至今
	姚国祥	副董事长	2003.1 至今

续上表

企业名	姓名	职务	任期
柴桥运输公司	翁维浩	经理	1985.12—1987.7
	张一多	副经理	1985.12—1986.7
	胡小国	副经理	1985.12—1986.9
	贺国富	副经理	1987.7—1989.12
	周昌鹤	副经理	1988.9—1990.8
	胡修良	副经理	1989.12—1990.8
	马达权	副经理	1990.8—1996.3
	马驰洲	经理	1996.3—1999.6
北仑汽配公司	吴成伟	副经理	1987.6—1991.3
	吴成伟	经理	1991.3—1993.3
	张忠平	副经理	1993.3—1993.3
	陈海燕	副经理	1993.8—1999.3
北仑联运公司	顾国华	站长	1987.12—1993.5
	王亚强	副站长	1989.6—1993.5
	顾国华	经理	1993.5—1995.11
	王亚强	副经理	1993.5—1994.9
	李中刚	副经理	1994.7—1995.11
	李中刚	经理	1995.11—1997.5
北仑宏海汽车运输有限公司	李梅康	经理	1985.12—1986.6
	吴成伟	副经理	1985.12—1987.6
	曹信芳	副经理	1986.10—1988.12
	刘国胜	副经理	1988.8—1991.4
	袁纪海	经理	1990.1—1991.4
	沈松青	副经理	1990.1—1991.4
	蒋光亮	经理	1991.4 至今
	袁纪海	副经理	1991.4 至今
	孙纪昌	副经理	1995.3 至今
北仑航运总公司	王亚强	总经理	1994.9 至今
	虞柏忠	副总经理	1996.4 至今
东方路桥工程公司	韩亚春	总经理	1995.4—2000.8
	周国伟	副总经理	1998.1—2000.8

历年营运货车数和货运量一览

表 7-1-3

项目 年份	辆	吨位	运量（万吨）	货运周转量（万吨千米）
1990	194	991	199	3408

续上表

年份＼项目	辆	吨　位	运量（万吨）	货运周转量（万吨千米）
1991	290	1401	266	7145
1992	842	4296	259	7984
1993	1217	6025	357	13,284
1994	1514	7113	362	21,148
1995	1797	7495	502	26,650
1996	1542	7039	510	27,075
1997	1777	7080	505	27,888
1998	1923	7221	512	28,250
1999	3220	8787	569	28,857
2000	2350	8199	582	29,145
2001	2295	8884	646	29,103
2002	2748	11,237	670	30,270
2003	4216	14,179	705	31,785
2004	3384	22,924	850	49,000
2005	3518	29,785	900	51,940
2006	5321	42,700	1085	83,180
2007	5623	54,643	1155	66,950
2008	6755	68,246	1210	68,350
2009	5710	82,494	1560	139,500
2010	9212	158,179	1810	325,310

历年营运客车数和客运量一览　　表 7-1-4

年份＼项目	辆	客　位	客运量（万人）	客运周转量（万人千米）
1990	88	2364	446	12,333
1991	99	2823	636	13,683
1992	131	3738	661	25,165
1993	189	4389	905	18,216
1994	328	5664	1465	40,922
1995	324	5435	1265	34,230
1996	376	6392	1108	32,176
1997	403	6736	1285	32,125
1998	410	6951	1395	34,875
1999	443	7168	1446	35,058
2000	463	7632	1470	35,349

续上表

项目 年份	辆	客 位	客运量 （万人）	客运周转量 （万人千米）
2001	509	8589	1492	35,710
2002	514	8786	1450	38,210
2003	549	10,663	1535	40,505
2004	537	11,958	1677	41,925
2005	260	3333	574	16,585
2006	276	3453	606	21,185
2007	284	3609	2590	95,507
2008	188	1834	2640	96,880
2009	189	2001	2650	97,840
2010	215	2513	2660	98,800

二、水路运输企业

原镇海县有 1 家海上运输企业，为镇海县外海航运公司，县属集体企业。该公司原由镇海与穿山 2 家外海运输合作社发展而来。

到 2010 年统计，北仑区共有水上航运企业 19 家（见表 7-1-5），船舶 38 艘（见表 7-1-6），总运力 80.64 万吨，平均运力 2.12 万吨。万吨轮 23 艘计 73.84 万吨。其中客轮 2 艘，载客量 429 客位；普通货轮 28 艘，78.32 万载重吨；油轮 16 艘，2.14 万载重吨；液化气船 2 艘，0.18 万吨位。北仑地方港口货物吞吐量 2914.96 万吨，旅客吞吐量 227 万人次。货运量达 2043.68 万吨，货运周转量 142.67 亿吨千米；客运量 3.58 万人次，客运周转量 144.52 万人千米。

2006 年北仑区航运企业一览 表 7-1-5

企 业 名 称	企业性质	成立年月	地 址	注册资金 （万元）	主 营 业 务
宁波花港高速客轮有限公司	中外合资	1985.3	宁波江东区划船巷 9 号 202 室	3275	宁波大榭至舟山普陀山航线旅客运输
宁波中燃船舶燃料有限公司	国有	1985.5	镇海区沿江东路 496 号	3000	国内沿海及长江中下游成品油运输
宁波北仑船务有限公司	有限公司	1988.10	北仑区新碶街道港区新村	10,000	国内沿海及长江中下游普通货物运输
宁波市北仑航运有限公司	有限公司	1999.10	北仑区小港街道红联小道头 91 号	968	国内沿海及长江中下游普通货物运输
宁波海光船务有限公司	国有	2000.3	宁波保税区鸿海商务楼 612-1	1000	国内沿海及长江中下游液化气运输

续上表

企业名称	企业性质	成立年月	地址	注册资金（万元）	主营业务
宁波北仑千禧航运发展有限公司	有限责任	2000.11	北仑区新碶街道东碶路2号2幢203室	700	国内沿海及长江中下游普通货物运输
宁波市北仑恒裕海运有限公司	有限责任	2001.10	北仑区新碶街道华山路275号4楼	943	国内沿海及长江中下游普通货物运输
宁波甬旺航运有限公司	有限责任	2002.4	北仑区小港街道朱田村	1500	国内沿海及长江中下游成品油运输
宁波保税区新中海油运有限公司	有限责任	2002.8	宁波保税区商务大厦923号	400	国内沿海及长江中下游普通货物运输
宁波经济技术开发区龙盛航运有限公司	有限责任	2002.10	宁波经济技术开发区东方贸易城	6800	国内沿海及长江中下游普通货物运输
宁波怡洋海运有限公司	有限责任	2006.3	北仑区新碶街道九华山路429号	1000	国内沿海及长江中下游普通货物运输
宁波汇海航运有限公司	有限责任	2006.4	北仑区新碶街道九华山路429号	150	国内沿海及长江中下游成品油运输
宁波安远海运有限公司	有限责任	2007.5	北仑区霞浦街道泰东河路226-228号	2500	国内沿海及长江中下游普通货物运输
宁波广龙航运有限公司	有限责任	2008.3	北仑区大碶街道宁穿路88号2楼	2800	国内沿海及长江中下游普通货物运输
浙江国源海运有限公司	有限责任	2009.8	北仑区新碶街道中河路76号501-505室	2000	国内沿海及长江中下游普通货物运输
宁波宁电海运有限公司	国有	2009.10	宁波经济技术开发区炮台山办公楼2-03室	8000	国内沿海及长江中下游普通货物运输
宁波同盛航运有限公司	有限责任	2009.10	北仑区大碶街道宁穿路88号	3800	国内沿海及长江中下游普通货物运输
浙江三源泰富海运有限公司	有限责任	2009.10	宁波梅山保税港区国际商贸区七号办公楼7009室	3000	国内沿海及长江中下游普通货物运输
宁波德龙海运发展有限公司	有限责任	2010.5	北仑区白峰镇枫江路1339号	4000	国内沿海及长江中下游普通货物运输

2010年北仑区水运企业船舶一览 表7-1-6

企业名称	船名	船舶类型	航区	航速（节）	载重吨	功率（马力）	建成年月
北仑航运有限公司	东方39	干货船	二类	10	5000	1545	2005.6
宁波市北仑恒裕海运有限公司	华茂16	货船	二类	12	14,075	6175	1979.1

续上表

企业名称	船名	船舶类型	航区	航速（节）	载重吨	功率（马力）	建成年月
宁波北仑船务有限公司	北仑1	散货船	二类	10	40,440	6377	1985.4
	北仑5	散货船	二类	11.5	10056	2500	2006.5
	北仑6	散货船	二类	13	43665	7120	1989.9
	北仑7	散货船	二类	12.1	9709	2574	2008.6
	北仑8	散货船	二类	12	5003	1765	2007.8
	北仑10	散货船	二类		48,450	7860	2010.1
开发区龙盛航运有限公司	北仑海9	散货船	二类	13.8	69,703	8096	1989.2
	北仑海18	散货船	二类	13	65,651.7	9449	1990.1
	北仑海27	散货船	二类	13	65,665.7	9449	1990.5
	北仑海36	散货船	二类	13	65,702.5	8188	1990.9
	大唐18	散货船	二类		69,043	10245	1994.12
	北仑海16	散货船	二类		35,543	5737	1983.1
宁波海光船务有限公司	新江厦	液化气船	二类	12.5	840	1544	1980.11
	新江厦2	液化气船	二类	14	971	1765	1991.3
宁波中燃船舶燃料有限公司	甬油8号	油船	二类	10	3145	735	2007.1
	甬油10号	油船	二类		611	450	2010.7
宁波甬旺航运有限公司	航海油2	油船	二类	11	4843	1765	2006.12
	航海油3	油船	二类	11	4644	1618	2006.11
	航海油	油船	二类		1978	2206	2010.8
宁波花港高速客轮有限公司	甬快	客船	二类	23	70客位	678	1996.10
	甬旅	客船	二类	23	359客位	2940	1987.3
宁波汇海航运有限公司	汇海油7	油船	二类	11.8	3131	735	2006.10
	汇海18	散货船	二类		19,116	4050	2009.4
宁波怡洋海运有限公司	亿洋1	杂货船	二类	11.8	14,603	6174	1988.6
保税区新中海油运有限公司	新中海6	散货船	二类	12	21,885	4400	2008.4
宁波安远海运有限公司	安远1	多用途船	二类	11	3350	735	2002.9
	安远2	多用途船	二类	12	4325	1765	2005.1
浙江国源海运有限公司	新开源5	集装箱船	二类		31,551.9	13138	1990.10
	新开源1	散货船	二类		11,420	2941	2009.5
	新开源2	散货船	二类		13,470	2941	2009.5
宁波宁电海运有限公司	宁丰1	散货船	二类	12	18,593	3552	2008.12
	宁丰2	散货船	二类	12	18,593	3552	2008.12
	宁丰3	干货船	二类	12	16,400	5430	1986.9

续上表

企业名称	船名	船舶类型	航区	航速（节）	载重吨	功率（马力）	建成年月
宁波同盛航运有限公司	同盛1	散货船	二类		22,408	4400	2009.9
宁波广龙航运有限公司	广龙6	散货船	二类		22,408	4400	2010.4
浙江三源泰富海运有限公司	三源泰富2	散货船	二类		17,399	2970	2010.3

注:水运企业19家,其中北仑千禧航运发展有限公司和宁波德龙海运发展有限公司在2010年无船舶。

穿山外海运输合作社

1965年,郭巨航运大队40余人和10艘帆船,载重计241吨,加入镇海县外海运输合作社。两年后又分离,去穿山定点,成立穿山外海运输合作社。1967年开始,对船舶进行技术改造。1973年6月15日,更名穿山外海航运站。1979年2月28日,与镇海外海航运站合并,成立镇海县外海航运公司。北仑区成立后,公司归属镇海区。

航运企业选介:

(1)宁波北仑船务有限公司

有限责任企业。地址:北仑港新村。成立于1988年10月,法人代表褚敏。专营国内沿海及长江中下游各港间普通货物运输。拥有"北仑1"(40,440载重吨)、"北仑5"(10,056载重吨)、"北仑6"(43,665载重吨)、"北仑7"(9709载重吨)、"北仑8"(5003载重吨)和"北仑10"(48,450载重吨)散货船6艘,共157,323载重吨。

2010年,有固定资产55,438万元,实现年产值21,483万元,创利7814万元。职工180人。

(2)宁波花港高速客轮有限公司

中外合资企业。地址:宁波江东区划船巷9号202室。成立于1985年3月,法人代表王明理。

公司专营大榭至舟山普陀山航线旅客运输。拥有甬旅(359客位)和甬快(70客位)客轮2艘。

2010年,有固定资产678.60万元,实现年产值732.50万元,创利税24.60万元。职工28人。

(3)宁波经济技术开发区龙盛航运有限公司

有限责任企业。地址:北仑新碶劳动路21号906室。占地面积200.43平方米,建筑面积697.1平方米。成立于1994年11月。法人代表胡永成。

公司专营国内沿海及长江中下游各港间普通货物运输。拥有"北仑海9"(69,703载重吨)、"北仑海16"(35,543载重吨)、"北仑海18"(65,651.7载重吨)、"北仑海27"(65,655.7载重吨)、"北仑海6"(65,702.5载重吨)、"大唐18"(69,043载重吨)散货船6艘。

2010年有固定资产219,963万元,实现年产值34,468万元,创利12,962万元。职工135人。

(4)宁波海光船务有限公司

有限责任企业。地址:宁波保税区鸿海商务楼612-1。占地面积60平方米,建筑面积60.72平方米。成立于2000年7月,法人代表朱军。

公司专营国内沿海及长江中下游各港间液化气运输业务。拥有"新江厦"(840载重吨)和"新江厦2"(971吨位)液化气船2艘。

2010年,有固定资产3059万元,实现年产值2427万元,创利303万元。职工35人。

(5)宁波甬旺航运有限公司

股份制企业。地址:小港街道朱田村。占地面积504平方米,建筑面积200平方米。成立于2003年4月,法人代表夏瑛。

公司专营国内沿海及长江中下游各港间成品油运输。拥有"航海油2"(4843载重吨)、"航海油3"(4644载重吨)和"航海油5"(4978载重吨)油轮3艘。

2010年,有固定资产14,465万元,实现年产值8426万元,创利2396万元,职工76人。

三、水路运输服务企业

水路运输服务企业,主要是经营船舶代理和货运代理业务。2006年统计,共有37家,见表7-1-7。

2010年水路运输服务企业一览 表7-1-7

序号	企业名称	经济类型	法人	单位地址	注册资本(万元)	经营范围	批准日期
1	宁波经济技术开发区青远船务有限公司	全民	傅卫国	宁波市人民路370号	50	船舶代理 货运代理	1995.12.22
2	宁波经济技术开发区新扬船务公司	集体	厉海华	宁波市槐树路36号港房大厦9楼	118	船舶代理 货运代理	2000.10.04
3	宁波港北仑通达货运公司	集体	李骋	北仑新碶北极星路2号	50	货运代理	1998.06.18
4	宁波港北仑第二港埠公司经营服务公司	集体	王银章	北仑进港路200号	300	货运代理	2000.12.04
5	宁波中海船务代理有限公司	有限责任	闵捷	宁波市灵桥路513号天封大厦6楼	300	船舶代理 货运代理	1998.02.18
6	北仑港华贸易有限公司	有限责任	王舒铭	北仑港埠公司机关大楼内	100	船舶代理 货运代理	1998.03.30
7	宁波市九洋船务有限公司	有限责任	邵建初	开发区蔚斗新村5幢302(通途路528弄48号403)	50	船舶代理 货运代理	1998.12.23
8	宁波经济技术开发区鹏达船务有限公司	有限责任	沈涛	宁波经济技术开发区得润花园A楼410室	50	船舶代理 货运代理	2000.10.09
9	宁波市北仑千禧航运发展有限公司	有限责任	林玉勤	宁波江北区人民路75号玛瑙大厦B座9F	168	船舶代理 货运代理	2000.11.18

续上表

序号	企业名称	经济类型	法人	单位地址	注册资本(万元)	经营范围	批准日期
10	宁波经济技术开发区甬盛船务代理有限公司	股份制	方萍霞 邹建平	小港万兴公寓物业物理房	50	船舶代理 货运代理	2001.06.20
11	宁波市北仑东兴集装箱服务有限公司	有限责任	朱宝	宁波市北仑区新碶镇黄河路	80	船舶代理 货运代理	2001.08.22
12	宁波经济技术开发区江海货运代理有限公司	有限责任	张德民	北仑新碶中街卫生弄6—3号(宁波柳汀街19号)	30	货运代理	2001.10.28
13	宁波市维新运贸有限公司	有限责任	严俊	宁波保税区商务大厦935室(镇海招宝山路15号314)	150	船舶代理 货运代理	2002.04.13
14	宁波保税区浪星船务有限公司	有限责任	严俊	宁波保税区商务大厦933室	100	船舶代理 货运代理	2002.07.20
15	宁波北仑港天兴货运代理经营部	集体	王建员	宁波北仑港迎宾路8号	150	船舶代理 货运代理	2002.08.08
16	宁波经济技术开发区宏远物流有限公司	有限责任	黄龙银	宁波北仑横河路100号得润花园A901	50	船舶代理 货运代理	2002.10.28
17	宁波保税区新中海油运有限公司	有限责任	严俊	宁波保税区商务大厦923室	100	船舶代理 货运代理	2002.12.02
18	宁波经济技术开发区龙盛航运有限公司	有限责任	胡永成	宁波市新碶镇劳动路21号906室	700	船舶代理 货运代理	2002.12.28
19	宁波市北仑易顺达货运代理有限公司	有限责任	易琪	宁波市北仑港迎宾路8号	50	船舶代理 货运代理	2003.01.23
20	宁波经济技术开发区易高物流有限公司	有限责任	徐璋达	宁波市北仑区新碶镇高潮村(中山东路316号20楼)	500	船舶代理 货运代理	2003.03.11
21	宁波经济技术开发区港通船务有限公司	有限责任	邵尔伟	宁波北仑区长江路明珠商厦1502室(新碶镇嵩山路1140号)	50	船舶代理 货运代理	2003.03.17
22	中海集装箱运输浙江有限公司	有限责任	徐伟甬	宁波市保税区鸿海商贸楼(东渡路55号华联写字楼25楼)	700	船舶代理 货运代理	2003.06.13
23	宁波北仑牧洋船舶货运代理有限公司	有限责任	施祖友	北仑新碶镇龙凤二巷11号	30	货运代理	2003.09.28
24	宁波市北仑宁舟汽渡站	有限责任	顾爱定	北仑区白峰镇郭巨新碶头	350	客运代理	2004.04.07
25	宁波保税区昌鑫船务代理有限公司	有限责任	叶贤高	宁波保税区兴农大厦4-028室(保税区商务大厦731室)	50	货运代理 船舶代理	2004.04.27
26	宁波思达国际船务货运代理有限公司	有限责任	夏冰	宁波经济技术开发区金融贸易大楼9A1	500	货运代理 船舶代理	2004.11.19
27	宁波经济技术开发区海鸿船务货运代理有限公司	有限责任	郭君水	北仑新碶镇牡丹小区36幢612室	50	货运代理 船舶代理	2005.04.12

续上表

序号	企业名称	经济类型	法人	单位地址	注册资本(万元)	经营范围	批准日期
28	宁波保税区宝盛船务代理有限公司	有限责任	徐定芳	宁波保税区发展大厦610-Q	60	货运代理 船舶代理	2005.06.14
29	宁波港集团北仑第二港埠有限公司	有限责任	王舒铭	北仑港区迎宾路8号	23,400	客货运代理 船舶代理	2005.07.08
30	浙江正涵船务发展有限公司	有限责任	张余喜	北仑明州西路179号901-902	800	船舶代理 货运代理	2005.10.27
31	宁波保税区海安水运服务公司	有限责任	洪海光	宁波保税区鸿商务楼614-2	100	船舶代理 货运代理	2006.02.06
32	宁波浙翼海运有限公司	有限责任	詹英杰	新碶高凤路太平洋花园36幢A楼802-1	150	船舶代理 货运代理	2005.10.29
33	宁波安赛尔综合服务有限公司	有限责任	代兰香	新碶新世纪花园商业街1号(C)	150	船舶代理 货运代理	2006.02.18
34	宁波海金船务有限公司	有限责任	张利达		2680	船舶代理 货运代理	2006.02.19
35	宁波经济技术开发区天簌船务有限公司	有限责任	胡冰	宁波市北仑小区新碶辽河路北123号	50	船舶代理 货运代理	2006.02.20
36	宁波唐龙国际货运代理有限公司	有限责任	张红阳	北仑电厂内	1000	船舶代理 货运代理	2006.09.25
37	宁波市北仑安驰货运代理有限公司	有限责任	孙学斌	宁波市北仑新碶西街4-8号	30	货运代理 船舶代理	2006.11.29

四、铁路运输企业

宁波北仑铁路有限责任公司　是经上海铁路局“上铁企发〔1995〕618号”文件及杭州铁路分局“分劳发〔1996〕303号”文件批准，宁波市工商行政管理局经济技术开发区登记注册，于1996年5月16日成立的铁路交通运输企业。公司经营期限20年。注册资本6060万元，出资为杭州铁路分局，系国有独资企业。

公司管辖线东接北仑港，西连铁路宁波站与铁路萧甬线贯通，整条支线全长35.5千米。公司辖内有宁波东、宝幢、大碶、北仑4个车站。有6条连接北仑铁路支线的专用铁路线。

公司主管铁路货物运输整车及集装箱到发业务，兼管工程设计、施工、维修、技术咨询、信息服务、商贸、实业投资等。

公司下设宁波市北仑铁路运输经营有限公司、宁波经济技术开发区铁路工程有限公司和运输贸易分公司。

1990年，新辟北仑—昆明、北仑—杭钢货运列车。1994年又开通北仑—湖南娄底铁矿运输专列。

第二节 交通建筑企业

一、宁波东方路桥工程有限公司

1993年8月10日成立,原为全民企业,隶属区交通局领导。位于新碶新大路515号。始名宁波保税区东方实业公司,1995年2月13日,更名宁波保税区东方工程实业公司。后又更名宁波东方高等公路建设公司。1999年1月7日,更名为宁波东方路桥工程公司。2000年8月20日,公司按保税区有关政策改制为私营企业,更名宁波东方路桥工程有限公司。注册资金1068万元,固定资产1100万元。

二、北仑交通工程有限公司

1998年10月成立,为私营企业,位于新碶新大路539号,注册资金50万元。

三、宁波交通工程建设集团有限公司北仑分公司

2005年8月成立,为有限责任公司分公司,位于白峰镇小门村。

四、南通第五建筑工程有限公司宁波分公司

2003年9月成立,为有限责任公司分公司,位于新碶松花江路海沣园1号102室。

第三节 船舶修造业

北仑境内,北宋时期已有造船业,造船技术当时堪称先进。北宋元丰元年(1078)曾制造过安焘、陈睦出使高丽所乘坐的“凌虚致远安济”“灵飞顺济”两艘万斛神舟。宣和七年(1125)为徐兢等出使高丽乘坐制造“鼎新利涉怀远康济”“循流安逸通济”两艘更大万斛神舟(《四明谈助》)。南宋宝祐五年(1257),全县海船船幅1丈以上387艘,1丈以下804艘(《开庆四明续志·三郡隘船》)。明清时期,所造木帆船性能好、造型美。每逢秋冬季节,甬江两岸和沿海、沿江集镇,到处可闻修造船舶斧凿之声。随着运输工具逐步现代化,手工造船业逐渐衰落。中华人民共和国成立前夕已无专门造船企业,只有分散的手工业船匠。1953年互助合作时期,个体船匠组成大碶、新碶、邬隘、穿山、郭巨5个船业生产小组。1956年,生产小组并入近似行业的生产合作社,或单独建社。1970年,霞浦公社开始生产水泥船,至1984年,累计生产水泥农船和运输船15,552吨。1978年以来,大榭、小港、白峰、梅山先后办起船舶修造厂,承接本地和外地小型外海船舶修理业务。2001年12月31日,基本普查,全区有修造船企业13家,其中国有1家(宁波东海

军港船厂)、集体企业5家、私营独资企业5家、有限责任公司1家、外商独资企业1家。

2003年,北仑区修造船业规模企业5家,工业总产值3.53亿元,工业销售收入3.51亿元,其中出口交货值2.90亿元。固定资产合计4.03亿元,资本金合计1.78亿元,年利润5561万元,从业人员年平均数1367人。

2004年,北仑区第1次经济普查,有船舶及浮动装置制造的规模以上工业企业9家,当年工业总产值849.6万元,工业销售产值747.3万元,固定资产原价1225万元,资产总计8557万元,企业从业人员年平均数308人。

2005年,修造船工业规模企业6家,工业总产值7.54亿元,工业销售收入8.03亿元,其中出口交货值6.36亿元。固定资产合计5.03亿元,资本金合计3.00亿元,利润8851万元,从业人员年平均数2716人。

2010年,船舶修造企业12家,其中规模企业6家,工业总产值13.80亿元,工业销售收入14.28亿元,其中出口交货值12.26亿元。利润1.08亿元,固定资产合计10.20亿元,企业资本金合计5.55亿元,从业人员3202人。

企业选介

1.三星重工业(宁波)有限公司

公司位于宁波经济技术开发区内,占地面积78.7万平方米。公司注册资本一、二期1亿美元(见表7-3-1),职工2100余人。于1995年12月由韩国三星重工业独资建立,1996年6月始建石房,1997年10月投产。三星重工业(宁波)有限公司主要经营造船、拆船、机械铸造和陆地及海洋的钢制结构物、设备与搬用机械、建筑机械、环境设备的制造生产,船体分段和舱口盖。公司现已通过巩固LR船级社、ISO9002质量认证,具备一整套完整的质量认证体系。

三星重工业公司发展情况　表7-3-1

区　分	第一阶段	第二阶段
投资时期(运转时期)	1995—2003年(1997.12)	2004—2005年(2005.12)
投资规模(累计)	3000万美元(3000万美元)	6600万美元(9600万美元)
土地面积(累计)	335,000平方米(335,000平方米)	358,000平方米(693,000平方米)
主要设备	加工,组装,涂装工厂	超大型分段制作场地,450吨G/C
生产能力	分段:6万吨;船口盖:2.4万吨	分段:7.6万吨;超大型分段:5.2万吨;H/COVER:2.4万吨
合计	8.4万吨	15.2万吨

2004年6月,经国家批准,三星重工业(宁波)有限公司二期投资,总额1.4亿美元,注册资本追加4700万美元。二期建设前半期,除了继续生产先行的150吨级以下的船体分段和H/COVER以外,还建造了3000吨级的超大型分段。二期工程全部完成后,年

建造9艘15万吨级船舶。2006年,投入1亿美元进行三期建设,预计2007年9月建成投产,达到23万吨钢板处理能力,单体船段最大生产能力可达到2200吨。

2.宁波恒富船业(集团)有限公司

1996年8月建厂,是一家集船舶修造、国内外航运、船用物资贸易为一体的综合性股份制民营企业。集团公司以北仑船厂为核心,下辖北仑海运公司、甬江船务有限公司、宁波经济开发区亚太贸易有限公司、宁波蓝天造船有限公司、蓝天石油有限公司等共6家子公司。固定总资产4.5亿元,流动资产8000万元,所有者权益2亿元。拥有海运船舶12艘,总运力25余万载重吨。有2.5万吨、1万吨干船坞各1座,5000—1.5万吨级造船船台8座,3万吨级码头1座,2万吨级码头2座。到2003年底,具备修理8万吨级以下船舶和建造1.5万吨级以下船舶的能力。有8万吨级干船坞和6万吨级码头各1座。总投资9亿元的北仑白峰神马岛造船基地,年造船能力80万吨;具备10万吨、7万吨造船能力船坞各1座。在北仑和舟山之间形成以内神马岛为中心的修造大中型船舶的基地,并作为以上海为中心的长三角船舶工业基地的重要组成部分,进入全国同行业前5强。2010年,年修造船舶90艘;有职工1500多人,其中工程技术人员400余人,高级工程师30余名。

2003年,公司修造船舶超过1380艘(次),其中,万吨级以上船舶110艘,外轮70艘,共计载重吨180万吨以上。年增长速度超过25%,客户已从内地扩展到日本、希腊、新加坡、中国香港等地。2003年,集团公司实现产值1.3亿元,利税5000万元,公司综合实力在浙江省同行业内名列前茅。

蓝天造船有限公司为德国KOMROWSKI公司建造4艘散装货船,每艘载重吨位5.7万吨,总长近190米,为远洋航行船舶。第1艘船将于2009年3月交船,到2010年3月4艘船将全部建成,总金额1.35亿美元。

3.北仑海鹰船舶修理厂

个体企业,地址:梅山乡盘峙村,占地面积3000平方米,厂房面积300平方米。成立于1998年12月。

船厂等级:丙级。注册资金60万元,固定资产总值234万元,设备总值129万元。职工20人,法人代表林和杰。

主要以修理小型渔船为主。有船坞2个,最大靠泊(上排)能力1000吨。年修船舶40艘,年产值300万余元,年创利60万余元。

4.北仑区白峰船舶修造厂

个体独资。地址:白峰镇屺峙村。占地面积2640平方米,厂房面积600平方米。成立于1996年5月。

船厂等级:丙级。注册资金126万元,固定资产总值345万元,设备总值261万元。职工20人,法人代表叶旭辉。

有船坞 4 个,最大靠泊(上排)能力 2000 吨。能建造小型渔船、货船,主要以修理船舶为主,年修船舶 60 艘。年产值 250 万余元,创利 20 万余元。

5.宁波东海军港船厂

国营企业。地址:北仑柴桥穿山渡口主旁。占地面积 12,000 平方米,厂房 3500 平方米,成立于 1992 年 5 月。

船厂等级:AA 级。注册资金 1800 万元,固定资产总值 2317.46 万元。设备总值 1994.65 万元,职工 60 人,法人代表唐正秀。

有船坞 1 只,最大靠泊(上排)能力 10,000 吨。年修船舶 20 艘,主要修理中、小型钢质船舶。年产值 80 万余元,创利 30 万余元。

6.北仑区白峰满洋船厂

个体企业。地址:白峰镇屺峙村。占地面积 22,806 平方米,厂房面积 3529 平方米。成立于 2005 年。

船厂等级:丙类。注册资金 10 万元,固定资产总值 3739 万元,设备总值 2867 万元。职工 30 人,法人代表刘欣溥。

最大靠泊(上排)能力 20,000 吨,年修造船舶 5 艘,年产值 36 万元。

7.宁波满洋船舶有限公司

有限责任企业。地址:白峰镇屺峙村。占地面积 8345 平方米。成立于 2004 年 12 月。

注册资金 300 万元,固定资产总值 3231 万元,设备总值 2463 万元。职工 30 人,法人代表刘欣溥。

有船坞 1 个,最大靠泊(上排)能力 20,000 吨,年修造船舶 4 艘,年产值 5465 万元,创利 6 万元。

8.浙江凯灵船厂白峰船舶修理厂

国有企业。地址:白峰镇仰岛(原快十六支队内)。占地面积 5000 平方米,厂房面积 1000 平方米。成立于 2001 年 1 月。

船厂等级:甲类。注册资金 80 万元,固定资产总值 190 万元,设备总值 105 万元。职工 62 人,法人代表李士涛。

有船坞 1 个,最大靠泊能力 1500 吨,以修理船舶为主,年修造船舶 22 艘,年产值 500 万元,创利 23 万元。

9.北仑康达船舶修造厂

个体企业。地址:梅山乡梅东渡口。占地面积 60,000 平方米,厂房面积 6000 平方米,成立于 2004 年 8 月。固定资产总值 12,000 万元,设备总值 639 万元,职工 140 人,法人代表朱康元。

有船台 5 个,最大靠泊(上排)能力 13,000 吨。年修造船舶 3 艘,年产值 230 万元,创利 15 万元。

10.宁波金涛船舶有限责任公司

有限责任企业。地址:柴桥街道后所村城东279号。占地面积47,000平方米,厂房面积10,000平方米,成立于2006年。

船厂等级二类。注册资金1200万元,固定资产总值1200万元,设备总值900万元。职工18人,法人代表周金康。

有船台4个,最大靠泊(上排)能力13,500吨,年修靠船舶2艘,年产值100万元,创利60万元。

11.北仑区小港兴达船舶修造厂

个体独资企业。地址:戚家山街道渎水大闸。占地面积19,200平方米,厂房面积。3000平方米。成立于2002年3月。

船厂等级乙类。注册资金40万元,固定资产总值1000万元,设备总值250万元。职工50人,法人代表徐松令。

有大船排4只,小船排6只,最大靠泊(上排)能力5000吨,年修造船舶150艘。年产值300万元,创利60万元。

12.北仑易斯达造船有限公司

有限责任企业。地址:白峰镇大涂塘村。占地面积93,138平方米,厂房面积7000平方米。成立于2007年。

船厂等级A类。注册资金1230万元,固定资产总值919.9万元,设备总值919.9万元。职工200人,法人代表金昌华。

有船台4个,最大靠泊(上排)能力3万吨,年修造船舶5艘,年产值10亿元,创利1亿元。

第四节　汽车修造业

北仑区汽配工业原基础比较薄弱,规模小,多属乡镇集体企业,1985年,工业产值仅百万元。20世纪90年代初,外资进入汽配工业领域,工业企业数、规模量逐年扩展。1992年12月开业的宁波碧胜车材有限公司,属港澳台商独资经营企业;1995年1月开业的宁波凯达轴瓦有限公司,系内地与港澳台商合资经营企业;1996年4月开业的宁波宏协机械制造有限公司,系中外合资经营企业。至2000年,北仑区属汽配工业规模企业10家(见表7-4-1),其中:集体企业3家、私营企业4家、外资及合资企业3家。是年,汽配工业总产值2.4亿元,工业销售产值2.53亿元,从业人员1563人。

2010年统计,北仑区有汽车制造企业2家,各类汽车检测维修装饰企业406余家(见表7-4-2),其中A级车辆综合性能检测站1家,一类维修业6家(见表7-4-3)、二类维修业37家(见表7-4-4)、三类维修业363家(其中摩托车维修户124家)。从业人员1226人,拥有各类维修技术人员1108人,其中高级77人,中级512人,初级519人。为加强行业管理,制定行业规范,提高整体素质,维护经营者的合法权益,创建行业文明,为北仑的开发建设服务,2001 年 11 月 28 日成立北仑区机动车维修配件行业协会,同年加入宁波市机动车维修配件行业协会,为常任理事会员;2004 年 10 月加入省行业协会,为理事会员。2006 年有会员企业 43 家。

2010 年北仑区汽配工业主要企业概况 表 7-4-1

公司名称	开业年月	固定资产原值	资本金	工业产值	出口值	利润	从业人数(人)
浙江吉利汽车	1986.6	86,793	185,633	303,914	0	32,304	2374
宁波信泰机械	1999.4	13,681	9932	30,024	7655	6372	735
宁波拓普减震	2001.7	20,931	11,248	22,285	0		720
北仑燎原模铸	1999.11	3268	108	21,413	660	2940	664
宁波裕民机械	1993.8	3405	17,927	18,663	0	722	206
宁波雪龙汽车风扇	1996.4	2106	300	13,174	0	2060	117
宁波万航实业	2006.1	4068	5032	10,694	8374	-58	543
宁波华晨瑞兴	2000.7	1428	4138	10,898	0	124	62
宁波宏协制造	1995.12	2723	2800	8183	5601	1274	240

2010 年北仑区汽车维修、检测企业统计 表 7-4-2

类别			单位	合计
汽车维修业	营业户数	合计	个	400
		一类	个	6
		二类	个	36
		三类	户	358
	完成工作量	合计	辆次	90,003
		整车大修	辆次	440
		总成大修	辆次	419
		二级维护	辆次	12,124
		专项修理	辆次	77,020
汽车综合性能检测站	营业户数	合计	个	1
		A 级	个	1
		B 级	个	0
		其他	个	0
	完成检测量	合计	辆次	13,697
		维修竣工检测	辆次	9064
		等级评定检测	辆次	4060
		质量仲裁检测	辆次	353
		排放检测	辆次	0
		维修质量监督检测	辆次	0
		其他	辆次	220

北仑区一类机动车维修企业一览　　表 7-4-3

企业名称	法人代表	性　质	注册地址
上海大众汽车宁波开发区销售服务有限公司	贺持跃	有限责任公司	北仑大港一路 58 号
开发区开元进口汽车维修服务有限公司	贺光力	有限责任公司	北仑太平洋工业区边防站西
北仑区金龙轿车维修中心	邱岳华	股份制	新碶街道算山村
宁波祥宁汽车销售服务有限公司	陈永兴	有限责任公司	新碶明州西路 8 号
开发区环球汽车维修有限公司	王善盛	有限责任	大港工业城 F 型厂房 1 号楼
宁波北仑兴欣汽车销售服务有限公司	汪小君	有限责任	大港工业城甬江路 9 号
宁波联众汽车销售服务有限公司	贺持跃	有限责任	大港工业城大港一路 56 号

北仑区二类机动车维修企业一览　　表 7-4-4

序号	企业名称	法人代表	性　质	注册地址
1	宁波河海港机有限公司	顾国贤	有限责任公司	北仑区小港林塘村
2	宁波市北仑区小港林塘华鑫汽车修理厂	林嗣明	私营	北仑区小港林塘村
3	宁波经济技术开发区金马利汽车修理有限公司	俞建平	有限责任公司	北仑松花江路加油站对面
4	宁波市北仑区小港腾龙汽车修理厂	盛其江	私营	北仑区小港街道衙前村江南公路甬江隧道转盘旁
5	宁波市北仑宝龙汽车修理厂	张振桥	私营	北仑区霞浦街道山前工业区二期
6	东风汽车公司宁波技术服务站北仑分站	任永明	全民	北仑霞浦山前村
7	宁波市博泰汽车修理厂	应一森	有限责任	宁波市北仑区嫩江路 8 号
8	宁波市名扬物流有限公司北仑汽车修理分公司	吴延辉	私营	甬江路南端
9	北仑宏海运输有限公司	蒋光亮	股份制	北仑区小港镇红联泥湾
10	宁波开发区大成运输有限公司	王增培	有限责任	开发区新碶淮河路 102 号
11	宁波市北仑区汽车修配厂	孙万尔	私营	北仑区大碶镇俞王村
12	宁波市北仑区大碶复新汽车维修厂	陈贤君	私营	北仑区大碶镇俞王村
13	宁波北仑区汽运总公司汽车维修厂	沈冠德	全民	北仑区新碶镇珠江路 88 号
14	北仑国际集装箱码头公司汽修厂	王嘉民	全民	宁波北仑北极星路
15	宁波港务局物资公司汽车维修厂	俞志贤	全民	宁波港务局物资仓库内
16	宁波联合汽车销售服务有限公司经济技术开发区分公司	励吉安	股份制	北仑区小港江南东路 146 号
17	宁波市北仑区小港朱田汽车维修厂	宋富根	私营	北仑区小港朱田村
18	宁波市北仑区霞浦霞西汽车维修厂	徐聪威	集体	北仑区霞浦镇亚西村
19	宁波市北仑区霞浦甬港汽车维修厂	张德祥	集体	北仑区霞浦胜利村
20	宁波市北仑区宏达汽车修配厂	胡政伟	私营	北仑区柴桥镇同盟烂田汪
21	宁波市北仑区霞浦红光汽车维修厂	胡红光	私营	北仑区霞浦陈华
22	宁波市北仑区万里行汽车维修厂	林小明	国有	北仑区新碶镇贝碶村

续上表

序号	企业名称	法人代表	性质	注册地址
23	宁波开发区精工汽车修理有限公司	王国昌	有限责任	开发区小港招宝山大桥下
24	宁波市北仑区大碶交通汽车维修厂	戴能斌	私营	北仑区大碶镇吕鉴村(329国道旁)
25	北仑区白峰星禹汽车维修厂	蒋孝康	私营	北仑区白峰镇蒋岙村
26	宁波市北仑港通汽车服务有限公司	袁红辉	有限责任	北仑通途路高速公路路口(新碶)
27	宁波市北仑大碶堍头汽车维修厂	朱洪成	私营	北仑区大碶镇俞王村
28	宁波市安行汽车修理厂	梅卫君	集体	北仑新碶黄河路停车场内
29	宁波港北仑股份有限公司	杨兴国	股份制	北仑港区迎宾路8号
30	宁波市豪江方舟汽车维修厂	徐永忠	私营	大港五路35号
31	北仑区长江汽车修理厂	潘海波	私营	北仑区新碶镇长江路
32	北仑集装箱公司迅达汽车维修厂	王伟国	全民	北仑大港工业城大港二路39号
33	宁波市北仑车辆综合性能检测站大港车辆维修厂	顾伟芳	股份制	北仑大港工业城大港五路38号
34	宁波开发区贝力富工程机械设备检修公司	徐金富	私营	北仑区小港街道孔墅村
35	宁波经济技术开发区鸿顺汽车维修有限公司	潘连康	有限责任	开发区小港泥湾
36	宁波市北仑区大碶学诚汽车维修厂	张向峰	私营	新大路1758号(学苑花城对面)

注:三类企业(户)略。

依托于实力雄厚的钢铁与石化工业和领先于国内的模具制造业,有利于汽车整车项目及零部件产业的发展,北仑将发展目标定位为未来浙江省汽车生产基地及华东地区汽车零部件生产基地。1999年3月3日,浙江吉利汽车制造有限公司成立,是中国首家民营汽车制造企业。其投资主体:浙江吉利控股集团有限公司(占53.19%)和浙江吉利国润汽车有限公司(占46.81%),均属中外合资企业;投资总额10.71亿元人民币,固定资产6.57亿元。一期至二期建筑面积2.12万平方米,固定资产3.59亿元,资本金3.86亿元。主要经营:汽车(吉利美日轿车、吉利美日系列客车)及其发动机、零部件,企业自主产品的出口业务和该企业所需机械设备、零配件、原辅材料的进口业务。

宁波开发区汽配园区的北仑汽配生产基地,首期1.5万平方米标准厂房的浙江吉利汽车有限公司已建成投产,园区东起钱塘江路,西至富春江路,北至汽配园规划一路,紧临保税南区,总规划占地面积100公顷,为多家外资企业落户。2003年,北仑区汽车整车及零部件制造规模企业共23家,工业总产值30.95亿元,工业销售值30.96亿元,其中,出口交货值2.03亿元,利润总额3.18亿元。企业固定资产合计6.95亿元,资本金7.61亿元,年从业人员5990人。

2006年,汽配工业规模企业50家,汽车整车制造企业1家,汽车零部件及配件制造企业45家,摩托车、自行车零部件及配件制造企业4家。按企业性质分:内地与港澳台合资经营企业10家、港澳台商独资经营企业8家、外商独资经营企业9家、中外合资经营企业1家、港澳台商投资股份有限公司1家、私营及其他有限公司21家。是年,工业总产值55.93亿元,工业销售收入49.21亿元,其中,出口交货值5.03亿元,实现利润6.16亿元。全部企业固定资产合计21.50亿元,资本金合计30.53亿元,从业人员合计10,977人。

浙江吉利汽车有限公司汽车整车制造,2002年生产汽车17,029辆,其中公路客车13,766辆、轿车3263辆;2003年生产汽车38,165辆,其中公路客车21,735辆、轿车16,430辆;2004年生产汽车25,999辆,其中轿车16,758辆;2005年生产轿车25,032辆;2006年生产轿车60,461辆。

企业选介

1.浙江吉利汽车有限公司

浙江吉利控投集团有限公司始建于1986年,是中国汽车行业十强中唯一一家民营轿车生产企业。经过20年的发展,在汽车、摩托车、汽车发动机、变速器、汽车电子电气及汽车零部件方面取得显著业绩。1997年,进入轿车领域以来,凭借灵活的经营机制和持续的自主创新,取得了快速发展,资产总值超过90亿元,连续3年进入全国企业500强,被评为"中国汽车工业50年发展速度最快、成长最好"的企业,跻身于国内汽车行业十强。

公司总部设在杭州,在浙江的临海、宁波、路桥和上海等地建有4个专门从事汽车整车和动力总成生产的制造基地,拥有年生产20万辆整车、20万台发动机和20万台变速器的生产能力。公司有吉利豪情、美日、优利欧、SRV、美人豹、华普、自由舰、吉利金刚等八大系列30多个品种的轿车;拥有1.0L(三缸)、1.0L(四缸)、1.0LVVT-1、1.3L、1.5L、1.6L、1.8L、1.8LVVT-1等八大系列发动机;拥有JLS160、JLS160A、JLS110、JLS170、JLS90、Z110、Z130、Z170等八大系列变速器。上述产品均通过国家的3C认证,达到欧Ⅲ排放标准,其中4G18、4G10发动机达到欧IV标准;吉利拥有上述产品的完全自主知识产权。

公司在国内建立了完善的营销网络,现拥有286个4S店、489家品牌经销商和569家服务站。2005年,通过市场的精耕细作和品牌的有效推广,吉利汽车销售创造了令人瞩目的业绩,全年共销售各类吉利轿车近15万辆,同比增长50%以上;出口近7000辆,同比增长60%以上;实现销售收入近66亿元,同比增长40%以上;实现利税近9亿元,同比增长35%以上;在全国轿车市场占有率达到5.25%;经济型轿车市场占有率达到23.7%;全国轿车销量排名第9;1.5L以下轿车销量排名第1。2001年,吉利汽车正式列入国家汽车产品公告,并开始市场销售,累计销售各类吉利轿车近45万辆。2004年,吉利牌系列轿车被授予浙江省名牌产品;2005年,吉利商标获得浙江省著名商标,10月被认定为中国驰名商标。

公司在国际市场开拓方面也取得突破性进展,截至2005年底,在海外已建有18家代理商和108个销售服务网点,累计出口近16,000辆吉利汽车。

公司投资数亿元建立了吉利汽车研究院,总部设在临海;杭州建有分院;宁波建有发动机研究所、变速器研究所;路桥建有电子电气研究所。吉利汽车研究院拥有较强的轿车整车、发动机、变速器和汽车电子电器的开发能力,每年可以推出2—3款全新车型和机型。在汽车造型设计开发、发动机、变速器和汽车电子电气设计开发方面拥有行业顶尖的技术专家和技术力量,累计获得各种专利120项、发明专利13项。自主开发的4G18发动机,升功率达到57.2kW,处于国际先进水平;自主研发的自动变速器,填补了国内汽车领域的空白;自主研发的EPS,开创了国产品牌的汽车电子助力转向系统先河。2005年,吉利集团被评为"国家级企业技术中心"和"省级高新技术研究开发中心";2006年,经国家人事部批准,设立了博士后科研工作站,并成为国家科学技术部、国务院国资委和中华全国总工会联合发布的首批"创新型企业试点"之一。

公司现有员工近8000人,其中工程技术人员近1000余人,占总人数的13.8%以上;集团现有两院院士两名、外国专家八名、博士数十名、硕士数百名、高级工程师及研究员级高级工程师数百名。特别是近几年从国内外知名汽车公司引进的一大批高级技术人才和高级管理人才,在吉利教育产业、产品研发、技术质量、生产经营、市场营销等方面发挥了重大作用,成为吉利汽车后来居上的重要保障。

公司投资数亿元建立的北京吉利大学、海南大学三亚学院、临海浙江吉利汽车技师学院等高等院校,在校学生已达3万人,培养出的近万名毕业生就业率达到95%以上,为中国汽车工业人才战略做出重大贡献。

公司及其下属子公司现已全部通过了ISO9000质量体系认证,为了适应国际市场的需要和集团的战略发展,集团和各子公司全面启动了TS16949体系建设与认证、欧盟的ECE认证、美国的DOT和EPR等认证工作。

公司为实施国际化战略,已制定出未来十年的规划蓝图,即到2010年,将推出15款全新车型,8款发动机,6款手动变速器,6款自动变速器,3款电子无级变速器,1个油电混合动力项目和1个赛车项目;到2010年,将实现产销100万辆目标,其中国内市场份额达到8%,吉利汽车将成为国内经济型轿车的首选品牌;到2015年,将实现产销200万辆,其中2/3出口,在国际市场份额将达到2.5%,吉利汽车将成为国际知名品牌。为实现上述战略目标,吉利集团已经在品牌营销规划、业务流程再造、经营管理创新、人力资源整合、企业文化建设、全面实施信息化等方面展开卓有成效工作。

2.宁波信泰机械有限公司

公司为MINTH集团全资子公司。MINTH集团(上市前统称敏孚企业)是企业设计、开发、生产中高级轿车零部件的外资上市集团公司。(已于2005年12月1日在香港主板挂牌上市),自1992年以来,已相继在宁波、上海、嘉兴、福州、天津、广州、重庆、海口、武汉、长春等地设立了20多家生产工厂、1家企业设计公司和两家实力雄厚的技术研发中心。有员工3千余人,2006年,产值近10亿元。

客户覆盖了国内全部主要整车企业:上海大众、上海通用、广州本田、产州丰田、一汽轿车、天津丰田、北京现代、东风日产、东风本田、东风雪铁龙、长安福特、东南汽车、华晨宝马、海南马自达等众多整车生产企业,并已经进入GM、FROD、NISSAN的全球采购系统。

主要产品有饰条类、饰件类、金属结构类。在国内同类产品领域里,MINTH集团雄居第1。MINTH集团总部和技术研发中心位于宁波市经济技术开发区大港工业城。宁波信泰机械有限公司2010年,公司实现销售收入2.87亿元,利润0.64亿元。

3.北仑车辆综合性能检测站

为北仑公路运输有限公司所属股份制企业,1994年12月成立。地址:北仑大港工业城大港五路38号,占地面积10,310平方米,建筑面积2050平方米。职工20人,法人代表顾伟芳。固定资产总值100余万元,拥有全自动大小车辆综合测试线3条,具有完整的检测技术服务设施、监控系统、远程登录。2003年7月25日获得检测A级站资质,2003年8月27日获得省技术监督局计量认证合格证书。有发动机综合性能测试仪、车速试验台、耗油消耗计、倒滑试验台、轴重仪、前照灯检测仪、声级计、烟废计、废气分析仪、前轮定位仪、防雨密封性试验台、探伤设备、制动轴重试验台、转向角检测仪、车轮动平衡仪、底盘观察仪、电能试验台、底盘测功机、四轮定位仪、漆膜光泽测量仪等检测仪器设备。年产值130万余元,创利4万余元。

4.上海大众汽车宁波开发区销售服务有限公司

股份制企业,为一类维修企业。1999年5月成立。地址:北仑大港一路58号,占地面积16,000平方米,建筑面积8000平方米。职工90人,法人代表贺持跃。固定资产总值2000万元,拥有举升机、四轮定位仪、烘漆房、大梁校正仪、罗宾冷煤处理机、制动液充放机、充液排气装置、自动充气机、吸油器、驳胎机、液压机、机油加油机、点焊机、气电焊机、自动充电器等检修仪器设备。2004年1月筹建按照大众要求的“一顶伞”的标准展厅,以及新造18个T位的维修车间及二层材料库、生活设置等,同年8月建成启用。年产值9000万余元,创利150万余元。

5.宁波经济技术开发区开元进口汽车维修服务有限公司

为一类维修企业。2000年8月成立。地址:新碶街道太平洋工业区。占地面积3500平方米,建筑面积1300平方米。职工51人,其中高级工程师6名、中级技工12名,法人代表贺光力。固定资产69万元。拥有以电控、电动自动波箱等先进的进口发动机检测仪器、超声波清洗、喷油量测量雾化分析等10项功能为一体的燃油检测清洗设备和具有检测当今电控汽车数字化控制系统中疑难杂症问题的电脑检测设备。年产值450万余元,创利45万余元。

6.北仑金龙轿车维修中心

股份制企业,为一类维修企业。2000 年 12 月成立。新碶街道算山村,占地面积 3000 平方米,建筑面积 2000 平方米。职工 50 人,法人代表邱岳华。固定资产总值 200 万元,拥有丹麦产四轮定位仪、DPT-1 型超声波电喷油嘴检测清洗试验台、二柱四栓举升机(9 台)、汽车喷漆烤房、GX-1000 美国巨犀、金德 K8 多功能汽车诊断仪、外蒙皮整形修复机、DCT-e 多功能磁场力探伤义、工业内窥镜、电眼睛、微电脑汽车冷媒净化加注器等检修设备。年产值 800 余万元,创利 80 余万元。

7.北仑港城汽车修理厂

为北仑公路有限公司所属企业,二类级维修企业,2003 年 8 月 5 日成立。地址:大港工业城松花江路西大港五路 38 号。占地面积 3093.03 平方米,建筑面积 370 平方米。拥有汽车前照灯检测仪、废气分析仪、四轮定位仪和举升机等先进设备,能够对各类车辆进行修理。固定资产总值 39.9 万元,年产值 68.54 万元,创利 9.03 万元。法人代表顾伟芳,职工 10 人。

8.宁波经济技术开发区精工汽车修理有限公司

2000 年 12 月成立,为二类维修企业。地址:开发区招宝山大桥下,占地面积 2200 平方米,建筑面积 600 平方米。职工 22 人,法人代表王国昌。固定资产总值 125 万元,公司主要经营汽车配件及汽车修理服务。拥有电脑检测仪等先进检修仪器设备。年产值 130 余万元,创利 6.5 万余元。

9.北仑复新汽车修理厂

个体私营企业,为二类维修企业。1986 年 6 月成立。地址:329 国道俞王段旁,占地面积 4500 平方米,建筑面积 1400 平方米,主厂房 1000 平方米。职工 16 人,法人代表陈贺君。注册资金 80 万元,固定资产总值 80 万元。拥有双柱升降机 6 台、四柱升降机 1 台,进口四轮定位仪 1 台,网通电脑解碍仪 1 台,烤漆房 1 个及动平衡机等检测专用仪器设备。年产值 40 余万元,创利 4 万余元。

10.北仑区霞浦甬港汽车修理厂

个体私营企业,为二类维修企业。1990 年 3 月成立。地址:霞浦街道胜利村,占地面积 1150 平方米,建筑面积 600 平方米。职工 26 人,法人代表张德祥。拥有各种检测、修理仪器设备 40 台,具有各种车辆的综合修理能力,年产值 250 万余元,创利 15 万余元。

11.宁波港务局物资公司汽车修理厂

全民所有制企业,二类维修企业,1993 年 11 月成立。地址:北仑林大港务局物资仓库内。占地面积 870 平方米,建筑面积 400 平方米。职工 14 人,法人代表俞志贤。固定资产总值 150 万元,拥有 3.5 吨升降机 1 台、40 吨液力压机 1 台、多功能钻铁床 1 台、前轮定位仪 1 套、轮胎马攀拆装机 1 台、汽车电器检测仪 1 台、无损探访仪 1 台、2 吨电动吊车1台及镗鼓机、铆钉机、轮胎充气压缩机等检修设备。

12.北仑日美汽车维修有限公司

私营合资企业,为二类维修企业。1998年11月成立。地址:新碶街道进港路52号。占地面积1500平方米,建筑面积1300平方米。拥有举升机3台、清洗机1台、空压机2台、吊机1台、标准烤漆房1个以及常用检修仪器设备。固定资产总值72.8万元,年产值74万余元,创利2万余元。

13.宁波经济技术开发区汽车修理厂

集体企业,为二类维修企业。1986年8月成立。地址:宁波经济技术开发区小港泥湾。占地面积4073平方米。职工25人,法人代表潘连康。注册资金61万元,固定资产99万余元。拥有专用设备26台、通用设备41台,为具有综合修理能力的中等汽修厂。年产值87万余元,创利12万余元。

14.北仑区万里行汽车修理厂

个体私营企业,为二类维修企业。1998年3月成立。地址:新碶街道新大路415号。占地面积2357平方米,建筑面积1580平方米。职工24人,法人代表林小明。固定资产总值25万元,拥有举升机5台、修车王1套、电焊机3台、氧焊2套、外蒙皮修复机1台、喷漆烤房1个、镗鼓机1套及压力表、真空表等检修仪器设备。年产值170余万元、创利12余万元。

15.北仑港通汽车服务有限公司

为二类维修企业。2000年3月成立。始名北仑大港修理厂,后为港通汽车修理厂,2001年初更名为港通汽车服务有限公司。地址:通途路同三线口,占地面积5000平方米,建筑面积2000平方米。职工17人,法人代表袁红辉。固定资产总值200万元,拥有小车烤箱、升降机、电脑探测、轮胎修复机等检修仪器设备。年产值150余万元,创利5万余元。

16.北仑区长江汽车修理厂

合资企业,为二类维修企业。1998年11月成立。地址:新碶街道隆顺村,占地面积1820平方米,建筑面积1200平方米。职工22人,法人代表姚世祥。固定资产总值15余万元,拥有修车王及基本检修仪器设备。年产值134余万元,创利5万余元。

第五节　油品销售企业

北仑区第1家公用型加油站始建于1996年5月17日,由区公路管理段经营,为国有企业。至2010年,区域内有油品经营企业30家(见表7-5-1),许可经营汽油、柴油、煤油、润滑油。

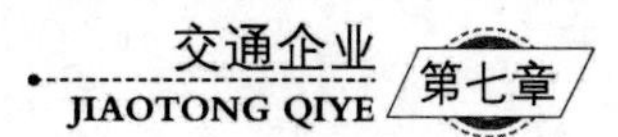

油品销售企业一览 表 7-5-1

<table>
<tr><th colspan="2">企业名称</th><th>企业类型</th><th>经营地址</th><th>注册资金（万元）</th><th>成立年月</th></tr>
<tr><td colspan="2">北仑区公路管理段大碶加油站</td><td>国有</td><td>大碶 329 国道线 232K</td><td>50</td><td>1996.5</td></tr>
<tr><td colspan="2">北仑区柴桥盛发加油站</td><td>集体</td><td>柴桥街道同盟村</td><td>60</td><td>1997.9</td></tr>
<tr><td colspan="2">北仑陈华加油站</td><td>个人独资</td><td>霞浦街道陈华村</td><td>50</td><td>1998.2</td></tr>
<tr><td colspan="2">中石天然气股份有限公司华东销售浙江分公司</td><td>股份有限公司</td><td>小港</td><td></td><td>1998.4</td></tr>
<tr><td colspan="2">北仑新新加油站</td><td>集体</td><td>小港街道建设村</td><td>80</td><td>1998.8</td></tr>
<tr><td colspan="2">北仑长青加油站</td><td>股份合作</td><td>新碶街道算山村</td><td>80</td><td>1999.3</td></tr>
<tr><td colspan="2">大榭开发区海腾贸易有限公司北仑城区加油站</td><td>有限责任分公司</td><td>新碶松花江路</td><td></td><td>1999.7</td></tr>
<tr><td colspan="2">北仑区梅山望江加油点</td><td>个体</td><td>梅山乡盘峙码头</td><td>3</td><td>2000.1</td></tr>
<tr><td colspan="2">北仑区大碶青山加油店</td><td>个体</td><td>329 国道清水站边</td><td>2</td><td>2000.1</td></tr>
<tr><td colspan="2">北仑区白峰上阳夹塘汽车修理所加油点</td><td>个体</td><td>白峰镇下阳村夹塘</td><td>0.35</td><td>2000.1</td></tr>
<tr><td colspan="2">北仑区白峰东港加油站</td><td>合伙</td><td>白峰镇屺峙村</td><td>60</td><td>2000.6</td></tr>
<tr><td colspan="2">北仑金龙加油站</td><td>股份制</td><td>柴桥新汽车站旁</td><td>100</td><td>2001.3</td></tr>
<tr><td colspan="2">北仑中油进港路加油有限公司</td><td>有限责任公司</td><td>白峰镇白峰村</td><td>50</td><td>2003.3</td></tr>
<tr><td colspan="2">镇海炼化油站投资公司算山加油站</td><td>有限责任分公司</td><td>新碶街道算山村</td><td></td><td>2003.3</td></tr>
<tr><td colspan="2">北仑中油新世纪加油有限公司</td><td>有限责任公司</td><td>小港街道冯家斗村</td><td>50</td><td>2003.3</td></tr>
<tr><td colspan="2">开发区戚家山加油站有限公司</td><td>有限责任公司</td><td>开发区联合区域 S7N 地块</td><td>50</td><td>2003.7</td></tr>
<tr><td colspan="2">上海聚龙加油站管理有限公司开发区分公司</td><td>私营有限责任公司</td><td>小港蔚斗新村 87 幢</td><td></td><td>2003.10</td></tr>
<tr><td colspan="2">开发区中油港通加油站有限公司</td><td>有限责任公司</td><td>新碶太河路西侧</td><td>100</td><td>2003.12</td></tr>
<tr><td colspan="2">北仑区羊白岭加油站有限公司</td><td>其他有限责任公司</td><td>柴桥镇东山门村武岭旁</td><td>50</td><td>2004.9</td></tr>
<tr><td colspan="2">开发区祥龙加油有限公司</td><td>其他有限责任公司</td><td>新碶甬江路</td><td>50</td><td>2004.10</td></tr>
<tr><td colspan="2">开发区大港加油站有限公司</td><td>有限责任公司</td><td>大碶钱塘江南路</td><td>50</td><td>2004.12</td></tr>
<tr><td colspan="2">开发区富春江加油有限公司</td><td>有限责任公司</td><td>新碶明州西路金贸大厦</td><td>200</td><td>2005.3</td></tr>
<tr><td rowspan="7">中石化碧碎（浙江）石油有限公司宁波北仑</td><td>小港加油站</td><td rowspan="7">中外合资经营</td><td>小港街道前进村</td><td></td><td>2005.4</td></tr>
<tr><td>柴桥加油站</td><td>柴桥街道东山门村</td><td></td><td>2005.4</td></tr>
<tr><td>大碶加油站</td><td>大碶街道烟墩村</td><td></td><td>2005.4</td></tr>
<tr><td>新碶加油站</td><td>新碶进港路</td><td></td><td>2005.4</td></tr>
<tr><td>白峰加油站</td><td>白峰镇白峰村</td><td></td><td>2005.4</td></tr>
<tr><td>新建加油站</td><td>小港街道新建村</td><td></td><td>2005.4</td></tr>
<tr><td>邬隘加油站</td><td>大碶街道湖塘村</td><td></td><td>2005.9</td></tr>
<tr><td colspan="2">北仑区霞浦林大兴旺加油站</td><td>个人独资</td><td>霞浦珠江路东侧</td><td>250</td><td>2005.5</td></tr>
</table>

第八章　现代物流业

民国十九年(1930),北仑境内始建公路,在民国二十三年(1934)与民国二十五(1936)年先后建成宁穿路(育王至柴桥段)、镇大路(江南至大碶)2条。20世纪初,穿山港始建轮埠,至民国25年建成2个轮埠,开通3条航线,停靠货客班轮6艘。20世纪70年代末期兴建北仑港,为现代物流业的发展开创了先决条件。

现代物流业是经济快速发展、社会分工细化、产业结构演进的客观趋势,是利用先进的物流设备和信息技术,整合传统运输、仓储、装卸、搬运、包装、流通加工、配送和信息处理等物流环节,实现物流运作一体化、信息化、高效化的复合型产业。2001年1月起,先后有宁波长海国际物流、中储浙江物流、宁波新世纪国际集装箱物流和保税区爱捷国际物流等物流公司进驻北仑,使全区由传统的交通运输和仓储业为主,快速向现代物流业转型升级。至2010年,区域内注册物流企业590余家。

北仑港(含北仑港区、大榭港区、穿山港区、梅山保税港区)开通国内、国际航线225条,年航运13,200航次,年货物吞吐量3.4亿吨,集装吞吐量1262.4万标准箱。全球前20强航运物流企业落户北仑,为港口服务的物流企业快速增长,港口物流业在服务业发展中占主导地位,初步形成适应宁波北仑港区快速发展的水陆交通现代运输体系,成为长三角国际物流中心的重要组成部分和浙江省物流中心的重要枢纽。

第一节　物流基础设施

2005—2009年,相继辟建宁波保税物流园区和宁波经济技术开发区现代国际物流园区。并加强了梅山保税港区物流园区。引进有实力、有战略前景的世界级物流企业20家,扶持区域内近400家物流仓储、物流堆场、物流运输等传统物流企业的转型升级;同时加快建设集卡车停车场,使现代化港口物流网络日趋完善。

一、物流园区

物流园区是多种物流设施和不同类型物流企业在空间上集中布局的产业基地,是现代物流业的集结点,北仑境内已建宁波保税物流园区等三个产业园区。

1.宁波保税物流园区

2004年8月16日,国务院办公厅下发《关于同意扩大宁波保税区与港区联动试点的复函》(国函办〔2004〕58号),同意宁波保税区与其相邻近的港区实行港区联动试点,建设宁波保税物流园区。试点区域统筹利用保税区和港区土地进行封闭围网,作为保税区的物流园区。宁波保税物流园区是全国第二批7个港区联动试点项目之一,位于穿山港区,规划面积0.95平方千米,四址范围:东自经五路,西至沿江路,南起穿山大道,北至纬一路和集装箱码头泊位。次年8月30日,通过国务院八部委联合验收,2006年4月11日,首票货物顺利通关,园区正式启动运作。

(1)功能与政策

宁波保税物流园区是经国务院批准、专门发展现代国际物流业的海关特殊监管区域,叠加了保税区和出口加工区的各项政策,享受"保税、免税、免证"和国内货物进区退税等特殊优惠政策。园区以集装箱运输延伸服务为发展重点,通过高效率管理、高层次项目引进、个性化服务,建成东北亚地区重要的国际分拨中心。园区发挥保税区的政策优势和港口区位优势,专门发展仓储和物流产业,区内不得开展加工贸易业务。园区享受保税区的税收政策,进出口税收比照实行出口加工区政策,即国内货物进入园区视同出口,办理报关手续后,实行退税。园区货物内销按货物进口的规定办理报关手续,货物按实际状态征税。区内货物自由流通,不征收增值税和消费税。园区实行封闭管理,参照出口加工区标准建设隔离监管设施。

园区具有四个功能:①国际中转功能,国际、国内货物运抵保税物流园区后可暂时停放,进行分拆、集拼后,转运至境内外其他目的港。②国际配送功能,境外货物进入保税物流园区后,可先储存在保税物流园区内,根据国内外市场需求,对进口货物进行分拣、分配或进行简单的临港增值加工后,向国内外分拨配送。③国际采购功能,对采购的国际货物和进口货物进行综合处理和简单的临港增值加工后,向国内外销售;还可以解决加工贸易非最终产品的出口核销,避免非最终产品出口的"境外一日游"现象,大幅降低企业运营成本。④国际贸易功能,进口货物在园区内存储后不经加工即转手出口到其他目的国或地区。

园区享受和执行的政策有:①园区减免税与保税政策,下列货物、物品从境外进入园区可办理免税手续:a.园区的基础设施建设项目所需的设备、物资等;b.区内企业为开展业务所需的机器、装卸设备、仓储设施、管理设备及其维修用消耗品、零配件及工具;c.行政管理机构及其经营主体和区内企业自用的合理数量的办公用品。下列货物从境外进入园区可办理保税手续:a.园区企业为开展业务所需的货物及其包装物料;b.加工贸易进口货物;c.转口贸易货物;d.外商暂存货物;e.供应国际航行船舶和航空器的物料、维修用零配件;f.进口寄售货物;g.进境检测、维修货物及其零配件;h.供看样订货的展览品、样品;i.未办结海关手续的一般贸易货物;j.经海关批准的其他进境货物。②贸易管制政策,a.法律、行政法规禁止进出口的货物、物品不得进出园区。b.园区与境外之间进出的货物,不实行进出口许可证件管理,但法律、行政法规、规章另有规定的除外。c.园区货物运往区外视同进口,园区企业或者区外收货人(或其代理人)按照进口货物的有关规定向园区主管海关申报,海关按照货物出园区时的实际监管方式有关规定办理。d.区外货物运入区内视同出口,由园区企业或者区外发货人(或其代理人)向园区主管海关办理出口早报手续。属于应当征收出口关税的商品,海关按照有关规定征收出口关税;属于许可证件管理的商品,应当同时向海关出具有效的出口许可证件,但法律、行政法规、规章另有规定在出境申报环节提交出口许可证件的除外。

(2)管理体制与物流规模

管理体制 根据市委、市政府安排,宁波保税物流园区由宁波保税区管委会管理,海关、出入境检验检疫、外汇管理、国税、地税、工商等部门也与宁波保税区有关机构合署办公。物流与市场发展局负责物流园的日常管理事务、招商引资和管理服务等各项工作。

业务范围 保税物流区可以开展下列业务:①存储进出口货物及其他未办结海关手续货物;②对所存货物开展流通性简单加工和增值服务;③进出口贸易(包括转口贸易);④国际采购、分销和配送;⑤国际中转;⑥检测、维修;⑦商品展示;⑧经海关批准的其他国际物流业务。

保税物流园区不得从事下列业务:①商业零售;②加工制造;③翻新业务;④拆解业务;⑤其他与园区无关的业务。

物流规模 至2006年,共引进企业14家,注册资金2.24亿元,完成进出区货运量3.44万吨,货物总值1.38亿美元,征收进出口税款4900万元。园区业务已辐射至上海、江苏、福建、山东、湖北、天津、广东、辽宁等地,共有160多家企业通过园区开展业务,园区综合经济效益不断提升,已成为物流业发展的重要平台。

2.宁波经济技术开发区现代国际物流园区

2009年5月8日成立,物流园区包括原北仑国际物流园区、原霞浦精细化工园区以及原霞浦工业小区。物流园区地处港口腹地,距离北仑港二期码头6千米、三期码头9千米、四期码头15千米,距离大榭国际集装箱码头6千米;园区周边集聚着宁波钢铁、台塑石化、宝新不锈钢等重大临港产业项目;园区南侧是穿山疏港高速,北侧有新329国道和集装箱货运第二通道,东侧有临港一路南延段,西侧有老329国道、甬北铁路;园区内有永定河路、大运河路、云台山路、白云山路等纵横交错的内部路网与外部相通;园区管理范围东至临港一路南延段,南至穿山疏港高速,西至工业与居住分界线的规划道路,北至北329国道,总面积6.3平方千米。其中庙河江以东、临港一路南延段以西的区域属柴桥街道行政范围,不含乌龟山在内的土地为128公顷,作为园区二期发展用地(大部分在2003年已征用)。园区已落户企业204家,其中原街道工业小区落户企业157家,原精细化工园区落户企业45家,原国际物流园区引进上海中外运、普洛斯2家物流企业,以及新引进的大嘉物流、中诚物流和吉利物流3家企业。建成后,可容纳物流企业

15家以上,一般工业企业250家,员工1.5万人,年经营收入35亿元以上。园区分为三大功能区块:一是综合服务空间,该区块紧靠园区管委会办公楼,功能涵盖商业贸易、金融保险、医疗卫生、海关商检、管理服务、集体宿舍、小型停车场等,营造高效的综合服务气息及商业氛围。二是现代工业空间,“现代工业区”也称“临港工业配套区”,主要为临港大工业对接配套,产业链延伸服务。三是现代物流空间,位于整个园区的东南侧与中南部,达到2平方千米的物流区块标准,集中体现高效的现代物流园区空间尺度,已启用的一号基地,是3个集卡综合服务基地中最早投入使用的区位,占地40公顷,建成后可供3500辆集卡车同时停放。二号基地面积8公顷已被大嘉、中诚和吉利3个物流企业租用。另有,围绕庙河江、云台山路、永定河路两侧,布置环境优美、景观宜人的绿色休闲空间,提供休闲游憩的场所。园区呈组团式布局,由主要交通道路、绿化带将其分为若干组团单元,既相互联系又能避免相互干扰。

柴桥集运基地LNG集装箱新车

3.宁波梅山保税港区物流仓储加工园区

2008年2月24日,国务院正式批准成立宁波梅山保税港区。规划面积7.7平方千米,这是继上海洋山保税港区、天津东疆保税港区、大连大窑湾保税港区、海南洋浦保税港区之后国务院批准设立的第5个保税港区。2010年6月,首期封关运作面积2.21平方千米,宁波梅山保税港区的设立,为现代物流业发展提供了新的发展空间,对加快北仑现代化国际港口城市的建设,对加快提升宁波—舟山港口岸和港口整体服务功能,打造国家重要的区域性资源配置中心具有重要战略意义。

梅山岛地处宁波—舟山港的核心区域,北靠北仑主港区,南连舟山诸岛,西接象山港,东临国际航道和锚区,区位条件优越,岸线资源丰富,港口条件良好,海岸线总长22.5千米,是设立保税港区的天然良港。其中深水岸线达7千米,最深处达69米,能够停泊超级油轮和第五代、第六代集装箱轮,具备建设深水码头的天然条件。

宁波梅山保税港区围绕建设国家重要的区域性资源配置中心的目标,其功能定位为以国际中转、国际采购、国际配送、国际转口贸易和保税加工和保税物流等保税港区功能为主导,以商品服务交易、投资融资保险等金融贸易功能为辅助,为法律政务、中介鉴证、休闲文化、进口展示等服务功能为配套,具备生产要素聚散、重要物资中转等现代功能的国家重要区域性资源配置中心。根据规划布局,将建设码头作业区以及干线集装箱泊位,岸线长约3500米,建设10万吨级泊位10个;物流仓储加工园区,其中四海物流一期仓储项目和省部共建保税物流基地一期项目基本建成,世界500强企业"丹马士"成功签约,中外运物流仓储项目开工。重点发展国际中转、国际配送、国际采购、国际转口贸易、保税加工和保税物流等功能;港口配套服务区,主要发展大众商品服务交易、国际船舶交易、进口酒类交易、投资融资保险等贸易服务功能。

二、物流仓储

物流仓储在现代物流链中是重要的节点,随着北仑区现代物流业的快速发展,物流仓储项目也相应发展。2006年,北仑区拥有固定经营场所的物流仓储企业41家,且多数以中小企业为主,总投资2亿美元,占地面积60余万平方米,仓库面积30余万平方米,储罐总容量8000万吨,形成以高新货柜、新世纪物流、太平联运等仓储物流企业群。企业从2005年开始启动仓储企业转型升级,引导传统仓储企业向现代仓储企业转型。2006年,全区进出仓货物总量94.7万吨,进出仓货物总值17.2亿美元,开始成为浙江省纺织原料、化工原料、金属材料等生产资料分拨集散中心和周边省市生产资料的物流分拨基地。随着港口物流业的快速发展,至2009年全区共有物流仓储企业91家(见表8-1-1),其中外资物流仓储企业近40家,而一批国际国内著名物流仓储龙头企业的落户,提升了北仑物流产业的整体规模。全球排名第2的物流地产开发商安博(AMB)公司于2008年投资1600万美元,在北仑富春江路兴建占地66,371平方米的大型物流仓库,仓库层高12米,净高9米,仓储面积37,811平方米。世界物流巨头美国普洛斯投资1.75亿元人民币,总用地10.7公顷,建筑面积6万平方米,仓储运转能力3.8万吨/年;从事普通货物的仓储服务、仓储设施的经营管理,主要分布于制造业、第三方物流及零售业,其中包括UPS、通用汽车、DHL等。还有宁波中外运仓储物流有限公司投资3.4亿元人民币,主要建设4栋总建筑面积为7万平方米的高标准物流仓库,1万平方米的集装箱堆场,6000多平方米的综合办公楼及其他辅助设施,全部项目建成后,将形成年作业量13.68万TEU(国际标准箱单位,下同)的规模。

2010年北仑区物流仓储企业一览(注册资金1000万元以上)　　表8-1-1

序号	企业名称	注册时间	注册资金(万元)	注册地址
1	林德气体(宁波)有限公司	2009.4.20	6500(美元)	霞浦街道
2	宁波雷纳德仓储有限公司	2010.10.28	39,500	大碶街道宁穿路88号2楼211室

续上表

序号	企业名称	注册时间	注册资金（万元）	注册地址
3	宁波前程供应链有限公司	2010.5.28	20,000	霞浦街道万泉河路3号9幢1号
4	宁波港集装箱运输有限公司	2007.8.13	10,500	新碶街道黄河路
5	开发区物流发展有限公司	2010.6.3	10,000	新碶街道长江国际商务大厦1幢A1620室
6	宁波梅山保税港区中外运国际物流有限公司	2010.1.27	8500	梅山盐场1号办公楼三号151室
7	宁波大港货柜有限公司	2001.4.13	7200	开发区骆霞公路南侧
8	宁波民和联合房产开发有限公司	2004.4.16	5000	新碶街道明州西路179号505室
9	宁波港铃与物流有限公司	2003.7.9	500（美元）	新碶街道云台山路25号
10	台塑货运（宁波）有限公司	2006.4.7	4000	霞浦街道台塑关系企业宁波工业园区
11	赛力（中国）有限公司	1994.6.8	3000	新碶街道珠江路438号
12	宁波市东海长城石化有限公司	1997.11.18	3000	开发区骆霞线大树村地段
13	宁波中集集装箱服务有限公司	2005.8.1	3000	新碶街道珠江路255号
14	宁波华商商品交易有限公司	2010.11.18	3000	小港街道江南东路556-1号
15	宁波万普汇通能源有限公司	2008.10.20	2500	梅山盐场1号办公楼二号109室
16	宁波中陆联合物流有限公司	2009.9.22	2150	新碶街道新大路90号266室
17	开发区通融物资有限公司	1992.12.16	2000	开发区伦敦楼C座417号
18	浙江华布岛进出口有限公司	2008.4.30	2000	梅山盐场1号办公楼一号201室
19	宁波鑫禾矿产有限公司	2010.4.29	2000	梅山盐场1号办公楼四号118室
20	浙江众钫实业有限公司	2010.10.26	2000	梅山乡梅东村梅东路67号
21	宁波市北仑仁宏物流有限公司	2005.8.18	1800	霞浦街道镇东村仁和里
22	宁波明乐物流有限公司	2010.6.12	1230	霞浦街道霞浦路5号405室
23	宁波金光粮油码头有限公司	1995.12.29	1200	新碶街道黄河北路1号
24	宁波金光粮油仓储有限公司	1998.1.8	1200	新碶街道黄河北路1号
25	宁波兴发油品有限公司	1998.7.30	1000	小港街道衙前村
26	宁波德迈国际物流有限公司	2004.12.30	1000	新碶街道明州路24号
27	宁波龙星物流有限公司	2005.4.7	1000	新碶街道进港北路8号
28	宁波国柜物流有限公司	2005:6.2	1000	新碶街道进港北路28号
29	宁波市北仑永大物流有限公司	2005.9.9	1000	北仑（霞浦）临港一路200号
30	浙江物产电力燃料有限公司	2005.12.9	1000	开发区上海楼6幢407-A室
31	开发区华兴物资有限公司	2007.11.5	1000	开发区上海楼406-407室
32	宁波北仑新世纪建材装饰市场有限公司	2008.8.22	1000	新碶街道黄山西路与凤洋一路交叉口
33	浙江百富国际物流有限公司	2009.9.10	1000	大碶街道宁穿路88号
34	宁波市新庄物流有限公司	2010.6.7	1000	霞浦街道霞浦路5号201室
35	宁波中能电力燃料有限公司	2010.10.20	1000	梅山盐场1号办公楼三号168号

第二节 物流市场主体

港口物流是北仑区最具有产业发展潜力的服务业，随着北仑港口的发展，区域物流市场主体逐步形成。物流企业的大量引进，与之相适应的货运代理业务，船舶代理企业、外轮理货公司和物流信息平台等系统，致力服务于现代物流业的全过程。

一、货代

伴随北仑港口的发展，货运代理业务也随之兴旺起来。同样，货代的增多也推动了港口服务功能的完善，带动了北仑区外向型经济的发展。货运代理企业，是指接受进出口货物收、发货人的委托，联系船舶公司，选择货物运输的是优航线，以委托人的名义或自己的名义为收、发货人办理报关、报检、仓储、运输、订舱等事项，收取货主的代理费或佣金。

在计划经济时代，货运代理均为国有企业。2004 年，国家外经贸部取消了对货运代理业经营资格的审批，放宽了货运代理业的准入条件。2005 年 4 月 1 日，对国际货运代理业的管理正式开始实行备案制。准入条件的放宽，使全区的货代市场的竞争日趋激烈，仅宁波就有 800 多家货代企业，尽管货代企业数量繁多，但市场大半份额仅被几家大企业占据。至 2010 年，在北仑区工商分局注册登记的货代企业共有 18 家(见表 8-2-1)，市场份额主要被东南货代公司等大型企业占据。还有在宁波市及其他区注册的企业，其主要经营业务也在北仑。

2010 年北仑区货运代理企业一览 表 8-2-1

序号	企业名称	经营地址	成立日期
1	宁波联合国际货运代理有限公司	宁波开发区联合区域东海路 1 号	2003.1.21
2	宁波市北仑易顺货运代理有限公司	北仑港区迎宾路 8 号	2003.1.24
3	宁波市北仑诚顺货运代理服务有限公司	北仑区新碶街道横河路 604 号	2004.7.5
4	宁波思达国际船务货运代理有限公司	宁波开发区金融贸易大楼 9A1 区	2004.11.19
5	宁波开发区海鸿船务货运代理有限公司	北仑区新碶街道牡丹小区 36 幢 612 室	2005.4.14
6	宁波市北仑安驰货运代理有限公司	北仑区新碶街道新建路 1 号 1 幢 109 室	2006.7.31
7	宁波鸿威国际货运代理有限公司	北仑区新碶街道西街 69 号码 5	2007.3.7
8	宁波泰利国际货运代理有限公司	北仑区新碶街道明州路 301 号	2007.9.21
9	浙江亚通国际货运代理有限公司	北仑区新碶街道星中路 2 号 404-1 室	2008.4.18
10	宁波市飞雄莱鑫货运代理有限公司	宁波开发区金融贸易大楼 4 层 B 区	2008.7.21
11	宁波市北仑五州货运代理部	北仑区大碶街道湖塘村	2008.12.25
12	宁波市北仑区赛豹货运代理有限公司	北仑柴桥街道东山门新村 48 号	2009.6.18
13	宁波北仑泛太货运代理有限公司	北仑区新碶街道松花江路 384 号	2009.6.30

续上表

序号	企业名称	经营地址	成立日期
14	宁波市北仑小舟货运代理有限公司	北仑区大碶街道人民路350号	2009.7.28
15	宁波海曙东南航空货代公司北仑办事处	北仑区新碶街道长白山路527号	2009.11.2
16	宁波市北仑亚迅货运代理有限公司	北仑区新碶街道新大路90号302-2室	2009.12.6
17	宁波市北仑区安聪货运代理有限公司	北仑区新碶街道凤洋一路827号	2009.12.26
18	宁波梅山保税港区远飞报关代理有限公司	北仑区梅山盐场1号办公楼	2009.12.28

二、船代

境内船代企业紧紧依托北仑港的区位优势，不断开拓航运市场，扩大货源腹地，在全区充裕的市场资源下，从无到有，从小到大，逐步建立了自己的市场地位。货运代理的兴起，为船舶代理业发展打下了基础。与货运代理不同，船舶代理企业，主要代理与船舶有关的业务，为船东服务，如办理船舶进出口手续，协调船方和港口各部门，安排船舶的靠离泊，以保证装卸货物顺利进行，完成船方的委办事项，如更换船员、物料、伙食补给、船舶航修等，另外船代替船东收费货运费用。北仑区的船代市场份额的一半以上基本由注册登记在宁波市的中国外轮代理、联合船代、外运船代3大船代公司在宁波的子公司占据，至2010年有10家企业在北仑工商分局注册登记从事船舶代理业务(见表8-2-2)。

2010年北仑区船舶代理企业一览 表8-2-2

序号	企业名称	经营地址	成立日期
1	宁波中海船务代理有限公司	宁波开发区东方贸易城	1998.3.18
2	宁波开发区鹏达船务有限公司	宁波开发区新碶得润花园A410室	2000.10.9
3	宁波开发区港通船务有限公司	北仑区新碶街道中河路30号2楼	2003.3.26
4	宁波北仑牧洋船舶货运代理有限公司	北仑区新碶街道龙凤二巷11号	2003.10.8
5	宁波华奥船务代理有限公司	北仑区新碶街道九华山路429号204室	2006.11.6
6	宁波开发区晟联船舶代理有限公司	北仑区新碶街道明州西路179号710室	2007.11.21
7	宁波开发区航兴船舶代理有限公司	北仑区新碶街道嵩山路955号	2008.4.22
8	浙江德安信达船务有限公司	北仑区新碶街道长江国际商务大厦1幢	2008.11.10
9	宁波千航船务有限公司	北仑区梅山盐场1号办公楼	2009.4.30
10	中国宁波外轮代理有限公司北仑办事处	北仑区新碶街道北极星路150号	2009.7.30

三、理货

理货作为港口重要的配套服务项目，是国际海上货物运输中不可缺少的一环，提供的理货单证能为货主单位货物短少、残损理赔提供重要依据，对判断经济责任具有法律效力。2004年11月25日，宁波外轮理货有限公司成立，标志着全省首家外轮理货公司成功改制。根据《中华人民共和国港口法》《港口经营管理规定》及国务院关于港口体制改革有关文件精神,经交通部批准,中国外轮理货总公司宁波公司从宁波港集团有限公司分离出来,由宁波港集团与中国外轮理货总公司共同出资组建,作为独立的法人,自主经营。全年公司累计完成理货船舶 1 万艘次,理货量 3000 万吨,同比增长 18%和 39%。2005 年,北仑境内第 2 家理货公司中联理货有限公司宁波分公司正式落户宁波保税区,并对外开展营业。该公司是国务院、交通部为深化港口体制改革,"放开理货市场,进一步规范理货业务"而在全国各港口设立的专业性理货公司。它的落户将有利于促进和进一步提高宁波港的理货质量和综合服务水平,从而提升整个宁波港投资环境的综合竞争力。至 2010 年,在北仑区经营外轮理货业务的宁波外轮理货有限公司,其中在北仑港二期集装箱码头的为北仑第一分公司,三期集装箱码头为北仑第二分公司,四期集装箱码头为北仑第三分公司,大榭港区集装箱码头为北仑第四分公司,梅山港区集装箱码头为北仑第五分公司,主营宁波港北仑境内港口理货业务。

四、物流信息平台

为了充分依托港口资源优势,发挥港口在综合物流体系中的枢纽作用,北仑区以整合港口物流企业"物流、信息流、资金流"为切入点,推动传统物流企业转型升级,并从公共信息平台、物流枢纽信息系统、物流企业信息系统等不同层面推进现代物流信息服务体系建设。2003 年 11 月 28 日,宁波口岸物流信息平台正式投入运行,标志着原来分散在企业、海关、检验检疫和港务等单位的信息系统,由统一的物流信息平台——宁波口岸电子网(www.cnnbport.com)整合起来,实现"一次输入,多次使用;一个窗口,全面查询;一套系统,分类服务;一次修改,全线更换;一次交费,全程通关"的目的,为口岸"大通关"提供"一站式"服务。2006 年,宁波电子口岸平台已初具规模,注册企业突破 7000 家;保税物流中心、保税区、港口等物流枢纽公共信息服务建设取得了良好成效,保税物流中心投入 1400 多万元构筑了信息平台。自运作以来,入驻中心企业已达 10 家,进出口总额约 3000 万美元;保税区通过建设现代化公共信息系统,仅华东进口化工商品交易中心就已吸引了 100 多家国内外企业入驻,运作 1 年多来,总交易额超过 60 亿元。

加快推动宁波港集团下属颐博科技推广 CFS 场站信息管理系统的使用,截至 2009 年已有 4 家企业免费使用;积极协助加贝企业完善企业物流信息系统,并促成其建立配送中心。至 2009 年,该公司已开展为省内外 300 多家商贸门店进行城市配送业务;协助贝发公司依托自身的 EPR 系统,建立集电子交易、外汇管理、物流配送等多功能于一体的国际电子商务平台。

第三节　港口物流

北仑境内的北仑港区、穿山港区、大榭港区和正在建设的梅山保税港区,已形成水水中转、高速公路、铁路、管道等全方位立体型集疏运网络。港区铁路直通码头前沿，接入全国干线网，铁路港区站已被国家列入全国集装箱运输转运站之一。境内公路网四通八达，甬金高速公路、杭甬高速公路、甬台高速公路、沈海高速公路等，构成了高速公路的主骨架。2008 年建成的杭州湾跨海大桥，使北仑港的深水优势进一步得到体现，遂成为国内大型港口物流中心。

一、集装箱物流(国际、国内)

北仑港位于大陆沿海中部，长江经济带和东部沿海经济带交汇点，距长江出海口不到 100 海里，且港口主航道水深在-30 米以上，以满足世界上最大型集装箱进出港，是世界少有的深水良港。1991 年，从北仑港区二期集装箱码头建成投产开始，北仑港口与国内外众多港口开展集装箱运输业务，集装箱运输量逐年递增。此后又建成北仑三期、四期和大榭招商国际集装箱码头，至 2006 年，开通国内国际集装箱航线 163 条，其中远洋干线 82 条，干线箱比例为 50.3%，高于国内同类港口的指标。是年集装箱月航班数为 600 班。1991—2006 年累计完成集装箱吞吐量 2085.9 万标准箱。北仑港与全球 100 多个国家和地区的 600 多个港口有贸易物流往来，形成覆盖全球的集疏运网络，建成海陆联运的综合运输枢纽。北仑港航线、航班相对密集，远洋航线贯通全球主要港口。2009 年，港区集装箱船航次达到 9851 航次(见表 8-3-1)，集装箱吞吐量达到 1011.8 万标准箱(见表 8-3-2)，集装箱航线达到 216 条，其中远洋线 113 条，近洋线 51 条，内支线 20 条，内贸线 32 条，月均航班超过 900 班，最高达 960 班，全球排名前 20 位的班轮公司都已登陆北仑港区。2010 年集装箱航线已增加到 225 条(见表 8-3-2)，其中远洋航线占 53.8%，月平均航线已达到 1100 班左右。

宁波港北仑境内港区集装箱船靠泊航次一览(1995—2010) 表 8-3-1

(单位:航次)

年　份	1995	1996	1997	1998	1999	2000	2001	2002
合　计	769	926	996	1177	1678	2708	3008	4030
年　份	2003	2004	2005	2006	2007	2008	2009	2010
合　计	5226	5390	6516	7198	8809	9450	9851	13200

宁波港北仑境内港区集装箱吞吐量情况一览(1991—2010) 表 8-3-2

(单位:万标准箱)

年　份	1991	1992	1993	1994	1995	1996	1997	1998	1999	2000
年吞吐量	0.7	3.1	5.6	10.0	15.8	20.0	25.6	34.5	55.7	84.4
年　份	2001	2002	2003	2004	2005	2006	2007	2008	2009	2010
年吞吐量	112.6	175.5	263.9	388.07	401.09	489.34	913.0	1059.4	1011.8	1262.4

2010 年宁波港北仑境内港区集装箱运输远洋干线与近洋航线一览　　表 8-3-3

航线		航线数(条)	船公司
远洋干线	欧洲	21	法国达飞　长荣海运　丹麦马士基　川崎汽船　地中海航运　中海集运伟大联盟　外海航运　太平船务　中远集运　韩进海运　阳明海运　美总轮船　北欧亚
	地中海	14	伟大联盟　中海集运　长荣海运　法国达飞　地中海航运　丹麦马士基　川崎汽船　阳明海运
	黑海	6	法国达飞　智利南美　赫伯罗特　地中海航运
远洋干线	美西	13	中远集运　中海集运　丹麦马士基　伟大联盟　长荣海运　商船三井　韩进海运　川崎汽船　阳明海运　现代商船　北欧亚　法国达飞　万海航运　地中海航运　美森轮船　中外运
	美东	11	以星轮船　长荣海运　韩进海运　川崎汽船
	南美	12	汉堡南美　智利南美　赫伯罗特　美总轮船　日邮　马士基　法国达飞　中远集运　长荣海运马鲁巴航运
	中东波斯湾	18	地中海航运　阳明海运　美总轮船　商船三井　万海航运　太平船务　川崎汽船　中海集运　伊朗航运　伟大联盟　以星轮船　智利南美　阿联酋航运　法国达飞　中远集运
	环线航线	1	中海集运
	红海东非	3	太平船务
	西非南非	7	法国达飞　法国达贸
	澳新	6	中海集运　法国达飞　东方海外　赫伯罗特　烟台海运　美总轮船　太平船务　现代商船　中远集运
	印度	7	万海航运　宏海箱运　新加坡海运　中远集运　阳明海运　萨姆达拉　长荣海运　现代商船　兴亚海运
近洋航线	日本	12	宁波远洋　山东海丰　中海集运　中远集运　天海海运　烟台海运　神远汽船
	中国台湾	6	中远集运　万海航运　东方海外　中外运
	东南亚	9	东南亚海运　长锦商船　兴亚海运　山东海丰　正利航业　以星轮船　地中海航运　中海集运
	韩国	15	高丽海运　京汉海运　宁波远洋　南星海运　中海集运　泛洲海运　天敬海运　子江
	中国香港	1	长荣海运
	俄罗斯	4	迈捷箱运　东南亚海运　俄罗斯远东

内贸集装箱运输从 1998 年 4 月份起步，主要分布在北仑国际集装箱有限公司、北仑第二集装箱有限公司和大榭港区的 3 个码头作业，经过十几年的发展，内贸集装箱运输业取得了巨大的成就，至 2008 年，已与国内 10 多个内河港口开展了集装箱装卸业务。是年内贸集装箱吞吐量约 66 万标准箱，从事内贸集装箱运输的航运企业 8 家。开辟的内贸航线有 13 条，每月 91 班次左右，分别由中远、中海、洋浦中良、宁波港通船务、扬子江等船公司承运，直达港口有上海、天津、太仓、厦门、泉州、汕头、青岛、营口、黄埔、京唐共 10 个港口。

二、大宗货物物流(煤炭、矿砂、石油)

港口是物流集疏的重要节点,在北仑港区靠泊的大宗货物运输船种,主要有原油船、液化气船、成品油船、矿砂船、煤船、化工品船和其他散杂货船。在优化集疏运系统、强化货运枢纽功能后,实现大宗货物海进江中转、海铁联运运输,随之吞吐量水涨船高,发展迅速。大宗进出港货物最多的是铁矿、成品油,其次为原油,再次是煤炭等。

大宗货物主要国际航线通航国家,原油有沙特、阿曼、伊朗、安哥拉、刚果、也门等。铁矿石有澳大利亚、巴西、智利、南非等。煤炭有澳大利亚、俄罗斯等。粮食、化肥有美国、加拿大等。

1987—2006 年,北仑港区累计货物吞吐量 121,140.2 万吨(见表 8-3-4),年均增长 16.9%。2006 年比 1987 年净增吞吐量 19,495.24 万吨,增长 18.4 倍。2008 年,北仑港区货物吞吐量 2.34 亿吨。2009 年,货物吞吐量达到 3.6 亿吨,居大陆第 2 位、全球第 4 位。

北仑矿石中转码头是国内最大的矿石中转基地,20 万吨级卸矿泊位可兼靠 30 万吨船舶,码头年接卸能力 3000 万吨,吞吐能力超过 7000 万吨,2009 年矿石吞吐量达到 7558 万吨;拥有 5 万吨级煤炭码头和 2 万吨级杂货码头,是年煤炭吞吐量达到 4789 万吨。北仑算山镇海炼化原油码头拥有 30 万吨级原油码头 1 座,25 万吨级原油码头 3 座,是年原油和成品油吞吐量达到 6079 万吨,为全国最大的原油中转港口;拥有 5 万吨级、万吨级及 3000 吨级液体化工泊位 7 座,是国内最大的液体化工产品中转基地,是年液化化工吞吐量达到 993 万吨。2010 年始建北仑煤炭物流园,选址白峰镇光明村,占地面积 30 公顷,作为煤炭等散货和外杂货的装卸、堆放及搬运场地。

1987—2006 年北仑港区历年货物吞吐量情况一览 表 8-3-4

(单位:万吨)

年份	总计	内贸			外贸		
		合计	进港	出港	合计	进口	出口
1987	1057.3	675.1	199	476.1	382.2	381.1	1.1
1988	1059.8	703.4	227.9	475.5	356.2	354.6	1.6
1989	1122.6	788.6	302.8	485.8	334	333.6	0.4
1990	1381.2	889.2	323.5	565.7	492	477.2	14.8
1991	1621.2	959.8	258.6	701.2	661.4	641.5	19.9
1992	2250.2	1263.4	343.8	919.6	986.8	945.5	41.3
1993	2763.3	1540.8	320.2	1220.6	1222.5	1189.1	33.4
1994	3596.3	1885.7	206.8	1678.9	1710.6	1656	54.6
1995	4106.8	2080	295.7	1784.3	2026.8	1942	84.8
1996	4246.5	2289.2	395.4	1893.8	1957.3	1856.7	100.6
1997	4500.4	2262	304.7	1957.3	2238.4	2104.8	133.6

续上表

年份	总计	内贸			外贸		
		合计	进港	出港	合计	进口	出口
1998	4967.9	2418.4	241.2	2177.2	2549.5	2382.6	166.9
1999	5125.4	2497.9	311.6	2186.3	2627.5	2382.3	245.2
2000	6816.8	2619.4	389.9	2229.5	4197.4	3711.2	486.2
2001	6175.2	2803.4	269.4	2534	3371.8	2847	524.8
2002	6389.7	2556	321.4	2234.6	3833.7	3061.6	772.1
2003	7811.7	2795.7	386	2409.7	5016.1	3786.3	1229.8
2004	16,596.57	6623.68	1588.35	5035.33	9972.89	8233.49	1739.4
205	17,519.99	6729.98	1811.71	4918.27	10790.01	9132.06	1657.95
2006	18,193.02	7243.2	1966.4	5276.8	10949.82	9333.93	1615.89

说明:1.统计范围为宁波港集团在北仑港区所属码头和镇海炼化码头(北仑算山)、北仑发电厂码头。

2.北仑港区 2007—2010 年无单列数据。

第四节　商贸物流与快递

现代物流的供应链围绕商贸核心企业,通过对信息流、资金流和物流的控制,将产品生产和流通中涉及的供应商、生产商、分销商、零售商以及与最终消费者连成一体的功能网络结构模式,以达到降低成本、提高商贸经济效益和竞争力的目的。

一、商贸物流

商贸物流配送中心是物流领域中社会分工、专业分工进一步细化后产生的以组织配送性销售或供应,执行实物配送为主要职能的流通型物流节点。配送中心是从供应者手中接受多种大量货物,进行倒装、分类、保管、流通加工和信息处理等作业,然后按照众多需要者的订货要求备齐货物,以高水平实现销售和供应的现代流通设施。

北仑区大型商贸企业有加贝、大润发、家乐福和三江购物等商贸公司企业,其中加贝公司为北仑本地企业。后 3 家为引进企业,配送中心都在本区以外。1996 年 2 月成立宁波加贝购物俱乐部,2008 年 3 月成立宁波加贝物流股份有限公司,至 2009 年已发展成为拥有 13 家(见表 8-4-1),1 万—1.5 万平方米大型购物广场、130 余家综合超市、130 余家便利店、2 家百货商场的规模。总经营面积 20 万平方米,员工人数 6000 多人,2009 年总销售额达到 30.5 亿元。2006 年获"浙江省重点物流企业"荣誉称号。为适应大型商贸经营要求,2008 年 9 月,在北仑大碶庐山中路 1 号建成总部配送中心,总建筑面积 33,065 平方米,总投资 8000 万元,分为营运办公大楼、主体配送仓库两大块,并拥有配送车辆 30 辆,集商品包装、仓储、分类、保管、流通、加工和信息处理为一体的综合性现代化配送中心,以销售经营为目的,以配送为手段,成为商贸经营的供货枢纽。

1998—2010 年北仑区商贸物流企业一览 表 8-4-1

序号	企业名称	经营地址	成立日期
1	宁波金光粮油仓储有限公司	宁波开发区黄河北路 1 号	1998.1.8
2	宁波雅戈尔国际贸易运输有限公司	宁波开发区太平洋花园广场	2000.3.1
3	宁波天平物流有限公司	北仑区新碶街道算山村	2005.1.24
4	宁波加贝物流股份有限公司	北仑区庐山中路 1 号	2008.3.17
5	宁波海天物流有限公司	北仑区梅山盐场 1 号办公楼 302 室	2008.8.6
6	宁波北仑润发物流有限公司	北仑珠江路 438 号 2 区 B10-19 号	2009.12.26
7	宁波宏腾金属制品有限公司	北仑区梅山盐场 1 号办公楼 3 号 159 室	2010.2.4
8	宁波北仑古元电子有限公司	北仑小港联合区域巴黎大厦 A 座 304 座	2010.2.23
9	宁波市北仑德翔机电设备有限公司	北仑区新碶街道中河路 202 号	2010.3.4
10	宁波市海曙希尔福医疗器械有限公司北仑分公司	北仑区柴桥街道老街北路 8-8 号 1 楼	2010.5.4
11	宁波海旺达物流有限公司	北仑区霞浦街道霞浦路 5 号 102 室	2010.5.19
12	宁波陆港运输服务有限公司	北仑区新碶街道明州西路 611 号	2010.8.2
13	宁波泰欣国际物流有限公司	北仑区霞浦街道霞浦路 5 号 212 室	2010.8.10

第二类是多见于制造企业的销售配送系统,用以降低流通费用、提高售后服务及时地将各类元器件送到规定的加工和装配工位。另一方面将工业制成品配送到各销售网点,如宁波天平、海天、雅戈尔、金光粮油等企业,推行工业物流和商业物流“双轨并行”的现代物流模式。至 2010 年,境内有各类商贸企业 13 家。

二、快递物流

快递又称快件,即快递公司与承运单位陆路、水路、航空企业合作,在寄件人与收件人运送除信函之外的公函、商业信函、小件包裹或急需物品。其通常是从门到门乃至桌到桌的限时服务。现代运输方式为铁路、公路、航空、水路等多种运输形式;国际快递主要采用航空运输方式,称为航空快递。快递以收文件和小包裹为主,一般不接受大宗货物。

北仑区专业化经营快递,始于 2003—2004 年,中国联通与中国移动公司成立快递服务部,面向社会开展服务,2006 年后迅速发展,至 2010 年,境内共有各类快递企业 21 家(见表 8-4-2)。

北仑区快递企业一览 表 8-4-2

序号	企业名称	经营地址	成立日期
1	宁波市北仑联通飞扬快递有限公司	北仑区新碶街道恒山西路 437 号	2003.10.22
2	宁波市北仑联通速递有限公司	北仑区小港小浃江中路 211 号 35 幢 211 号	2003.10.22
3	中国移动通信集团浙江有限公司北仑柴桥营业厅	北仑区柴桥街道白云北路 9-15 号	2004.5.18
4	宁波市北仑区新碶韵达快递服务部	北仑区新碶街道昆仑山路 574 号	2004.5.20
5	宁波市北仑晟涛快件联运有限公司	北仑区货运市场南 1-3	2005.4.15

续上表

序号	企业名称	经营地址	成立日期
6	宁波经济技术开发区运捷货运有限公司	宁波开发区新碶街道凤洋一路	2006.1.5
7	宁波市北仑区新碶中通速递服务部	北仑区新碶街道板桥跟128号	2006.6.7
8	宁波市北仑区柴桥韵达速递服务部	北仑区柴桥街道环镇北路500号	2007.2.28
9	宁波顺丰速运有限公司北仑柴桥经营部	北仑区柴桥街道沃家后井跟路32-5号	2008.1.28
10	宁波经济技术开发区佳音快递有限公司	北仑区新碶街道横浦村康家山39号	2008.10.24
11	宁波市北仑一明快递有限公司	北仑区小港街道江南东路1幢480号	2009.3.31
12	宁波市北仑军通速递有限公司	北仑区新碶街道凤洋二路816-2	2009.9.9
13	宁波市北仑区火木快递有限公司	北仑区大碶街道甬江南路383、385、387号	2009.9.25
14	浙江省邮政速递物流有限公司北仑分公司	北仑区新碶街道镇小路1号4幢1号	2009.12.28
15	宁波市北仑速达物流有限公司	北仑区新碶街道昆仑山路60号	2010.7.22
16	宁波市北仑区优速物流有限公司	北仑区新碶街道闽江路10幢368-370号	2010.8.6
17	宁波顺丰速运有限公司北仑经营部	北仑区大碶街道学苑路170号	2010.7.21
18	宁波裕祜汇通货运有限公司	北仑区新碶街道新大路90号408-5	2010.3.31
19	宁波市北仑区鑫速物流有限公司	北仑区大碶街道宁穿路88号四楼414室	2010.8.12
20	宁汉顺丰速运有限公司北仑庐山经营部	北仑区大碶街道钱塘江中路567-571号	2010.8.19
21	宁波市北仑区火木快递服务有限公司柴桥分公司	北仑区柴桥街道沃家村万景山路南面A幢6-7号	2010.8.30

包件是邮政专递经营业务，分普通包件、快递包件、航空包裹、保价包裹和商品包裹。1986年，全区经营包件5.87万件，业务收入20.35万元；1990年包件5.69万件，业务收入36.55万元；2000年包件6.24万件，业务收入95.49万元；2003年，区邮政局从传统的邮政包件向现代物流转型升级，快递公司实行专业化经营，当年完成业务收入394.22万元；2006年扩大快递业务市场规模，业务收入快速增长到701.98万元；至2010年，邮政兼营快递服务企业共26家（见表8-4-3），快递业务总收入突破1000万元。

北仑区邮政兼营快递业务企业一览 表8-4-3

序号	企业名称	经营地址	成立日期
1	北仑区邮政局白峰邮政支局	北仑区白峰镇府路	2000.2.29
2	北仑区邮政局新桥邮政所	北仑区柴桥街道新桥南路	2000.2.29
3	北仑区邮政局柴桥邮政支局	北仑区柴桥街道环镇北路	2000.2.29
4	北仑区邮政局衙前邮政所	北仑区小港街道衙前村	2000.2.29
5	北仑区邮政局后所邮政所	北仑区柴桥街道后所	2000.2.29
6	北仑区邮政局郭巨邮政支局	北仑区郭巨校场路	2000.2.29
7	北仑区邮政局红联邮政支局	北仑区红联渡口路	2000.2.29
8	北仑区邮政局	北仑区新碶街道镇小路3号	2000.2.29
9	北仑区邮政局江南邮政支局	北仑区小港街道朱田村	2000.2.29

续上表

序号	企业名称	经营地址	成立日期
10	北仑区邮政局小港邮政支局	北仑区小港街道东海路	2000.2.29
11	北仑区邮政局华山路邮政所	北仑区新碶街道华山路273号	2000.2.29
12	北仑区邮政局霞浦邮政支局	北仑区霞浦街道霞浦路197号	2000.2.29
13	北仑区邮政局宁波职业技术学院邮政代办所	北仑区新碶街道千丈村	2000.2.29
14	北仑区邮政局大碶邮政支局	北仑区大碶街道宁穿路	2000.2.29
15	北仑区邮政局牡丹邮政所	北仑区新碶街道高凤路451号	2002.5.20
16	北仑区邮政局邬隘邮政支局	北仑区大碶街道邬隘村	2005.8.3
17	北仑区邮政局上阳邮政所	北仑区白峰镇上阳夹塘	2005.8.3
18	北仑区邮政局梅山邮政支局	北仑区梅山里岙村	2005.8.3
19	北仑区邮政局清水邮政所	北仑区大碶街道清水村	2005.8.3
20	北仑区邮政局高塘邮政所	北仑区新碶街道高塘村	2005.8.3
21	北仑区邮政局新碶邮政支局	北仑区新碶街道明州路11号	2006.6.21
22	北仑区邮政局算山邮政所	北仑区新碶街道算山码头	2006.8.25
23	北仑区邮政局湖塘邮政所	北仑区大碶街道湖塘菜场20-21号	2008.9.4
24	北仑区邮政局春晓邮政支局	北仑区春晓三山村下宅甲152号	2009.8.7
25	北仑区邮政局大碶人民路邮政所	北仑区大碶街道人民南路灵峰公寓1-2幢	2009.8.7
26	北仑区邮政局下邵邮政所	北仑区小港街道五盟村	2009.11.9

第九章 交通管理

第一节 行政管理

交通管理是交通行政机关及其所属事业机构行使的政府行政管理职能。其内容主要包括交通运输、路政、运政、航政、运输运价、规费稽征、安全生产、车辆维修、工程建设、计划财务等方面的管理。

交通行政,宋、元以来均由知县直接过问。唯水运方面另置船官专司船政。对于民间道路、桥梁、凉亭,一般由知县或当地乡绅牵头,在社会上募捐集资修筑。民国十六年(1927),县府内成立建设科,负责管理农田水利和交通工程的建设。同年11月,浙江省在宁波置第三区船舶事务管理所,镇海设第三区第二分所,专管航运船舶。

北仑区交通局

北仑区交通局是区人民政府主管交通行业的职能部门。担负全区交通规划、建设、管理和公路、水路运输管理、交通规费管理,培育和管理交通运输市场等任务。基本职能是:贯彻执行交通工作方针、政策、法令、法规;承担公路、水路、港口的规划建设,公路、水路运输市场的培育管理;公路、港航规费稽征;水上交通运输安全监督管理;交通行业技术培训管理;交通法制建设,交通企业及客货运输生产管理和交通行业精神文明建设。

区交通局下设区区公路管理段、区公路运输管理所、区港航管理处、区交通工程管理处。

1.区交通局机构沿革和设置情况

1949年6月,镇海县人民政府成立。县府设实业科兼管交通。1953年4月,交通从实业科析出,成立交通建设科。1954年9月,交通建设科并入农林科。1955年1月,复置交通建设科。1958年6月,交通建设科与工业手工业科合并,成立工业交通局。同年9月,镇海县并入宁波市,交通归宁波市郊委工交部管理,是年底,郊委撤销,管理体制变化,交通分为建设与运输2部分,建设部分归市建设局,运输部分归市交通管理局。1963年1月,恢复镇海县建制,重置县工业交通局。1969年3月,工业交通工作改由县革命委员会生产指挥组工业交通办公室管理,工业交通局无形中撤销。1970年7月,复置工业交通局。

1972 年 2 月，交通与工业分离，单独成立交通局。设交通建设、运输管理、企业管理、人事秘书 4 个股；在骆驼、柴桥（1975 年设）、大碶（1978 年设）、郭巨（1984 年设）4 区设交通管理站（1985 年划给镇海县交通监理所）。1985 年 9 月，镇海县建制撤销，改置为镇海、滨海 2 个市辖区，2 区各设交通局。

1985 年 10 月，成立滨海区交通局，11 月份起，正式在原镇海县交通局大楼 3 楼办公。1987 年 1 月，迁址小港红联，同年 5 月，又迁址江南前进（原北仑交警大队）；7 月，更名为北仑区交通局。1988 年 1 月 8 日，迁址新碶，借用保险公司 3 楼办公。1990 年 3 月 31 日，再迁移外洋路交通局宿舍办公。1991 年，交通局办公大楼落成启用。地址在中河路 16 号，占地面积 5682.25 平方米，建筑面积 6349.55 平方米，其中，办公楼 2605.33 平方米。

1991 年 11 月 13 日，根据区编委〔1991〕57 号文，交通局撤销人事秘书股、交通建设股和综合管理股，改设人事秘书科、运输管理科、交通建设科和计划财务科。2002 年 1 月 23 日，根据市委甬党〔2001〕28 号文，组建北仑区交通与建设局兼挂人民防空办公室牌子，不再保留建设管理局与交通局。启用“宁波市北仑区交通与建设局”印章。根据《宁波市北仑区交通与建设局职能配置内设机构和人员规定》（仑政办〔2002〕45 号），设 3 个职能科室：办公室（挂人防办、交通战备办、法制科牌子）、建设管理科、运输管理科（挂渡口办、道口办牌子）。局辖属事业单位为北仑区公路运输管理所、北仑区航运管理所、北仑区公路管理段、北仑区交通工程建设管理处、北仑区/开发区房地产管理处、北仑区建筑工程质量监督站、北仑建筑安装工程管理处和北仑区白蚁防治站。局辖属企业为北仑汽车运输有限公司（原为北仑汽车运输总公司）、北仑公路运输有限公司（原为北仑区第一运输总公司）和北仑宏海运输有限公司。

2002 年 12 月 18 日，根据市委甬党〔2002〕13 号文，撤销交通与建设局，恢复交通局，又根据仑政〔2003〕17 号文，局设 3 个科室：办公室（挂法制科牌子）、交通建设科、运输管理科（挂渡口办、道口办、交通战备办牌子）；2010 年，局辖属事业单位 4 个：北仑区公路运输管理所、北仑区港航管理处、北仑区公路管理段、北仑区交通工程建设管理处。局直属企业 3 个：北仑汽车运输有限公司、北仑公路运输有限公司、北仑宏海汽车运输有限公司。

2005 年 9 月 7 日，交通局整体迁入区行政中心办公。

2.北仑区交通工程建设管理处

1986 年 1 月，成立北仑区交通工程建设管理处、北仑区交通工程建设勘测设计室，两块牌子一套班子。交通局直属全民事业单位。同年，设交通工程技术咨询服务所；1994 年 10 月 21 日，设交通工程质量监督站，隶属管理处领导。1997 年咨询服务所、质量监督站撤销。2005 年 9 月起，管理处随交通局机关同迁区行政中心办公。

管理处主要职责是贯彻国家和上级交通主管部门有关交通基础设施建设的方针、

政策和法规。负责全区交通工程的招标、实施管理、质量监督、试验检测和公路、桥梁的勘测设计工作。参与全区交通工程的竣工验收、决算工作。

管理处下设工程建设管理组、工程质量监理组、工程勘测设计组和综合办公组。

管理处定编10人,工程技术人员7人,其中工程师5人,助理工程师2人。

北仑区交通局及科室历任负责人见表9-1-1,表9-1-2。主要设备有全站仪、经纬仪、水准仪等。

北仑区交通局历任负责人 表9-1-1

局　长	副局长	任　　期
	夏仕钧 （主持工作） 高新勇	1985.11—1987.6
夏仕钧	高新勇	1987.7—1988.1
夏仕钧	高新勇 沈国祥	1988.2—1990.2
王世华	高新勇 沈国祥	1990.2—1990.4
王世华	高新勇 沈国祥 顾明亮	1990.5—1991.4
高新勇	徐亚法 沈国祥	1991.5—1993.12
徐亚法	沈国祥	1994.1—1994.12
徐亚法	沈国祥 胡明军	1995.1—1996.9
李如军	沈国祥 胡明军	1996.10—1997.10
李如军	胡明军	1997.11—1998.10
李如军	胡明军 周锡荣	1998.11—1999.12
李如军	周锡荣 张丁山	2000.1—2001.12
李如军	张丁山 倪柏新	2002.1—2002.4
李如军	张丁山 倪柏新 张建平	2002.5—2002.11
李如军	叶伟良 张建平	2002.12—2003.6
李如军	叶伟良 赵　宇	2003.7—2005.12
	叶伟良 （主持工作） 赵　宇	2006.1—2007.5
叶伟良	赵　宇 刘　勤 张永广	2007.5—2009.6
叶伟良	刘　勤 张永广 杨再达	2009.6—2010.2
叶伟良	刘　勤 杨再达	2010.2—2010.12

北仑区交通局历任科室负责人名录 表 9-1-2

科别	姓名	职务	任期
人事秘书科	贺藻堂	股长	1985.11—1987.9
	董明智	副科长	1987.11—1995.4
	胡明军	科长	1993.1—1995.4
	董明智	科长	1995.4—1998.10
	叶松林	副科长	1997.10—1998.10
	胡修君	科长	1998.10—2002.7
	郭立平	副科长	1999.2—2000.11
交通建设科	郑旭	股长	1985.11—1991.12
	罗君鹏	副股长	1985.11—1991.12
	罗君鹏	科长	1991.12—1997.10
	张建平	副科长	1994.2—1997.10
	张建平	科长	1997.10—2002.7
计划财务科	王文林	副科长	1991.12—1995.4
	王文林	科长	1995.4—1999.2
	贾亚君	副科长	1998.1—1999.2
	贾亚君	科长	1999.2—2006.5
	乐加善	科长	2006.5—2010.12
运输管理科	何胜忠	副科长	1991.12—1995.11
	马驰洲	副科长	1995.11—1997.10
	贺培海	副科长	1997.10—1999.2
	贺培海	科长	1999.2—2000.11
	郭立平	科长	2000.11—2001.11
	胡修君	科长	2002.7—2010.12
	林艳军	副科长	2006.6—2008.2
局办公室	张贤勇	主任	2002.6—2007.10
	贾亚君	副主任	2002.7—2003.8
	邱益君	主任	2007.10—2010.12
	徐艳	副主任	2010.6—2010.12
交通工程管理处	郑旭(兼)	主任	1986.1—1991.12
	罗君鹏(兼)	副主任	1986.1—1991.12
	罗君鹏(兼)	主任	1991.12—1994.2
	高建群	副主任	1991.12—1994.2
	韩亚春	副主任	1994.2—1995.3

续上表

科　别	姓　名	职　务	任　期
交通工程管理处	张晓阳	副主任	1994.2—1998.1
	韩亚春	主任	1995.3—1999.10
	张和平	副主任	1998.1—1999.10
	张和平	主任	1999.10—2005.12
	孟金水	副主任	1999.2—2006.6
	孟金水	主任	2006.6—2010.12
房管处	张祥安	处长	2002.6—2003.2
	干振尧	副处长	2002.6—2003.2
	张毅	副处长	2002.6—2003.2
	乐斌祥	副处长	2002.6—2003.2
建管处	吴展	处长	2002.6—2003.2
	孙明义	副处长	2002.6—2003.2
质监站	郑建华	站长	2002.6—2003.2
	邱卓敏	副站长	2002.6—2003.2
白蚁站	李良军	站长	2002.6—2003.2
	贺江东	副站长	2002.6—2003.2
招标办	吴展	主任	2002.6—2003.2

3.北仑区港航管理所

解放初,水陆运输受霸头垄断,强运强搬,运输市场混乱,运价不统一;1953年,镇海县建设科成立,实行“三统政策”(即统一计划、统一运价、统一调度),航管站未建之前,设代管站,委托当地供销社配备人员进行管理。

1955年7月,成立镇海县航运管理站。1958年,并入镇海县运输公司。1963年2月重置,称浙江省交通厅航运管理局镇海管理所。1965年4月,改称宁镇奉航运管理所镇海中心工作组。1966年1月,复名镇海县航运管理站;1972年撤销,人员与镇海联运指挥组合署。同年,成立镇海县交通管理站,兼管航政。1975年5月,恢复航运管理站建制。

1985年10月,撤县设区,成立滨海区航运管理所。1987年7月,更名为北仑区航运管理所。2007年11月,与北仑区港务管理所统一更名为北仑区港航管理处,挂北仑区航道管理处牌子,保留北仑区船舶检验站牌子。

北仑港航管理处属全民所有制事业单位,受北仑区交通局地方行政领导和宁波市航管处业务领导。

所部设行政股,负责全所行政办公事务;稽财股,负责辖区水运规费稽征和财务工作;运管股,负责辖区水运企业准入、监督、管理工作;航道船检股,负责辖区港口航道建设、养护、管理辖区船舶的检验、签证工作。

所下设:北仑区港航稽查大队,负责辖区港航检查和行政执法工作;穿山港航管理站，负责辖区内运政、航政工作的具体实施；白峰港航管站，负责辖区内运政、航政工作的具体实施；郭巨港航管理站，负责辖区内运政、航政工作的具体实施。稽查大队和3个航管站合署办公，地址北仑区柴桥街道穿山村；占地面积1843平方米，办公楼243平方米。

2004年4月1日起，正式启用“宁波市北仑区交通局货运船舶进出港验证专用章”（共3枚），由北仑区港航管理处具体使用管理；“验证专用章（1）”由港航管理处使用；“验证专用章（2）”由港航稽查大队使用；“验证专用章（3）”由新碶港航管理检查站使用。

处址原在小港街道红联小道头，1998年，迁至红联振兴东路179号。占地面积1933平方米，办公楼1869平方米。

有运政艇（浙港航0801号）1艘，运政艇专用浮码头1个。

北仑区港航管理处及航运管理所港监历任负责人见表9-1-3，表9-1-4。

北仑区港航管理处历任负责人名录　　表9-1-3

所　长	副所长	任　期	所　长	副所长 （处长）	任　期
	王云来	1985.12—1987.6	陈灵明	贺定良	2001.10—2002.10
王云来		1987.6—1989.4	陈灵明		2002.10—2003.3
王云来	邬忠耀	1989.4—1997.4	陈灵明	虞哲华	2003.3—2004.3
王云来	邬忠耀 陈灵明	1997.4—1998.1	陈灵明	刘岳祥	2004.3—2006.1
王云来	陈灵明 贺定良	1998.1—1998.8	陈灵明	刘岳祥 汤显良	2006.1—2008.12
	陈灵明 贺定良	1998.8—1998.8	王　瑾	刘岳祥 汤显良	2008.12—2009.1
陈灵明	贺定良	1998.8—2000.10	王　瑾	刘岳祥 汤显良 胡锋奇	2009.1—2010.12
陈灵明	贺定良 张曙光	2000.10—2001.9			

航运管理所港航监管负责人名录　　表9-1-4

姓　名	职　务	任　期
王云来	北仑区港航监督长	1990.12—2006.12
虞哲华	北仑区港航稽查大队大队长	2003.4—2004.1
刘岳祥	北仑区港航稽查大队大队长	2004.10—2006.12
顾国祥	穿山航管站站长	1991.8—2006.12
刘岳祥	郭巨航管站站长	1991.8—2006.12
何国强	白峰航管站站长	1998.12—2006.12
虞先行	白峰航管站副站长	1998.12—2006.12

4.北仑区公路运输管理所

初称镇海县交通管理站，水陆兼管，成立于1972年1月。1975年5月，水运划归航管站。1979年1月,改名镇海县车辆监理站。1984年12月,升格为镇海县交通监理所。交通监理所是管理、监督全县公路交通的专门机构,受县交通局与宁波市交通监理处双重领导。设车辆监理、路政管理、运输管理、行政计财4股,下有6个派出机构:骆驼区交通管理站、湾塘区交通管理站、长山区交通管理站、大碶区交通管理站、柴桥区交通管理站、郭巨区交通管理站。

1985年,撤县设区,成立滨海区交通监理所,1987年7月,更名为北仑区交通监理所。根据监、管分离精神,同年10月,成立北仑区公路运输管理所。1988年6月,成立北仑区公路稽征所。1993年,成立北仑区车辆购置附加费征收管理办公室。实行三块牌子一套班子。行政、党组织为区交通局管辖,业务上接受宁波市公路运输管理、稽征处指导。区公路运输管理所统一贯彻各项公路交通管理法规,对所辖区域的公路旅客和货物运输实施行政执法管理。

1991年5月20日,机构调整,设5站3股1队:大碶交管站、柴桥交管站、白峰交管站、新碶交管站、小港交管站,运管股、稽征股、财务股和路检队。1996年9月,增设车购股。1997年6月,增设汽车维修股。1998年下半年,改财务股为行政财务股。2001年2月28日,组建区运管稽征稽查大队,下设(一中队、二中队)2个中队。稽查大队和新碶交管站,实行两块牌子一套班子。2002年8月,运管股和汽车维修股合并为运维股。2003年3月,又增设稽征三中队,并组建96520运政投诉中心和违章处理室。2004年10月,汽车维修股与运维股分离,组建维修与安全股;车购股、稽征股合为稽征车购股。2005年1月起,车购征税纳入区地税,撤销车购股恢复稽征股。2007年5月,撤销行政财务股和维修安全股,新设办公室、维修股和安全法规股,原5个交通管理站更名为道路运输管理稽征站(稽查中队)。2009年7月,撤销运管股,新设货运驾培股、客运股。2010年12月,新设综合服务中心,承办原各业务股室的行政许可及非行政许可业务;白峰与柴桥交管站合署办公,办公地与人员撤并至白峰站内;新碶交管站与大碶交管站合署办公,办公地与人员撤并至稽查大队内;保留办公室、安全法规股、客运股、货运驾培股、维修股、小港运管站。

管理所地址:北仑恒山路78号,占地面积5189平方米,建筑面积4192.32平方米。2010年在编人员36人。

北仑区公路运输管理所及下属单位历任负责人见表9-1-5—表9-1-7。

北仑区公路运输管理所历任负责人名录　　表9-1-5

所长	副所长	任期	所长	副所长	任期
徐亚法	龚忠良	1985.12—1986.10	张永广	顾雨康	1999.8—2001.2
	贺定良	1986.12—1988.3	张永广	虞哲华	2001.2—2002.3
高新勇	贺定良 徐永成	1988.3—1991.5	张永广	虞哲华 王　瑾	2002.4—2002.6
徐永成		1991.5—1995.4	张永广	王　瑾	2002.6—2004.3

续上表

所　长	副所长	任　期
徐永成	陈国明	1995.4—1996.9
徐永成	张永广	1996.9—1997.4
徐永成	胡永庆	1997.4—1997.7
	胡永庆 (主持工作) 张永广	1997.7—1997.12
	张永广 邬忠耀 顾雨康	1998.1—1998.8
	张永广 顾雨康	1998.8—1999.8
	王　瑾 陈青山	2004.6—2006.1
王　瑾	陈青山 俞科龙 徐建钢	2006.1—2008.2
王　瑾	俞科龙 徐健钢 林艳军	2008.2—2008.12
	俞科龙 徐健钢 林艳军	2008.12—2009.7
徐健钢	俞科龙 林艳军	2009.7—2010.9
	张红明	2010.3—2010.9
俞科龙	林艳军 张红明	2010.9—2010.12

北仑区公管所各交管站历任站长名录　　表 9-1-6

站　名	姓　名	任　期
新　碶 交管站	胡宝裕(副)	1991.12—1994.12
	虞哲华	1994.12—1995.4
	何必义	1995.4—1996.9
	江明法	1996.9—1999.10
大　碶 交管站	顾寅均	1987.6—1996.9
	何必义	1996.9—1998.8
	袁相幸	1998.8—1999.10
	黄飞升	1999.10—2007.6
	庄贤辉	2007.6—2010.12
柴　桥 交管站	汪光华	1991.12—1994.12
	张永广	1994.12—1996.9
	王福利	1996.9—1997.6
	黄飞升	1997.6—1999.10
	陈国民	2000.3—2004.9
	何必义	2004.9—2010.12
长　山 交管站	陈国民	1991.12—1995.4
白峰柴桥 交管站	郁国均	2010.12 至今
小　港 交管站	袁相幸	1995.4—1997.6
	王　瑾	1997.6—1999.10
	俞科龙	1999.10—2001.3
	庄贤辉	2001.3—2007.6
	胡凯军	2007.6—2009.9
	姚为民(副)	2008.9—2010.12
	钱尼红	2010.12—
	叶　硕(副)	2010.12—
白　峰 交管站	江明法	1991.12—1996.9
	虞哲华	1996.9—1997.6
	汤镇伟(副)	1997.6—1998.8
	俞科龙(副)	1998.8—1999.10
	徐健钢(副)	1999.10—2001.3
	徐健钢	2001.3—2003.3
	张红明	2003.3—2007.6
	乐　峰(副) (主持日常工作)	2007.6—2008.8
	乐　峰	2008.9—2010.12

注:①新碶交管站自 1999 年 10 月 28 日起与路检队合并,实行二块牌子一套班子合署办公。2010 年 11 月,新碶、大碶两交管站合署办公。

②检查队自 1997 年 6 月 6 日起更名为路检队;自 2001 年 3 月 1 日起,路检队更名为稽查大队。

③2010 年 11 月,白峰交管站与柴桥交管站合署办公。

北仑区公管稽征所检查队、路检队、稽查队、服务中心历任负责人一览　　表 9-1-7

职务		姓名	任期	职务		姓名	任期
检查队	队长	何必义	1989.12—1995.4	稽查中队	中队长	朱光辉	2008.9—2010.12
	队长	虞哲华	1995.4—1996.9		二中队长	乐 峰	2004.9—2007.6
	副队长	郑锡忠	1996.9—1997.6		二中队长	姚为民	2007.6—2008.2
路检队	队长	袁相幸	1997.6—1998.8		二中队副队长	叶 硕	2008.2—2008.8
	队长	何必义	1998.8—1999.10		二中队长	叶 硕	2008.8—2010.12
	队长	江明法	1999.10—2001.3		三中队长	刘军辉	2004.9—2007.6
稽查大队	大队长	江明法	2001.3—2003.3		三中队长	周 寅	2007.6—2010.12
	副大队长	徐健钢	2003.3—2004.9	客运稽查中队长		周 寅	2010.12—
	副大队长	袁相幸	2004.9—2007.6	货运稽查中队长		余世丰	2010.12—
	副大队长	张红明	2007.6—2010.12	维修稽查中队长		龚哲能	2010.12—
	大队长助理	朱光辉	2010.12 至今	综合服务中心	主 任	庄贤辉	2010.12—
稽查中队	中队长	袁相幸	2004.9—2007.6		副主任	乐 峰	2010.12—
	中队长	顾旭光	2007.6—2008.2		副主任	郑 斌	2010.12—

注:朱光辉兼直属站副站长,主持全面工作。

5.北仑区公路管理段

1964 年 1 月 1 日,始设于大碶镇,时称镇海养路工区,隶属于宁波公路养护总段。1971 年,改属于镇海县工业交通局,同年 12 月,工区自大碶迁到镇海城关车站路。1973 年 2 月,改名镇海县公路管理段。县公路段担负县内国道、省道和县乡道的路桥养护、修建与绿化工作。段下设政工、生技、财务、机料 4 股和工程、机修、轧石、大炉 4 组;在所养公路沿线置有专业道班和县乡公路道班各 10 个,承养公路 227 千米,其中北仑区域内养护 160.4 千米。1983 年,段部迁到城关张鑑碶。1985 年 10 月,撤县设区,滨海区交通局成立,1986 年 1 月,成立滨海区县乡公路养护管理站,属区交通局管理。

1986 年 10 月,成立北仑区公路管理段,为区交通局下属行政管理的事业单位。人员编制、资金核拨、机械设备等由市公路局直拨和管理。段设办公室、养工股、财务股、路政大队,段下设柴桥、小港 2 个路政中队。

1991 年 11 月,县乡公路养护管理站更名北仑区县乡公路养护所,属下公路养护道班更为养护站。

1997 年 4 月,区县乡公路养护所并入区公路管理段。2004 年 5 月 1 日起,区公路管理段保留专业养护站,撤销乡级养护站,乡道养护下放至各街道、乡镇。

2010 年,段部设办公室、计划财务股、养护工程股、安全法规股、路政大队、养护中心。

公路管理段地址:北仑新大路 539 号,占地面积 3433.08 平方米,建筑面积 1560 平方米，2010 年在编人员 57 人，编外人员 65 人。固定资产 796.987 万元，其中机械类290.463 万元。

北仑区公路管理段及下属单位历任负责人见表 9-1-8—表 9-1-10。

北仑区公路管理段历任负责人名录　　表 9-1-8

段　长	副段长	任　　期
黄显坤（兼）	翁志刚	1986.1—1994.1
陈友福	翁志刚	1994.1—1997.4
陈友福	顾雨康	1997.4—1998.1
陈友福	顾百敏	1998.1—2004.1
	虞哲华（主持工作） 顾百敏	2004.1—2004.8
虞哲华	顾百敏	2004.8—2007.12
虞哲华	沃亿良	2007.12—2009.4
虞哲华	沃亿良 董建伟	2009.4—2010.1
徐健钢	沃亿良 董建伟	2010.1—2010.12

历任公路养护所、站负责人名录　　表 9-1-9

姓　　名	职　　务	任　　期
郑旭(兼)	县乡公路养护管理站站长	1986.1—1991.11
罗君鹏(兼)	县乡公路养护管理站副站长	1986.1—1987.6
顾雨康	县乡公路养护管理站副站长	1987.6—1991.12
顾雨康	县乡公路养护所所长	1991.12—1997.4
徐小良	江南站站长	1985—1997.4
冯安六	下邵站站长	1985—1997.4
陈四海	杨岙站站长	1985—1997.4
干再成	峙头站站长	1985—1997.4
俞成浩	洋涨站站长	1985—1997.4
顾言林	塔峙站站长	1985—1997.4
周建国	紫石站站长	1985—1997.4
刘祖英	昆亭站站长	1985—1997.4
王长宏	三山站站长	1985—1997.4
丁智勇	海陆站站长	1985—1997.4
王永福	白峰养护站站长	2007.10—2010.12
顾炳祥	小港养护站站长	2009.12—2010.12
夏雪康	霞浦养护站站长	2008.3—2010.12
胡建东	春晓养护站站长	2010.8—2010.12
俞丰	春晓养护站站长	2010.12 至今

历任路政大队负责人名录 表 9-1-10

姓 名	职 务	任 期
王明荣	副大队长	1990.1—1997.2
王明荣	大队长	1997.3—2006.12
沃亿良	副大队长	2003.6—2006.12
王银财	副大队长	2007.1—2010.12
顾春波	副大队长	2010.10—2010.12

第二节 行业管理

一、陆运管理

1.驾驶员管理

主要是驾驶员考试、发证和年审。

驾驶员学习期满,经考试合格,转为实习驾驶员,发给《机动车实习驾驶证》,可以单独驾车,实习期1年。实习期满,可办理申请转正手续,经审查合格,收回《机动车实习驾驶证》,改发正式驾驶证。

县交通监理所成立以前,镇海县的汽车驾驶员考试、发证与年审工作,均由地区监理处直接办理。1984年以后考试发证,由市监理处负责,县监理所负责掌握学员的政治、文化程度、体验等报考条件的审查;年审由县监理所组织实施,市监理处批准签证。2004年,驾驶员培训行业由原公安部门移交于道路运输部门管理。2006年,全区有驾驶员培训学校5家(见表9-2-1),培训车辆179辆,年培训学员9580余名。对驾驶员培训收费,实行政府指导价的基础上,可上浮20%,最低不得低于培训成本价。

2010年驾驶员培训学校一览 表 9-2-1

校 名	级 别	教练车(辆)	教练场地(平方米)	年培训数(人)
开发区华盛驾驶员培训学校	二类	26	6000	1380
北仑东风驾驶员培训学校	二类	47	10000	2350
宁波市伟业驾驶员培训学校	二类	52	11000	2600
北仑港鑫驾驶员培训学校	二类	25	5000	1500
宁波职业技术学院汽车驾驶员培训中心	二类	29	6000	1750
合计		179	38000	9580

1985年,驾驶员年度审验签证,根据1984年省交通厅所颁的《关于改革机动车驾驶员验检工作通知》,及省交通厅车辆监理处《关于机动车驾驶员违章记分、考核

及处罚的试行办法》,采取集中学习,进行职业道德、职业责任和职业纪律教育后,再视上年度审验以来发生违章、记分和大、小行车责任事故,经单位和安全片组签署意见,县交通监理所审查,造册报经地区车辆监理处核准,办理审验签证。凡违章记分满 10 分者,须复试交通规则;满 15 分者,复试交通规则及道路驾驶;满 20 分者,复试交通规则、场内及道路驾驶。由县交通监理所将这些驾驶员组织起来,进行重点教育,经复试合格后给予办理审验签证。凡违章记分满 21 分者,由县交通监理所报地区车辆监理处核准,撤销其驾驶证。

2006 年,交通部第 2 号令,颁布《机动车驾驶员培训管理规定》,当年 4 月 1 日起施行。

2.机动车监理

(1)车辆检验、发照与转籍

1972 年以后,新购车辆核发牌照和车辆转籍,须持上级主管单位分配单或计委分配单和新车发票及车辆合格证,填写机动车辆异动表,先经县车辆监理部门检验合格,签署意见,送交地区车辆监理处审核后,发给牌照和行驶证。机动车的号牌,分为正式、试车和临时 3 种,持临时号牌的车辆,须按规定的使用时间和路线行驶。1984 年又规定,对乡镇企业、个人或联户申请机动车牌证,应持有单位介绍信(个人要有村、居委员证明)、购车发票和合格证,并参加第三者责任保险及客车旅客意外伤害保险;凡购买外地(限 1980 年出厂)的机动车辆,在办理异动手续时,应有机动车档案、双方单位证明、购车发票或收据,本地区单位、个人之间机动车转让,应有双方单位证明,方可办理过户手续。车辆转让只准 3 次,第 3 次办理过户手续时,由监理部门在行驶证上加盖“不准转让”印记。

核发的车辆正式号牌与行驶证,按国家规定,纳入监理机关的技术档案管理之;凡遗失或损坏,凭单位公函及时向原发证机关申请补发。

(2)车辆年检

参加年检的车辆必须技术性能良好,设备齐全,车容整洁,号牌清楚,联结机构牢固可靠。送检车辆,经安全片组初检合格,由车辆监理部门复检(包括试车),合格者发给年检合格证。行驶证有效期为 1 年。年检合格证由省统一制发。

经 3 次检验不合格的车辆,一律办理报停手续,缴回牌、证限期整修以待补检验。补检验不合格的车辆,不得再参加当年度年检。未参加年检的车辆,一律不准行驶。2 年不参加年检,第 3 年仍不按期参加年检的车辆,缴回牌证,注销档案。

(3)拖拉机与轻便摩托车管理

1984 年 12 月以来,农村集体、个人和农村农业局所属各场、站的手扶拖拉机(包括 12 马力和 12 马力以下的变型农用运输车),由农机部门监理;大中型四轮拖拉机(包括 20 马力和 20 马力以上的变型运输车),由交管部门监理;虽在农村,但不属农业局的企事业单位或城镇的手扶拖拉机也由交管部门监理。由农机部门监理的手扶拖拉机,在公路上行驶,其驾驶证、行车证均应加盖交通部门的印章。

1982年9月起,轻便摩托车(气缸工作容积50立方米以下)必须经当地交通监理部门检验合格,核发牌号、行驶证后方准行驶。

二、路政管理

1.主要职能

公路路政管理是指为保障公路完好、安全和畅通,依法保护公路、公路用地及公路附属设施,管理公路两侧建筑控制区的行政行为。其管理职责主要包括:①许可挖掘、占用、利用公路的申请事项,制止和查处破坏、损坏或者非法占用公路的行为;②许可超限运输申请事项,制止和查处违法超限运输行为;③管理公路附属设施的设置和维护;④管理公路两侧建筑控制区;⑤管理公路施工秩序;⑥参与公路工程中涉及路政管理事项的设计审查、竣工验收;⑦实施公路路政巡查;⑧法律、法规规定的其他职责。路政管理的目的在于维护公路设施,清除各种路障,保证行车安全,其主要内容有:

禁止侵占公路路基、边坡、边沟、会车道、堆料场及两旁已划定的公路用地,并不准开渠、筑堤、挖沟、开荒,化路为田;不准埋设电杆、建造房屋、仓库、厕所、围墙等各种基础设施;禁止在公路及两侧排水沟内留地打场晒粮、搭棚设摊贸易、堆放杂物、积肥制坯;禁止填塞公路排水沟、涵洞。

监督公路两侧开山放炮的单位或个人,采取严格的安全措施,保障交通安全,并及时清理放炮废渣。

禁止动用、迁移、损坏和涂改公路标志、测桩、界碑、护栏及其他附属设施和养护材料、机具等;禁止擅自乱砍滥伐和毁坏公路行道树;禁止履带式拖拉机、推土机和铁轮车辆任意在公路上行驶;禁止公路养护部门在桥头、弯道内侧、狭路等处堆放路料。

2.历史沿革

民国时期,公路路政管理在原镇海县未专设机构,由各商营汽车公司自行管理。

中华人民共和国成立后至20世纪70年代,仍未专设路政管理机构。镇海县路政管理工作由县交通局领导和检查督促,交通监理部门负责实施,公路养护部门分工负责、协同管理。1979年1月,公路养护与路政实行分管,凡是路肩、边沟、涵洞、行道树,由公路养护部门管理;凡公路路面上障碍物及违章建筑的清理,由交通监理部门负责。

随着县乡公路建设进度加快,公路路程增加,对公路养护、管理贯彻"统一领导,分级管理"原则的推行,从1981年10月起,国、省道干线及部分县道由县公路管理段负责专业管养,其余县乡道由县乡公路管理所管理。

1983年,镇海县始设公路派出所,1985年9月,撤县划区,1987年更名为北仑区公路派出所,专管路政。1989年,成立北仑区公路路政队,路政人员3人,配置面包车、摩托车各1辆。1992年11月,新增路政人员3人,主要进行公路巡查、建筑控区管理及检查集装箱码头。1995年,新大路539号办公楼落成,路政队搬至新大路539号办公。1996年,路政队更名北仑路政大队,新增路政人员2名,管理公路的路产权和公路线控制区事物;下设柴桥和小港2个路政中队,办公地址分别设在穿山养护站和青峙养护站内。1998年,又新增1名路政队员,并增设机动中队。1999年,机动中队与小港路政中队合并。随着公路建设速度加快,公路管理里程的增加,2005年,又新增1名路政队员,并开始招聘路政协管员。2010年10月,增设大桥中队(负责招宝山大桥)。2010年,区路政大队设4个路政中队,1个综合室。正式在编人员12名,路政协管员(编外合同工)31名。

1998年1月1日颁布的《中华人民共和国公路法》《浙江省公路路政管理条例》等规定,北仑区路政管理大队的任务是负责区境内329国道,79省道和县道公路的路政管理,并协助做好乡道和村道的路政管理工作。

2010年,区公路路政管理大队担负境内国道28.745千米、省道22.775千米、县道179.343千米、乡道42.696千米、专用道28.605千米和村道319.322千米的路政管理,管理公路总里程621.486千米。

3.路政管理的日常工作

自1992年至2010年底止,北仑区域内共查处交通违章案件10,990件,拆除违章建筑14,482平方米,清理堆积物58,347平方米,拆除非公路标牌6412块,整治马路市场999个,缴纳赔(补)偿费899.60万元,行政处理案件7757件,行政许可案件685件。

三、安全管理

交通部门作为道路运输行业主管部门,在道路运输安全生产管理方面的主要任务是“三关一监督”:

(1)严把运输经营者市场准入关

主要是完善道路运输市场准入制度,严把市场准入关。在进行经营资质等级评定工作中,要严格资质条件,把运输经营的安全生产条件作为市场准入和确定经营范围的重要依据。

(2)严把营运车辆技术状况关

主要是严格执行车辆技术等级评定制度,加强营运车辆定期维护和综合性能检测,确保车辆技术状况良好,减少因车辆机械故障原因造成的事故。

(3)严把营运驾驶员从业资格关

主要是严格实行营运驾驶员从业资格制度,在公安部门对驾驶员操作技术考试合格的基础上,进一步加强对营运驾驶员进行职业道德、安全意识教育和运输法规、业务等知识的培训、考核,确保营运驾驶员素质能够适应职业要求。

(4)搞好汽车客运站安全监督

主要是督促汽车客运站建立健全各项安全管理制度,严格履行安全管理职责,严禁旅客携带易燃、易爆等危险品进站、上车,防止超员车辆出站。

民国时期,公路交通安全管理主要由各商营汽车公司自行管理。民国十七年至二十二年(1928—1933),省公路局颁布《浙江省管理交通暂行规则》和《浙江省管理汽车暂行章程》,汽车违章和事故处理由省公路局办理。1950年3月,中央人民政府颁布《汽车管理暂行办法》,交通部制订具体实施细则。1960年,交通部颁布《汽车管理暂行办法》和《公路交通规则》。1963年、1964年,交通部颁发《汽车驾驶员考试暂行规定》和《汽车安全生产工作试用条例》,对加强交通安全进一步作了具体规定。1973年3月,省交通邮电局颁发《浙江省机动车驾驶员安全千米管理办法》,拥有车辆单位开始建立驾驶员安全千米制度,作为年度审验和安全生产评比主要内容之一。

1987年浙江省试行省、市(地)、县(市)三级交通主管部门安全检查制度,原则上安排在每年的1月和7月开展三级安全生产大检查。1988年3月9日,国务院发布《中华人民共和国道路交通管理条例》;4月28日,交通部印发《关于加强公路运输企业安全工作的意见》,规定安全教育的主要内容、教育形式、规章制度,提出原则上每年开展2次安全大检查的要求。全区交通系统按照这些要求,逐步建立了各类人员的岗位责任制、安全责任制和行车安全、驾驶员年审、车辆技术检验、定期安全检查、安全例会、安全千米考核、通报等一系列安全管理制度,并通过安全日,办安全专栏,图片展览,安全常识讲座,安全知识竞赛,组织观看录像,去学校宣讲和流动车进村、镇(乡)、企业等宣传多种形式,坚持开展安全教育活动。

1987年9月起,按照国务院文件要求,全区道路安全管理、交通事故处理主体由交通部门转为公安部门,日常工作由区交警大队处理。此后,交通部门由全行业安全管理,转为对下属企业的安全生产管理。

1998年,宁波市人民政府令第70号颁布《宁波市道路交通管理处罚规定》,是年10月1日起实施。因2004年5月1日起实施《中华人民共和国道路交通安全法》及《中华人民共和国道路交通安全法实施条例》(中华人民共和国主席令〔2004〕第11号),2006年2月7日经宁波市人民政府第68次常务会议审议通过《关于废止〈宁波市道路交通管理处罚规定〉的决定》(宁波市人民政府令第134号、2006年2月10日发布并施行)。2006年6月1日起实行《中华人民共和国交通安全法》。2006年11月1日起实行《浙江省安全生产系列》。2007年3月1日起实行《道路运输从业人员管理规定》(交通部令2006年第9号)。

四、运输管理

民国期间,由省公路管理局管理。民国十六年(1927),省建设厅颁布《民营公用事业监督条例》《浙江省城市公共汽车公司及长途汽车公司管理规则》。1937年6月,省政府颁发《浙江省汽车运输管理办法》,分客货汽车公用、自用、特约三类分别管理。新中国成立初期,国家对私营汽车运输实行“利用、限制、改造”政策,允许其按基本运价浮动,开展有领导的运输竞争。1949年6月,镇海县人民政府成立,设实业科兼管交通。1958年9月,镇海县并入宁波市,运输归市交通局管理。1972年1月,成立镇海县交通管理站(水陆兼管)。1979年1月,改称镇海县车辆监理站;1984年12月,升格为镇海县交通监理所,管理、监督全县公路交通。1982年6月,实行营用车辆《准运证》制度和行车路单制度,统一运费估算凭证和计费标准,在全行业征收公路运输管理费。1983年,国家经委和交通部颁布《关于改进公路运输管理的通知》,公路运输实行多家经营、多种经济形式,允许个人或联户从事机动车、拖拉机营运。是年5月,跨省货运《准运证》停办,货运开放。1986年12月,国家经委和交通部颁发《公路运输管理暂行条例》,公路客货运输、搬运装卸、联(托)运、客运服务、车辆维修等行业均纳入公路运输业管理范围。1987年10月北仑区公路运输管理所挂牌行政,对辖区内公路旅客和货物运输实施行政执法管理。2004年4月,国务院颁布《中华人民共和国道路运输条例》,7月1日起施行。2005年6月,交通部根据《中华人民共和国道路运输条例》颁布《机动车维修管理规定》。2005年9月30日,《浙江省道路运输机动车管理条例》公布,2006年1月1日起施行。《机动车交通事故责任强制保险条例》(中华人民共和国国务院令第462号),2006年7月1日起实行。

1.客运管理

配合市公管所进行城乡公交一体化建设。2005年6—7月,北仑发往宁波329国道宁穿线和小港线的139辆中巴车进行公交化改造。8月,城区60辆“港城小客”报废年限到期,全部退出客运市场。2006年5月,城区新增出租车22辆。同时新增北仑至靖江、北仑至杭州客运班线。12月,北仑区长途客运始发站由原北仑客运中心搬迁至北仑客运总站,并实行北仑与宁波客运站公路客票联网售票,方便群众购票,提升服务功能。

2.货运管理

根据市政府《关于加强国际集装箱中转站(堆场)及运输管理的通知》精神,对辖区35家堆场进行了规划,实行《道路》和《水路》双重管理。2006年9月,北仑区政府和开发区管委会出台《北仑区鼓励集装箱运输企业发展的若干意见》。为加强对危险品、客运和集装箱运输的有效监管,道路运输管理部门要求上述车辆都安装GPS卫星定位仪并建立总平台进行随时监管。

3.运价管理

由于成品油价格不断上涨,2005年9月起,对所有客运车辆的票价进行统一调价,在规定的指导价基础上,可上浮20%,同时出台价格联运机制,以90号汽油为基准价,从

2006年7月28日起,出租车调价,加收1元燃油附加费。并在2006—2007年,向承担油价上涨负担的农村客车和出租车发放4次燃油补助费。

4.稽征管理

稽征管理主要是按国家规定费率征收陆运各项规费。主要有养路费、养路费附加费、公路建设专用基金、运输管理费、车辆购置附加费等,由公路运输管理稽征所负责稽征管理。

(1)养路费

民国二十二年(1933)1月起,按浙、苏、皖、沪、宁5省市交通委员会规定,统一征收养路费。此为征收公路养路费之前身。

民国二十九年(1940)5月,全省按行政院首颁《公路征收汽车养路费规定》和省政府颁发的《浙江省征收汽车养路费施行细则》,统一开征养路费。抗日战争胜利后,省政府重订养路费征收标准。中华人民共和国成立前夕,养路费按实际运费的20%征收。

1950年7月,交通部根据"用路者养路"的原则拟定《公路养路费征收暂行方法》。1952年11月,执行《华东公路养路费征收暂行办法实施细则》。1954年,省交通厅对收费标准作了调整。1957年2月,按营运收入总额的8%征收,1961年起改按10%征收。

1963年7月,省交通厅、财政厅颁发《浙江省公路养路费征收和使用实施办法》。此后在1972年7月、1980年1月和1985年7月,作了3次调整。

1994年4月1日,按省政府颁发的《浙江省公路养路费征收标准》执行。1998年9月29日,省政府颁发《浙江省公路养路费征收范围和标准》实行养路费按车辆不同情况分类征收(见表9-2-2)。

镇海县由于公路运输事业发展较晚,至1972年,才开始养路费的征收。2005年,北仑区养路费按浙政办发〔1998〕140号、浙交〔2003〕538号文件规定标准征收。

(2)运输管理费

非机动车运输管理费的征收,始于1965年。专业机动车与社会机动车运输管理费的征收,分别始于1972年和1983年。

征收标准按宁波市物价局、宁波市财政局《关于调整公路运输管理费定额征收标准的通知》执行。

搬运装卸、运输服务运管费按营业收入的0.8%征收。

1986年10月11日,按交通部、财政部《关于发布公路运输管理费征收和使用规定的通知》,对从事营业性公路客货运输、搬运装卸、运输服务的单位按营业收入征收,个人按定额征收。1990年11月16日,省颁发《浙江省公路运输管理费征收和使用实施细则》。2005年,北仑区公路运输管理费按甬价费〔2004〕39号文规定标准征收。

养路费征费标准 表 9-2-2

车类	类别、标准、项目	征费标准(元)	计量单位
客车	营运客车	230	月/吨
	营运客车(6—23 座面包车)	280	月/吨
	营运客车(轿车)	350	月/吨
	租赁车	230	月/吨
	非营运客车(含轿车)	200	月/吨
货车	货车(20 吨及以下)	200	月/吨
	货车(20 吨以上部分)	100	月/吨
	挂车	140	月/吨
	特种车(按自重)	100	月/吨
	机动三轮车	200	月/吨
摩托车	侧三轮	150	年/辆
	二轮	100	年/辆
	轻骑	50	年/辆
	拖拉机	540	年/吨
农用车	农用客车(座位数≥9)	280	月/吨
	农用客车(座位数≤9)	230	月/吨

(3)养路费附加费

1988 年 7 月 1 日起,施行《浙江省公路养路费附加费征收实施办法》,开征养路费附加费。凡按费额计征(即按吨、辆计征)公路养路费的车辆,均应按规定费额标准缴纳养路费附加费。北仑区此费并入养路费计征,其中 11.15%为养路费附加费。

(4)客货运输附加费

1986 年 7 月 1 日起,开征"客运汽车站和公路设施建设专用基金"(简称公路建设基金),征收标准按旅客乘坐里程在票价处征收每人千米 0.3 元;跨省进出客运车辆,按在省境内乘车里程计征。1988 年 7 月 1 日起,采取"以路养路"办法,征收公路客货运输附加费和公路养费附加费,作为公路建设专用基金。2005 年,北仑区客货运输附加费按"甬价费〔2004〕39 号"文规定标准征收。

(5)车辆购置附加费

根据国务院 1985 年 4 月 2 日《车辆购置附加费征收办法》和省交通厅具体规定,北仑区从是年 5 月 1 日起,开征车辆购置附加费。费率为国产车按购车价 10%、进口车按购车总价 15%征收(苏联和东欧车为 10%)。农用运输车辆,按实际销售价格 10%计征。1994 年 1 月 1 日起,交通部通知不分国产、进口,一律按 10%计征车辆购置附加费。从 2001 年起,车辆购置附加费归国税局征收,不再由公路运输管理稽征所征收。

北仑区历年公路规费征收见表9-2-3。

北仑区历年公路规费征收一览(单位:万元) 表9-2-3

年份	公路运输基金附加费	公路运输管理费	养路费		合计
			总计	内:手扶、摩托	
1987	7.6	37	382	37.9	428.6
1988	39	44	601	42.3	684
1989	165.8	30	673	49.3	868.8
1990	145.61	48	577	36.88	770.61
1991	146.87	90	654	35.84	890.87
1992	158.56	93	805	77.55	1056.56
1993	390	121	1227	92	1738
1994	621	161	1622	132	2404
1995	781	106	2492	109	3379
1996	858	200	2640	121	3698
1997	926	213	2851	136	3990
1998	961	240	2964	148	4165
1999	979	276	3418	151	4673
2000	962	270	2865	178	4097
2001	1085	395	3696	203	5176
2002	1231	415	4530	217	6176
2003	1456	671	5541	232	7668
2004	1651.83	700.04	8622.25	258.92	10,974.12
2005	1575.73	635.14	10,040.44	240.33	12,251.31
2006	1742.76	685.60	12,281.66	233.54	14,710.02
2007	3075	866	16,175	221	20,337
2008	2530	854	19,153	224	22,761

5.汽车维修行业管理

20世纪80年代中期,随着道路运输市场放开,各种车辆增加,汽车维修业兴起,加强维修行业管理势在必行。

1985年10月,原镇海县分为镇海区和滨海区,设立区交通监理所,由交通监理所负责辖区汽车维修行业管理工作。随着公路监管体制的改革,1987年11月,成立北仑区公路运输管理(公路稽征)所,由区公管所负责汽车维修行业管理工作,其具体业务工作由运管股开展。汽车维修业开始纳入正规化管理轨道。

汽车维修行业管理的主要工作是：负责区内机动车维修市场、机动车配件经销市场的开、停（歇）业资质审查和定期检查；组织从业人员业务培训、开业培训和技术考核；监督维修企业执行维修质量标准、检验标准及规范经营行为；负责行业技术管理、等级管理和车辆技术状况检测、签证、建档；监督检查维修业收费标准等。

1986年12月，交通部、国家经委、国家工商行政管理局（86）交公路字956号文件颁发《汽车维修行业暂行管理暂行办法》，共9章29条。按照《汽车维修开业条件》（GB/T16739.1—16739.3—1997）规定：凡申请经营汽车维修业务的单位由其主管部门批准，个人须持户籍所在街道办事处或乡人民政府证明，报当地交通主管部门按开业技术条件进行技术审查，发给技术合格证，并持批件和技术合格证向工商行政管理机关申请登记，领取营业执照后，方可营业。《技术合格证》实行年度审验制度，年审合格的方可继续从事经营活动。《办法》按经营项目分为汽车大修、总成大修；汽车维护；汽车专项修理三类。2004年7月1日起，根据《中华人民共和国行政许可法》实施行政许可，具体开业条件根据《汽车维修开业条件》（GB/T16739.1—16739.2—2004）实施。2006年3月27日起，实施《机动车维修开业条件》（DB33/T608.1—608.4—2006）。

1992年7月，宁波市实施《宁波市汽车维修行业管理办法》，经营汽车维修业务的单位和个人，应向经营地的县（市）、区运管机构申请技术条件审核，运管机构应在接到申报材料之日起15日内审核完毕。经审核，技术条件合格的，由交通行政管理部门发给相应的《汽车维修技术合格证》或《配件经营技术合格证》，技术条件不合格的，不予办理并说明理由。

一类汽车维修业户由市运管机构审核，二类以下汽车维修业户由经营地运管机构审核。1998年7月，实施市政府令第66号《宁波市汽车维修行业管理办法》。

1995年12月，建立宁波市北仑区机动车综合性能检测站（B级），2003年，升级为A级检测站。凡经二级维修以上（含二级）作业竣工车辆，在出厂前，必须经检测站检测，合格后方能出厂。

1997年6月，根据工作需要，北仑区公路运输管理（公路稽征）所单独设立维修股，汽车维修行业管理工作从运管股中分离出来。2002年下半年，与运管股合并设立运管维修股。2004年10月，根据职能股室职能调整的需要，改为维修安全股。2007年6月，由维安股分立设立了维修股。

作为行业管理部门，北仑区公路运输管理所，一直以来重视汽车维修市场的建设，积极向政府部门出谋划策，根据工作情况，开展各项专项整治，严格审查经营资格，检查质量管理制度、挂牌经营、明码标价情况。重点查处无证经营、超范围经营，对作业不到位、缺项漏项、假维护、倒卖出厂竣工合格证等违法行为进行处罚。

区公管所在实践中不断探索、创新汽车维修行业的管理，积极开展各类竞赛活动，如开展修理工技能竞赛、行业“比武”以及上岗培训、技术培训、职业道德培训等。2000年11月，成立北仑区机动车维修行业配件协会，通过行业自律等形式紧密配合管理部门共同维护北仑区的汽车维修市场秩序。

五、航运管理

1.航政管理

航政管理主要是贯彻执行国家有关港航管理的政策法令，建设维护航道，管理运输、运价、船舶、船员，提高各类人员素质；维护航运秩序，保障水上安全；处理事故，仲裁纠纷，征收规费等。

宁波港最早的管理机构是两浙市舶司，于北宋淳化三年(992)迁驻镇海，在镇驻办一年后迁回杭州。后在杭、明(明州，今宁波)分立市舶司。元、明沿用宋制。清初改设海关以管理港口贸易。咸丰十一年(1861)成立浙海新关，内设理船厅和港务长，港务、航政、海事处理等俱置于海关管理之下。民国二十年(1931)，从海关划出船舶丈量、登记、船员管理和海事处理等项，在镇海成立上海航政局宁波办事处。抗日战争爆发后航政办事处内迁；战后改设于宁波江北岸。1953年成立上海区港务管理局宁波分局，统一管理港口与航运。1961年10月改称宁波市港务管理局。1963年2月，设置浙江省交通厅航运管理局镇海管理所。1972年成立镇海县交通管理站，兼管航政。1975年5月，恢复镇海县航运管理站。1985年撤县设区，成立滨海区航运管理所；1986年，更名为北仑区航运管理所，管理辖区航政。

2.港航监督

港航监督是航政管理的主要任务，包括船舶管理和船员管理等方面。

(1)船舶管理

民国时期，立《浙江省管理船舶章程》。1955年10月，颁发《浙江省港航监督组织工作实施细则》，对境内船舶违章情况进行监督、检查和处理。1987年1月1日起，试行《中华人民共和国内河安全管理条例》，船舶须经船舶检验部门检验，持有合格的技术证书方准航行。并以市场为导向，引导企业科学发展，推动航运业向集约化、规模化方向发展，逐步缩小北仑航运业整体发展水平与港口优势不相适应的局面。2006年，宁波经济技术开发区龙盛航运有限公司运力达到25.6万吨，北仑船务有限公司运力达到10万吨。总运力超过市下达的目标。

船舶的检验、丈量与发证由区航运管理所管理。

(2)检验

检查船舶的技术性能、工属具是否适合航行要求，凡不适航的船舶，一律不得航行。

(3)丈量

量船核吨,船舶以核定的吨位为准,不得超载。

(4)发证

凡检验合格的船舶发给航行簿和船舶进出港签证(由北仑海事处管理)。

根据规定,船舶在进入港口24小时内,要持有关证件向当地航管机关或代管机关申报进口签证,并办理出口签证(如当地无航管机关,离埠的签证手续可向中途或到达港的航管机关或代管机关办理)。

技术船员由北仑海事处管理。

按照交通部1979年颁发的《中华人民共和国轮船船员考试发证办法》和浙江省交通厅《浙江省轮船船员考试发证初充规定》,机动船船员的考试发证按船舶总吨、功率实行分级管理。

1993年2月14日,国务院颁布《中华人民共和国船舶和海上设施检验条例》,是年2月16日起施行。1999年起,国家船舶检验局又颁布《船舶与海上设施检验规则》《船舶和船用产品监督检验条例》等。

3.航道管理

航道管理是航管部门进行港务监督,保障航道畅通、航行安全的一项重要内容。

民国时期,立《航道纲》,规定航道等级划分标准。现行航道管理的依据是1987年10月1日起施行的《中华人民共和国航道管理条例》和1991年10月1日起施行的此条例的实施细则,以及1995年10月31日实行的《浙江省航道管理办法》。上述法规和规范,对航道的规划和建设、航道的保护、航道的养护经费及处罚则作了具体规定。

沿海和内河航道管理主要是宣传、贯彻、执行与航道有关的法律、法规、规章,以及国家有关航道政策和技术标准;拟定航道发展规划、建设计划、养护计划、航道技术等级,按规定报批后组织实施;审批与通航有关的拦河、临河、跨河建筑物的通航标准和技术要求;负责航道管理、养护和建设方面的工作,对航道养护和建设工程实施质量监督;负责航道养护费的征收、使用和管理;负责航道及航道设施的保护,依法对违反航道管理的行为进行处罚。

中华人民共和国成立前,内河航道都是在兴修农田水利时疏浚,没有专业人员和专项经费。随后,航道的建设和养护由交通部门配合水利部门进行综合规划,量情出资,并由当地区乡政府组织实施。1963年,县航运管理站拨出专项航养经费,与鄞县一起合置航道工程队负责养护。1968年起航运管理站设专职人员,配合有关部门逐年维修,以及改建部分航道,建护岸、修危桥、改建碍航桥梁、修建各点船埠码头。

1987年8月22日,国务院颁布《中华人民共和国航道管理条例》,是年10月1日起施行。1995年10月31日,浙江省人民政府颁布《浙江省航道管理办法》,是年10月31日起施行。

4.运输管理

民国期间,镇海县航运业先后由省航政局、省建设厅第三事务区、上海航政局宁波办事处管理,履行船舶查验、取缔、注册收费、发照等公务。中华人民共和国成立初期,镇海县沿海和内河运输,流动分散,自找货源,运价也不统一。1950年9月,华东地区实施《华东区木帆船舶管理暂行办法》,凡营运木帆船要在航管部门领导和协助下,统一组织货物调配。1953年起,分散的民间运输开始纳入计划运输的轨道,国家控制的粮食和其他计划物资首先实行指令性运输,非计划物资仍允许以市场调节为主。1955年,镇海县航管站成立后,开始对货运民船实行统一运价、统一货源、统一调配的"三统"管理。1971年,成立镇海县统一运输(后改称联合运输)指挥部,分点下设联合运输指挥组(简称联组),对全县运输(包括公路运输)除实行"三统"以外,再加上"统一开票"(运费统一由联组开票,然后会计才能付款,银行才能托收,运输单位才能拿到运费)。1973年9月前,水路货物运输没有完整的规章制度。水运执行交通部颁布的《水路货物运输规则》和《水路货物运输管理办法》。1978—1979年,根据省文件精神,对船舶载重吨位和载重水线进行了全面核定,勘划,核发船舶证书,并严格货物过磅核查制度,开展货船装载率管理,未经办理船舶证者不准航行。1980年运输市场开放搞活,统一运输及其办事机构自行消解。1984年成立滨海区航运管理所(1985年更名北仑区航运管理所),负责境内水上运输企业的全面管理。20世纪90年代,依据《中华人民共和国水路运输管理条例》和《条例实施细则》进行检验、核发"水路运输许可证""船舶营业运输证""水路运输服务证""船员适任证书"等证照管理工作。严格按照规定办理各项审核、申报工作。组织水路运输管理、安全监管等面的业务培训,2006年,共组织参加市运输管理业务培训34人次、企业安全培训654人次。通过宁波市水路运输经营资质管理的考核、互查,提高水运管理的业务水平。定期对辖区内的水运企业开展资质检查,驾驶资质运力管理,落实各项规章制度。开展水路运政大检查及各项专项整治活动,加强日常监管力度,规范水运市场,做好"防风、防雾、防恶劣天气"工作,水运企业成立"三防"领导小组,落实责任,制订"三防"应急预案,做好春节、清明、五一、十一等"四季四节"水运管理工作。

(1)市场准入管理

按照有关规定严格把好市场准入关。具体是根据《中华人民共和国水路运输管理条例》及其实施细则、《中华人民共和国水路运输服务业管理规定》、交通部2001年1号令、《浙江省水路运输管理条例》以及部、省交通主管部门的规范性文件等规定,对申请从事水路运输(服务)业及相关事项的准入条件(包括人员条件、资金条件、运力条件等)的审核把关。

(2)经营资质管理

经营资质管理就是交通主管部门对企业在日常经营活动中经营资质的维持情况所实施的监督管理。主要是根据《中华人民共和国水路运输管理条例》(国务院令1997年第237号、1997年12月3日颁布)及其《实施细则》(交通部1987年9月22日颁发)、《浙江省水路运输管理条例》(2002年12月20日颁发)、《国内船舶运输经营资质管理规定》(交通部〔2001〕1号令、2001年4月1日起施行)、《老旧运输船舶管理业规定》(交通部〔2001〕2号令、2001年2月16日起施行)、《国内船舶管理业规定》(交通部〔2001〕3号令、2001年10月1日起施行)、《中华人民共和国水路运输服务业管理规定》(交通部〔1998〕6号令、1998年7月30日修正颁布)等及其他规范性文件规定。

(3)经营行为管理

经营行为管理主要是通过对水路运输行业的现场监督管理、整治违法经营现象,目的是为了进一步维护水路运输市场的正常秩序。法规依据是《中华人民共和国水路运输管理条例》及其实施细则、《中华人民共和国水路运输服务业管理规定》《浙江省水路运输管理条例》。检查内容主要是:①是否持有有效的《水路运输服务许可证》《水路运输许可证》《船舶营业运输证》;②是否超越经营范围从事经营活动;③是否按规定缴纳运管费及其他各项规费;④是否按规定使用各类单据、票证;⑤是否参加年审,是否年审合格;⑥是否存在违反国家水路运输管理法律、法规的其他行为。

(4)内河货运运价

新中国成立以来,镇海县的内河木帆船运价,是依据1952年华东军政委员会颁发的《华东内河运价管理暂行规则(试行)》和1953年省交通厅颁发的《浙江省内河木帆船运输、装卸、延期、停空、调空、放空处理暂行规则》等有关规定制定的。以后,经过数次调整。1981年2月宁波地区交通局颁发了《宁波航区内河货物运价》;1984年6月,宁波市物价局、交通局颁发了《关于水上货运实行浮动运价的通知》,货运运价可以向上浮动10%。1992年9月起,全省内河货物运价,停泊基价由每吨3元调整为每吨4元;航行基价定为:运距在150千米以内,由每吨千米0.03元调整为0.04元,运距在150千米以上部分,由每吨千米0.024元调整为0.034元。

(5)沿海货运运价

民国时期,本县沿海木帆船运费没有统一规定。从1953年1月1日起,执行《宁波区外海木帆船统一运价》;1955年7月,按《宁波、舟山外海木帆船统一费率修正方案》计收运费,并统一规定了延搁费、调空费、放空费、自然险区费、危险物品运输费率。

镇海县沿海机动船货运运价,1966年以前,按照木帆船货运费率计算,1967年后逐步改按《浙江省轮船运输货物运价规则》所做的各项规定。1981年12月后,执行省交通厅颁发的《浙江省沿海机动船货物运价规则》的各项规定。

内河与沿海两个运价规则均规定:凡一件货物的重量超过1吨或长度超过7米者,称笨重、长大物体,无论整批或者零担都要加收30%。重量2吨以上或者长度8米以上,加收50%。重量3吨以上或者长度10米以上,加收100%。重量5吨以上,加收200%。

2003年起,凡在本省从事沿海货物运输的运输企业、单位和个人,其水路运输管理化征收统一按船舶核定的载重吨定额计征。

5.稽征管理

稽征管理主要是按国家规定费率征收水运各项规费。主要有航道养护费、水运管理费、船舶港务费、货物港务费、河道养护(护岸)费、港口建设费等,由区航运管理所负责稽征。中华人民共和国成立至20世纪60年代初期,只征收航政费或航管费。1951年,国务院统一收费规章,指示各地航管机构向货主征收运费总值1%的航政费,作为航管机构经费开支。20世纪60年代中期起,现行各项航政规费陆续施行(见表9-2-4)。

北仑区历年港航规费征收一览(单位:万元) 表9-2-4

年份	航道养护费	沿海航政费	货物港务费	船舶港务费	船舶检验费	水路运输管理费	水路交通建设费	港航其他费	合计
1986	2.13	7.48	4.40	—	0.72	—	—	4.04	18.77
1987	1.55	9.27	4.40	—	0.64	—	—	5.16	21.02
1988	0.91	10.03	4.33	—	0.27	—	—	5.40	20.94
1989	0.77	9.74	4.13	4.12	0.62	—	—	8.51	27.89
1990	1.94	9.75	1.55	10.14	0.35	—	—	10.81	34.54
1991	0.71	9.72	8.86	13.05	0.58	—	—	11.03	43.95
1992	0.64	14.04	11.21	11.85	0.45	13.72	—	11.84	63.75
1993	0.07	53.22	18.27	13.44	0.45	32.37	—	15.44	133.26
1994	0.02	174.08	21.95	37.51	4.29	72.44	—	12.04	322.33
1995	0.07	202.95	25.18	39.00	4.74	120.89	—	3.88	396.71
1996	0.07	214.93	13.59	62.47	2.96	140.00	—	4.24	438.26
1997	0.06	236.82	9.83	78.21	3.33	170.06	—	11.22	509.53
1998	0	249.23	8.09	93.27	4.06	161.40	—	3.88	519.93
1999	0.72	302.06	6.35	84.87	2.32	176.08	—	1.81	574.21
2000	0.36	0	2.48	90.49	3.34	315.14	347.60	57.78	817.28
2001	0	0	1.88	63.60	5.92	304.13	365.70	1.80	743.03
2002	2.46	0	11.60	0	5.46	308.65	250.16	0.36	578.69
2003	0	0	31.75	0	4.00	418.82	0	0.18	454.75
2004	0	0	117.60	0	3.40	512.92	0	0.17	634.09
2005	0	0	156.40	0	5.41	679.45	0	0.15	841.41
2006	0	0	235.25	0	3.55	780.31	0	1550	1019.25
2007	0	0	267.6774	0	0	945.7608	0	0	1213.4382
2008	0	0	241.5853	0	0	1216.2385	0	0	1457.8238

续上表

年份	航道养护费	沿海航政费	货物港务费	船舶港务费	船舶检验费	水路运输管理费	水路交通建设费	港航其他费	合计
2009	0	0	183.8926	0	0	2.7582	0	0	186.6508
2010	0	0	207.3287	0	0	0	0	0	207.3287

注:①北仑区内河船舶逐年减少至无,2003 年起,无内河航道养护费。

②根据省交通厅相关文件,从 2000 年起停征沿海航政费、2002 年起停征船舶港务费、2003 年起停征水路交通建设费。

③港航其他费包括港航监督费、代理费等。

(1)航政费

初称航管费,1953 年,沿海、内河同时开征,费率按运费总额 3%征收;内河航快船为 2%。1965 年 10 月 1 日,内河航政费停征,沿海照旧。1971 年沿海航政费费率调整为 4%。1983 年 1 月,对个体船、航运企业个人承包船,改为按船舶载重吨定额计征,机动船每月每吨 2.2 元,非机动船每月每吨 1.65 元。从 2000 年起,按省交通厅文件,停收此费。

(2)航道养护费

1964 年 8 月,交通部、财政部颁布《内河航道养护费征收和使用试行办法》,规定费率按运费收入计征,一般不超过 5%,最高不超过 8%。1965 年 9 月,《浙江省内河航道养护费征收和试行办法》规定专业运输船舶和浮运排筏,按运费收入 4%征收航管费,3%的航管费不再征收。镇海县从 1965 年 10 月 1 日开始征收航道养护费,费率按运费 4%征收。1972 年 1 月 1 日起,调整为 6%。1983 年,对个体船、航运企业个人承包船,改为按船舶载重吨定额计征,每月每吨 2.5 元。1992 年 10 月,按国家新规定费率 8%计征。1998 年 1 月 1 日起,依据浙价费〔1998〕43 号文件,又降为 6%。

(3)水运管理费

自 1991 年 12 月 1 日起,专业运输企业,按营运收入 1.5%计征;对难以准确反映营运收入的实行定额计征:机动货船,按每月每吨计征,60 吨及以上为 0.90 元;40—60 吨为 0.75 元;40 吨以下为 0.60 元;非机动货船,按机动车收费标准的 50%计征。1992 年 10 月 1 日起,调整为:60—80 吨(不含)以下为 1.1 元;40—60 吨为 0.9 元;40 吨以下为 0.8 元。对专业运输企业,按营运收入的 2%计征。1996 年 4 月 1 日起,定为载重 40 吨以下每载重吨每月 0.80 元;40 吨及其以上按载重 40 吨以下标准计费外,每增 1 载重吨增收 0.02 元。1999 年起,按营运收入 1.5%计征。2000 年起,按"浙价费〔2000〕91 号"规定,普通货船:1000 吨以下 2.50 元/月吨、1001—6000 吨 3.00 元/月吨、6001 吨以上 2.00 元/月吨、特种货船 3.40 元/月吨计征。

(4)货物港务费

1980 年 1 月 1 日起征收。其费率将货物分为两类九级:甲类(1—4 级)每吨收费 0.10 元;乙类(5—9 级)每吨收费 0.20 元。各项费收,向货主单位收取。自实行"缴讫证"以来,统由船方垫付。垫付定额标准:内河每核定船吨 4.20 元,沿海每核定船吨 0.

70—1.00元。1994年9月1日起,按重量吨计费的,每吨征收0.35元;按体积吨计费的,每吨0.25元。1996年1月1日起,实行定额征收,每艘每月一律以2.5元计征。2005年8月1日起,按"交水发〔2005〕234号"规定,按沿海港口0.05元/吨,内河港口1.00元/吨计征。外贸进出口货物港务费按"交通部〔1997〕第3号"规定,按不同货物计征。

(5)旅客港务费

按0.50元/人次计征(浙价费〔1994〕69号)。

船舶港务费 1988年10月1日起征收。沿海船舶进出港0.25元/净吨;内河船舶进出港0.55元/净吨;拖轮0.75元/千瓦。1996年1月1日起,一律按每月每吨(净吨)3元计征。

港口建设费(水路交通建设费) 省政府决定自1999年9月1日起,将"水路货运附加费""沿海港口基础设施费""内河航道建设费"合并,统一开征水路交通建设费。征收标准,按财政部、交通部(交财发〔1993〕541号)规定,内贸5.00元/吨、外贸7.00元/吨计征。从2003年起,按省交通厅文件停收此费。

其他收费项目及标准按省财政厅、省物价局《关于重新公布交通系统行政事业性收费项目和标准的通知》(浙财综字〔2002〕84号)和《中华人民共和国港口收费规则(内贸部分)》(交通部、发展改革委、交水发〔2005〕234号)有关规定执行。

6. 港口管理

史载,两浙市舶司建立初期曾一度迁至镇海,并由京朝官监察御史张肃直接主其事。

市舶司的职掌:"掌蕃货、海舶、征榷、贸易之事,以来远人通远物。"(《宋史·食货志》)具体有以下几个方面:

①抽解和抽买

抽解就是征税。抽买也叫和买、博买,就是以官价收买。征税率与收买率因时而异。《文献通考》述宋仁宗时事说:"海舶至者,视所载,十算一而市其三。"算就是征税,市就是收买。即对舶货征税(实物)1/10,收买3/10。

②禁榷(即专卖)及其他舶货的收买、出卖、保管与解送

《宋会要》总叙市舶条云:"太平兴国初,京师置榷易院。乃诏诸蕃国,香药、宝货至广州、交趾、泉州、两浙,非出于官库者,不得私相交易。后又诏,民间药石之具,恐或致阙,自今唯珠贝、玳瑁、犀牙、镔铁、鳖皮、珊瑚、玛瑙、乳香禁榷外,他药官市之余,听市货与民。"

③颁发海舶出海许可证

《宋会要》记载:"端拱二年五月,诏自今商旅出海外蕃国贩易者,须于两浙市舶司陈牒,请官给券以行,违者没入其宝货。"所谓"商旅出海外蕃国贩易者",是指本国的商舶。所给之券,就是后来的公据或公凭。

④制发舶货贩卖许可证——公凭引目

凡输入的舶货既经抽解收买之后,其余许舶商自卖,不再课税,并于市舶司请得公

凭引目,许往外州货卖。如不出引目,许人告,依偷税法。

⑤迎送与招待住舶的蕃国海商

晓之来远之意,以通异域之情,招徕海外之货。

当外国海舶来去之际,市舶司每支送酒食,并举行燕犒。

中华人民共和国成立后,港口行政管理成为交通行政管理的重要组成部分,港口所在地的省级交通主管部门或市、县港口主管部门是港口所在地人民政府主管港口行政事务的机构。根据港口的特点以及我国港口管理的实践,除有关法律、法规规定的外,港口行政管理的内容主要是:

①贯彻执行有关国家法律、法规和规章,制订港章和有关管理规定;

②对港口的岸线、陆域、水域实施统一的行政管理;

③负责对港口公用基础设施(指公用的进出港航道、防波堤、锚地等)的建设、维护和管理工作;

④对港口建设市场秩序进行监管,对港口建设项目的工程质量实施监督;

⑤对港口经营秩序、安全生产、环境保护等实施监督和管理;

⑥划定港区内危险货物作业泊位、库场的区域范围,并实施监督;

⑦征收和代征国家行政性费收;对企业经营性收费项目和价格,按有关法规的规定实施监督和管理;

⑧负责协调国家重点物资、军事及抢险救灾等物资的运输;

⑨负责港口信息的汇总、统计和管理工作;

⑩负责对港口从业人员的技术、业务培训、考核和发证的管理工作。

7.港口管理有关法规

《危险化学品安全管理条例》(国务院令2002年第344号、2002年3月15日起施行)

《安全生产法》(中华人民共和国主席令2002年第70号、2002年11月1日起施行)

《中华人民共和国港口法》(中华人民共和国主席令2003年第五号、2004年1月1日起施行)

《港口危险货物管理规定》(交通部令2003年第9号、2004年1月1日起施行)

《港口经营管理规定》(交通部令2004年第4号、2004年6月1日起施行)

《中华人民共和国高速客船安全管理规则》(交通部令2006年4号、2006年6月起施行)

《老旧运输船舶管理规定》(交通部令2006年第8号、2006年8月1日起施行)

六、公路养护管理

公路修建后,承受车辆的碾压和自然灾害的侵蚀冲刷,必须组成养护管理组织,随时进行维护保养,使公路经常处于完好状态,保证各种机动车辆的安全通行。民国时期,商营汽车公司向政府承租公路,负责一般性维修,重大水毁工程的修复和大项目改建工程,由省公路局负责。抗日战争时期,公路遭破坏,养护工作随之中止。抗日战争胜利后,公路养护逐步恢复。1951 年 1 月起,由宁波工务段负责公路养护。1952 年 7 月,宁波工务段下设工区,分管 2—3 个养护道班。1958 年初,实行运输与养路合一体制,养护由宁波区公路运输局管理;各县境内公路由县级汽车站负责养护。1963 年,各县级汽车站与工区分设,工区属宁波养路总段领导,后工区更名为县公路段。1973 年始,随着县乡公路的增加,公路养护除原专业养护外,增设农工养护;专业养护主要负责国道、省道及重要县乡道,由县公路段负责养护。农工养护的公路负责一般县乡道,采用"民办公助"形式,由所在公社或生产大队组织养护。农工养护也称地方养护。1997 年,专业养护与地方养护合并,为更好地加强公路养护管理创造了良好条件。

1.养护组织

(1)专业养护

民国十八年(1929),省道局工程科内设养护股,负责全省公路养护事宜。同年,省公路局制订了《养护所办事细则》,具体规定日常养护、标志设置、行道树等工作内容,作为养护所工作依据。

20 世纪 30 年代初,镇海县始建宁(波)穿(山)公路,为今北仑区境内第 1 条公路。中华人民共和国成立前,境内有公路 36.86 千米,1949 年之前,由支前民工维修,中华人民共和国成立后根据用路者养路原则,由商营汽车公司运营和养护,1957 年,成立宁波地区公路总段,下属镇海区、骆驼工区、大碶工区、柴桥工区,长山工区,均为农工养护组织。1964 年,成立镇海县公路运输队,统管全县汽运站、搬运队和公路养护队。直至 1973 年,运输与养护分开,正式成立镇海县公路段,由省交通厅公路管理局直接管辖,当时分为专业养护和县乡养护,县公路段专业养护国、省道和重要县道,共设 16 个道班,共有职工 170 人,其中计划内临时工 18 人(1985 年转为固定工)当时专业养护公路 185 千米,公路全部为砂石路面。

1985 年底,撤县划区,于 1986 年 1 月,成立滨海区公路段(见表 9-3-1),1989 年,改为北仑区公路段,下设 10 个道班,分别为青峙道班、林大道班、新碶道班、大碶道班、柴桥道班、穿山道班、官庄道班、上阳道班、盛岙道班、江南道班,共有职工 135 人,专业养护公路 120.83 千米,1991 年 10 月,公路段改为条块结合管理模式,即养护计划和业务归宁波市公路局管理,人事组织归区交通局管理。1983 年,成立公路派出所,1989 年,改为北仑路政中队,1996 年,改为北仑路政大队,管理公路的路产路权和公路沿线控制等事物。1994 年,北仑公路段从镇海搬到青峙养护站办公,1995 年,新大路 539 号办公楼落成,段部从青峙搬至新大路 539 号办公。1996 年,为便于养护管理,撤销林大、官庄、盛岙 3 个道班。1999 年,撤销柴桥道班,改设 5 个养护站。2003 年,为加快养护机械化步伐,实行大道班管理，又撤销青峙道班，成立白峰公路养护站、穿山公路养护站、小港公路养护站，2010年7月又设春晓公路养护站。2010年，专业管养国道28.745千米、省道35.640千米、县道190.038千米、乡道42.696千米、专用道28.605千米、村道318.751千米，合计644.475千米；养护公路桥梁390座。

(2)地方养护

1949年，因国防和交通需要，抽调沿线农村农工25人，负责养护宁(波)穿(山)线、大(碶)镇(海)线、镇(海)骆(线)和常(洪)镇(海)线，当时养护都靠人力和畜力来完成。1955年后，随着公路里程的增加，养护农工也逐步增多，1984年，成立县乡养护所，由县交通局交建股兼管。1985年，有白峰至洋张、江南至大碶、穿山至柴桥、昆亭至海口等县乡公路，养护经费由区交通局拨付；到1997年7月，为便于公路的养护管理，实行养护体制改革，县乡养护所并入北仑区公路管理段。由于县乡养护所管养的公路都是北仑的边缘，比较分散，故合并前共有11个养护站，有农工45人，个别养护站仅1—2人，共养护公路87千米。

公路边沟维修

2004年，区交通局根据《公路法》，乡道乡管、县道县管的原则，将区内45.476千米的管养工作下放到各乡镇(街道)，经费由北仑公路管理段划拨，并给予检查指导等行业管理，路政管理工作由北仑公路段路政大队负责。

2.路况

北仑区属平原微丘地区，平原地区一般都是围海造田或海洋面下降后成为大陆，所以大都为软土地基，傍山路段大都为半填半挖路基，因此，弯道多、坡度大、路基窄；早年修建的公路标准低、路面窄、又多穿镇(村)路段，如白洋线穿村段路面仅5米左右。1980年前，我区全部为砂石路面，养护工雨天一身泥、晴天一身灰，十分辛苦。1978年改革开放以来,特别是北仑区大规模开发建设,车流量大幅增长,大吨位车辆日益增多,329国道等干线砂石路路况急剧下降,公路路况与经济建设矛盾突出。1979年,建造第1条沥青路进港公路(即79省道骆霞线),于1981年建成,同年完成329线璎珞桥至湖塘2.25千米水泥路面改造,这是宁波市最早建成的水泥路。我区的路面逐年改造就从1981年开始的,从国省道到重要县道,不但进行路面改造,还进行局部降坡、弯道改善、拓宽改造,1986年,新建甬小线(江南公路),1993年,对骆亚线北仑段进行了拓宽改造成二级公路,2006年,骆亚线江南公路至钱江路段建成双向四车道一级公路,2004年底,329线陈华至白峰汽渡13.7千米分别建成双向六车道6.8千米、双向四车道6.9千米的一级公路,又新建省道沿海中线26.2千米,1998年12月16日,建成通车的同三高速,结束了北仑区无高速公路的历史,1991年,完成329线穿山—白峰汽渡8千米路面改造,其中,新建羊白岭隧道长309延米,这也是我区第一孔隧道,取消穿山至后所狮山段国道,改为县道;1992年,完成穿咸线公路线形路面改造,新建昆亭岭隧道长350延米,2001年,新建大海线茅岭隧道长650延米。沿海中线的新建,大大加快了我区东部地区的开发建设。我区公路交通发展形势喜人,行车的舒适度大大改善,公路路况在不断提高,公路养护要求也随之不断提高,从20世纪80年代"以养好路面为中心",做好全面养护工作,至1997年,创建GBM(公路标准化美化)工程,329国道为我区第1条文明公路,并通过省厅专家的验收,从1975年乡乡通公路到2006年村村通公交,通村公路全部硬化,公路养护正向畅、洁、绿、美、优、安方向发展。

3.水毁

北仑区位于东海之滨,属亚热带季风气候,年平均气温16.6℃,年平均降水量1305.3毫米,7—9月份为台风季节,常常造成台风暴雨侵扰,特别是逢中秋大潮汛,山水大量流入水库、平原,水库溢流,海水高潮位契闸无法泄洪,傍山路段经常发生山体滑坡、山水冲毁公路路基,甚至整幅公路冲毁,平原地区公路漫水,尤其是329国道陈华立交桥泵房线、白洋线傍山段屡受其害,冲毁路基的事件频繁发生,白洋线傍海路段曾多次被巨浪冲垮,大海线傍山路段屡遭山水和溪水冲毁,有的年份造成沿线多处山体滑坡,公路被溪水冲断,损失惨重。

1956年8月1日,强台风登陆象山港,正面袭击北仑,最大风力12级以上,潮位高达4.85米,最大暴雨量116.9毫米,宁穿线北仑段砂石路大部冲毁;同年9月2—5日因台风影响,短时间降雨达157.7毫米,刚修复的公路再次冲毁。

1962年7—9月,有4次台风侵袭,尤以9月3—6日台风、暴雨更烈,9月4—6日过程降雨量219.2毫米,柴(桥)三(山)线、镇(海)大(碶)路、白(峰)上(阳)线沙石路被冲毁。

1963年9月11—13日,12号台风袭击我区,暴雨大作,梅山降雨450.6毫米、三山660毫米、新路水库491.6毫米,大部分傍山公路发生塌方,共计塌方2314立方米,冲毁涵洞23道、桥梁8座。

1966年9月5—8日，持续3天半，降雨量400毫米以上，新路岙水库492.5毫米、长山义成契445.1毫米、下邵600毫米左右，青峙至大碶、新碶至大碶路基被淹，白洋线再遭重创，冲毁路基4千米、涵洞6道，当时，新碶大水齐胸，10余个乡镇水深过漆，群众用船代步，经驻甬部队共同抢修，公路很快恢复通行。

1974年8月20日，13号台风侵袭北仑区，继之景雨、大潮，最高潮位4.5米，无法泄洪，公路不同程度遭受破坏，尤以白洋线、上白线和大碶—杨岙，海口—民丰线为最严重，塌方2150立方米、冲毁桥梁3座。

1977年8月21—23日，台风过境，降水量达303毫米，大碶地区公路没于水下50—60厘米，交通中断，各线冲毁桥梁29座。

1979年8月23日—25日，第10号台风于正面袭击北仑区，穿山、昆亭潮位高达4.7米，大碶地区雨量355毫米，冲毁桥梁9座、涵洞25道、路基5.6千米。

1981年8月31日，第14号台风侵袭，台风中心在距北仑区100千米范围内徘徊27个小时，最大风力12级以上，我区潮位4.97米，白洋线、白上线、大碶—杨岙，海口—民丰线山体塌方2380立方米，冲毁路基4.5千米。

1988年7月28—30日，台风暴雨再袭北仑区，造成公路水毁非常严重，其中，塌方3580立方米，冲毁路基7.2千米、涵洞23道、桥梁3座。

1989年10月15日，第23号台风严重影响北仑区。大碶—杨岙，海口—民丰线、白上线局部公路因塌方中断，区公路段马上组织抢修，于16日通车。

1992年9月22—23日，第19号台风正面袭击北仑区，杨岙、上阳、郭巨普降暴雨，造成山体滑坡。

1994年以来，比较严重的台风袭击达10多次，特别是1997年11月中旬、2005年8月5日麦莎台风和9月11日卡努台风，山体滑坡13,000多立方米，冲毁山路路基6.8千米、涵洞28道，329线陈华公铁立交桥无法抽水泄洪，造成2次被淹没，交通中断，大海线、白洋线都不同程度交通中断。

多年来，抢修水毁公路是交通部门一项重要的工作内容，各级政府和交通主管部门相当重视，认真做好“三防”工作，是我们公路养护部门的工作任务。每年台风季节前，交通部门都要制订“三防”预案，及时研究、及时部署、及时筹措资金，落实抗台物资、机具设备，落实责任，政府和交通主管部门，包括公路段，有分管领导和“三防领导”小组，“以防为主，防治结合”，根据傍山路段实际，做好预防性养护，地质不稳定路段采用做浆砌护坡，增加涵洞或扩大涵洞孔径等综合治理措施，密切注意气象信息，使水毁灾害对公路的损失降到最低点。

4.绿化

道路种植行道树是我国自古以来的优良传统，古代驿道、河道都有种植绿化的良好

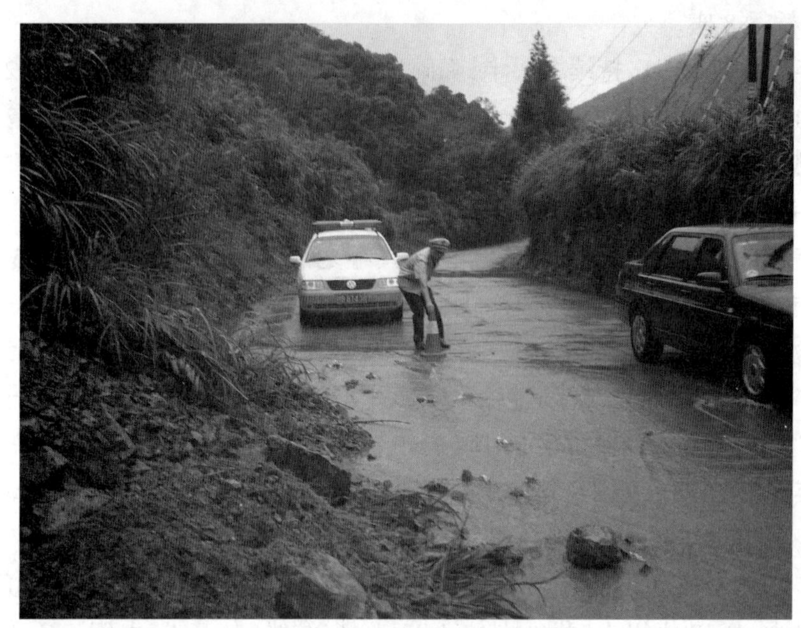

大海线塌方封道

习惯。近世兴修公路,植树绿化,更被列为公路建设和养护工作的重要内容。公路植树、边坡植草皮,可防止水土流失、稳定路基、保护路面、美化公路、调节气候、改善养路职工的工作条件,保障行车安全,战时还可起到防空隐蔽作用。

民国十九年(1930),浙江省建设厅颁布《浙江省公路代植行道树办法》,规定由县公路所在地的县代植公司行道树,苗木直径3.33厘米左右,高2米以上,间距8米。民国二十三年(1934)宁穿公路两侧主要种植白杨,间距3米。抗日战争爆发,公路遭毁,行道树被大量砍伐。新中国成立前夕,公路行道树保存甚少。新中国成立后,修复公路同时,进行公路绿化。1956年3月,执行浙江省交通厅《浙江省公路绿化规划》,主要干线每边双行植树,一般干线和支线每边单行植树。规定公路管理部门负责规划,公路沿线农业社负责分段包栽、包养,栽养单位享受按规定修剪树枝及收获果实的权益,但砍伐树木须经公路管理部门同意。20世纪60年代中期起,制定公路树权收益分配政策。凡国家出资收资归国家所有;公路部门供苗,生产大队负责种、育、管,林副收入归生产大队,树权按比例分成。1973年,柴桥区为宁波地区公路绿化典型。1983年起,群众植树艰难,养路部门自行种植养护,取消"合作共有"政策。

我区公路绿化始于1949年宁穿公路,后柴(桥)三(山)线公路修建后,也种植行道树。当时,植树绿化都是民办公助形式,采用谁种植谁收益的办法,由人民公社委托生产队种植。1957年,成立宁波地区公路总段后,绿化种植方必须与养护工区签订协议,明确各自的权利和义务。1973年后,若公路改建拓宽砍伐行道树必须征得林业局批准,否则砍伐行道树属违法,公路绿化管理越来越被重视,1964年,大碶工区在育王岭东北侧借用农田设立了苗圃,由大碶养护工区负责育苗,每年可育苗1.5万株左右。

1981 年,329 线(杭州至沈家门)绿化进行全面改种,将原来种植参差不齐品种繁杂的绿化全部砍掉,种植适应江南地区种植的水杉,该树种长势快、挺拔向上,取消了原有的绿化种植模式,采用"国造国有"的方法进行公路绿化。

进入 20 世纪 90 年代后,宁波市公路局提出了"人在车中坐,车在画中行"的口号,开展了创建文明样板路活动,公路绿化必须与公路建设同步设计、同步种植、同步交付。1997 年开始,公路段进行绿色通道建设,329 线陈华至白峰段,两侧各借用土地宽 3 米,种植香樟树和龙柏。2002 年 3 月,对同三线北仑段 6.55 千米两侧各 30 米进行绿化,2003 年,骆亚线两侧借用农田各 5 米,石龙线、白梅线两侧,借用农田各 3 米进行绿化,绿化品种为香樟树、杜英、龙柏、银杏、木槿等优良品种;2004 年,329 线陈华至白峰汽渡及沿海中线新建工程中,绿化种植规模更是空前,采用园林标准设计种植,329 线中隔带花坛宽 4 米,两侧绿化各 10 米,绿化种植投资达 2100 万元。采用乔灌结合,做到常年有花有绿,色块草坪结合,公路绿化标准进一步提高。这对公路段的绿化养护工作提出了新的课题。公路段采用公开招投标,招聘组建有资质有养护专业技术的养护队伍,管养 329 线和沿海中线公路绿化,各养护站管养其他公路的公路绿化,购买了用于抗旱的振动水泵 13 台、洒水车 3 辆,以及其他割灌机、高压喷雾器、草坪修割机、绿篱机、油锯等多种机械设备。

至 2010 年,可绿化公路里程 321.663 千米,已绿化 319.365 千米。

5.交通标志

道路交通标志是向驾驶人员及行人传递交通安全法规信息,用以管制、警告及指示交通的安全设施。合理设置标志,可以提高道路通行能力,减少交通事故,防止交通堵塞、节省能源、美化路容。它在现代交通管理中具有重要作用。各类公路必须按规定设置各种标志和安全防护设施,如指路标志、里程牌百米桩、警告标志、禁令标志、标线、界牌和钢护栏、箱式护栏等等。其形状、尺寸、颜色和设置都要符合国家路政管理条例的规定。随着公路交通的快速发展,交通标志设置更为科学实用。

中国人民共和国成立前,公路的交通标志仅有石质里程碑,随后才在渡口、桥梁、道路叉口处设置木质标志。1965 年后,才用钢筋混凝土标志,当时的交通标志质量差、标准低,无规范规定的尺寸要求,很不齐全,非干线公路甚至没有交通标志。1983 年,交通部出台了关于交通标志的第一部规范法规。1984 年后,规定凡新建公路必须按该规范设置交通标志,才予以验收接养。公路段在所有老公路上也补设了交通标志。

1986 年,《道路标志标线》按新国际(GB5786—81)标准实施。此后,随着公路建设的快速发展和交通科技的进步,新工艺、新材料、新结构的涌现,对交通标志提出了更高的要求。1999 年 4 月开始,按国家标准《道路交通标志和标线》(GB5768—1999)设立。该标准与国际接轨并增加了新的内容,由原标准的 148 个标志增加到 320 个。公路标志标线要与公路新建和改建工程同规划、同设计、同审查、同施工、同验收,其经费纳入工程概算,由项目业主负责;公路交通标志标线工程设计须经交通局会审确认,工程竣工须经省、市、区交通主管部门、公路养护部门和交警联合验收通过,方可投入使用,公路交通标志标线材料生产厂家施工企业的从业资格由省交通厅公路局认定后,方可参与市场竞争。

北仑的公路建设,特别是县乡公路,傍山路段中“五沿”(沿河、沿水库、沿江、沿涯、沿湖)修筑较多,虽经多次改造,个别路段弯道半径小、弯道多,加上近年来车流量快速增长,尤其需按国家标志标线规定加以设置,才能保证交通安全畅通。1998 年 7 月,国务院将 1989 年划归公安部门管理的公路交通标志标线等管理,重新划归交通公路部门管理后,区公路管理段严格按照标志标线规范予以全面实施,有的还超标准设置,为公路的安全畅通提供了保障。

1996 年,浙江民政厅、交通厅、公安厅、建设厅联合下达《转发关于国道两侧设置地方标志的通知》。自此,区公路管理段决定在 329 国道两侧设置村镇地方标志,以地方委员会办公室为主组织实施,民政、交通公安、建设部门给予支持和配合。

2003 年,始在骆霞线安装钢护栏,至 2010 年相继在 47 条线路上共安装 14.5 万米钢护栏,总投资 2225.50 万元。

2006 年 1 月,完成 329 国道亮灯工程,安装路灯 478 盏(玉兰灯和茄子灯),总投资 582.6 万元,3 月起由区公路管理段接养。

6.养护工具

20 世纪 50 年代,大碶工区养护工人主要靠手扛肩挑和畜力车。装运路料和路面维修保养主要靠扁担、锄头、土箕为主,工具简陋、劳动强度大。1957 年,大碶工区下属各道班开始配有手拉车,公路段在大碶清水设有采石场,用手工敲石子,手拉车短途驳用。1959 年以后,养路工具逐步更新,自制阔板扫帚,用废汽车轮胎制作匀砂器,由小毛驴拖拉,手拉车后拉板可以伸缩用于铺撒保护砂,这些工具在各道班应用,功效比原来大有提高。1965 年,购置 2 台三卡和 2 台手扶拖拉机,公路养护逐步开始机械化。1970 年,购买 4 台简易机动车(稻桶翻斗车)。1974 年以后,购置“四明山牌”和“解放牌”汽车,简易机动车也随之增加,三卡被淘汰。1982 年,配备“飞碟牌”工程车和 6—8 吨压路机。1992 年以后,公路段购买每小时拌和能力 14 吨沥青混合料的黑色粒料拌和机,改变了以前人工用铲拌和沥青混合料的历史。1996 年,购买 8—10 吨压路机、12 吨振动压路机。2010 年,购买的履带式液压挖掘机价值 118.6 万元;履带或沥青混凝土摊铺机,价值 296.76 万元;紫星石滚切路面铣刨机,价值 167.5 万元。截至 2010 年底止,北仑公路段已拥有机械设备 81 台套,价值 1049 万元。

另有陈华立交桥泵房,建于 1985 年,位于霞浦街道书院村,占地面积 520 平方米,建筑面积 129.31 平方米,有电动水泵 1 套。自 1986 年由省交通工程建筑一队转属北仑公路段。负责立交桥日常养护。

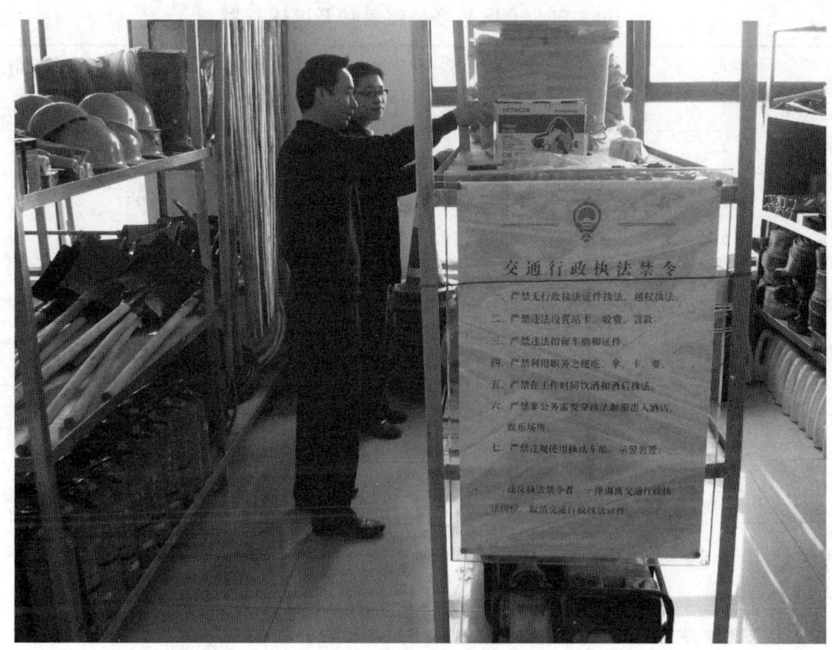

安全应急物资储备

北仑区公路养护及道班概况见表 9-2-5—表 9-2-9。

1985 年北仑区专业养护及道班一览　　表 9-2-5

道班名称	线别（1982 年旧名）	路面类别	里程（千米）	工人数	道班房地点	道班房面积（平方米）
算山	镇北	油路	14	6	高塘乡算山村	372.42
	大镇	砂石	5.4	5		
	霞林	砂石	3.5	4		
大碶	甬郭	油路	7.55	5	邬隘乡俞王村	275
	甬郭	水泥	6.45	3		
穿山	甬郭	水泥	2.3	1	穿山村武岭	254
	甬郭	砂石	9.7	12	柴桥镇穿山村	189
官庄	甬郭	砂石	11.7	10	郭巨官庄村	147
					白峰	272
青峙	大镇	砂石	8.2		小港镇李隘村	150
	大新	砂石	4.7		大碶镇垅头村	260
柴桥	柴河	砂石	6		—	—
盛岙	郭司	砂石	11		郭巨盛岙村	120.81
上阳	白上	砂石	9.2		上阳乡勤丰村	140
合计			99.7			2180.23

1985年北仑区县乡公路养护及道班一览 表9-2-6

道班名称	线别(1982年旧名)	路面类别	里程(千米)	工人数	道班房地点	道班房面积(平方米)
三山	柴三 窑英 海慈	砂石	11.9	5	三山乡海陆村	153.8
昆亭	柴三	砂石	5.8	4	车站旁边	—
紫石	柴三	砂石	4.8	3	紫石乡周勤村	—
下邵	江军	砂石	13.1	8	东岗碶	40
塔峙	大塔	泥结碎石	4.8	1	横山村	53
杨岙	大杨	泥结碎石	12	6	—	—
峙头	华中	泥结碎石	8.3	3		
合计			60.7	37		246.8

2006年北仑区专业养护站及养护一览 表9-2-7

养护站名	养护路程(千米)				人数(人)	养护站地点	站扬面积(平方米)	站房面积(平方米)	设备
	砂路	油路	混凝土路	合计					
大碶	2.34	0.35	23.8	26.5	8	大碶宁穿路32号	1916.5	394.09	方向式拖拉机1辆
穿山	—	3.12	30.43	33.55	6	穿山村	1181.8	404.15	农用四轮1辆
小港	—	4.27	31.65	35.92	14	李隘村	2662.5	858.19	方向式拖拉机2辆
白峰	10.36	3.87	20.26	34.49	5	白峰村	988.9	299.31	农用四轮1辆
春晓	—	46.05	16.798	62.848	10	慈岙村山下周	4600	558.15	清扫车2辆;洒水车2辆;巡查车2辆
白峰	—	23.342	45.18	68.522	10	白峰新峰村	3300	663	清扫车2辆;洒水车1辆;巡查车2辆
小港	—	22.553	39.553	62.106	10	小港李隘村	6600	850	清扫车4辆;洒水车2辆;巡查车3辆
霞浦	—	14.161	50.191	64.352	10	霞浦陈华	6600	2000	清扫车2辆;洒水车1辆;巡查车2辆
总计	12.7	117.716	257.862	388.278	73	—	27,849.7	6026.89	方向式拖拉机3辆;农用四轮2辆;清扫车10辆;洒水车6辆;巡查车2辆

2006年北仑区乡级养护站及养护一览 表9-2-8

养护站名	养护路程(千米)				人数(人)	养护站地点	建筑面积(平方米)
	砂路	油路	混凝土路	合计			
下邵	2.41	4.41	5.52	12.34	4	东岗碶	40
石龙线	0	0	6.04	6.04	2	—	—
杨　岙	12	0	0	12	6	—	—
璎西线	0	0	7.97	7.97	2	—	—
城　湾	0	0	6.35	6.35	2	—	—
塔　峙	0.42	0	4.38	4.8	1	横山村	53
峙　头	1.3	0	7.01	8.31	2	—	—
海　陆	3.22	5.17	0.4	8.79	3	—	—
三　山	0	1.64	6.33	7.97	2	三山乡海陆村	153.8
昆　亭	0	2.45	3.1	5.54	2	车站旁边	—
紫　石	0	0	5.79	5.79	2	紫石乡久勤村	—
洋　涨	2.04	0	0	2.04	1	—	—
江　南	0	0	3.18	3.18	1	—	—
梅　山	0	0	11.07	11.07	3	—	—
总计	21.39	13.67	67.14	102.19	33	—	—

公路钢护栏安装一览(2003—2010年)(单位:米) 表9-2-9

线路名	长度	线路名	长度	线路名	长度
329国道	3463	329线—嘉溪	88	上白线—山防	284
骆霞线	27600	329线—上傅	334	上白线—太平	212
穿咸线	6193	329线—集装箱通道	324.5	上白线—下湾	420
大海线	8472.5	集装箱二通道	19,273	上白线—山坑	204
沿海中线	12,000	太河路—春晓	22,263	梅山渡口—梅东	82
江五线	2167	清水—城湾	1860	梅山渡口—南深	584
白洋线	10,440	永定河路	1610	梅山渡口—外墩	72
白咸线	7831	泥湾—前进	748	梅东—碑塔	126
白梅线	2686	鲍家洋—下邵	255	里岙—盘峙	550
白中线	2700	甬小线—新权	156	河头—岭下	109
柴桥—狮子山	1220	昆亭—干岙	400	璎珞—西山	323
329匝道	5448	柴桥—钟灵	562	沿海中线—马盘	60
329线—金家	1798	柴桥—四合	152	泰山路—永久	62
329线—后所	48	三山—双狮	400	四期进港公路	907
329线—沙溪	480	郭巨—渡口	500	大碶—青峙	26
329线—沿亭	32	华峙—童家峙	480	合计	145,000

第三节 内部建设

区交通系统组织主要有中国共产党组织,以及共产主义青年团、工会、行业协会等社团群众组织。

一、党组织

1985年9月,原镇海县交通局撤销,成立滨海区交通局,同年11月,建立中国共产党滨海区交通局委员会。下设局机关和北仑交通监理所、滨海区航运管理所、滨海区公路管理段以及柴桥运输公司、大碶运输公司、长山运输公司7个局属党支部。1986年10月,更名北仑区交通局党委。2002年1月24日,撤销北仑区建设管理局和北仑区交通局,组建北仑区交通与建设局。3月1日,设置中共北仑区交通与建设局党委;2003年2月10日,恢复北仑区交通局党委。2006年,有局机关党支部和局辖3个事业单位和3个企业单位基层党组织:北仑区公路运输管理(稽征)所、北仑区航运管理所、北仑区公路管理段党支部;北仑汽车运输有限公司党总支(分公司机关、公交长运公司、82路车队、83路车队支部)、北仑区公路运输有限公司党支部、北仑宏海运输有限公司党支部。有党员120名。

交通系统党组织的主要职责:①认真贯彻执行党的路线、方针、政策和上级党委的决定、指示,结合本部门、本单位实际具体实施;②研究制定本系统、本部门交通建设中长期发展规划、年度计划,作出改革发展的重要部署;③审议决定涉及本部门、本单位重大问题、重大项目、重大资金使用;④按照干部管理权限和规定程序,决定本部门管理干部的职务任免、职称晋升、人员调整和奖惩;⑤研究制订本系统、本部门加强思想、作风、组织建设和思想政治工作的措施,并在工作中,努力发挥党组织的战斗堡作用和党员的先锋模范作用。

为了切实履行职责,交通局党委相继制订了党委工作制度、党支部工作制度,规定了组织原则、议事和决策程序及相应条约、党委日常文件处理规定以及党委委员守则、支部书记职责等;成立了局党委党风廉政建设责任制领导小组,制订了《北仑交通系统党政干部廉洁自律十条规定》。从1999年起,设立局纪律检查委员会,加强纪检工作。按照中央《关于党内政治生活的若干准则》,对党员进行以党章、党员准则为主要内容的理想、宗旨、纪律教育,举办学习党章、准则培训班,开展党内批评与自我批评,恢复和健全“三会一课”制度;围绕巩固执政党地位、加强党的建设,先后开展“争创先进党支部、争做优秀共产党员”“学理论,树形象,创业绩”活动,民主评议党员活动,党性党风教育活动,“凝聚力工程”活动,“三个代表”重要思想学习活动等。

各基层党组织还专门开辟党员活动室,并结合清明节和“七一”纪念日,祭扫革命烈士陵园,对党员开展生动有效的思想教育。

历年来,区交通系统各级党组织因工作成绩突出,多次受到上级党组织嘉奖。

历任交通系统党组织负责人见表 9-3-1—表 9-3-3。

历任交通局党组织负责人名录 表 9-3-1

	组织名称	姓名	职务	任期
交通局党组织	局党委	夏仕钧	副书记	1985.11—1989.6
		夏仕钧	书记	1989.6—1990.8
		高新勇	副书记	1990.5.—1991.5
		高新勇	书记	1991.5—1995.2
		徐亚法	副书记	1991.5—1995.2
		徐亚法	书记	1995.2—1996.9
		李如军	书记	1996.10—2002.11
		叶伟良	书记	2002.11—2007.5
		李如军	副书记	2002.11—2005.12
		刘 勤	书记	2007.5—2010.12
	局纪委	胡明军	负责人	1999.6—2001.1
		张丁山	书记	2000.1—2003.4
		叶伟良	书记	2003.4—2007.5
		刘 勤	书记	2007.5—2010.12
	局机关支部	贺藻堂	书记	1985.12—1988.7
		沈国祥	书记	1988.7—1992.5
		徐亚法	书记	1992.5—1993.8
		胡明军	书记	1993.8—1998.11
		胡修君	副书记	1998.12—2002.8
		叶伟良	书记	2002.8—2007.11
		邱益君	书记	2007.12—2010.12
	建管处支部	王和平	书记	2002.4—2003.2
	质监站支部	郑建华	书记	2002.4—2003.2

历任局属事业单位党组织负责人名录 表 9-3-2

组织名称	姓名	职务	任期
公路运输管理(稽征)所党支部	徐永成	副书记	1989.6—1993.2
	徐永成	书记	1993.2—1993.12
	黄显堃	书记	1993.12—1994.7
	徐永成	副书记	1994.7—1995.6
	徐永成	书记	1995.6—1997.4
	张永广	副书记	1997.4—1999.12
	张永广	书记	1999.12—2001.2

续上表

组织名称	姓　名	职　务	任　期
公路运输管理(稽征)所党支部	贺定良	副书记	2001.2—2003.3
	王　瑾	书记	2007.9—2009.7
	徐健钢	副书记	2008.12—2009.7
	徐健钢	书记	2009.7—2010.1
	俞科龙	副书记	2010.1—2010.9
	俞科龙	书记	2010.9—2010.12
港航管理处党支部	王云来	副书记	1985.11—1987.5
	王云来	书记	1987.6—1999.12
	陈灵明	书记	1999.12—2008.12
	顾雨康	副书记	2001.2—2003.3
	虞哲华	副书记	2003.3—2004.2
	王　瑾	书记	2008.12—2010.12
公路管理段党支部	黄显堃	副书记	1985.11—1987.5
	黄显堃	书记	1987.6—1993.12
	童才明	副书记	1993.12—1995.11
	陈友福	书记	1993.12—2004.2
	童才明	副书记	1998.2—2004.4
	虞哲华	书记	2004.2—2010.1
	陈孝耀	副书记	2004.4—2010.12
	徐健钢	书记	2010.1—2010.12
东方路桥工程公司党支部	童才明	书记	1995.11—1998.1
	韩亚春	书记	1998.1—2000.8

历任局属企业党组织负责人名录　　表 9-3-3

	组织名称	姓　名	职　务	任　期
北仑汽车运输有限公司	长运公交公司党支部	童才明	书记	1990.1
		姚永龙	书记	1990.1—1991.4
		童才明	副书记	1990.1—1993.10
		穆丕风	书记	1991.4—1993.10
	汽运总公司党支部	童才明	副书记	1993.10—1993.12
		穆丕风	书记	1993.10—1994.7
		黄显堃	书记	1994.7—1995.3
		戴忠平	书记	1995.3—1996.1
		邬飞明	副书记	1996.1—1997.4
		邬飞明	书记	1997.4—2000.11
		袁纪昌	书记	2000.11—2010.6

续上表

	组织名称	姓名	职务	任期
北仑汽车运输有限公司	汽运总公司党支部	邬飞明	副书记	2000.11—2009.1
		李世良	副书记	2009.1—2010.12
		张贤勇	书记	2010.6—2010.12
	公交长运公司支部	邬飞明	副书记	1993.12—2005.11
		邬飞明	书记	2005.11—2010.12
	客运服务公司党支部	戴忠平	书记	1993.12—1997.4
	机关党支部	李鑫焱	书记	1993.12—1998.4
		茅跃均	书记	1998.4—2000.11
		邬飞明	书记	2000.11—2005.11
		叶榆良	书记	2005.11—2010.12
	82路车队党支部	顾国华	书记	1998.4—2000.11
		李孔健	书记	2000.11—2010.12
	83路车队党支部	沃黎平	副书记	1997.4—2000.11
		沃黎平	书记	2000.11—2010.12
北仑公路运输有限公司	大碶运输公司支部	顾伟芳	书记	1985.11—1992.5
		胡祖宏	副书记	1990.6—1992.5
	第一运输总公司支部	顾伟芳	书记	1992.5—1999.11
		姚国祥	书记	2000.11—2002.6
	公路运输有限公司支部	姚国祥	书记	2002.6—2010.12
北仑宏海汽车运输有限公司	长山运输公司党支部	袁纪海	副书记	1985.11—1987.3
		曹信芳	副书记	1987.3—1992.5
		袁纪海	书记	1992.5—1998.1
		蒋光亮	书记	1998.1—1999.12
		刘国胜	副书记	1998.1—1999.12
	宏海运输有限公司党支部	蒋光亮	书记	1999.12—2010.12
		刘国胜	副书记	1999.12—2010.12
柴桥运输公司党支部		徐锡成	书记	1985.11—1986.9
		沃小品	书记	1986.9—1988.11
		胡修良	书记	1988.11—1996.4
		徐锡成	书记	1996.4—1999.6
北仑航运公司支部		王亚强	书记	1994.7 至今
		李中刚	副书记	1994.7 至今
北仑汽配公司支部		周建伟	负责人	1994.9—1999.6

注:公路运输有限公司党支部、宏海运输有限公司党支部,自 2009 年 3 月分别转入新碶街道和小港街道。

二、团组织

1986年初,成立中国共产党青年团滨海区交通局总支委员会(简称团总支)。1986年10月,更名北仑区交通局团总支。

2002年8月28日,建立共青团宁波市北仑区交通与建设局委员会(简称交通局团委),撤销共青团宁波市北仑区交通局总支部。2003年3月26日,恢复设立共青团宁波市北仑区交通局总支委员会。

2006年,有局机关团支部和局辖3个事业单位和2个企业单位基层团组织:北仑区公路运输管理(稽征)所、北仑区航运管理所、北仑区公路管理段团支部;北仑汽车运输有限公司、北仑区公路运输有限公司团支部。有团员35名。北仑区交通局及下辖单位团组织负责人见表9-3-4,表9-3-5。

北仑区交通局团组织负责人 表9-3-4

组织名称	姓　名	职　务	任　期
北仑交通局团总支	张雪娜	负责人	1986年初—1989.1
	贾亚君	书记	1989.1—1992.2
	马驰洲	书记	1992.2—1996.12
	郭立平	书记	1996.12—2002.9
	孙明义	书记	2002.9—2003.3
	郑凌云	副书记	2002.9—2003.3
	林艳军	书记	2004.3—2010.12

北仑区交通局辖单位团组织负责人 表9-3-5

组织名称	姓　名	职　务	任　期
公管所团支部	王　瑾	书记	1995.8—1997.12
	胡凯军	书记	1997.12—2004.9
	陈海腾	书记	2004.9—2008.5
	徐红丹	书记	2008.5—2010.12
航管所团支部	王　伟	书记	1995.4—1997.11
	余槐海	书记	1997.12—2001.11
	汤显良	书记	2001.11—2010.12
公路段团支部	吴燕珍	书记	1998.8—2005.9
	谢　嗣	书记	2005.10—2009.3
	顾春波	书记	2009.3—2010.12
汽车运输有限公司团支部	王卫星	书记	1995.7—1996.10
	茅跃均	书记	1996.10—1998.3
	苏胜伟	书记	1998.3—2010.12

续上表

组织名称	姓　名	职　务	任　期
公路运输有限公司团支部	陈国锋	书记	1995.4—1998.10
	林钢军	书记	1998.10—

三、工会

1985年12月18日，建立中国工会滨海区交通局工作委员会。1986年10月，更名为北仑区交通局工会工作委员会，1991年12月3日，建立北仑区交通局工会工作委员会妇女工作委员会。

1985年10月，镇海县撤县划区和滨海区（后为北仑区）建立后，原镇海县属专业运输企业工会——大碶运输公司、长山运输公司、柴桥运输公司3个工会归属区交通局工作委员会领导。尔后，局工会相继批准建立北仑区公路管理段、北仑区航运管理所、北仑区公路运输管理（稽征）所、北仑区交通工程管理处、北仑区交通局建设管理局辖事业单位工会和局机关工会。

局工会工作委员会在区总工会和局党委的领导下，负责本系统基层工会开展各项工作，使工会组织更好地发挥党和工人群众的桥梁纽带作用，其主要任务是：认真贯彻工会工作方针、政策，落实上级工会布置的各项工作任务，向所属工会传达贯彻有关会议文件精神，并督促检查、定期向区总工会和局党组织汇报工作；制订工作计划，总结本系统工会工作经验；维护职工合法权益，充分发挥职代会在审议重大决策，参与单位民主管理，监督行政领导等方面的作用；教育职工认识自己主人翁地位，树立主人翁责任感，发挥主人翁作用，提高职工队伍素质，领导所属工会开展各项活动，切实履行四项社会职能，反映职工群众要求和呼声，使职工群众与党领导保持一致，同心同德搞好各项工作。

2010年，交通局辖基层工会13个，会员502人。历任工会负责人见表9-3-6。

北仑区交通局历任工会工作委员会负责人　　表9-3-6

组织名称	姓　名	职　务	任职时间
局工会工作委员会	贺藻堂	主任	1985.12—1989.4
	张远耀	副主任	1986.2—1989.4
	沈国祥	主任	1989.4—1993.7
	王文林	副主任	1989.4—1993.7
	胡明军	主任	1993.7—2000.1
	张丁山	主任	2000.4—2003.4
	叶伟良	主任	2003.4—2008.4
	胡修君	副主任	1998.12—2010.12
	刘　勤	主任	2008.4—2010.12

续上表

组织名称	姓　名	职　务	任职时间
局工会女工委员会	董明智	主任	1991.12—2002.3
	胡　佩	主任	2002.4—2010.12
局机关工会	张晓阳	主席	1997.5—1999.1
	卢　宏	主席	1999.1—2000.3
	周国伟	主席	2000.3—2002.8
	张贤勇	主席	2002.8—2010.1
	邱益君	主席	2010.1—2010.12
公路管理段工会	许静华	主席	1986.6—1988.7
	许静华	主席	1988.7—1992.1
	许静华	主席	1992.1—1995.4
	许静华	主席	1995.4—1998.6
	许静华	主席	1998.6—2001.7
	许静华	主席	2001.7—2004.6
	许静华	主席	2004.6—2010.12
港航管理处工会	曹天华	主席	1986.1—1988.1
	曹天华	主席	1988.1—1990.11
	曹天华	主席	1992.1—1995.10
	曹天华	组织员	1995.10—1998.9
	曹天华	主席	1998.9—2001.10
	王云来	主席	2001.10—2004.12
	王　伟	主席	2004.12—2010.12
公路管理(稽征)所工会	刘满夫	负责人	1986—1996.5
	虞先飞	副主席	1996.5—1999.10
	虞先飞	主席	1999.10—2003.7
	虞先飞	主席	2003.7—2006.8
	虞先飞	主席	2006.8—2010.12
汽车运输有限公司工　会	童才明	主席	1991.7—1994.1
	童才明	主席	1993.7—1994.1
	李鑫焱	副主席	1993.7—1994.1
	李鑫焱	主席	1994.1—1997.5
	虞培侠	副主席	1994.5—1997.5
	茅跃均	主席	1997.5—2001.1
	顾国华	副主席	1997.5—2001.1
	邬飞明	主席	2001.1—2002.11
	沃黎平	副主席	2001.1—2002.11
	邬飞明	主席	2002.12—2010.12

续上表

组织名称	姓名	职务	任职时间
公路运输有限公司工会	王祥岳	副主席	1992.7—1993.8
	陈岳明	副主席	1993.8—1996.10
	顾亚珍	副主席	1996.10—2002.8
	庄嗣兴	主席	2002.8—2009.3(2009年3月转入新碶街道)
宏海汽车运输有限公司工会	袁纪海	主席	1993.11—1999.8
	李梅康	主席	1985.5—1988.8
	刘国胜	主席	1999.8—2009.3(2009年3月转入小港街道)
航运总公司工会	王忠华	主席	1999.1至今 (2000年划归小港街道)
局建管处工会	孙明义	主席	2002.5至今 (2002.12划归建设局)
局工程管理处工会	周国伟	主席	1999.6—2002.2
	杨士勇	主席	2002.2—2010.12
北仑维修行业工会	俞科龙	主席	2005.11—2010.12
	邬忠耀	副主席	2005.11—2010.12
北仑宝龙汽修厂工会	李福海	主席	2005.11—2010.12
上海大众北仑销售公司工会	史忠	主席	2005.11—2010.12
宁波开发区开元汽修厂工会	张世峰	主席	2005.11—2010.12
宁波开发区环球汽修厂工会	张明夫	主席	2005.11—2010.12

四、协会

(一)宁波市出租汽车协会北仑区分会

成立于1999年6月,属宁波市出租汽车协会分支机构,由本区出租汽车经营者、管理者和相关单位自愿组成的地方行业组织。分会地址:北仑区新碶恒山路78号2楼。

分会宗旨:为北仑区出租汽车企业、经营者和广大出租汽车驾驶员提供服务;架设平台;组织广大出租汽车驾驶员、出租汽车企业与政府及各职能部门的协调和沟通,依据党和国家政府的方针、政策和法律、法规,充分发挥社团组织的功能,加强出租汽车企业和出租汽车驾驶员与政府各职能部门及相关组织的沟通和协调,维护会员的合法权益;组织会员加强行业自律,遵守中华人民共和国宪法、法律、法规和国家政策,遵守社会道德,提供安全优质服务;组织和加强企业管理工作,规范经营作为,促进宁波市北仑区出租汽车行业的健康有序发展。本分会是在区交通局、宁波市出租汽车协会的领导、监督管理下,在北仑区公路运输管理处的业务指导下,依法组织和开展活动。

分会为非营利性社会组织,主要职责为:大力宣传国家有关出租汽车行业管理的法律、法规。认真贯彻区委、区政府及区交通主管部门的各项政策规定。开展专题调研活动,为全区出租汽车行业的可持续发展建言献策。客观、准确地向政府反映企业及从业人员的呼声,维护企业和从业人员的权益。组织培训、讲座、交流、考察、咨询等活动,提高企业及从业人员的综合素质、职业道德、优质服务、经营管理水平和行业自律能力。完成区委、区政府、区交通主管部门及区公路运输管理机构交办的工作任务。

因协会不具备注册资格,协会自行消亡。

宁波市出租汽车协会北仑区分会第一届组织名单

(2001 年 7 月 4 日)

名誉会长:周锡荣

会　　长:张永广

副 会 长:虞哲华、袁纪昌、王燮澄

秘 书 长:俞科龙

副秘书长:胡宝裕

理　　事:江明法、庄贤辉、黄飞升、陈国明、徐健钢、张士华、陈安涛、李良峰、刘小平、乐凤岗、白红光、张夫云、俞勤刚、蔡天良、张永军、朱金辉

(后因张永广工作调动,自 2004 年 4 月起王瑾任协会会长。)

(二)宁波市北仑区机动车维修行业协会

成立于 2000 年 11 月 20 日,首届协会会员 68 名(其中团体会员 30 名,个人会员 38 名)。张永广为协会会长;顾雨康、贺持跃为副会长;王瑾为秘书长。

协会一直以服务为宗旨,贯彻党和国家有关方针政策和法律法规,维护机动车维修、配件的合法经营;不断完善和优化行业管理,起到服务、协调监督作用。协会成立以来,积极开展"和谐 3 · 15 私家车免费检测"系统活动,共组织 10 次类似活动,15 家企业参与此项活动,免费检测车辆 3000 余辆次,维修车辆 2479 辆次,优惠维修费 15.5 万元,解答咨询 1200 余人次,举办技术讲座 4 期,参加者 98 人次。开展维修企业星级评选活动,2006 年共评出星级企业 8 家,2007 年 12 家,2008 年市五星级 2 家、四星级 4 家、三星级 8 家。每年组织 1—2 次从业人员资格培训班,现已有维修持证从业员 1800 名,通过培训教育,提升行业从业人员素质,不断推动机动车维修行业的健康发展,提高整个行业的整体水平。协会本着公正、公开、公平的原则,做好机动车维修质量纠纷工作,累计

成功调解各类维修质量纠纷50余起,更好地保障了当事人的合法利益。

协会被区民政局评为4A级社会组织,在市级技术比武中获得团体第2名的好成绩。

目前,协会已有会员403名(其中团体会员55名,个人会员348名)。现任会长徐健钢;秘书长刘军辉。

宁波市北仑区机动车维修行业协会第一届组织名单

(2000年11月28日)

协会顾问:翁海潮、李如军
名誉会长:周锡荣
会　　长:张永广
副 会 长:顾雨康、贺持跃
秘 书 长:王　瑾
副秘书长:汪光华
常务理事:张永广、顾雨康、贺持跃、王　瑾、汪光华、潘连康、陈贤君、林小明、张利鸿
理　　事:张永广、顾雨康、贺持跃、王　瑾、汪光华、邬忠耀、潘连康、陈贤君、林小明、张利鸿、张宝忠、胡世杰、曹炯炯、周　睿、邱岳华、贺光力、赵宏伟、庄贤辉、黄飞升、陈国民、徐健钢、江明法、王伟国、刘赛芬

宁波市北仑区机动车维修行业协会第二届组织名单

(2004年5月20日)

协会顾问:翁海潮、李如军、叶伟良
名誉会长:周锡荣
会　　长:王　瑾
副 会 长:俞科龙、贺持跃、邱岳华
秘 书 长:胡凯军
副秘书长:胡宝裕
常务理事:王　瑾、俞科龙、贺持跃、邱岳华、胡凯军、胡宝裕、胡修君、王国昌、张利鸿、林小明、贺光力、袁红辉、陈贤君
理　　事:王　瑾、俞科龙、王国昌、王伟国、张宝忠、王壮志、庄贤辉、

陈慈静、刘赛芬、邱岳华、张红明、张利鸿、陈贤君、林小明、励吉安、陈国民、周　睿、黄飞升、刘赛芬、贺持跃、贺光力、胡修君、胡世杰、胡凯军、赵宏伟、袁红辉、傅光辉、戴能斌、刘国胜、胡识远

宁波市北仑区机动车维修行业协会第三届组织名单

(2008 年 3 月 31 日)

会　　　长:徐健钢

常务副会长:俞科龙

副　会　长:贺持跃、邱岳华、陈永兴、贺光力、齐志国、吴绍民

秘　书　长:刘军辉

副 秘 书 长:胡修君、王国昌、张利鸿、戴能斌、史　忠、徐聪威、王友国、王兴儿、夏飞宝

理　　　事:徐良岳、潘树磊、吴满甫、顾海波、边志强、戴忠平、沃信平、乐　峰、胡凯军、何必义、庄贤辉、张红明、刘赛芬、陈贤君、陈慈静、林小明、赵宏伟、何浩波、孙　平、裘明东、郑立峰、张　浩、洪礼贤、陈建平、李尧峰

宁波市北仑区机动车维修行业协会第四届组织名单

(2009 年 3 月 31 日)

会　　　长:徐健钢

常务副会长:俞科龙

副　会　长:贺持跃、邱岳华、陈永兴、贺光力、齐志国、吴绍民

秘　书　长:刘军辉

副 秘 书 长:胡修君、王国昌、张利鸿、戴能斌、史　忠、徐聪威、王友国、王兴儿、夏飞宝、汤镇伟、袁红辉

理　　　事:徐良岳、潘树磊、吴满甫、顾海波、边志强、戴忠平、沃信平、乐　峰、胡凯军、何必义、庄贤辉、张红明、刘赛芬、陈贤君、陈慈静、林小明、赵宏伟、何浩波、孙　平、裘明东、郑立峰、张　浩、洪礼贤、陈建平、李尧峰

第十章 人物 史事 文献资料

第一节 人　　物

张支信

唐时明州海外贸易商、航海家。唐大中元年(847年)六月,张自望海镇(今镇海城关镇)放洋,仅用了3昼夜时间,即达日本值嘉岛(今日本平户岛),创造了当时中日间海上交通的最快航行记录。此后,张还担任过日本太宰府通事官。唐咸通三年(862年),张在日本松浦郡造船,费时8个月,船成。九月,送日本真如法亲王来明州。次年,张船自望海镇放洋返回日本。

徐兢(1091—1153)

字明叔,号林弟。曾摄事雍丘(今河南杞县)、原武(今河南原阳)两县。北宋宣和五年(1123),随路允迪从定海(今镇海)乘"神舟"出使高丽,就沿途及在高丽时见闻所及,于北宋宣和六年(1124)著成《宣和奉使高丽图经》一书。全书共四十卷,分建国、世次、海道等二十八门,详载高丽的山川、风俗、典章、制度、接待使者的仪文、海上往来的道路等;其中舟楫一卷和海道六卷,记述了船舶制造、定海(镇海)至高丽(国都开城府)的海上航路、海洋地理和航行历程,对在镇海建造和装饰的神舟和客舟两种大型远洋海船的形体结构叙述甚详。原文有文有图,图在"靖康之变"时散佚。

王安石(1021—1068)

字介甫,号半山,宋抚州临川(今江西临州)人。北宋庆历二年(1042)进士,任淮南判官。七年(1047),知鄞县令。任内兴修芦江(今属北仑)水利,在石湫海滨筑斗门(碶闸)。在穿山筑堤捍浦为河,于堤两石岩凿三窍为碶,后人称荆堤,荆碶,清乾隆《镇海县志》称王公塘,是围垦和开发大碶小平原并发展内河水运的先驱。

冯湛

南宋绍兴二十三年(1153)任明州定海(今镇海)水军统制。南宋乾道五年(1169),

发明多桨船,船长8.3丈,阔2丈,载重800斛,置桨42支。该船集湖船底、战船盖、海船头尾于一体;湖船底宜涉浅,战船盖利迎敌,海船头尾可破浪防浪。

吴潜(1195—1262)

字潜天,安徽宁国人。南宋宝祐四年(1256)至开庆元年(1259)任庆元府制使。在任期间,曾令定海(镇海)、慈溪两县,共同疏导镇海西城至后江的运河河道,并筑起了茅洲闸和化纸闸,使镇北地区农田灌溉与内河航运的条件大为改善。

贝锦泉(1831—1890)

字敏修,本县贵驷憩桥人。"宝顺"轮第一任司舵。清光绪十年(1884)署定海总兵。清光绪十一年(1885)中法战争镇海中保卫战期间防守舟山,同年十月,实授总兵职。

叶澄衷(1840—1899)

名成忠,庄市叶家人。晚清沪上镇海籍大商人,沙船业老板。父辈务农,6岁丧父,9岁入学,未及半年,因贫辍学。14岁赴沪学商,17岁驾舢板船贩卖日用品于黄浦江上。清同治元年(1862),在上海开设顺记五金杂货店,承办外轮所需的船舶五金,营业转盛;为扩大销售,陆续在上海及国内各地商埠开设了18所分号。继而又投资于航运业、银钱业和房地产业,置沙船百余艘,经营长江及沿海运输,拥有资金银800万两。

唐爱陆(1872—1944)

小港人,晚清秀才,镇大公路的修建发起人与筹建人之一。他早年加入同盟会,武昌起义时担负民军后勤工作。北伐开始任国民党汉口特别市党部常务委员、劳工部长。民国十七年(1928)离汉至沪蛰居,后回小港任乡长兼县清丈处主任,发起、筹筑镇大公路。抗日战争爆发,与李善祥一起,组织小港抗日后援会、救护队等救亡团体。民国二十九年(1940)7月,日军在镇海登陆时大肆烧杀,他在东岗碶创办难民救济所,旋又在茅洋山寺成立难童教养所,收养孤儿百余名。镇海沦陷时,他派人将难童护送至奉化国际灾童教养院后,只身辗转至重庆,直到民国三十三年(1944)病逝。

李容

镇海县人。近代镇海籍宁波商业船帮的代表人物,我国第一艘轮船"宝顺"号(1854年冬投入使用)的三个购置发起人之一。

顾宗瑞(1886—1972)

大碶塊头村人。13岁在沪一报关行当学徒,后升为主管。1920年创办泰昌祥报关行。1928年后,先后购置永升、永亨、新泰号等轮船,旋又添置永敏、永耀、泰生等数船,从事航运业。抗日战争期间,在上海创办瑞泰毛纺织厂,在宁波开办通记酱园。1946年在沪创办泰昌祥轮船公司,拥有大小轮船13艘,行走国内南北诸港。中华人民共和国成立前夕,泰昌祥迁往香港,仍从事航运业,兼营房地产,并在日本、新加坡等地设立分公司。1967年,参与发起成立宁波旅港同乡会。一生热爱家乡公益事业,1947年,为首筹资修复大碶至高塘段公路。逝世前叮嘱子女爱国爱乡,子国和、国华等牢记其"造福桑梓"的遗愿,在家乡兴办宗瑞医院、宗瑞图书馆、顾国和中学等诸项公益事业。

童葵轩(1896—1987)

字映榴,镇海县霞浦乡林大村人。民国八年(1919)毕业于南京高等师范学院机械系。民国十四年(1925),与其兄弟童信禾合创上海恒新贸易公司。民国二十四年(1935),又办机械制造石,研究制成2号万能铣床,开创了我国铣床制造的先河。民国三十四年(1945)冬,与周仁恩等合作,创办华兴打捞公司。中华人民共和国成立后,他主持设计并成功地打捞起火车渡轮"南京"号等沉船多艘。1951年,华兴并入中国人民打捞公司。他先后担任该公司的技术顾问、副主任工程师和上海海难救助打捞局高级工程师,创造性地采用"压气抽水"法打捞深水沉船,并在沉船舱内装置压力调节阀,以防止沉船起浮起因内外压力变化而受到意外的损坏。他设计的应用打捞浮筒进行断船整捞技术,首次在长江口成功地打捞起"捷喜"号货轮,为我国沉船打捞技术的发展作出了贡献。1979年,以83岁的高龄,受聘于海洋水下工程科学研究院,任该院的技术顾问,参加海科院的筹建与制定技术发展方向,并直接指导了厦门至鼓浪屿第1条海底输水管道的铺设。

贝汉廷(1926—1985)

霞浦礁村人。1949年秋毕业于上海航务学院,历任"中兴""南海"等轮三副、二副、大副。1961年4月以后,先后任"和平""友谊""友好""九江""吉林""兰州""杭州"等轮船长。"文化大革命"期间,从远洋轮调到上海挖泥船当三副,专管伙食。1974年荣获全国劳动模范称号。同年加入中国共产党。1982年当选为六届全国人大代表。

在职期间,他曾先后出色完成柬埔寨和美国西雅图的首航任务,博得西雅图传媒"具有中国民族优美的风格""不但是海员,而且是友好使者"的美誉。1978年12月12日,驾"汉川"轮航行途中,在地中海全力救助即将沉没的塞浦路斯货轮"艾琳斯霍浦"号上16名船员及其家属,为防止过往船舶与沉船碰撞,特地在沉船旁守护了2天2夜,使得救者倍加感动。他们感谢中国人的救命之恩,钦佩中国人的高尚道德。1985年3月2日,抱病去德国"莱斯堡"接船,4月23日,因心力极度衰弱,猝逝于接回国的"香河"轮上。终年59岁。

子　刚(1924—)

河北省滦县人。1945 年 11 月加入中国共产党。1978 年,由交通部基建局副局长调任北仑港建设指挥部总指挥,历时 2 年多,为我国第一座 10 万吨级矿石中转码头的建成投产做出过重要的贡献。他在北仑任职期间,善于团结和依靠群众。他平易近人、严于律己、身体力行的思想作风,一直为职工所钦佩。1979 年 8 月,当台风猛袭港区,使新造海堤面临被毁的关键时刻,他不顾自身年老体弱,冒着狂风暴雨,率先冲向大堤,带领干部,出现在最危险的地段,连续坚持与狂风搏斗 8 个多小时,终于堵住缺口,使海堤转危为安。

第二节　史　　事

一、镇海口的鸦片输入

镇海曾经是我国鸦片输入的主要口岸之一。早在 18 世纪初,英国就向这里走私鸦片。

清康熙四十年(1701),英人凯切普尔带着 100 箱(合 11,200 磅)鸦片到定海,其中有一部分走私进入镇海口,大部分因卖不掉而运回广州。以后随着英国政府加紧推行其"用枪炮推销鸦片"(马克思语)的罪恶政策,镇海口的鸦片走私日益严重。他们的鸦片走私船,先在定海或镇海卸货,化整为零,运至宁波,然后通过鸦片贩子运销省内外。鸦片战争以后,外国商人的鸦片走私变本加厉,过去多少还是偷偷进行的勾当,战后则公然在各国驻宁波领事的庇护下,越过海关的检查,大量地走私进来。第二次鸦片战争以后,根据中英、中法《天津条约》,鸦片更成了合法商品,只要交纳 5%关税和 2.5%子口税,就可以公开输入,畅通无阻了。

据不完全统计,自清乾隆六十年至清咸丰十年(1795—1860)通过镇海口走私进入宁波的鸦片为 140,557—106,607 箱(据东印度公司其时运华鸦片数推定,每箱净重 100 市斤)。清咸丰十一年至民国二年(1861—1913)"合法"进口的鸦片为 250,481 箱(据华洋贸易报告书记录)(见表 10-2-1)。两者合计总数达 355,000—357,000 箱。这个数字约占全国这一时期鸦片输入总量的 1/10。按照当时海关验税时所定的价格(实际销售要高过此价的 25%—30%),以每箱 650 银圆计算,共计 220,770,000 至232,100,000银圆,占同期整个宁波港(包括镇海)洋货输入(包括直接和间接输入)总值的 50%(最低年份为 28.5%,最高为 55.8%)。鸦片进口数量如此之大,在进口货中所占比例又是如此之高,这对帝国主义来说,当然是最好的买卖,但对镇海与宁波的人民来说,则是无穷的灾难。

英国从印度和土耳其取得鸦片，运到中国出售，不但鸦片商可以从中获得巨额利润，而且使英国政府可以收取比成本高 301.75% 的鸦片税。英国鸦片商威廉·渣甸(W·Jardine，苏格兰人，原是东印度公司的一名随船医生，1819 年改行做鸦片生意)在清道光十年(1830)写信给他的朋友，称鸦片生意是“我所知道的最稳妥、又是最合乎绅士风格的投机”。他在信中承认：“在好的年头，我估计每箱鸦片的毛利，甚至可以达到一千元之多。”清道光十二年(1832)，他在广州开办怡和洋行，清道光二十三年(1843)，又在上海设行。之后中国所有重要城市，如汕头、厦门、镇江、南京、宁波、芜湖、九江、汉口、宜昌、沙市、重庆、长沙、昆明、天津、北京、青岛、牛庄、哈尔滨、台北等，以及日本的横滨、神户，美国的纽约，英国的伦敦，都有他的分支机构。渣甸本人在喝足了中国人的鲜血以后，成了亿万富翁，于清道光十九年(1839)回国广置产业，被英王授予爵士头衔，并且当上了国会议员。而数以百万计的中国人心身受到严重的残害，“既折磨他们的肉体，又腐蚀、败坏、毁灭他们的精神”(马克思语)，乃至危及整个国家和民族。

经镇海口“合法”输入的鸦片见表 10-2-1。

清咸丰十一年至民国二年(1861—1913) 表 10-2-1

年份	数量(箱)	年份	数量(箱)	年份	数量(箱)
1861	1514	1879	8338	1898	3584
1862	1299	1880	6759	1899	3393
1863	2763	1881	9146	1900	2559
		1882	8423		
1864	3304	1883	8444	1901	2359
1865	3379	1884	7547	1902	2036.8
1866	4332	1885	7523	1903	2207
1867	4136	1886	8243	1904	2209
1868	4505.03	1887	4389	1905	1814
1869	4736	1888	6064	1906	1408
1870	5110	1889	5933	1907	1458
1871	5540.44	1890	6026	1908	1323
1872	6659	1891	6027	1909	936
1873	7625.62	1892	6199	1910	505
1874	7723	1893	5829	1911	412
1875	10116	1894	5565	1912	911
1876	9498	1895	5164	1913	911
1877	8243	1896	5001		
1878	7852	1897	3811	合计	250,791.89

二、外国“护航”者在镇海——舟山海域勒索中国民船多年

鸦片战争以后,由于清政府更加腐败,社会动荡不安,东南沿海的海盗活跃起来,于是出现一种由外国人经营的“护航”。最早为中国“提供护航”的是葡萄牙人。葡萄牙人在澳门“制小夹板船数十只,编列号数,每只配夷人五六人,广东水手十余人,安设夷炮数门,护送商船往来各省港口。”(徐继畲《松龛先生奏疏》)当时从福建“护送装载杉木赴浙各商船,每只索银二十五圆,合二十五只为一帮,每帮共银六百二十五圆。间有商船凑不成帮,要其护送,随时议价,多寡不等。”(《筹办夷务始末(咸丰朝)》)随后,英、美、荷等国也参加了这一活动。这些武装“护航”船,以舟山一镇海海域为中心,不仅往来于已开放的口岸之间,而且还在未开放的口岸出入,完全不受中国法律的约束。在英国政府支持下,这些“护航”者,向所有进出宁波以及宁波近海航行的中国船只,擅自发放“护航证”,“征收”“护航费”。据统计,清道光三十年至清咸丰八年(1850—1858),他们每年向进出镇海口的渔船“征收”“护航费”5万银圆,向往来宁波与福州间的木材运输船和其他商船征收“护航费”20万银圆,向其他航行在镇海—舟山海域的各种船只“征收”“护航费”50万银圆(马士:《中华帝国对外关系史》)。而且,发展的结果是:“护航费很快变为勒索,而勒索又变为剽劫和谋害。”清咸丰二年(1852)九月间,葡萄牙的一只“护航”小汽艇,在镇海附件的海面上,将一艘载糖的中国帆船,强行拖到宁波。经过中国政府审问之后,确定这是一艘普通商船,船上所带武器完全是为了自卫,不能视作海盗船;但驻宁波的葡萄牙领事,利用治外法权,擅自开庭审讯,宣布该商船为海盗船,把它作为“战利品”,船由葡萄牙领事独吞,所载货物被“护航”船上的葡萄牙人瓜分(《北华捷报》)。

这些外国“护航”者,还经常骚扰沿海村庄,杀人放火,犯下种种罪行。但由于外国领事的包庇和他们政府的支持,清朝官吏连碰也不敢碰他们一下。宁波商人苦于外国“护航”者的专横,转而委托广东人护航。外国“护航”者不甘心失去这个赖以获得巨大利益的地盘,对中国商船的掠夺而增无减。清咸丰七年(1857)六月二十二日,广东护航船与葡萄牙“护航”船终于在镇海口外发生了激烈的冲突。葡萄牙人败北,逃上陆地,广东护航人员紧紧追赶,杀死葡萄牙人三四十人,围住在宁波的葡萄牙领事馆。葡领事馆人员和葡船中的少数人逃入教堂才免遭袭击。正当这时,法国领事乘“卡卜里西斯”(Capricieuse)号兵舰从上海来到宁波充当两者之间的“调停人”。他阻止对葡萄牙领事馆的袭击,纵容葡萄牙人回澳门,还扬言要审问处罚广东护航人员。此后,外国“护航”业的支配权转到英、法、美三国手里,继续横行在镇海—舟山海域。直到清咸丰九年(1859)为止。对此,后任英国公使卜鲁斯也承认:“这些坏蛋经常凌辱那些毫无抵抗能力的居民还不够,终于在这几个口岸及其邻近水面当起土匪和海盗来了。镇海已成为各国坏蛋的渊薮。”(严中平:《五口通商时代疯狂残害中国人民的英美领事和商人》)英

国驻上海领事也不得不承认:"来自各国的这群外国人,生性卑贼,无有效的管束,为全中国所诟病,亦为全中国的祸患,他们……放纵强暴,乃是欧洲各国人的渣滓。"(严中平:《五口通商时代疯狂残害中国人民的英美领事和商人》)

三、中法战争镇海保卫战及封港经过

清光绪九年(1883)十二月,法国发动侵华战争。清光绪十年(1884)八月(农历),法国舰队进攻台湾基隆;被击退后,转而进攻福州,击毁马尾港福建水师战舰9艘。同年十二月三十日除夕(1885年2月14日),南洋水师援闽战争舰5艘,2艘被击沉于石浦洋,余下"南琛""南瑞""开济"3艘为逃开法舰的追击,避入镇海港。清光绪十一年(1885)元月十四日(1885年2月28日)戌时,法舰4艘跟踪到达镇海口外之七里屿。十五日(3月1日)未刻,法舰"纽回利"号驶近招宝山炮台,"搭纳克""巴夏尔""德利用芳"3舰衔尾跟进。招宝山守将吴杰,炮目军功周茂训用200磅后膛钢炮迎击,一发即中"纽回利"船头。"纽回利"排炮回击,炮台受数十弹。"纽回利"正掉头准备以舷炮轰击,又被岸炮炮弹击折前桅。周茂训被弹片击伤,吴杰亲自开炮,镇海港内南洋3舰亦开炮接应,双方展开激烈炮战。"纽回利"又被击中2弹。接着,招宝山守军又发1弹,击中"纽回利"舰尾,舰体倾侧,法兵纷纷跳水逃生,其余法舰忙开炮救援,法舰败退。十六日(3月2日)戌时,法军两艘鱼雷艇偷袭海口桩船,被岸炮击退。十七日(3月3日)晨,法舰又添2艘。午刻,"搭纳克"号驶至虎蹲山下,炮击招宝山炮台。吴杰开炮,击中法舰烟筒;再发,击中头桅,横木坠下,伤其"兵头"。法舰负伤退去。此后,法舰数量不定,泊金塘山下,仅以1舰泊游山。十八日(3月4日)夜,法舰利用阴雨天气,以小船驶近南岸,企图袭击小港口炮台,守军黄金祖等击沉敌2小船。二十日(3月6日)晨,敌放小轮至虎蹲山下,被岸炮击退。二十七日(3月13日),法增援1舰。这一日,法舰连日以远程大口径火炮轰击小港炮台及蛸子岭。二月初四日(3月20日),副将王立堂率敢死队运后膛车轮炮8尊,潜伏在清泉岭下,夜袭泊于游山附近的法舰,击中法舰舱面。在此同时,侵犯我镇南关的法军,被冯子材将军打得大败溃退。法军惨败的消息传到巴黎,导致法国内阁的倒台。但是,清廷却在胜利声中屈辱议和,成为"不败之败"。清光绪十一年四月十日,清廷在巴黎跟法国签订停战协定。六月二十八日,法舰全部撤走。

清光绪十年七月(1884年8月)法军进攻基隆前夕,镇海口即布置水下障碍。其时中间仍留有20丈宽的水道供船只进出,故对海上交通妨碍还不大。清光绪十一年正月(1885年2月),战事开始,将原留20丈的口门堵塞,仅留5丈,并把数艘海船载石凿沉江口,以阻敌舰驶入,镇海海运停止。四月十日停战后,始有招商局的宜昌轮到达镇海口外,在镇海卸货,然后用驳船将货物运到宁波。此后,来船皆用同样方法。六月二十八日法舰撤走后,开始打捞沉船,清除障碍。至十二月二十七日,航道大体清理完毕,恢复行轮。在靠近北岸的封港船桩至清光绪十二年(1886)秋才全部清除干净。

四、抗日战争时期镇海沉船封港纪实

民国二十六年(1937年)卢沟桥事变后,日军全面侵华。11月12日,上海失守。12月13日,南京陷落。宁波防守司令部奉令沉船塞港,将新江天轮(3645吨,招商局)装满石块后横沉于镇海口,但很快被潮流冲歪至主航道南沿靠金鸡山一侧。是年12月31日正式宣布封锁镇海口,禁止船只出入。民国二十七年(1938)1月3日,为疏散宁波籍在沪难民,应旅沪同乡会之请,恢复通行。2月17日,再次封锁。3月10日,不定期的恢复通行。4月27日,规定沪甬线班轮每日限开1艘,船只进出镇海口时须由要塞派引水员领航。5月8日,又一次封锁,客货运中断。7月9日,只许货轮进入甬江,禁止壮丁出口,客轮减班行驶。8月,在镇海口用大松木加打了一道梅花桩,桩间用船用锚链连结加固,只在航道的靠招宝山一侧开了一个口子以通船只。民国二十八年(1939)4月4日,镇海口第2次沉船。所沉的船只是:"太平"轮(2800吨,上海太平轮船公司来甬装石膏)、"福安"轮(1200吨,福建船,捷美洋行代理,装南货来甬)、"大通"轮(1000吨)、"定海"轮(260吨,定海商轮公司,走甬定沈线)、"东海"轮(255.9吨,新宁海商轮公司,走宁波至宁海线)、"象宁"轮(201吨,宁象商轮公司,走甬象线)、"姚北"轮(240吨,三北商轮公司,走甬镇定线)、"镇北"轮(173吨,三北商轮公司,走龙镇甬线)、"新永川"轮(438吨,新永川商轮公司,走甬瓯线)、"超武"轮、"泰安"轮、"海光"轮、"海鹄"轮(均浙江省外海水上警察局巡逻缉私艇),以及南船"金裕生"(755吨)、"金裕发"(540吨)、"金裕泰"(520吨)、"金利源"(480吨)、北船"快利川"(500吨)、"金宝顺"(500吨)、"金永利"(500吨)、"金聚丰"(500吨)等8艘大帆船。同时宣布:今后来甬轮船,俱泊镇海口外,上下客货一律由小轮及帆船驳运至甬,宁波运沪客货亦依此法驳至大轮。民国二十九年(1940)7月15日,日军封锁杭州湾至福州海面及华南沿海港口。同日,敌舰10艘炮击镇海,敌机10批自晨至暮轮番轰炸宁波与镇海。7月16日,日军在青峙老鼠山一带海岸登陆。17日又陷俞范和镇海城。敌军所过之处,一路杀人放火。从16日到21日,日军在镇南黄瓦跟、唐家弄、小港镇、江口村、江南镇等处,杀中国无辜平民174人,烧毁民房8400余间;镇北武宁镇一片火海,3000余间民居街屋烧成一片白地,停泊在蟹浦塘外的18艘渔船和运输船尽毁于敌舰炮火之下。7月底,防守司令部进行第3次沉船,将"凯司登"(700吨,上海民生公司所有,德商海华洋行代理,行沪镇线)、"海星"(475吨,浙江省外海水上警察局缉私艇)2轮,凿沉在凹猛(彭)港转湾处。镇海口外与上海之间的来往船舶随之断绝。

五、民国二十八年(1939)7—12月沪镇轮运记录

据宁波航政办事处记,这个时期往来上海与镇海间的轮船有:

客货轮(三日开驶一次):"谋福"(德旗,3407吨),"德平"(意旗,2897吨),"新安

纳"(英旗,1840吨),"海福"(德旗,1252吨),"宝利"(意旗,1193吨),"哈纳"(德旗,1089吨),"飞泉"(德旗,781吨)。

货轮(无班次):"恩德"(意旗,2177吨),"康沙义"(意旗,1809吨),"宁瓯"(挪威旗,2158吨),"格兰"(挪威旗,2049吨),"大浦"(挪威旗,1973吨),"海达"(挪威旗,1185吨),"牛庄"(英旗,2480吨),"凉州"(英旗,1999吨),"颖州"(英旗,1992吨),"马勒"(英旗,2232吨),"新泰祥"(英旗,932吨),"永丰"(英旗,1274吨)。

油轮(随到随卸):"嘉口"(英旗,55吨),"通江"(英旗,49吨),"河光"(英旗,372吨),"富光"(英旗,792吨),"宜光"(英旗,120吨),"亚光"(英旗,444吨),"宁光"(英旗,136吨),"楚光"(英旗,152吨),"华南"(美旗,364吨),"曼利逊"(美旗,463吨)。

在镇海口外作业的轮船:到港113艘次,其中客货轮44艘次,货轮24艘次,油轮45艘次,载客51,259人,货40,702吨。离港104艘次,其中客货轮37艘次,货轮19艘次,油轮48艘次;载客49,985人,货26,557吨。合计217艘次,载客101,244人,货物67,259吨。运入货物最多的是棉布、棉纱、卷烟和煤油,其次是百货和五金,包括电讯器材、汽油、汽车零件、药品敷料等等。这些货物相当大一部分是以军用物资名义输入的。出口物资有棉花、纸、各种原料及由政府统筹运销的茶叶、桐油、猪鬃、矿产等等。

六、镇海南北号海上贸易运输船队盛衰记

镇海南北号海上贸易运输船队曾经是镇海县海运的主要力量。他们分两帮,行走南路航线并经营闽、粤、台方面生意的称南帮,也称南号;行走北路航线并经营齐鲁、辽东方面生意的称北帮,也称北号。南号与北号,集航运与贸易于一身,既经营运输,又在各港口城市开设商号,进行购、运、销业务。他们奉天后为保护神,元至元十六年(1279),福建海商在招宝山下建造天后神庙,出现了镇海商业船帮的雏形。

清嘉庆、道光(1796—1850)年间海上贸易转盛,其时,镇海有南、北号二十几家,拥有船只不下40艘。这些船中,大者400—500吨,小者100—200吨,最大800—900吨。他们不是单在镇海运货,而是多数在宁波或者上海运货,而且加入宁波的商业船帮。我国第一艘轮船(宁波)"宝顺"号的购买发起人之一李容,与该轮的司舵贝锦泉,就是他们中的代表人物。

第二次鸦片战争以后,帝国主义攫得我国内河航行权与沿海贸易权,纷纷在华设立轮船公司,不仅垄断我国的国际航线,而且开辟沿海航线,镇海的海上贸易运输业与其他沿海地区一样,失掉了国家主权的保障,受到沉重的打击。清同治五年(1866),左宗棠曾谈到:自洋船准载北货行销各口,……江浙大商以海船为业者,往北运货价本愈增,

比及回南,费重行迟,不能减价以敌洋商。到清光绪三年(1877),不仅内地商业处于悲惨状态,而且广州、福州、宁波、上海、山东与天津的帆船也日渐减少。……以前这些帆船所获得的巨额利润,已全部被外国轮船夺去。清光绪五年(1879)后,宁波至广州、香港的航线,为英国的"厦门"号(814 吨)及德国的"中国"号(648 吨)2 轮所控制。清光绪八年(1882),法国轮船公司又开航牛庄经宁波至福州的定期航班。到 19 世纪末,镇海南北号船只走北方航线的航次减少 3/4,走南方航线的航次减少 1/2,多数船只的航运范围逐渐缩至上海与本省近海。

20 世纪 30 年代中,镇海尚有南北号船只 30 余艘,其中 450 吨以上的 19 艘(详见表 10-2-1),100 吨以下的 10 余艘。前者行驶国内南北诸港,后者多行驶本省沿海以及舟山群岛。这些船只俱为沪、甬、镇三地南北号所有,有的一个商号几艘,也有几个商号合置一艘。大商号聘请专人负责经理业务,名为出海,又称船长。小商号也有业主自兼出海的。南号所有的船叫"南船",北号所有的船叫北船。南船航行沪甬闽线,间也行驶汕头、厦门,运来木材以及糖、桂圆、荔枝等南货,运去甬沪土产及日用百货,每年多的走 7—8 个航次,少的 5 个航次。北船航行沪甬青岛大连线,运来花生油、花生、大豆、各种干果、牛骨、豆饼以及朝鲜货等,运去的是甬沪本地产日用百货、进口洋货,以及当地土特产,每年通常航行 5 个航次。南、北号商人多数还到货物产地设分号进行就地采购,运回后上栈批发或者直接零售,但有时也代客带运去货。

民国二十六年(1937),八一三事变后,日军犯上海时,正是南、北号海运船舶习惯上的飨秋期(按惯例每年农历 6 月底至 8 月底台风季节为运输船舶的飨秋期,在此期间,各船举行祭神仪式,预祈生意兴隆,悼念海事死难人员,同时检修船只,添换船具,船工休假),19 艘船舶分泊虹桥、五里牌、清水浦、宋家汇头、凹猛(彭)港等处(见表 10-2-2)。战事一起,制海权很快落入敌手,日舰在我领海横行肆虐,劫掠、击毁我国商船事屡有发生,于是各船业主与船长先后集中在天妃宫和会馆里,举行紧急会议,决定立即停航,船舶在江边岸滩挖坞靠搁,每船留 3—4 人看管。

民国二十八年(1939)4 月 4 日,镇海口第二次沉船封港时,南船"金裕生""金裕发""金裕泰""金利源",北船"快利川""金宝顺""金永利""金聚丰"等 8 艘,被征沉入镇海口。

民国三十年(1941)4 月,镇海沦陷。民国三十一年(1942),占镇日军加紧搜掠我民间船只,并在浙海关镇海支关外的江岸上设修船厂和船坞。同年秋开始,日军将靠搁在甬江内的镇海南北号余下的 11 艘大帆船,陆续拖至修船厂,一艘艘肢解,那航行近海的 10 来艘中型帆船,也没有逃过敌人的魔抓而同时被毁坏殆尽,只有 1 艘南船"金顺源"虽已拖进船厂,但因来不及拆卸而幸存下来。历经数百年的镇海南、北号海上贸易运输船队就此衰落。

民国二十五年(1937)镇海县南船、北船情况统计 表 10-2-2

船名		载重(吨)	业主	建造年份	建造地点
南船	金裕同	890	上海胡裕昌木行	1845	马尾
	金裕兴	500	上海胡裕昌木行	1852	—
	金裕生	755	上海胡裕昌木行	1854	—
	金裕发	540	上海胡裕昌木行	1857	—
	金顺源	514	上海胡裕昌木行	1871	—
	金利源	480	沪甬几家木行合资	1865	—
	金裕泰	520	沪甬几家木行合资	不详	不详
	金顺元	450—500	沪甬几家木行合资	不详	不详
	金永丰	450—500	沪甬几家木行合资	不详	不详
	金聚兴	450—500	沪甬几家木行合资	不详	不详
北船	快利川	约 500	甬南北号合资	清末民初	温州
	金宝顺	约 500	不详	不详	不详
	金永利	约 500	不详	不详	不详
	金聚丰	约 500	不详	不详	不详
	金泰丰	约 500	不详	不详	不详
	金隆兴	约 500	不详	不详	不详
	金祥源	约 500	不详	不详	不详
	金协兴	约 500	不详	不详	不详
	金宝隆	约 500	不详	不详	不详

七、日军占领下的镇海港与镇海县城乡经济

沦陷期间,镇海港的贸易运输由日军“统制”。进出口货物概由加入“贸易业组合”之贸易行专营,事先须经日本海军特务部许可,再向日军上海海军武官府办理“搬出入”手续。自沪运镇物资多由轮船装运,输沪土产亦有用帆船运输。至于与温州贸易,都是帆船往返。帆船由“贸易业组合”雇用,而且由日本海军“任保护之责”。此种专航,每次集帆船四五十艘,结队而行,经海门以迄温州,以交换内地物资。自镇海运温州物资,主要是纱布、卷烟、肥皂、火柴、洋烛等,回货为明矾、麻、米、板、木、皮件、土纸、药材等。自镇运沪货物,以竹木柴炭为主。由沪运镇货物,以布、纱为大宗,烤烟及其他日用品次之。港口吞吐量已不及战前十之一二。客运量也是如此,而且乘船手续繁难。欲乘轮者,须有保甲长的证明,并缴验贴有本人照片的“良民证”,再有店铺担保,还要缴验种痘、防疫证明,然后再付“运动费”(即贿赂),方能取得“通行证”。如无必要谁也不外出乘船,因而客运量锐减。

民国三十年(1940)12 月 8 日,太平洋战争爆发后,日军接管了浙海关镇海支关,因

当时港口进出口贸易陷于停顿,支关无税可收,于是就转嫁到内江小轮、帆船与内河航船,乃至小商小贩身上,海关成了陆关,到处设卡,拦路收税,税率虽定为5%,其实是任意敲索。民国三十二年(1943)5月15日,在镇海增设"海关转口税征收分所",不论多少,见物就税,搜刮财货,民众切齿。

在日军蹂躏下,镇海城乡经济遭到极大破坏。连年饥荒,民不聊生,饿死者数以万计,镇海城内居民为买几升粮食,往往要跋涉数十里甚至上百里路程。农村受害更烈,经济作物如茶叶、金柑,外销已几乎完全断绝,大批茶园和金柑林毁而改种杂粮。镇海县战前年产茶3500担,此时已不足1000担。又如棉花,日军厉行"统制"政策,任意抑价收购,加上伪币(中储券)贬值,种本不保,棉花产量减少十之八九。油桐产量也下降一半以上。工厂停业,农村破产,流通阻塞,商业萧条,其时农村中日常工业品奇缺,居民不得不用络麻骨、番薯藤代替火柴,草灰代替肥皂,青油代替煤油,番薯糖代替红糖,土布代表机织布,老烟代替卷烟等等。农村的经济生活一下子倒退了几个世纪,港口的一切经济活动近乎窒息。

第三节　文献资料

芦江旧事·趁霞浦航船赴甬

佚　名

大地尽头芦浦西,芦江不冷客来迟;
螺声三遍辞桥埠,坝索再系过大碶。
黄龙空望清渠阁,杨洛不觅河头铺;
日中登岭步何急,半程易舟官城边。

霞浦是芦江至璎珞河航线上的重要集镇之一。汽车未通前,它与宁波的交通多赖航船。两地相距80余里,船至璎珞,河为大山所隔,须翻越育王岭,然后改乘宝幢航船至宁波。

霞浦航船吹海螺为号。清晨4时许吹第1遍,1小时后吹第2遍,第3遍螺声响起,船即离埠起航。桥埠,大桥头航埠。

霞浦至璎珞,中间要过2道坝。第1道,在泥堰,第2道在大碶。过坝时用绳索系住船身后部,由2部人力绞车从坝顶两边绞动牵引。石坝坡面过船处铺以湿土制成滑道,推动绞车,船便沿滑道过坝。

清渠阁,在石湫市桥上。石湫,东有青龙桥,桥下水清,源自太白山来;西有黄龙桥,桥下水浊,源自璎络河来;两水合流于清渠阁下,曲流至大碶头。

河头镇,建于南宋绍兴四年(1134)。《宝庆四明志》云:南宋绍兴四年(1134)明州置坼堠铺,专差铺兵传送文书。民国二十一年(1932)时,传铺早圮,铺路犹存。

霞浦至宁波,至宝幢刚过全程之半。官城,即官奴城,古贸县县治,在今宝幢附近。

1861—1947 年进出镇海口船舶分年统计

这一时期进出镇海口之船舶,有行海轮船、洋式帆船(以上由浙海关统计)、内港(包括五山头线)轮船(浙海关统计)(见表 10-3-1)、民间海帆(由常关统计)(见表 10-3-2,表 10-3-3)之分。

海关统计之 1861—1947 年行海轮船与洋式帆船 表 10-3-1

年 份	进 口		出 口		合 计	
	艘 数	吨 数	艘 数	吨 数	艘 数	吨 数
1861	539	59,483	548	62,667	1087	122,150
1862	728	82,670	682	78,039	1410	160,709
1863	1554	252,587	1644	250,872	3198	503,459
1864	1409	296,311	1428	299,355	2837	595,666
1865	910	258,247	906	250,781	1816	509,028
1866	654	191,083	657	175,402	1311	366,485
1867	665	181,116	653	175,485	1318	356,601
1868	567	216,228	595	211,807	1162	428,035
1869	530	197,256	530	197,256	1060	394,512
1870	489	191,211	484	189,717	973	380,928
1871	438	191,889	446	192,205	884	384,094
1872	481	213,658	486	213,922	967	427,580
1873	475	216,459	471	216,191	946	432,650
1881	526	328,318	522	328,058	1048	656,376
1882	563	339,355	566	339,858	1129	679,213
1883	536	343,294	530	342,476	1066	685,770
1884	531	368,774	537	369,634	1068	738,408
1885	446	278,534	444	278,097	890	556,631
1886	570	376,413	572	376,681	1142	753,094
1887	529	389,600	530	389,647	1059	779,247
1888	557	382,379	554	382,062	1111	764,441
1889	562	385,791	564	385,998	1126	771,789

续上表

年份	进口		出口		合计	
	艘数	吨数	艘数	吨数	艘数	吨数
1890	683	526,622	680	526,046	1363	1,052,668
1891	703	610,325	703	609,972	1406	1,220,297
1892	582	494,493	579	494,366	1161	988,859
1893	524	458,646	530	459,642	1054	918,288
1894	487	452,314	485	452,262	972	904,576
1895	489	481,988	493	480,778	982	962,766
1896	588	492,292	596	493,020	1184	985,312
1897	621	493,589	622	493,964	1243	987,553
1898	693	511,330	683	510,074	1376	1,021,404
1899	719	524,679	728	525,879	1447	1,050,558
1900	552	498,583	548	497,800	1100	996,383
1901	556	492,883	557	493,013	1113	985,896
1902	566	520,720	568	521,230	1134	1,041,950
1903	597	537,436	589	536,442	1186	1,073,878
1904	591	532,869	595	533,681	1186	1,066,550
1905	644	523,427	629	522,532	1273	1,054,959
1906	628	613,083	631	613,193	1259	1,226,276
1907	771	866,148	767	865,097	1538	1,731,245
1908	730	848,511	729	848,461	1459	1,696,972
1909	793	934,372	796	934,557	1589	1,868,929
1910	996	1,157,708	974	1,156,565	1970	2,314,273
1911	849	950,527	841	949,840	1690	1,900,367
1912	810	930,335	816	931,240	1626	1,861,575
1913	882	971,406	880	971,395	1762	1,942,801
1914	892	982,790	870	978,436	1762	1,961,226
1915	926	1,059,894	799	1,011,075	1725	2,070,969
1916	859	954,442	711	907,260	1570	1,861,702
1917	805	943,534	747	922,720	1552	1,866,254
1918	739	897,959	746	899,296	1485	1,797,255
1919	701	854,936	894	855,345	1595	1,710,281
1920	—	—	—	—	1179	1,690,216
1922	—	—	—	—	1446	2,155,358
1923	—	—	—	—	1475	2,300,363
1924	—	—	—	—	1473	2,342,645

续上表

年份	进口		出口		合计	
	艘数	吨数	艘数	吨数	艘数	吨数
1925	—	—	—	—	1423	2,171,395
1926	—	—	—	—	1545	2,360,623
1927	—	—	—	—	1730	2,858,757
1928	—	—	—	—	1729	2,490,738
1929	—	—	—	—	1617	2,853,916
1930	—	—	—	—	1702	2,929,227
1931	—	—	—	—	1861	2,921,179
1932	1146	1,575,866	1124	1,558,596	2270	3,134,462
1933	1070	1,533,720	946	1,443,682	2016	2,977,402
1934	1014	1,536,068	813	1,370,632	1827	2,906,700
1935	1052	1,606,229	1005	1,549,850	2057	3,156,079
1936	1026	1,487,798	1042	1,501,638	2068	2,989,436
1937	756	1,104,389	746	1,091,867	1502	2,196,256
1938	260	276,436	337	314,941	597	591,377
1939	316	274,532	310	263,361	626	537,893
1940	375	207,917	—	240,772	—	448,689
1946	—	—	—	—	—	891,874
1947	—	—	—	—	—	1,744,047

常关统计之 1901—1930 年民间帆船 表 10-3-2

年份	进出数(艘)	载重(吨)
1911	7924	7,447,750
1912	7413	6,575,610
1913	8221	7,447,480
1914	8170	6,910,380
1915	8508	7,258,800
1916	7647	6,334,840
1917	7055	5,997,660
1918	7777	6,208,530
1919	7433	5,918,460
1920	8313	5,912,720

1922—1930 年民间帆船 表 10-3-3

年　份	艘　数(艘)	载　重(吨)
1922	13,977	7,897,551
1923	12,019	7,727,693
1924	10,894	7,234,565
1925	10,562	7,177,751
1926	10,047	7,040,341
1927	9427	6,638,820
1928	8009	5,572,255
1929	9559	6,025,172
1930	7741	4,825,314
1931	2713	1,889,777(1—5 月统计数)

1901 年夏季以来的一年里,进入镇海口船舶数达 9800 艘。其分类如下:

北方(山东)	300 艘	南方(福建)	100 艘
南方(台湾)	400 艘	南方(木材)	800 艘
台州	200 艘	舟山	8000 艘

又 1916 年分类如下:

台湾来	12 艘	去台湾	10 艘
山东诸港来	241 艘	去山东诸港	199 艘
江苏来	1297 艘	去江苏	1245 艘
福建来	453 艘	去福建	476 艘
浙江来	1799 艘	去浙江	1915 艘
合计(进)	3802 艘	(出)	3845 艘

海关统计之 1907—1931 年进出镇海口内港(包括五山头线)小轮见表 10-3-4。

1907—1931 年进出镇海口内港小轮 表 10-3-4

年　份	艘　数 (艘)	载　重 (吨)
1907	4298	304,646
1908	3734	279,857
1909	3668	326,284
1910	3686	375,580
1911	3914	397,012
1912	5241	436,386
1913	4628	360,005

续上表

年　份	艘 数（艘）	载 重（吨）
1914	5897	494,305
1915	6386	510,140
1916	5212	504,413
1917	6422	606,616
1918	6394	525,228
1919	6697	548,803
1920	6731	558,927
1922	6757	567,840
1923	6875	639,014
1924	7472	711,128
1925	8565	676,739
1926	9210	704,690
1927	9573	717,052
1928	16,062	927,739
1929	13,414	861,220
1930	13,329	870,852
1931	12,485	1,059,361

附表　北仑区交通系统荣誉称号

文明单位一览

单位名称	文明级别	授予年度
北仑区航运管理所	省级文明单位	1994—1995
北仑区航运管理所	省级文明单位	2001—2002
北仑区航运管理所	省级文明单位	2003—2004
北仑区航运管理所	省级文明单位	2005—2006
北仑区航运管理所	省级文明单位	2009—2010
北仑区航运管理所	市级文明单位	1997—1998
北仑区航运管理所	市级文明单位	1999—2000
北仑区航运管理所	市级文明单位	2001—2002
北仑区航运管理所	市级文明单位	2003—2004
北仑区航运管理所	市级文明单位	2005—2006
北仑区港航管理处	市级文明单位	2007—2008
北仑区港航管理处	市级文明单位	2009—2010
北仑区道路运输管理所	市级文明单位	2007—2008
北仑区道路运输管理所	市级文明单位	2009—2010
北仑区航运管理所	区级文明单位	1993—1994
北仑区航运管理所	区级文明单位	1995—1996
北仑区航运管理所	区级文明单位	1997—1998
北仑区航运管理所	区级文明单位	1999—2000
北仑区航运管理所	区级文明单位	2001—2002
北仑区航运管理所	区级文明单位	2003—2004
北仑区航运管理所	区级文明单位	2005—2006
北仑区道路运输管理所	区级文明单位	1999—2000
北仑区道路运输管理所	区级文明单位	2001—2002
北仑区道路运输管理所	区级文明单位	2003—2004
北仑区道路运输管理所	区级文明单位	2005—2006
北仑区公路管理段	区级文明单位	2001—2002
北仑区公路管理段	区级文明单位	2003—2004
北仑汽车运输有限公司	区级文明单位	2001—2002
北仑汽车运输有限公司	区级文明单位	2007—2008

集体荣誉榜

（市级以上）

北仑区交通运输局获奖一览

荣誉名称	授予单位	授予时间
2009 年度宁波市交通发展先进集体	市政府	2010.3
2009 年度安全生产监管工作先进单位	市安委会	2010.3
2010 年度宁波市交通发展先进单位	市政府	2011.3
2009—2010 年度法制宣传工作先进单位	市委办公厅	2011.2
宁波市妇联基层示范妇委会	市妇联	2011.2
“安全质量年”活动先进集体	省交通厅	2011.2
1986 年度交通系统财会先进集体(滨海区交通局财务股)	市交通局	1987.5
1996 年度交通报发行工作先进单位	市交委	1997.2
行风建设先进单位	市交委	1997.12
1997 年度创建文明建设样板路活动优胜单位	省交通厅	1998.2
驻军随军家属就业安置工作先进单位	市委、市府	1998.12
行风建设先进单位	市交委	1998.12
1998 年度公路绿化建设管理先进单位	市交委	1999.2
1998 年市级先进渡口办	市交委	1999.2
1999 年度交通报发行先进单位	市交委	2000.2
1999 年度市级安全生产目标管理优胜单位	市交委	2000.2

北仑区港航管理处获奖一览

荣誉名称	授予单位	授予时间	备注
省级道路、水路运输管理先进单位	省交通厅	1992	
1995 年度全省交通系统文明单位	省厅航运管理局	1996.10	
1996 年度市水路客运文明船(站)先进单位	市航管处	1997.4	
1997 年度文明执法船运管理所	市航管处	1998.3	白峰(穿山)站
市航管系统创建港城文明活动先进单位	市航管处	1999.5	
1998—1999 年度文明航管所	市航管处	2000.3	
文明执法航管站	市航管处	2000.4	穿山站
2000 年度市“青年文明号”	团市委	2001.4	
第七批市级文明单位	市委、市府	2001.10	
市交邮系统文明示范窗口	市航管处	2001.11	
省交通系统文明示范窗口	省交通厅	2002.5	
市交通系统作风建设先进单位	市交委	2002.11	

续上表

荣誉名称	授予单位	授予时间	备注
省级文明单位	省委、省政府	2003.4	
第八批市级文明单位	市委	2003.11	
全国交通行业文明示范窗口	交通部	2005.12	
全省交通行业文明创建工作先进单位	省交通厅	2006.9	
全市交邮系统文明创建十佳先进单位	市交通局	2006.11	
省级文明单位(复评通过)	省文明办	2009.1	
第十批市级文明单位	市委、市政府	2009.3	
2009年度“群众满意基层站所(服务窗口)”创建工作先进单位	省交通运输厅	2009.1	
港航管理系统建国60周年20个特别纪念奖	市港航管理局	2009.9	
2009年度市交通行政许可十佳案卷	市交委	2009.10	
港航管理系统基层站所行风竞赛优胜单位	省港航管理局	2009.12	
市级文明单位	市文明办	2010.12	
港口经营资质检查换证工作优胜奖单位	市港航管理局	2010.12	
省级文明单位	省文明办	2011.2	

北仑区道路运输管理所获奖一览

荣誉名称	授予单位	授予时间	备注
1986年度全市监理系统先进单位(滨海区大碶交通监理站)	市交通监理处	1987.2	
1990年度全市运管稽征工作先进单位	市运管处	1991.2	
1990年度全市运管稽征工作先进单位(大碶交通管理站)	市运管处	1991.2	
“宁波市汽车二级维护操作竞赛”活动组织奖	市总工会市公管处	1996.9	
全市行风建设先进单位	市交委	1998.1	
市级文明管理先进单位	市交委	2000.12	
市级文明示范窗口	市交委	2001	大碶、柴桥、小港站
省级先进运管所	省厅运管局	2002.12	
省级卫生先进单位	省爱卫会	2004.12	
市级文明公管站	市交委	2000.7	白峰站
省级“五星级”服务示范基层站点	省运管局	2005.12	小港站
省级“五星级”服务达标基层站点	省厅运管局	2005.12	大碶、96520举报投诉受理中心
市运管稽征系统优秀服务窗口	市运管处	2006.1	96520举报投诉受理中心

续上表

荣 誉 名 称	授予单位	授予时间	备 注
市级巾帼文明示范岗	市妇联	2006.12	稽征窗口
省级“五星级”服务示范基层站点	省运管局	2007.1	大碶站
省级“五星级”服务达标基层站点	省运管局	2007.1	柴桥站、96520举报投诉受理中心
市级2006年度规范化建设先进运管稽征站	市公管处	2007.2	小港站、柴桥站
汽车养路费征收突出贡献单位	省道路运输管理局	2007	
宣传报道工作先进单位	省道路运输管理局	2007	
第十批市级文明单位	中共宁波市委	2007	
群众满意基层站所	市道路运输管理处	2007	小港运管稽征站
货运市场整顿先进单位	市道路运输管理处	2007	
规费市场整顿先进单位	市道路运输管理处	2007	
宣传报道及政务信息报送工作先进集体	市道路运输管理处	2008	
全市运管稽征工作先进单位	市道路运输管理处	2008	
道路运输安全管理先进单位	市道路运输管理处	2008	
节能减排工作先进集体	省道路运输管理局	2008	
宁波市“安康杯”竞赛先进集体	市总工会	2008	
宣传报道先进集体	省道路运输管理局	2008	
创建省级文明行业先进单位	省道路运输管理局	2008	
机动车维修驾培工作先进单位	省道路运输管理局	2009	
创建“群众满意基层站所(服务窗)”先进单位	市交通委	2009	
优秀组织单位	市总工会、市交通委	2009	
宣传报道工作先进单位	省道路运输管理局	2009	
市级文明单位(复评)	市精神文明建设指导委员会	2009	
政务信息、先进单位	市道路运输管理处	2009	
宣传报道工作特别优秀奖	市道路运输管理处	2009	
全市运管稽征工作先进单位	市道路运输管理处	2009	
机关档案工作目标管理认资省二级	省档案局	2009	
汽车空调维修技能大赛优秀组织奖	市总工会、市交委	2010.8	
青年文明号	市青年文明号、青年岗位能手活动指导委员会	2010.10	运管稽征稽查大队
全市交通行政处罚十佳案卷	市交通委	2010.8	
上海世博会安保工作先进集体	省道路运输管理局	2010.12	
上海世博会安保工作先进集体	市交通委	2010.12	
工作先进单位	市道路运输管理处	2011.2	
交通运输行业精神文明建设十佳先进单位	省道路运输管理局	2011.5	

北仑区公路管理段获奖一览

荣誉名称	授予单位	授予时间	备注
1992年度市级文明窗口建设先进集体(文明养护站)	市交委	1993.3	大碶站
全国模范工会之家	全国总工会	1993	大碶站
1996年度市级创建文明卫生 城市先进单位(文明养护站)	市交委	1997.11	大碶站、穿山站
1997年度全省创建文明样板路先进集体	省交通厅	1998.3	
1999年市级先进文明班组	市总工会	1999.12	新碶站
1999年度全省创建文明样板路优胜单位	省交通厅	2000	
1999年度市级文明公路段	市交委	2000	
1999年度文明公路路政管理队	市交委	2000	
1999年度市文明公路养护站	市交委	2000	新碶站、大碶站、穿山站
2008年度双排查双整治工作先进单位	市公路管理局、市公安局	2008.2	
路政执法实务考核活动的通报	市公路管理局	2008.11	路政大队霞浦中队
2008年度"好路杯"竞赛考核结果的通报	市公路管理局	2009.1	
2008年度基层文明站(队、窗口)	市公路管理局	2009.3	区公路段路政处理窗口、白峰养护站
2009年度公路管理工作目标考核结果的通报	市公路管理局	2010.1	
2010年度规范化公路站的通报	市公路管理局	2010.1	
2008年度基层文明站(队、窗口)	市公路管理局	2009.3	路政处理窗口、白峰养护站
2008年度公路工作先进单位	省公路管理局	2009.11	
市级卫生先进单位	市爱卫会	2010.2	
2010年度公路工作先进基层单位	省公路管理局	2011.6	

北仑汽车运输有限公司获奖一览

荣誉名称	授予单位	授予时间	备注
优质服务优胜单位	市城乡建委	1992	
市级文明窗口	市交委	1993.3	北仑客运站
1992年市级模范集体	市政府	1992	82路车队
省级先进单位	省长途汽运协会	1993	
1993年度市级交通系统文明窗口建设先进单位	市交委	1994	
1996年市级模范集体	市政府	1996	82路车队
省级卫生先进单位	省爱卫会	1999	
市级创建港城文明先进单位	市交委	1999	82路车队
星级文明窗口	市交委	1999	
1998年市十佳文明文明单位	市总工会	1999	82路车队
1999年市创建港城文明窗口先进单位	市交委	1999	
2000年文明窗口单位	市交委	2000	
2000年度市级文明客运汽车站	市交委	2001	北仑客运站
2000年度市级文明客运车队	市交委	2001	82路车队
2004年市级公交文明线路	市城管局	2004	公交788路、703路
2005年市级公交文明线路	市城管局	2005	公交788路、703路、711路
2006年市级公交文明线路	市公交协会	2006	公交788路、703路、711路
“百日优质服务竞赛”优胜场站	市城市管理局	2008.4	北仑客运站
2007年度省信用AAA道路运输企业	省道路运输管理局	2008.12	
2006-2007年度纳税信用A级纳税人	市国爱税务局、市地方税务局	2008.12	公交公司
2009年度“达标创优”综合管理奖	市公用事业监管中心	2010.1	公交公司
上海世博会安保先进集体	省运管局	2010	北仑客运站
2010年度运营管理单项奖银奖	市公用事业监管中心	2011.1	公交公司
2010年度“达标创优”四季度单项三等奖	市公用事业监管中心	2011.1	公交公司
“十一五”节能减排工作先进单位	市交通委	2011.5	公交公司
2010年度省行业信息通联工作先进单位	省公交协会	2011.3	公交公司
2010年度宁波市信用/信誉AAA级客运站	市道路运输管理处	2011.3	北仑客运站

个人荣誉榜

(市级以上)

北仑区道路运输管理所获奖一览

单位	姓名	荣誉称号	授予部门	授予时间
北仑区交通运输局	胡修君	宁波市“退伍安置”工作先进个人	市人民政府	2000.12
	胡修君	宁波市“三五”普法先进个人	市委、市政府	2001.4
	赵　宇	2008年度宁波市园林绿化先进个人	市城区绿化委	2009.1
	李世祥	2008年度全市交通修志先进工作者	市交委	2009.4
	王云艳	2008年度全市交通政务信息工作先进工作者	市交委	2009.4
	孟金水	2009年度宁波市交通发展先进个人	市政府办	2009.12
	王云艳	2009年度全市交通政务信息工作先进个人	市交委	2010.4
	李世祥	2009年度修志先进工作者	市交委	2010.6
	张贤益	优秀农村工作指导员	市委办公厅	2010.12
	王宁宁	优秀农村工作指导员	市委办公厅	2010.12
	李世祥	2010年度修志工作先进工作者	市交委	2011.3
北仑区道路运输管理所	张红明	市春运工作先进个人	市春运办	2007
	钱尼红	市“安康杯”竞赛先进个人	市总工会	2008
	张红明	抗冰雪救灾先进个人	中共宁波市委、市交通工作委员会	2008
	徐红丹	宣传报道及政务信息工作优秀通讯员	市道路运输管理处	2008
	张海波	春运工作先进个人	市春运办	2009
	徐红丹	优秀通讯员	市道路运输管理处	2009
	徐红丹	宣传报导工作先进个人	省道路运输管理局	2009
	俞科龙	争创全国文明城市先进个人	市委市政府	2009
北仑区汽车运输有限公司	乐孝祖	市文明职工标兵	市总工会	2004.5
	周信华	公交优质服务明星	市城市公共交通协会	2004.12
	乐孝祖	公交优质服务明星	市城市公共交通协会	2004.12
	徐强华	公交优质服务明星	市城市公共交通协会	2004.12
	林伟伦	公交优质服务明星	市城市公共交通协会	2004.12
	严术华	公交优质服务明星	市城市公共交通协会	2004.12
	李盛群	市公交行业优质服务明星	市公交协会	2008.12
	王　馗	市公交行业优质服务明星	市公交协会	2008.12
	庄　彬	平安车厢(线路)创建活动先进个人	市综治办、市公安局	2008.12
	林伟伦	平安车厢(线路)创建活动先进个人	市综治办、市公安局	2008.12
	秦福连	平安车厢(线路)示范车	市综治办、市公安局	2008.12
	张海国	优秀平安车厢	市综治办、市公安局	2008.12

续上表

单 位	姓 名	荣 誉 称 号	授 予 部 门	授予时间
北仑区汽车运输有限公司	颜国平	优秀平安车厢	市综治办、市公安局	2008.12
	王 勇	优秀平安车厢	市综治办、市公安局	2008.12
	李克章	优秀平安车厢	市综治办、市公安局	2008.12
	王振法	优秀平安车厢	市综治办、市公安局	2008.12
	杨升鹤	优秀平安车厢	市综治办、市公安局	2008.12
	郑剑锋	优秀平安车厢	市综治办、市公安局	2008.12
	林伟伦	服务明星	市公交协会	2009.12
	李方军	服务明星	市公交协会	2009.12
	徐强华	服务明星	市公交协会	2009.12
	邹祖伟	优秀共产党员	市公用事业监管中心	2009
	唐 欢	治安先进个人	市综治委、市公安局	2009.12
	史仲达	市公交十佳平安之星	市综治委、市公安局	2009.12
	陈仁宽	市十佳服务标兵	市公用事业监管中心	2010.1
	王 馗	2009 年度“达标创优”明星驾驶员	市公用事业监管中心	2010.1
	林伟伦	2009 年度“达标创优”明星驾驶员	市公用事业监管中心	2010.1
	邹祖伟	2009 年度“达标创优”明星驾驶员	市公用事业监管中心	2010.1
	李方军	2009 年度“达标创优”明星驾驶员	市公用事业监管中心	2010.1
	徐强华	2009 年度“达标创优”明星驾驶员	市公用事业监管中心	2010.1
	陈仁宽	2009 年度“达标创优”明星驾驶员	市公用事业监管中心	2010.1
	严汀辉	2009 年度“达标创优”明星驾驶员	市公用事业监管中心	2010.1
	李方军 徐 明	2010 年度优质服务明星	市公交协会	2010.12
	庄 彬	市平安车厢(线路)创建先进个人	市综治委、公安局	2010.12
	杨升鹤	市十佳平安之星	市综治委、公安局	2010.12
	唐 欢	世博会“环沪护城河”的安保工作先进个人	市交委	2010.12
	周信华	世博会安保先进个人	省运管局	2010.12
	林伟伦	2010 年度达标创优杯“十佳服务标兵”	市公用事业监管中心	2011.1
北仑区公路管理段	沃亿良 黄莉萍	全市干线公路“百日”劳动竞赛活动先进个人	市公路管理局	2006.1
	虞哲华	全市公路系统书法比赛 2 等奖	市公路管理局	2008.5
	夏雪康	十佳路政员	市公路管理局	2010.5
	顾春波	十佳养护工	市公路管理局	2010.5
	俞 丰	市首席工人	市总工会、市劳动和社会保障局	2010.8
	胡建东	护路楷模	市交委	2010.12
	胡建东	市“五一劳动奖章”	市总工会	2010.12
	胡建东	省“五一劳动奖章”	省总工会	2011.1

续上表

单　位	姓　名	荣　誉　称　号	授　予　部　门	授予时间
北仑区港航管理处	陈灵明	市优秀共产党员	中共宁波市委	2008.6
	胡锋奇	市港航系统十佳先进个人	市港航管理局	2008.12
	陈永海	2008年度全市交通政务信息工作先进工作者	市交委	2009.4

编 后 记

根据宁波市人民政府《关于开展续修地方志工作的通知》精神,我局修志工作在局党委和编审委员会的领导下,于2004年3月成立交通志编审委员会及其办公室,继而开始筹备编写工作。2004年11月正式启动修志工作:组织培训、收集资料、编制纲目、试写章节、编写志稿等。在修志人员的辛勤耕耘及共同努力下,于2014年10月初步完成,共计文字50余万字;2014年12月又完成《改革开放三十年,北仑公路大发展》《建区30周年北仑交通的风雨历程和丰硕成果》等交通志专题稿。2015年初开始校对,至8月底初步完成校对任务。2015年9—12月底进行统稿总纂。2016年2—9月,内部复审,征求意见。根据各单位内审意见进行了相关内容的调整、删减、补充及错别字纠正和个别数据核实调整、个别名称核实纠正等,共完成约51万字复审稿。2016月11月15日,由《宁波市交通志》编审委员会组织专家通过终审,于2016年12月,交由人民交通出版社编辑出版,历时10年有余。

2015年10月,主编李世祥同志鉴于工作原因离开他挚爱的修志工作,并由胡修君同志继任主编一职。期间因人事更迭,先后多次调整编审委成员。参加《北仑区交通志》编纂工作除主编李世祥、胡修君外,参与编志的人员还有:林艳军、胡锋奇、余世丰、吴燕珍、陈永海、林滨、施锦涛、仇文薇、沈红敏、乐惠萍、陈海腾、何国强、陈一民、徐红丹、王爱良、葛维挺等。照片由胡修君、周寅、赵飞平、沈雨杰、孙旭霞等人供稿。打字工作由局文书陈静娜同志完成。

本书在编写和修改过程中,得到了宁波市交通委修志办、区地方志办公室、北仑港、萧甬铁路公司、镇海炼油厂等单位的大力支持,市交通志办公室封莲英老师等专家的指导与帮助;局所属各单位的积极配合;老主编李世祥先生的竭尽全力,各编志行家、专家提出的宝贵建议等,使《北仑区交通志》编纂工作得以顺利完成,在此深表感谢!

限于我们水平有限,加上年代久远,志书的内容可能存在不少疏漏,希望读者谅解和批评指正。

《北仑区交通志》编纂委员会办公室

2016年12月